KB042916

견성과 원불교

견성과 원불교

류성태 著

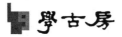
學古房

　　마조도일은 오염된 수행(汚染修)을 염려하며 다음과 같이 말한다. "무엇이 오염인가? 생사심을 일으키고 조작하는 마음으로 깨달음에 나아가려고 하는 것이 모두 오염이다." 서두에 본 법어를 소개하는 뜻은 욕심을 일으키는 마음으로 견성하려는 것은 바람직하지 않다는 것이다. 견성은 부단한 지혜단련과 수행의 결과이므로 급히 이루려 하면 병폐가 되기 때문이다.

　　우선 『견성과 원불교』라는 서명에 대하여 이해를 구하고자 한다. 이는 〈원불교신문〉에 140회 연재된 「문목둘로보기」와 연장선상에 있으므로 문목과 관련한 명칭이라야 하겠지만, 문목에서 추구하는 것이 견성이므로 견성이 갖는 용어의 보편성을 감안하였다.

　　본 저서는 다음 3편으로 구성되어 있다. 서편 「초기교단의 문목」, 제1편 「견성의 이론」, 제2편 「견성의 실제」가 그것이다. 좁혀 말하면 견성의 이론과 실제를 집중 조망한 것이다. 1편에서는 견성에 대한 전반의 이론을 원불교적 시각에서 접근하였고, 2편에서는 〈원불교신문〉에 연재된 문목 137조항을 해석학적 시각에서 조망하였다.

　　『원불교와 깨달음』(2012년)이라는 저술에 이어 『견성과 원불교』(2013년)에서는 종교의 생명력이자 수행의 근본 이유가 되는 '견성'에 초점을 맞추었다. 원불교 100년에 즈음하여 자신성업봉찬의 과업이 자신의 견성과 깨달음에 관련되어 있다는 사실을 상기하자는 뜻이다.

일반 독자의 편의를 위해서 가능한 평이하게 서술하고자 하였으며, 원불교 기본교서를 근간 자료로 참고하였음을 밝혀두는 바이다. 그리고 본 저서의 발간에 협력해준 학고방 임직원과 하운근 사장님께 감사의 글을 올린다.

신룡벌에서 2013년 4월 류성태 識

목
차

제2편 견성의 실제 • 127

x

xiv

서 편

초기교단의 화두 (문목)

1. 문목과 성업봉찬사업

오늘날 원불교학 정립에 있어서 해석학적 접근의 중요성은 아무리 강조해도 지나치지 않다. 해석학은 연구 대상에 대해 다양한 연구 방법론을 통해 보다 용이한 접근을 가능하게 해주기 때문이다. 복잡다단한 현실 속에서 교리의 효율적 조명을 위해 해석학의 방법을 동원해야 할 필요성이 커지고 있다. 『정전』의 이해, 『대종경』의 이해에 있어서 이를 어떻게 해석할 수 있는가에 대해 원불교학 전공자의 해석학적 과제가 아닐 수 없다.[1] 교리의 심화 및 수행 방법론의 모색을 위해서, 교리의 보편성과 관련한 학제간 연구를 위해서, 교리의 현장교화에서의 응용을 위해서 이러한 해석학적 방법이 요청되고 있다.

원불교 100년에 즈음한 시점에서 '자신성업봉찬'이라는 교단의 화두를 염두에 둔다면 이와 직결된 과제를 중심으로 해석학적 접근이 필요하다. 자신성업이란 우리 원불교인의 인격 성숙과 지혜 발현에 도움이 되는 성리 연마에 매진하자는 뜻이다. 근래 일원상 진리의 깨달음을 향한 교단적 공부 풍토의 조성은 의두 성리에의 관심 부여인 바, 이러한 자신성업의 방법론에 대한 교학적 접근을 시도하는 것은 시의 적절하다고 본다. 자신성업의 과업은 자기불공으로서 진리의 깨달음을 향한 적공을 말하며, 이 깨달음의 방법에는 의두 성리의 전신인 문목(問目)의 요해가 필요하다.

교단적으로 교리 실천과 성리 연마에 관심이 집중되고 있는 작금의 상황이다. 〈원불교신문〉에서도 6~7면의 「교리」편에 『정전』과 『대종경』의 풀이, 「문목둘러보기」를 게재해 왔던 것이다. 이에 필자도 그

---

1) 김방룡, 「禪 사상의 관점에서 본 원불교의 마음과 수행법」, 마음인문학 학술대회 《불교의 마음과 실천》, 원광대 원불교사상연구원 마음인문학연구소, 2011.12.15, pp.104-105.

일원이 되어 「문목둘러보기」를 연재하였던 바, 첫 연재를 통해서 다음과 같이 밝혔다. "근래 의두 성리가 교단의 법풍 진작이나 공부 풍토의 조성에 있어 관심의 대상이 되고 있다. 원기 100년 성업을 몇 년 앞두고 자신성업봉찬이 큰 화두로 등장하고 있기 때문이다. 대산종사는 2대말 총회 때(원기 72년) 교단백주년을 준비하도록 하면서 대적공실 법문을 내려주었다. 대적공실 법문의 하나로서 이미 원기 50년 10월 9일에 대지허공심소현 시방제불수중주 두두물물개무애 법계모단자재유(大地虛空心所現 十方諸佛手中珠 頭頭物物皆無碍 法界毛端自在遊)"라는 법문을 내려주었다"(원불교신문 2010.1.15, 5면).

요즈음 주목을 받고 있는 의두 성리는 원불교의 정기훈련 과목에 속하며, 초기교단 당시의 이와 관련한 공부법을 노정할 필요가 있다. '문목'이 그것이며, 『수양연구요론』에 밝힌 문목 137조의 요해를 통해 소태산 당시의 훈증 속에 이루어졌던 초기교단의 공부 풍토를 돌이켜 보자는 것이다. 몇 년 전(2010.1) 필자는 『원불교 문목풀이』를 발간하려는 상황에 있었으며, 원불교신문사에서는 이를 알고 의두 성리의 전신인 '문목'의 의의를 드러내고자 〈원불교신문〉에 연재(連載)해 줄 것을 요청하였다.[2] 이러한 언론 연재의 요청에 응하여 3년간의 연재를 마친 후 저술에 임하는 것도 문목의 천착에 오히려 도움이 될 것이라는 판단에서 기꺼이 연재에 임했다.

이제 3년이라는 문목의 신문 연재기간이 마무리되었다(2013.1). 그동안 교리코너에 「류성태 교무의 문목둘러보기」를 연재하면서 시도했던 해석학적 방법론을 돌이켜 보고, 여기에 나타난 의의와 과제를 살

---

2) 2010년 1월, 원불교신문사 육관응 편집국장이 필자의 연구실에 방문하여 〈원불교신문〉의 신년 방향설정과 관련한 의견을 교환하던 중 『원불교 문목풀이』(가칭) 발간 계획을 알고, 우선 신문에 문목을 연재하는 것이 교단 100년의 '자신성업봉찬사업'과 관련한 공부풍토 조성에 도움이 될 것이라 하였다.

펴보고자 한다. 학술논리를 중심한 논문 전개와 일반 독자를 중심한 언론 매체의 연재 사이에는 서술 방법론상 큰 차이가 있다는 점에서 140회의 원고 작성에 고뇌가 뒤따랐지만, 필자 나름대로 교단 언론지의 특성을 살리면서 해석학적 접근법을 시도한 것이다.

본 연구는 다음과 같은 두 가지 문제의식에서 출발하였다. 첫째, 원불교 언론매체를 통해서 문목(의두 성리)에 관심을 부여하고자 하였다. 둘째, 학계의 논문 전개형식을 극복하면서 재가와 출가, 일반 독자층에 용이하게 다가설 수 있는 해석학적 방법론의 전형(典型)을 제시하고자 하였다. 이는 〈원불교신문〉을 통한 원불교학 연구의 독자층 공감과 원불교 해석학의 지평 확대에 비중을 두었다는 뜻이다.

문목의 해석학적 접근과 관련한 연구 방법은 3년간 「문목둘러보기」를 연재한 〈원불교신문〉을 중심으로 전개하였다. 「원불교신문의 문목 연재와 관련하여」라는 소주제가 필요할 법한 것도 이러한 연유에서이다. 어느 학문이든 해석학적 방법론에는 연구 대상의 효율적 접근을 위해 여러 방법이 거론될 수 있는 것이다. 사회조사의 방법론, 역사적 시각의 방법론, 비교연구의 방법론, 경전 및 교리 주해의 방법론 등이 그것이다. 원불교의 주 언론매체에 연재한 「문목둘러보기」도 교리해석과 관련된 교법의 다양한 접근의 한 측면에서 해석학적 접근이라 할 수 있다.

2. 문목의 〈원불교신문〉 연재

초기교단에서 진리 및 우주 대자연에 대한 연마의 방법으로 강조되었던 '문목'이 현행본 교서에서 사라진 관계로 본 연구의 타당성을 확보하기 위해 우선 문목의 개념적 접근이 필요하다. 문목은 원불교 초기교서인『수양연구요론』(원기 12년, 1927)에 137조로 등장한다. 원불교 최초의 교서에 문목이 등장한 것과 더불어 그 개념은『육대요령』(원기 17년, 1932)에서 구체적으로 설명되고 있다. '문목이라 함은 본회 교과서 수양연구요론 내 대소유무와 시비이해를 망라하여 지정된 137절의 의두 문목과 기타 일체 인간에 의심다울만한 제목을 이름'이라 하였다.[3] 또한 초기교서를 마치고 연구의 실지경을 밟는 공부인에게 사리간 명확한 분석을 하는 것이라 덧붙이고 있다.

이처럼 문목은 오늘의 의두와 성리 전신으로서 그 개념적 근거가 되고 있다.『정전』에서 말하는 의두는 대소유무의 이치와 시비이해의 일이며 과거 불조의 화두 중에서 의심나는 제목을 연구하여 감정을 얻게 하는 것이니, 이는 연구의 깊은 경지를 밟는 공부인에게 사리간 명확한 분석을 얻도록 함이라고 했으며, 성리는 우주만유의 본래이치와 우리의 자성원리를 해결하여 알자 함[4]이라고 했다. 초기교서에서는 문목의 개념을 대소유무와 시비이해, 의두 문목과 일체 인간사의 의심건에 대한 연마라 하였고, 현행본『정전』에서는 의두와 성리를 분류하여 설명하였다. 초기교서의 문목 개념이『정전』의 의두 및 성리 개념에 대체로 용해되고 있음을 알 수 있다.

오늘날 문목은 의두 성리와 교리형성사적·개념적으로 일치하는 면에서 원불교 100년 성업의 하나인 '자신성업봉찬'과 관련된다고 볼 수 있다. 문목이 자기불공의 깨달음을 향한 방향이라는 점은 설사 현 교서 상에서 사라졌다고 해도 원불교 초기교서 및 당시 기관지를 살펴보면 잘 알 수 있다. 원불교 언론지 역할을 해온 당시의 기관지에 문목이 빈번하게 등장하였던 것이다. 원기 12년『수양연구요론』에 문목

---

3)『육대요령』, 제3장 훈련편, 공부의 요도 정기훈련과목, 사리연구 정기훈련과목의 해석.
4)『정전』, 제3수행편, 제2장 정기훈련과 상시훈련, 제1절 정기훈련법.

이 발표된 이래, 원불교의 언론문화가 시작된 원기 13년『월말통신』의 발간, 원기 17년『월보』로의 계승, 원기 19년『회보』가 발행되면서 법설, 감각감상, 문목이 자주 등장한다.[5] 『월말통신』에서의 문목은 '의두문목'이라는 이름으로「회설」과「광고란」,「각지회합」코너에 빈번하게 등장하고 있다.

원불교 초기교서를 살펴보면 문목은 교리 변천의 한 축에 있으며, 언론 연재(連載) 형식으로 이를 조명할 필요가 있다. 이를테면 원불교 교서는『불법연구회규약』(원기 12년),『수양연구요론』(원기 12년),『육대요령』(원기 17년),『삼대요령』(원기 19년),『조선불교혁신론』(원기 20년),『불교정전』(원기 28년),『교전』(원기 47년) 등으로 변천되었는데, 문목도 이러한 교서결집의 변천 과정을 통해 의두 성리로 정착된 것이다. 이를테면 문목이 137조(수양연구요론)에서 47조(불교정전)로 축소되었으며, 오늘날 의두 성리 형태로의 산삭(刪削)과정을 거쳐 20조(교전)로 정착되었다.

이들 교서에 대한 연역과 해석학적 접근은 원불교 사상을 전개하는데 있어서 매우 중요하다[6]는 것을 알 수 있다. 졸저『정전변천사』(원불교출판사, 2010)에서 원불교 교리형성사적·경전결집사적 접근을 통해서 변화되는 교리의 실제를 확인한 바 있다. 일례로 문목은 오늘의 의두와 성리의 전신으로서 초기교단의 공부 풍토를 불러일으키고 견성 성불의 한 방편이라는 면에서, 〈원불교신문〉에 연재를 통해 깨달음을 향한 교리 해석학적 접근이 필요함을 인지하게 된 것이다.

원불교 언론의 힘으로서 〈원불교신문〉은 6~7면의「교리」코너의 교

5) 이운철,「출판언론사」,『원불교 70년정신사』, 성업봉찬회, 1989, pp.561-562.
6) 오광익,「정전 대종경 한문 인용구의 원전검토」, 제30회 원불교사상연구 학술대회 《인류정신문명의 새로운 희망》, 원광대 원불교사상연구원·한국원불교학회, 2011.1.25, p.135참조.

리 및 문목 연재를 통해서 교단의 정신문화를 이끌어가는 동력이 되기도 한다. 경산종법사는 교정원장 시절에 〈원불교신문〉 창간 32주년을 축하하는 글에서 다음과 같이 말한다. "교단 창립 86년을 맞이하면서 교단이 이렇게 성장하게 된 것도 언론의 힘이 아니었다면 어려웠을 것이다. 〈원불교신문〉은 초창기부터 어려운 여건 속에서도 창립정신으로 무에서 유를 만들어 내듯 끊이지 않고 발전을 거듭하여 왔다."[7] 또한 새 시대를 향도할 정신개벽의 축으로서 언론의 힘이 절대적으로 필요한 것이라고 하였다. 〈원불교신문〉의 언론 기능을 강조함과 동시에 정신개벽의 장으로서 교단 발전의 동력이 되어달라는 요청인 것이다.

하지만 국가 사회의 일반 언론지의 활동상은 세상사의 부정적인 사건 중심으로 편향되어 왔다. 여기에 대해서 종교 언론은 사회 정화는 물론 깨달음의 마음공부에 기여해오고 있는 것이다. 좌산종사는 종법사 재임 시절, 다음의 글을 원불교 언론지 ≪원광≫에 게재하였다. "언론의 취재하는 방향이 문제가 많다. … 쓸데없는 내용까지도 전파를 타고 있다. 정말로 중요한 것은 세상을 바로 인도해주고, 깨달음의 빛이 될만한 내용을 보도해야 하는데 반대로 이러한 내용을 사장시키고 있다. 이것은 언론을 한다는 사람들의 바른 시각이 아니다."[8] 일반 언론지와 달리 원불교 언론 기관지가 인류를 깨달음으로 인도하는 역할에 그 힘을 쏟아야 한다는 당부의 언급인 것으로 이해된다.

깨달음을 추구하는 것은 종교의 생명력인 바, 이와 관련한 언론의 역할은 원불교 최초의 기관지 『월말통신』의 회설에서도 발견된다. 1929년 『월말통신』 17호 회설의 「기관지 발행에 대하여」라는 글에서

---

7) 장응철(교정원장), 「원불교신문 창간 32주년 기념사」, 〈원불교신문〉, 2001년 6월 8일, 1면.
8) 오선명 정리, 「특별대담-좌산종법사 · 김지하 詩人」, 《원광》 299호, 1999년 7월, 월간원광사, p.26.

"기관지는 그 사람과 사람을 모은 단체나 사회의 호흡이다. 즉 생의 기관이다. 시대에 적응한 문물과 사조를 때때로 주입하여 자는 자로 하여금 근면케 하고, 쉬는 자로 하여금 동하게 하여 그 사회 그 단체 의 생명을 유지하게 한다"9)라고 하였다. 이 기관지는 사람의 정신을 이끄는 기관차라는 것으로 교단의 생명을 유지케 하는 원불교 언론의 역할을 강조하고 있다. 오늘날 기관지로서 역할을 하고 있는『원광』 및 〈원불교신문〉의 지향할 바의 방향이 무엇인가를 확인시켜 주고 있다.

깨달음의 구체적 방법은 의두 성리의 연마이며, 그 전신으로서 문목 이해의 중요성과 해석학적 방법론을 고려할 때, 종교 언론의 역할로서 현재 〈원불교신문〉의 「교리」 고정코너는 교학을 연구하는 전문가의 참여자적 관심이 요구되는 것이다. 교학연구자들의 성과물이 학술지 에만 남겨지는 한계를 극복하자는 뜻이다. 단순한 교법 홍보의 차원을 넘어서 교법의 연구와 실천으로 연결시켜주는 언론의 대중적 파급력 때문이다. 〈원불교신문〉은 단순한 사건 취급이나 교단의 홍보에 그칠 수만은 없으며, 개교이념에 입각하여 진리의 전달자로서, 진리의 구현 자로서의 역할을 하지 않을 수 없다10)는 이성은 교무의 견해와, 당대 의 뜨거운 이슈가 표피적 일과성으로 흐를 때 늘 성자의 혼을 일깨워 공개장을 형성하는 것은 종교 신문의 피할 수 없는 소임이며 종교신 문의 구실은 진리를 찾는데 유용하다11)는 박영학 교무의 견해가 설득 력 있게 다가온다.

---

9) 전음광 「회설-기관지 발행에 대하여」,『월말통신』 17호, 원기 14년 7월.
   김성철,「혜산 전음광의 생애와 사상」, 원불교사상연구원 編,『원불교 인물과 사상』
   (Ⅰ), 원불교사상연구원, 2000, p.349.
10) 간행위원회 編, 담산 이성은정사 유작집『개벽시대의 종교지성』, 원불교출판사,
   1999, pp.275-276.
11) 박영학,「문명충돌과 한국의 종교ㆍ언론 과제」, 제21회 원불교사상연구 학술대회
   《21세기와 원불교》, 원불교사상연구원, 2002.1, p.89.

「교리」 전문 코너를 통한 교리 연재의 활력에는 〈원불교신문〉의 면수 증가와 직결된다. 근간 〈원불교신문〉은 면수가 확대되면서[12] 『정전』과 『대종경』의 요해, 「문목둘러보기」 코너를 마련하였기 때문이다. 〈원불교신문〉의 「교리」 코너가 지속적으로 존재한다고 해도 독자를 인도할 수 있는 흥미진진한 내용 전개에 있어서 난제가 뒤따른다. 물론 일선의 교당 교무들도 필진으로 등장하고 있지만, 교학 연구를 담당하는 교수 교무들의 경우 서술방식이 딱딱한 논문스타일로 고착되기 쉽다는 매너리즘 때문이다. 여기에는 언론매체와 관련한 해석학적 서술방식의 고민이 뒤따르게 된다. 그동안 교학연구의 성과물들은 주로 대학원생들이나 학자 중심으로 읽혀 왔다는 점에서 학술적 성과물과는 다른 대중매체의 성격에 맞는 해석학적 전개방식의 고민이 따른다는 것이다.

학자로서의 논문 형식의 서술방식에서 과감히 탈출, 언론매체에서의 일반 독자를 향한 교리전달의 보편성에 관심을 기울여야 한다. 그러면서도 심도 있는 교리 전파까지 염두에 두어야 하는 점에서 효율적 해법이 쉽지 않은 것이다. 무엇보다 중요한 것은 자료섭렵의 역량에 따른 심오한 논리전개, 그리고 대중들에게 용이하게 읽혀질 수 있는 교리 해석학적 방법론의 모색이 관건이다. 본 연구는 이러한 고민의 과정 속에 있는 것이며, 그것은 3년간 140회 문목을 연재하면서[13] 필자 나름대로 전개한 해석학적 방법론의 실제인 것이다.

---

12) 2010년 4월 8일 〈원불교신문〉이 베르리너 판(기존 크기보다 다소 작게)으로 변경되어 과거 12면에서 24면으로 확대되었는데, 2011년에는 한달에 한번 24면으로, 2012년에는 격주 단위 24면으로 늘어났다.

13) 「류성태 교무의 문목둘러보기」 총 137조에서 3회가 증가된 것은 첫회 연재로서 서두를 장식하고, 마지막 회 두 번의 연재로서 결론을 맺었기 때문이다.

3. 문목 연재의 해석학적 접근

문목의 해석학적 접근을 용이하게 할 수 있도록 우선 해석학의 개념을 언급하고자 한다. 해석학은 현상학과 관련이 있는 바, 후설의 현상학이 등장하기 이전에 이미 슈라이에르 마하와 딜타이의 해석학이 성립하였다. 이러한 근대 해석학이 성립하기 이전에도 해석학은 석의(釋義)로서의 성서해석학이나 고전문헌학으로 존립했었다. 의미에 관한 물음을 모태로 하여 해석학과 현상학은 상호 연결되어 있는데, 해석학은 시대가 안고 있는 현상을 그 전제로 하기 때문[14]이라고 리쾨르는 언급하였다. 곧 해석학이란 근대에 형성된 학문으로 경전 주해와 고전 주해, 실제 파악과 문제 및 대안 제시 등을 제반 현상에 비추어 합리적 · 효율적으로 연구하는 학문 방법론이라 정의할 수 있다.

이러한 맥락에서 원불교 해석학은 시의성을 살린 현재의 상황을 중시하면서 경서 주석, 교리의 요해, 교화 방법의 모색을 위해 다양한 학술적 방법론을 추구하는 학문이라 볼 수 있다. 새로운 해석학은 시대사회가 안고 있는 현안문제에 대한 교리적 대안까지 제시해야 하므로 원불교학계가 짊어진 짐은 무겁다[15]는 지적에 환기를 요한다. 본 연구에서 문목의 언론지 연재의 해석학적 접근이란 ① 〈원불교신문〉의 문목 게재의 특성을 살펴본다는 것이며, ② 학제간 자료의 섭렵을 통하여 문목을 구체적으로 요해한다는 것이며, ③ 현실에서의 문목 실천을 위한 합리적이고 효율적인 방법론을 모색한다는 것이다.

---

14) 梅原猛 · 竹市明弘 編/朴相權 譯, 『해석학의 과제와 전개』, 원광대출판국, 1987, p.203참조.
15) 양은용, 「원불교 학술활동의 현황과 과제-원불교사상연구원의 학술 · 연구활동을 중심으로」, 『원불교사상과 종교문화』 47집, 원광대 · 원불교사상연구원, 2011.2, p.154.

원불교학 연구자들은 경전 주해, 교리의 이해 및 현실 응용에 있어
서 다양한 해석학적 방법론을 모색해 왔다는 점에서 교학 발전에 기
여해 왔다. 교학 연구의 전문가적 식견에 의해 교리의 재해석을 통한
정신문화의 구축은 물론 교단 발전에 도움을 주고 있기 때문이다. 그
동안 학자들은 이전의 교설들을 재해석하여 왔으며, 그들의 재해석은
정신세계에 있어 어떤 새로운 발견만큼이나 소중한 것이었다.16) 교학
연구자의 다양한 해석학적 접근은 교리 이해의 지평을 열고, 교단 발
전의 방향을 구체적으로, 또 합리적으로 제시할 수 있다는 점에서 지
속적인 노력이 필요하다.

이러한 맥락에서 원불교사상과 관련한 학회활동, 학술논문, 저술활
동, 언론필진 참여 등은 높이 평가되어야 할 일이다. 근래 원불교 3대
육영기관에 근무하는 교학연구자들의 〈원불교신문〉 연재와 관련한 선
행사례17)가 있다. 최근의 상황을 보면 원광대 원불교학과 정현인의
「대종경강의」(71회), 고원국의 「정전강의」(37회), 영산선학대학교 박혜
훈의 「정전강의」(47회), 대학원대학교 민성효의 「정전강의」(39회), 뒤
이어 원광대 류성태의 「문목둘러보기」(140회)가 〈원불교신문〉 「교리」
코너에 연재되었다. 이들 나름의 연구성향과 서술방식에 따라 원불교
언론지에서의 학술담론이 공유되면서 그 반향을 일으켰던 것도 사실
이다.

필자의 경우 초기교서에서 거론된 「문목」 137조목의 연재라는 점에

---

16) 라다크리슈난 저, 이거룡 옮김, 『인도철학사』 I , 한길사, 1996, p.91.
17) (1) 정현인의 「대종경강의(변의품40장~성리품 31장) 71회(2006.6-2007.12) 1년 6
    개월, (2) 고원국의 「정전강의(교법의 총설~최초법어) 37회(2007.1-2007.11) 1년,
    (3) 박혜훈의 「정전강의(일원상 진리~법위등급) 47회(2008.1-2008.12)=1년, (4)
    민성효의 「정전강의(염불법~법위등급) 39회(2011.1-2011.11) 1년, (5) 류성태의
    「문목둘러보기」 140회(2010.1-2013.1) 3년.

서 선행연구와 주제 전개에 있어서 다소의 차이가 있다. 선행연구자들은 현행본 『정전』 교리항목, 『대종경』 각품의 대의 등을 중심으로 연재한 점에서 주제의 유연한 설정과 용어사용에 융통성이 있었다면, 필자의 경우 137항의 문목 원제(原題)를 변경할 수 없이 표제(表題)를 그대로 설명해야 하는 관계로 어려운 점이 적지 않았다. 선행연구자들의 세련된 제목 설정이 독자로 하여금 흥미를 유발하는데 상당한 도움이 됨과 동시에 문목의 난해한 내용 설명에 심도 있는 전개가 요구되었다는 뜻이다.

무엇보다 「문목둘러보기」 코너에서는 장기간 문목 연재로 인해 무명 극복과 깨달음에 관련된 논리 전개의 일관성을 유지할 수 있었으며, 해석학적 방법론에도 나름대로의 전형(典型)을 견지할 수 있었다. 더욱이 의두 성리의 전신인 문목의 특성을 고려하여 초기교서의 섭렵에 초점을 두었다. 이는 초기교단의 창립정신과 공부 풍토를 오늘의 시점에서 재조명해보자는 것이다. 본 연구에 적용된 해석학적 방법론의 특성을 구체적으로 항목화하여 예시하면 다음과 같다.

첫째, 문목 요해에 있어 서두에서는 주로 주제에 대한 호기심을 불러일으키면서 이의 직관적 방법으로의 접근을 유도하였다.[18] 예컨대 문목 80조 「어떠한 사람은 평생에 횡액이 없고 원명(元命)으로 죽는지 연구할 사」라는 주제는 신비적 호기심을 자극한 것이다. 『옥추경』의 칠성신앙 신봉자들은 각종 재앙과 아홉 가지 횡액을 면하고자 북두칠성에 기도하곤 했으며, 북극성 위에 삼태성이 있어서 두괴성(斗魁星)을 덮고 있으니, 만일 사람의 본명(本命) 중 그 별이 비치면 생전에 형벌이나 옥살이할 염려가 없다(원불교신문, 2011.9.30)는 것이 이것이다.

---

18) 문목은 성리의 전신이라는 면에서, 곧 성리가 갖는 특성이 직관적 요해가 요구된다는 면에서 논리적 사실성에 구애됨을 벗어나 논리초탈의 은유와 직관적 성향을 염두에 둔 접근법이 이와 관련된다.

내용의 신비적 호기심이 가미된 것은 주로 도가 성향의 문목들(41, 42, 43, 44, 49, 53, 86, 87, 88, 89, 109, 113, 120)이 적지 않았기 때문이며, 아울러 서두에서 독자의 관심을 적극 유도하려는 의도가 있었기 때문이기도 하다.

둘째, 각 문목의 등장 요인을 이슈화하면서 가능한 사실적인 방법으로[19] 이를 설득하려 하였다. 이를테면 문목 제2조 「중생을 살생하면 중죄라 하였으니 연구할 사」에서는 "약육강식과 물질주의가 팽배해지면서 인간의 목숨이 파리 목숨처럼 살상되는 현상에 대하여 생명경외의 정신을 넣어주려는 의도가 있다"(원불교신문 2010.1.29)는 것을 환기시키며 '생명경외'라는 문제를 이슈화한 것이다. 즉 문목의 주제가 갖는 상징성을 이슈로 끌어들임으로써 이를 설득력 있는 논리로 풀어나가는 방식이 응용되었다는 뜻이다. 그리고 자연현상과 관련한 문목 조항(121~137조목)이 의외로 많다는 점에서 원불교 교리의 합리정신에 어울리게 사실적 설명의 방법으로 접근한 것이다.

셋째, 문목의 소재가 지니는 전통종교적 성향에 따라 유불도 사상의 섭렵과 학제간 연계를 중심으로 논리를 전개하였다.[20] 문목 12조 「예 아닌 의복으로 몸을 윤내고 보면 죄의 근본을 일어낸다 하였으니 연구할 사」에서는 불타의 검박한 옷을 입고 보시정신을 강조한 내용을 언급하면서 유교의 증자와 공자의 예를 들며 의식주에 흔연한 성자의 모습을 드러낸 것이다(원불교신문, 2010.4.23). 소태산의 유불도 3교의

---

19) 문목은 의두의 전신이므로, 의두가 지니는 성향은 어떠한 의두 항목에 대하여 사실적이고 합리적인 추구 방법을 추구하는 성향이다.

20) "원불교는 스스로 불법을 주체삼아 과거 모든 종교의 교리까지도 통합 활용하여 가장 원만한 완전무결을 지향하는 종교로 자처한다. 따라서 원불교는 보기에 따라 유교, 양명학, 도교, 불교, 동학, 증산교, 기독교적이기도 한 것이 당연하다"(강돈구, 「원불교의 일원상과 교화단」, 『한국종교교단연구』 5집, 한국학중앙연구원 문화종교연구소, 2009, pp.29-30).

통합 활용의 정신에 비추어 유불도를 섭렵하되 유교와 관련된 문목의 경우(27, 40, 75, 76, 114, 115)와 불교와 관련된 문목의 경우(26, 37, 38, 39, 46, 47, 50, 57, 60, 82, 83, 84, 85, 92, 95, 96, 97, 98, 99, 100, 101, 102, 103, 104, 106, 107, 117)가 상당 부분을 차지하여 이러한 전통종교의 자료들을 동원한 것이다.

넷째, 초기교서와 초기교단의 정기간행물에 근거하여 소태산 당시의 교리 본의에 충실하도록 하였다.[21] 예컨대 문목 40조의「부처님 말씀에 공부자는 위로 네 가지 중대한 은혜를 갚아야 한다 하셨으니, 그 은혜를 알아 그 은혜를 갚기로 하면 그 은혜를 연구할 사」에서는 원기 12년 발간된『수양연구요론』을 상기시켜, 원기 14년에 비로소 사은이 교리 강령으로 정착되었다는 점에서 본 문목은 원불교 사은이 형성되기 2년 전 불교 사은으로 보인다(원불교신문, 2010년 11월 26일)고 했다. 또한 문목 133조의 설명에서는『월보』의 내용을 등장시켜 "종사주의 지휘를 받아 풍우상설(風雨霜雪)을 피하지 않고 방언역사에 노력하시던 구인선배의 공덕을 새삼스러이 느끼게 된다(영광지부 상황, 월보 39호, 시창 17년 8월). 원불교 창립과 발전의 역사 속에는 눈비 혹은 우박이 내리던 상황에서 기초를 다져왔다는 사실이다"(원불교신문, 2012.12.14)라고 하였다. 이처럼 초기교서의 자료로는『수양연구요론』『월보』(월말통신, 회보 포함)를 자주 인용하였다. 소태산 재세시 교조의 훈증을 통한 초기교단의 공부풍토를 드러내려는 측면이 강조된 것이다.

---

21) 교단사 연구나 교리사상의 연구에 있어서 대부분의 교학연구자들은『정전』『대종경』『예전』『교사』『정산종사법어』등에 근거하여 연구한다. 그러나 교리 인식의 확대를 위해서는 교서 이전의 각종 자료들로서 초기교서류와 초기 정기간행물의 자료들이 최대한 활용되어야 한다(신순철,「불법연구회 창건사의 성격」, 김삼룡박사 화갑기념『한국문화와 원불교사상』, 원광대학교출판국, 1985, p.910참조).

다섯째, 내용의 후반부에서는 주로 이를 실천할 수 있는 수행의 당위성과 방법론을 제시하는 것으로 결론을 유도하였다.[22) 문목 124조「조수왕래하는 것은 어떠한 이치인지 연구할 사」의 결론 부분에서 수행의 당위성을 다음과 같이 언급하였다. "하늘은 왜 푸르며, 조수 왕래는 왜 하는가에 대한 관심을 갖고 의두 연마에 정성을 기울이지 않을 수 없으니 깨달음이란 멀리 있지 않다"(원불교신문, 2012년9월 14일). 그리고 수행의 방법론 제시로서 문목 123조「주야되는 것은 어떠한 이치인지 연구할 사」의 후반에서는 "원불교에 있어서 주야는 우리가 터득하며 살아가야 하는 방법 두 가지로 인도해 준다"면서 ① 우주 '변화'의 원리를 알아 해탈하는 것이며, ② 적공의 시간 개념으로서 밤낮으로 적공을 하라는 것이다(원불교신문 2012년 9월 7일). 이처럼 후반부에서 수행의 당위성을 환기하면서 그 방법 제시로써 말미를 장식하였다.

그러나 언론매체를 통한 문목의 해석학적 방법으로서 위의 5가지 방법을 지향하되 고수한 것은 아니며, 고정된 전형(典型)의 모델이 반드시 필요한 것도 아니라 본다. 다시 말해서 언론지 연재에 있어 내용 구성은 필진의 성향에 따라 융통성 있게 변경될 수도 있는 바, 원불교 사상의 심화와 응용에 도움이 된다면 유연한 방법이 좋을 것이다. 다만 그 방법론이 해석학적 측면에서 창의적이어야 하고 현실에서 효율적으로 실현가능한 것이어야 한다. 2007년 졸저『원불교 해석학』의 간

---

22) 다음의 지적은 필자로 하여금 수행 방법론의 중요성을 더욱 인지하는 계기가 된다. "논자의 소견으로는 아직 삼대력 수행에 관한 전문성과 방법론 등에 있어서 미비한 점이 적지 않다. 우선 마음의 개념 정의조차 충분히 되어 있지 않음은 물론 그 근본원리와 구체적 실천방법론 등이 초보단계를 벗어나지 못하고 있다. … 설혹 한때 각광을 받는 듯해도 그것은 자칫 한시적 유행의 차원에 머물고 말기 쉬운 것이다"(노권용,「교리도의 교상판석적 고찰」,『원불교사상과 종교문화』45집, 원광대 원불교사상연구원, 2010.8, p.287).

행 당시 〈원불교신문〉 사설에서는 다음과 같이 지적하고 있다. "원불교 해석학은 학문적 접근 방법을 통해 교단이 보다 창의적으로 발전할 수 있는 가능성을 다각도로 타진하는 기능을 해야 한다."[23] 교학의 발전이 교단의 발전에 직결된다는 점을 지적한 것이 이것으로, 교학 연구의 한 구성원으로서 사명감을 진작시키는 것으로 이해된다.

어떻든 교학의 해석학적 접근에서 주목해야 할 것이 있다. 즉 주제의 효율적 접근방법을 중시하는 '해석학'의 특성은 해석의 구체적인 장에서만이 아니라, 해석학 자체로서도 존재론적 위상을 전제한다[24]는 점을 참조할 일이다. 교리 연구에 있어서 원불교 해석학이 지니는 상징성과 그 역할은 적지 않기 때문이다. 위에서 정형화된 필자의 해석학적 방법론이 〈원불교신문〉에 연재되는데 있어서 논제(論題)를 풀어가는 방식에서 일말(一末)의 참고가 될 수도 있으리라 본다.

4. 문목 연재의 의의와 과제

소태산은 『정전』「개교의 동기」에서 물질의 개벽과 더불어 정신의 개벽을 강조한다. 정신개벽은 도학이요, 물질개벽은 과학이라는 면에서 원불교에서는 도학과 과학을 병진하라고 가르친다. 도학이란 우주 만유의 이치와 인간 본연의 성품을 탐구하는 형이상학 성격의 탐구분야라면, 과학은 현실의 학문세계와 생활 편의를 위해 탐구하는 실제의 학문 영역이다. 즉 문목 연마 그 자체는 도학의 영역이라면, 문목 연마를 하기 위한 해석학적 방법론으로의 접근은 과학의 영역이라 본다.

---

23) 편집자, 「사설-원불교해석학〉이 주는 의미」, 〈원불교신문〉 2007년 4월 7일.
24) 梅原猛·竹市明弘 編/朴相權 譯, 『해석학의 과제와 전개』, 원광대출판국, 1987, p.69참조.

이를테면 문목 연마의 중요성을 부각시키고 이를 실제에 적용할 수 있도록 언론 매체의 연재를 통해 해석학적 접근을 시도하는 것도 도학과 과학의 병진이라 본다.

이러한 근본 취지에서 볼 때 본 문목에 대한 연구는 다음과 같은 몇 가지 의의를 지닌다.

첫째, 문목의 〈원불교신문〉 연재와 관련한 해석학적 접근은 일차적으로 원불교 본연의 문목(의두 성리) 연마에 대한 관심 부여라는 점에서 그 의의가 있다. 출가 재가들로 하여금 의두 성리에 관심을 유도한 점에 있어서 한 사례를 들고자 한다. 〈원불교신문〉에 「문목둘러보기」가 연재된 것을 참조하여 서울 원덕회(회장 오정법)에서 필자에게 강연을 요청해 왔으며25) 본 요청에 의해서 2시간 특강을 하면서 의두 성리와 관련한 질의 형식의 문답감정도 병행하였다. 그 외에도 〈원불교신문〉에 문목을 연재하는 3년 동안 의두 성리의 연마 방법에 대하여 출가 재가의 감상과 조언도 경청하였다. 초기교단의 공부풍토를 이해할 수 있는 장이 되었다는 독자의 평가 등이 이와 관련된다.

둘째, 〈원불교신문〉에 「문목둘러보기」를 140회 연재하면서 문목의 효율적 전개와 관련한 다섯 가지 방법론의 전형(典型)을 제시한 것이다. 그 전형의 고착성과 유연성의 함수는 이미 전장에서 밝혔으며, 이 5가지 방법론에서 문목의 특성을 고려한 것은 물론 언론 지면의 한정(매회 200자 원고지 6.8매)으로 인해 내용 전개에 소홀할 수 있다는 점에서 구성의 일관성을 유지하는데 도움이 되었다. 의두 성리 연마의 방법론 속에는 성리 설파와 직결된 논리적 논증, 격외의 언설, 은유적

---

25) 류성태는 2012년 11월 21일 원불교서울회관에서 「대산종사대적공실」 법문 중 "1) 邊山 九谷路, 2) 有爲爲無爲, 3) 大地虛空 心所現"과 관련하여 2시간(오후 6:30-8:30) 강연을 하였으며 여기에는 원덕회원 및 수강희망교무 및 교도회장단 40여명이 참석하였다.

표현이 산견되므로 소태산이 성리를 지도하는 특유한 방법이 있음[26)]
을 감안하면 그에 적합한 전형의 방법론이 요구되고 있음을 인지해야
한다.

셋째, 의두 성리가 일선교화의 현장에서, 또는 수행인의 깨달음과
적공의 방법에 있어서 일면 도움이 되리라 본다. 교학의 연구가 학자
들의 성과물로 간과되는 성향이 있다는 점을 환기하면, 언론 매체를
통해 학자로서의 역할만이 아니라 수행자로서의 교리실천을 유도하는
시각을 반영하지 않을 수 없다는 것이다. 수행을 잘 한다는 것과 이론
을 잘 안다는 것은 성격상 다르지만 서로 관련이 없다고 할 수는 없
다[27)]는 사실은 부인하기 어렵다.

이와 달리 문목의 연재 과정에서 나타난 과제를 살펴보고자 한다.
문목에 대해 절대적 가치를 부여하기에는 초기교단의 전환기적 미완
의 교리라는 한계를 거론할 수 있다. 문목이 원기 12년(1929)『수양연
구요론』에 처음 등장한 이래, 또 다른 교리로 변신하였는데 그것은 의
두, 성리, 계문, 솔성요론 등으로 정착되었기 때문이다.[28)] 초기교단의
문목이 오늘날 정착된 의두 성리와 완전히 일치하느냐 하는 점에는
무리가 따른다는 것이다. 「문목둘러보기」첫회에서 다음을 밝힌 바 있
다. "앞으로 원불교에서는 『수양연구요론』의 137문목이 『육대요령』,
『불교정전』, 『교전』의 의두 성리로 변화되어온 사실들을 인지하여 경
전 결집이나 성리 해석에 있어 숙고해야 할 조목들이 있다면 이를 참
고해야 할 것으로 본다. 그것이 원불교 해석학의 과제이다"(원불교신
문 2010.1.15, 5면).

---

26) 박상권, 「소태산 성리해석의 지향성 연구」, 위의책, p.92.
27) 김도현, 원기93년도 기획연구《예비교무 교과과정개선 연구》, 원불교 교정원 기획
    실, 2008.11.28, p.14.
28) 류성태, 『원불교와 깨달음』, 학고방, 2012, pp.288-292.

또한 언론매체의 특성상 지면의 한계로 인하여 각 문목의 온전한 설명에 한계가 따른다. 직관적이고 난해한 용어들을 설명하는데 지면 할애가 필요한 상황에서 설명을 충분히 할 수 없었기 때문이다. 세련된 주제의 설정에 제약이 있는 관계로 독자의 이목을 집중하는데 어려움이 적지 않았다. 그로 인해 전개 방법론에 있어서 연재 중간 중간에 독자와의 대담형식의 전개라든가, 기자와의 인터뷰 방식 등이 효율성을 배가하는 방안으로 응용되었으면 하는 아쉬움이 뒤따른다.

아울러 교리정신에 따르면 이론 제시의 측면과 실제의 활용이라는 양면성을 고려해야 하지만「문목둘러보기」에서는 해석 중시의 논리를 전개하였다. 경전 내용을 자득하는데 있어서, 교학(教學)의 자의를 이해하고 해석하는 것을 넘어서서 실지로 수행(修行)해 보는 것이 필수적이라[29]는 사실을 간과하지 않았나 하는 점이 그것이다. 특히 문목은 학술적 이론만으로 다가설 수 없는 점을 감안하면, 의미의 해석 위주로 논리를 전개한 점은 학술 연구에 길들여진 필자의 매너리즘 탓이라 본다. 문목의 연마를 통한 실제의 체험으로 이어지는 사례를 제시하는데 소홀한 감이 적지 않았기 때문이다.

5. 오염수의 극복

고금을 통하여 문목(의두 성리)이 도가에서 강조되어온 이유는 무엇인가? 수도인으로서 견성과 성리를 통하지 못하면 오염수(汚染修)에 떨어지므로 의두와 성리 연마를 통해서 무지와 무명을 극복하고 진리의 깨달음에 다가서야 한다는 사실 때문이다. 성리에 근원하지 않는

---

29) 김도현, 상게서, pp.8-9.

것은 원만한 도가 아니며, 그것은 사마외도로서 미신숭배의 길로 떨어
질 우려가 있다.30) 종교의 문에 성리를 밝힌 바가 없으면 이는 원만한
도가 아니므로 성리는 모든 법의 조종이 되고 모든 이치의 바탕이 된
다(대종경, 성리품 9장)는 법어를 직시하지 않을 수 없다. 성리의 전신
으로서 문목에 대한 〈원불교신문〉의 연재는 깨달음을 향한 정법교리
의 중요성과 관련이 있다고 보는 것이다.

언론 매체를 통한 교리의 접근법은 교리의 보편화 내지 실천교학의
측면을 부각시키는 일과 관련된다. 대부분의 학자들이 연구한 논문들
이 전문 학술지에 게재되는 성향에 비추어 볼 때, 대중 전달에 유용한
언론매체를 활용하는 것이야말로 교법의 홍보와 교리의 새로운 응용
방법의 제시라는 면에서 고무적인 일이 아닐 수 없다. 원불교학 연구
자들이 학술적 교리 정립에 충실하면서도 새로운 차원의 교리 연구를
위한 문제의식을 공유하고, 이에 대한 과제가 새 방법론으로 반영되어
야 한다31)는 점을 상기할 필요가 있다.

따라서 언론매체를 통한 교학연구자들의 원고가 해석학적 방법론을
통해 교리 이해에 도움이 되고 재가 출가의 실제적 삶에 응용될 수 있
다면 교학 발전은 물론 교단의 발전에 기여하는 것이다. 졸저『원불교
해석학』과 관련하여 〈원불교신문〉에서는 이를 사설로 다루었다. "원
불교 해석학은 학문적 접근 방법을 통해 교단이 보다 창의적으로 발
전할 수 있는 가능성을 다각도로 타진하는 기능을 해야 한다. 현실에
의미를 부여하기 위해서는 새로운 안목으로 바라볼 수 있어야 한다.

30) 류성태, 「수양연구요론의 문목 연구」, 『원불교사상과 종교문화』 45집, 원불교사상
연구원, 2010.8, p.369.
31) 양은용, 「원불교 학술활동의 현황과 과제-원불교사상연구원의 학술・연구활동을
중심으로」, 『원불교사상과 종교문화』 47집, 원광대・원불교사상연구원, 2011.2,
p.150.

… 원불교 해석학은 단지 원불교 사상의 관념론적 조명에만 그치지 말고 교화 비전을 세우는데 실질적인 연구를 시도해야 할 것이다. 현장 교화에 응용될 수 없는 방법론 결여의 연구는 사상누각일 수도 있기 때문이다. 원불교학의 미래 없이는 원불교의 미래도 보장될 수 없다는, 학문하는 사람들의 말에도 귀를 기울이자."[32] 원불교의 미래를 해석학적 측면에서 가늠해야 한다는 시대적 안목을 언론의 사설로써 드러낸 것이다.

환기컨대 원불교 100년의 성업은 '자신성업봉찬사업'과도 관련되므로 깨달음을 향한 자신불공으로서 의두 성리의 연마에 부단히 노력해야 한다. 〈원불교신문〉에 연재된 「문목둘러보기」는 언론의 파급력에 힘입어 교단의 의두 성리와 관련한 공부 풍토의 조성이라는 측면에서 재가출가 교도들에게 실질적으로 도움이 되기를 바라는 것이다. 의두 성리의 전신으로서 문목은 우리가 온전한 성리 연마를 위해서 충분히 접근해볼 필요가 있으며, 소태산 당대의 견성, 곧 깨달음의 기준이 무엇이었는지를 검토해볼 필요가 있다. 당시의 문목시대로 돌아가자는 것은 아니며, 초기교단의 공부풍토를 노정하고 그 본질을 각인하면서 심오한 의두 성리의 연마로 유도하자는 것이다.

앞으로 원불교 교리의 요해 및 사회 현안 등에 대한 해석학적 접근은 더욱 요청되리라 본다. 새로운 시대는 전문가의 시대이며, 그들의 학술적 방법론을 제반의 연구에 동원함으로써 현실에 응용할 수 있는 길이 확보되기 때문이다. 우리는 연구 자료를 다루는 능력이 보통 사람의 능력과는 전혀 다른 전문적 역사가들의 집단이 있다는 사실을 숙고해야 하며, 이 전문가는 사실 전달에 머무르지 않고 사실들을 확증하고 해석하는 일정한 기술을 알려주는 일[33]에 몰두해야 한다. 교

---

32) 「편집자, 〈사설-원불교해석학〉이 주는 의미」, 〈원불교신문〉, 2007년 4월 7일.

학을 연구하는 전문가 집단이 각고의 연구를 통해서 지혜를 밝혀줄 교리 해석과 그 응용에 관심을 기울여야 하는 것이다.

교학연구자의 논문이나 저술이 소수에게 읽히는 한계를 넘어서 일반 독자층에게 폭넓게 다가설 수 있는 방법은 지속적으로 연구되어야 한다. 본 연구가 원불교 언론의 역할과 관련된 관계로 원불교학의 과제에 대한 〈원불교신문〉의 기사를 다음과 같이 공감한 적이 있다. "원불교는 개교 이래의 역사가 짧을뿐더러 원불교학 연구의 역사는 타종교에 비교할 수 없을 만큼 일천하다. 따라서 지금 원불교학의 정체성을 말하는 것은 너무 성급하다. 그러나 앞으로 전개될 원불교학의 진로와 중심축을 다듬어 정립하는 일은 지금이 적기라고 할 수 있다."[34] 이는 타당한 지적이라 보며, 원불교학 연구의 해석학적 전개가 시작된 것은 그리 오래되지 않은 관계로 교학연구 50여년의 역사 속에서 비추어보면 천단한 역사일 따름이다. 다만 본 문목의 해석학적 방법론의 5가지 전형(典型)은 언론지 게재와 관련한 효율적 전개라는 점에서 문제의식의 일단이라 본다.

---

33) W.H. 월쉬 지음, 김정선 옮김, 『역사철학』, 서광사, 1989, p.49.
34) 박상권, 「원불교학의 새 지평 열어가자」, 〈원불교신문〉, 2001년 2월 23일, 4면.

제1편

견성의 이론

제1장

견성의 난제

1. 견성은 어려운가?

복잡하고 분주한 세상에서 살다보면 뜻하지 않게 어려운 일들이 곳
곳에서 발생한다. 갑자기 닥치는 난관을 극복하는 방법도 사람의 성향
에 따라 각기 다를 것이다. 순치황제가 일상의 어려움에 직면한 현실
을 탄식하였으며, 이를 극복하려는 처절한 의지가 그의 출가시(出家
詩)[1]에 나타나 있다. "곳곳이 수행처요, 쌓인 것이 밥이거늘(天下叢林飯
似山), 어데 간들 밥 세 그릇 걱정하랴(鉢盂到處任君餐), 황금 백옥이 귀
한 줄 아지 마소(黃金白璧非爲貴), 가사 얻어 입기 무엇보다 어려워라
(惟有袈裟被最難)." 그로서는 우국애민(憂國憂民)의 심경에서 하루하루가
고통스러웠을 것이며, 이에 승가에서 한나절 휴식을 취함만 못하다고
하였다. 순치황제가 가장 어렵게 생각한 것은, 부귀영화의 왕좌에서 무
상을 깨닫고 견성의 세계로 향하는 출가였을 것이다. 가사(袈裟) 옷 얻
어 입기가 정말 어려웠다는 그의 고백은 이를 시사하는 대목이다.

아무리 생각해 보아도 세상의 부귀영화를 누리다가 출가를 감행, 무
명의 회색옷을 입고 순백의 나물을 먹는 세계로의 이동은 쉽지 않았

---

1) 주산종사가 「古德名詩」를 『회보』 44~65호(1938-1940)에 연재한 내용을 보면, 유
불선의 시인·선사의 시, 게송을 소개하였고, 소동파, 백락천, 부설거사, 진묵대사,
서산대사 나옹대사 참선곡, 목우십도송, 순치황제 출가시도 소개하였다(박용덕,
『천하농판』, 도서출판 동남풍, 1999, p.116참조).

을 것이다. 출가란 세속의 영화를 단절해야 하는 만큼 결단하기 어려운 일이기 때문이다. 물론 삶의 가치를 어디에 두느냐에 따라 이러한 결단은 새로운 국면에 접하게 된다. 부귀영화를 삶의 가치로 삼느냐, 아니면 참 마음을 발견하는 견성을 가치로 삼느냐에 따라 어렵게만 느끼지는 출가, 수행의 문은 쉽게 열릴 것이다. 참 마음을 발견하는 일이 견성이라는 면에서 견성 성불을 위해 출가의 길로 들어서는 일은 오랜 서원에 의한 종교적 신행(信行)으로서 가능한 일이다.

견성을 이루는 것이 구도자로서 쉽지 않겠지만 간절한 염원으로 접근하면 어렵지 않다고 본다. 대산종사는 이에 말한다. "견성이라고 하면 멀리 느껴지니 부처님을 보았다고 하라."[2] 수도하는 사람들에게 다짜고짜 "당신 견성했소"라고 물어본다면 누구나 쉽게 "그렇다"라고 대답하지 못할 것이다. 견성은 어려운 구도의 고행 끝에 이루어지는 것이기 때문이다. 그러나 간절한 적공 끝에 "청정 법신불을 보았다"고 하면 된다. 청정 법신불은 나의 마음이 청정함을 발견하는 것이요, 세상사가 처처불로 보일 때 나타나는 것이다. 견성이란 어렵게만 생각하지 말고 쉽게 접할 수 있다는 성자의 가르침을 새겨볼 때이다.

우리는 무엇이든 하기 쉬우면 누워서 떡먹기라고 말한다. 가만히 앉아서 떡 먹는 것처럼 쉬운 일은 없을 것이다. 소태산 대종사는 견성하는 것이 밥 먹기보다 쉽다고 하였다. 이는 누워서 떡을 먹든, 앉아서 밥을 먹든 어렵지 않다는 상징적 어법이다. 도(道) 이루기가 어렵다는 한 제자의 질문에 소태산은 답하기를 '그대들이 지금은 도 이루는 법을 알지 못하므로 그러한 말을 하거니와, 알고 보면 밥 먹기보다 쉬운 것'[3]이라 하였다. 도를 이룬다는 것은 견성을 하는 것이자 득도를 하

2) 『대산종사법문』 3집, 제5편 법위 68.
3) 『대종경』, 서품 11장.

는 것이다. 견성 득도가 어려운 일인데, 정말 밥 먹기보다 쉬운 일인가?

소태산의 구전심수를 몸소 체받은 김정용 교무는 견성이 밥 먹기보다 쉽다는 것을 다음과 같이 말한다. "견성 성불하고 도인되는 공부는 생활을 떠나서 멀리 있는 것이 아니요, 어려운 문자 속에 있는 것이 아니라 밥 먹고 코 푸는 일상생활 속에 있는 것이며, 대종사의 가르침 속에 길이 있음을 말한 것이다."⁴⁾ 견성 성불하는 것은 어려운 문자를 터득하는 것이 아니며, 또한 일상의 생활을 벗어나 있지 않기 때문이다. 교법을 있는 그대로 실천하면 된다. 그래서 김교무는 소태산의 가르침을 새기며 인용하기를 "내가 하라는 대로만 하면 견성 성불하기가 코 풀기보다 쉽다"고 하였다. 견성은 교법의 가르침에 충실히 따르는 것이며, 사도의 기행(奇行)에서 찾는 실수를 극복한다면 어렵지 않다는 것이다.

그러면 학식이 적은 사람이나, 경제적으로 가난한 사람이나, 심신의 고통스런 경계에 상처받은 사람이나, 사업에 실패하여 좌절한 사람이라도 어렵게만 여겨지는 견성을 할 수 있다는 것인가? 대산종사에 의하면 마음이 경계에 아무리 꺾였다 하더라도 다시 성현의 마음에 접을 붙이면 곧 살아난다고 했다. 한 제자가 견성을 못한 사람도 그와 같이 할 수 있느냐고 하자, "견성했다 못했다 할 것이 없다. 부처님은 몇 생을 닦으셨느냐"⁵⁾라고 답했다. 모진 경계에 고통을 겪어본 사람이라 해도 퇴굴심을 내지 말고, 또는 조급심도 갖지 말며 오로지 구도의 일념으로 살아간다면 견성은 어렵지 않다는 것이다. 견성을 어렵게 만드는 것은 오히려 견성에 대한 퇴굴심이나 조급심이라는 사실을 일깨

4) 김정용, 『생불님의 함박웃음』, 원불교출판사, 2010, p.22.
5) 『대산종사법문』 3집, 제5편 법위 31.

워주는 법어이다.

견성이 어렵다는 것을 무조건 부정하는 뜻은 아니다. 공부인으로서 견성하고 득도하는 일이 어려운 것도 사실이다. 석가모니가 어렵게 여기는 것으로서 불법을 만나는 일과 견성하는 일이었다. 『아함경』「권청품(勸請品)」에서는 부처님이 사위국의 급고독원에 있을 때 비구제자들에게 다음과 같이 말하였다. "첫째는 법을 설하는 사람의 세상에 나타나는 것을 만나기가 참으로 어렵고, 둘째는 법인 진리를 듣고서 받들어 지니고 행하는 사람을 만나기가 참으로 어렵다." 정법 스승을 찾아서 불법을 열심히 공부하는 것이 견성 득도의 어려움을 벗어나는 길[6]임을 밝혀준다. 구도의 신념으로 불법을 연마하고, 청정 자성불을 찾아 나서는 구도자의 자세에서 어렵게만 느껴지는 견성이 실현 가능하다는 사실을 알아야 한다.

2. 견성과 불견성(不見性)

우리가 원하는 만큼 세상에는 다 갖추어져 있는 것이 아니다. 갖추어져 있다고 해도 이 모두를 취할 수 있는 것도 아니다. 각자의 일터에서 자신이 설계한 분야에 몰두하여 그와 관련된 도구를 활용할 때 원하는 것을 취할 수 있기 때문이다. 목수에게 먹줄과 잣대라는 도구가 필요하듯이 도가의 수도인에게는 견성을 위해 경전이 필요하다. 『대종경』성리품 21장에 나타나 있듯이, 우리가 아직 견성을 못했더라도 대소유무의 이치를 가지고 시비이해를 밝혀 준 것이 경전이니, 목

---

6) 조용길, 「불교의 포교이념과 현대불교의 포교 경향」, 《교화방법의 다각화 모색》, 원불교대학원대 실천교학연구원, 2006.11.10, pp.7-8.

수와 잣대를 비유해서 생각해 보면 공부에 도움이 될 것이다.[7] 목수
가 큰 건물을 짓기 위해 도구를 갖춘 것은 비컨대 수도인이 견성할 수
있도록 경전을 구비해 두라는 의미이다. 목수에게 먹줄과 잣대가 필수
품이라는 것은 견성을 못한 수도인에게 경전이 필수품이라는 것과 같
다. 그것은 견성에 이르는 핵심 도구이기 때문이다.

  종교인으로서 견성을 하는 도구를 갖추지 않고 안이하게 살아간다
면 불법의 진리와 동떨어진 삶을 보내게 된다. 무엇보다 견성을 못하
면 철없는 아이처럼 어리석은 행동을 하게 된다. 철없는 아이의 삶은
자신에게 주어진 생에 대하여 아무런 의미도 모르며, 조그마한 난관에
부딪치더라도 어리석은 행동을 하기 때문이다. 소태산은 견성을 못하
면 지혜가 밝은 불보살이 중생들을 볼 때에 마치 철없는 어린아이와 다
름없이 우치해 보인다[8]고 하였다. 불멸과 인과를 모르기 때문에 나타난
현상이라 본다. 자녀를 가르침에 있어서도 어린아이가 철이 없으면 위
엄으로 가르치라(대종경, 인도품 45장)고 하였으니, 부모의 역할로서 자
녀들이 마음의 신앙처를 두고 바르게 살도록 인도하라는 것이다.

  또한 견성을 못하고 사는 종교인은 부모 형제의 내역 모르는 것과
같다고 볼 수 있다. 우리가 어릴 때에는 부모 형제의 내역과 촌수를
잘 모르며 그에 대한 도리도 모르고 지내다가 차차 지혜가 열릴 때 그
내역과 촌수와 도리를 알게 되는 것은, 공부의 심천(深淺) 정도에 따라
서 중생이나 불보살로 되는 내역과 같다[9]는 것이다. 견성을 하지 못
한 사람은 자신의 부모 형제의 촌수조차 모르고 살게 되므로 참 불법
의 지혜를 얻어서 이를 극복해야 한다. 아무런 공부심도 없이 불법을
연마하지 않고 사는 사람은 견성의 진리생활과는 거리가 먼 중생의

  7) 박장식, 『평화의 염원』, 원불교출판사, 2005, p.212.
  8) 서문성 편, 『대종사님의 그때 그 말씀』1, 원불교출판사, 2002, pp.9-10.
  9) 『대종경』, 부촉품 14장 참조.

나락으로 떨어지기 때문이다.

수도인으로서 견성을 하지 못하고 보면 정도(正道)보다는 지엽적 방편에 매달리게 되며, 정작 삶의 방향도 잃게 된다. 그러한 삶은 눈이 있어도 자신의 눈을 보지 못하는 맹인의 삶을 살게 되는 것이다. 보조국사는 『수심결』에서 다음과 같이 밝힌다. "만일 방편을 지어서 다시 앎을 구할진대 비컨대 한 사람이 있어 자기의 눈을 보지 못하고 써 이르되 눈이 없다고 하여 다시 구해 보고자 하는 것과 같다."[10] 따라서 참다운 앎을 구할진대 자신의 영지(靈知)를 찾는 공부를 해야 하며 그것이 견성이라 한 것이다. 반야의 영지와 지엽적 방편 사이의 양자 선택은 밝은 눈을 통한 정견(正見)의 여부에 달려 있다. 방편에 매달리는 삶은 견성과는 거리가 멀어지며 그것은 진리에 어두운 봉사의 생활과 같은 일이다. 진리를 밝혀 보는 눈이 없어서 어두운 삶을 살 수밖에 없으므로 견성 못한 삶의 실상이 참으로 가관일 것이다.

또 불문에 귀의하여 불법을 신앙하는 사람이 무상진리의 깨달음으로 이어지는 견성의 세계에 눈을 뜨지 못하면 아무리 쌓아올린 부귀영화도 허망하다. 내면의 맑은 성품을 보지 못하고 외양의 화려한 장식만 갖추다가 열반에 이를 때 그것은 한갓 먼지로 돌아갈 것이기 때문이다. 원기 20년(1935) 동선 때, 정형섭이 자신의 딸을 데리고 중앙총부에 와서 소태산 대종사께 소개시켰다. "대종사님, 시집간 제 큰 딸입니다." "좋은 가문에 시집가서 남편 사랑 받으며 자식 낳고 사는 재미가 매우 크겠지?" "그렇지 않습니다. 물질적으로 부러울 것 하나 없고, 남편사랑 자식재롱 속에 살면서도 세상사는 기쁨을 느낄 수 없습니다. 마음이 울적하고 가슴이 답답하기만 합니다." 여러 생을 수행해오던 사람이 잠시 세상 부귀를 맛보기는 하지만 세간락이 출세간락에

---

10) 『修心訣』 14章, 若作方便, 更求解會, 比如有人不見自眼, 以謂無眼, 更欲求見.

비하면 아무 것도 아니라며, "법명은 진오(眞悟)라 하고 금생에 한번
견성도인 되어보기로 할까"11)라고 했다. 무상의 진리를 깨닫는 견성에
눈을 뜨지 못한다면 설사 세속에서 누리는 부귀영화라도 허망한 꿈으
로 변한다는 사실을 소태산은 가르친 것이다.

참 성품을 발견하지 못하는 삶이 지속된다면 부귀영화에 탐닉된 어
리석은 중생들은 미망(迷妄)에 떨어질 수밖에 없다. 견성하지 못한 중
생들에게 나옹화상(1320~1376)은 오도송(悟道頌)을 통해서 부귀영화가
덧없음을 전하고 있다. "청산은 나를 보고 말없이 살라 하고(靑山要我
以無語), 창공은 나를 보고 티없이 살라 하네(蒼空要我以無垢). 사랑도
벗어놓고 미움도 벗어놓고(聊無愛而無惜兮), 물같이 바람 같이 살다가
가라 하네(如水如風而終我)." 부귀영화는 인간의 애증(愛憎)이 담긴 일
종의 굴레이다. 나옹화상은 그러한 애증을 시 한편에 담아 부귀영화에
대한 집착을 벗어나라 하였다. 깨달음에 이르지 못하면 누구라도 애증
의 굴레에 사로잡혀 청산을 볼 수 없고 맑은 물을 볼 수가 없기 때문
이다.

애증으로 굴절된 혼탁한 세속의 삶에서 신음하는 중생들에게 조촐
한 성품을 반조할 수 있는 세계로 인도하는 것은 불교의 가장 중요한
사명이다. 이에 정산종사는 견성을 하지 못한 이에게 자신의 삶을 반
조하는 것이 필요하며, 그들은 목적반조의 공부와 자성반조의 공부를
해야 한다고 하였다. 참다운 자성반조의 공부는 견성을 해야 하지만
견성을 못한 이라도 신성 있는 공부인은 부처님의 법문에 의지하여
반조하는 공부를 할 수 있다12)며, 그 요령은『정전』가운데「일상수행
의 요법」을 통해 천만 경계에 자성의 계정혜를 찾는 것이라 했다. 득

---

11) 편집자,「선진예화-세간락은 출세간락 같지 못하다」,『월간교화』155호, 2006.3,
    원불교 교화훈련부, pp.86-87.
12)『정산종사법어』, 무본편 27장.

도 견성을 하지 못한 사람은 일상의 바른 수행을 위해 선지자나 성자들에게 다가서는 노력을 해야 한다. 그들은 간절한 희망으로서 썩은 동아줄이라도 잡는 심경으로 성현의 법어를 새기고 그들의 어록인 경전에 눈을 떠야 할 것이다.

3. 견성의 정사(正邪)

견성의 길에도 정(正)과 사(邪)가 있다. 석가모니는 한편에 치우친 수행을 막고 중도 수행을 위해서 팔정도를 밝혔다. 팔정도 가운데 가장 먼저 나오는 것이 정견(正見)이다. 세상을 바르게 보는 것이 바른 수행이라는 뜻이다. 그가 말하는 정견은 진실하고 올바른 견해13)를 가지라는 의미이자 성품을 바르게 보라는 뜻이기도 하다. 무엇이든 바르게 보지 못하면 사견(邪見)에 떨어지기 때문이다. 정법대도가 아니라 삿된 법에 끌리어 살다보면 얼마든지 개인의 분별망상과 같은 사견에 떨어져 정법의 견성 세계와 멀어지는 것이다.

도가에서 사도(邪道)라 하는 것은 사리사욕의 사견에 떨어져 버림과 동시에 정법대도의 방향을 벗어나는 것을 말한다. 대산종사는 이에 말한다. "도가에 견성하는 공부길이 없으면 사도이다. 성리의 단련 없이는 참 도를 얻을 수 없고 참 법을 전할 수도 없다."14) 공부하는 사람이 개인의 사견에 구속됨으로써 천진을 잃고 허식에 걸려 제도받기 어렵고 큰 공부를 못하는 것은 사도에 떨어지기 때문이라는 것이다. 사도란 이처럼 순수 천진을 잃어버리는 것이며 허식에 구애되어 정법대도

---

13) 中村 元著, 김용식·박재권 공역, 『인도사상사』, 서광사, 1983, pp.59-60.
14) 「대산종사법문」 3집, 제2편 교법 4장.

를 벗어난 행위이다. 성리는 꾸어서라도 보아야 한다는 것은 사도를
벗어난 올바른 견성의 길을 알려주는 정법수행이기 때문이다. 과거 수
행자들 중에서 바른 수행이 아니라 사도에 떨어진 사람이 적지 않았
음을 타산지석으로 삼을 일이다.

고금을 통하여 사도(邪道) 행적을 드러내어 견성을 했다고 하는 무
리들이 종종 있어왔던 것도 사실이다. 그래서 소태산은 그들을 조각도
인이라 하였다. 그가 밝히는 조각도인은 신비와 기행을 추종하는 무리
들이다. 제자 김기천이 여쭙기를, 수도인이 공부를 하여 나아가면 시
해법(尸解法)을 행하는 경지가 있다 하오니 어느 위에나 승급하여야
되느냐고 하였다. 소태산은 일방 수양에 전공하여 그와 같이 되는 수
가 있지만 그것으로 원만한 도를 이루었다고 할 수 없다고 하였다. 독
공의 시해법과 같은 신비의 기행은 편수(偏修)일 따름이다. '돌아오는
시대에는 아무리 위로 천문을 통하고 아래로 지리를 통하며 골육이
분형되고 영통을 하였다 할지라도 인간 사리를 잘 알지 못하면 조각
도인'[15]이기 때문이다. 조각도인은 참 견성을 하지 못한 일방통행의
편벽도인으로 간주되는 것이다.

도가에서 '납도끼'라는 말이 종종 거론된다. 도문에 입문하여 수행
정진에 관심이 없고 겉만 화려한 수도인 행세를 하는 경우가 이와 관
련된다. 수도하는 사람이 견성을 하려는 것은 성품의 본래 자리를 알
아서 결함 없이 심신을 사용하고자 하는 것인데, 이와 달리 원만한 부
처를 이루는 데에 공을 들이지 아니 한다면 이는 보기 좋은 납도끼와
같아서 별 소용이 없다(대종경, 성리품 7장)는 것이다. 성품을 깨닫는
본연의 공부에 등한히 한 수도인이 허울 좋은 납도끼에 비유되고 있
다. 견성은 성품의 본연을 깨치는 것인데, 성품을 깨치지 못하면 참다

15) 『대종경』, 변의품 36장.

운 수행자 될 수 없으므로 보조 지눌은『수심결』에서 견성을 하지 못한 수행은 오염수(汚染修)라 하였다.[16] 소태산이 밝힌 납도끼는 보조가 말하는 오염수를 행하는 사람을 의미한다.

또 편화신불(偏化身佛)이라는 말이 있다. 삼신불 가운데 화신불은 정법 수행을 하는 것이지만 편화신불은 여기에 반대되는 경우이다. 정화신불이 되려면 원만한 수행이 필요한 일인데 편벽 수행을 하는 사람은 일방 수행에 치우치므로 바른 수행을 하지 못하기 때문에 편화신불의 유혹을 받는다. 정산종사는 화신불 가운데에 진리 그대로 화현한 정화신불이 있고 또는 진리 그대로 받지 못한 편화신불이 있으니, 편화신불은 일체 중생을 이름인 바, 비록 지금은 중생이나 불성만은 다 같이 갊아 있으므로 편화신불이라[17]고 하였다. 우리의 마음이 청정하고 바른 때에는 내가 정화신불이지만, 삿되고 어두울 때에는 편화신불임을 알아야 한다. 성품을 바르게 보는 정법수행을 할 때에 정화신불로서 참 견성을 한다는 것이다.

그렇다면 사도(邪道)의 편벽수행을 극복하는 길은 없는가? 원불교 교리에는「사대강령」이 있는데, 첫 조목이 정각정행(正覺正行)이다. 편벽 수행의 납도끼와도 같은 조각도인이 되어서는 안 되기 때문이다. 소태산은 조각도인을 극복하도록 하기 위해 삼학팔조 사은사요라는 정법도리로서 교강을 밝히고 바른 수행을 하도록 하였다. 정각정행이란 삼학팔조 사은사요의 바른 수행에서 나오는 것이다. 참 견성이란 정각정행을 할 때 가능한 일이기 때문이다. 정각이란 견성으로 무란(無亂) 무치(無痴) 무비(無非)하며, 정행이란 무란 무치 무비의 지공무사한 행이 되며, 바르게 깨달아야 바른 행이 나온다[18]고 하였다. 정각

---

16) 한종만,『원불교 대종경 해의』(下), 도서출판 동아시아, 2001, pp.73-74.
17)『정산종사법어』, 원리편 5장.
18)『대산종사법문』1집『정전대』의, 10. 사대강령.

이 다름 아닌 견성인 바, 이러한 견성의 조건으로는 삿됨이 없는 무란 무치 무비가 강조된다. 정행은 정각의 견성을 통해 무란 무치 무비의 원만행이기 때문이다.

무엇보다도 도가에서는 정견을 통해 정각정행을 해야 하며, 정각정행에는 성리 연마가 필수이다. 소태산은 '사도(邪道)'라는 용어를 직접 사용하여 종교라 이름하여 이러한 진리에 근원을 세운 바가 없다면 그것은 곧 사도(대종경, 교의품 3장)라고 하였다. 또 세상을 떠나서 법을 구하며 인도를 여의고 신통만 바란다면 이는 곧 사도(대종경, 수행품 41장)라고 하였다. 종교의 문에 성리를 밝힌 바가 없으면 이는 원만한 도가 아니기 때문이다(대종경, 성리품 9장). 성리는 모든 법의 조종이 되고 모든 이치의 바탕이 된다. 조각도인, 편화신불, 납도끼와 같은 용어들이 빈번하게 거론되는 것은 사도를 극복하고 정법 대도를 수행하는 것이 얼마나 중요한가를 밝히려는 뜻이다. 원불교 견성의 내역은 정법대도를 깨닫는 일과 관련되며, 편벽수행으로서 신비와 이적의 행위는 일부 과거종교의 기복신앙에 관련된 폐단이었을 따름이다.

4. 견성의 방해요인

우리가 감각기관을 통해 접하는 대상이 있으면 여기에는 긍정과 부정의 양면적 시각이 발생한다. 불교의 견성에 대한 시각도 마찬가지로 견성에 방해되는 부정적 요인들을 살펴본다.

우선 견성의 방해요인은 영문(靈門)이 열리면서 신통이 나타날 때이다. 대산종사는 다음과 같이 회고한다. "나도 영문이 열릴 때는 학문이나 문장이나 신통이나 타심통이나 모두 다 될 것 같더라."[19] 그러나 일능(一能)에 치우치면 대도를 얻기 어렵다는 대종사의 가르침에 의해

한 분야에 능함을 거두고 막아 버렸다고 하였다. 견성을 위해 공을 들이다 보면 영몽(靈夢)을 하며 시해법, 호풍환후, 이산도수의 기행에 통달한 것처럼 착각하기도 한다. 이는 정법대도에 입문하여 공을 들이는 견성과는 무관한 일이다. 소태산은 대각을 이룬 후 한때 영문이 크게 열리어 보통 지견으로는 이해할 수 없는 가사와 한시를 수록케 하여 이를 『법의대전』이라 했지만 곧 불사르게 했다. 견성에 있어서 일방 수행에 의해 신비의 영문이 열릴 때 정법대도의 견성에 방해가 된다는 것을 알리기 위함이었다.

또한 견성을 하게 되면 용이한 생각을 내어 다시 수행하지 않는 안이함이 견성의 방해요인이다. 견성은 완성이 아니요 부단히 닦아서 체질화하는 성불로 나가야 하기 때문이다. 중국 송나라 임제종의 승려인 대혜(大慧, 1089~1163) 종고선사는 말한다. "왕왕히 재주 있는 무리들은 많은 힘을 들이지 아니하고, 견성을 하면 문득 용이한 생각을 내어 다시 닦고 다스리지 아니하다가, 날이 오래고 달이 깊으면 전과 같이 유랑하여 악도 윤회를 면하지 못한다 하였으니, 어찌 가히 한때에 깨친 바로써 문득 뒤에 닦는 것을 저버리겠는가?"[20] 문득 깨달아 견성을 했다고 해서 이를 실천에 옮기지 못한다면 그러한 견성은 별 의미가 없다는 것이다. 외관적 지식에 의존한 견성만으로 성자가 될 수 없기 때문이다.

견성에 있어서 또 다른 장애물로는 사심 잡념이 거론된다. "사념(邪念) 잡념이 없이 정성을 다해 바치라. 이것이 바로 선(禪)이다. … 아무리 견성을 하였다고 큰 소리쳐도 그 행하는 것을 보면 알 수 있다."[21]

---

19) 『대산종사법문』 3집, 제3편 수행 23.
20) 『修心訣』 22章, 又杲禪師- 云往往利根之輩가 不費多力하고 打發此事하면 便生容易之心하야 更不修致라가 日久月深하면 依前流浪라하시니, 則豈可以一期所悟로 便撥置後修耶아.

이처럼 사심 잡념이 일어나면 참선을 할 수 없고, 순간 지혜가 밝아졌다고 해도 곧바로 어두워지는 것이다. 이에 소태산은 무슨 일을 할 때에나 행주좌와 간에 다른 잡념이 마음을 괴롭게 하거든 염불 일념으로 그 잡념을 대치하라고 하였다. 성리와 의두 연마에 있어서 사심 잡념이 떠나지 않으면 성품을 밝게 비추어 볼 수 없기 때문이다. 견성을 위해 지혜 단련의 화두에 몰두하는 것은 일심을 통해 가능한 일이지만, 사심 잡념으로 온전한 마음을 불태운다면 그것은 견성에 도움이 되지 않는다.

또 견성에 있어서 방해가 되는 요인은 의심이 걸리지 않는 병이다. 의두나 성리 연마에 있어서 의심이 걸리어야 거기에 몰두하고 이에 대한 깊은 사유를 통해서 해법의 실마리가 풀리기 때문이다. 오은성 교무는 다음과 같이 말한다. "나는 견성해 보겠다고 마음먹었을 때 제일 먼저 큰 장애요인이 의심이 걸리지 않는 것이었다. 유의(有疑) 유각(有覺)이요 무의(無疑) 무각(無覺)인 것이다. 어찌 의심이 없는데 깨침이 있겠는가?"[22] 사물을 알고 싶어하는 호기심이 있어야 거기에 대한 지혜의 해법이 나오는 것이다. 알고자 하는 대상에 대한 강한 의구심을 통해 난해한 문제가 풀리는 것이 견성의 원리라는 점에서 볼 때, 의두 성리에 대하여 의심이 걸리지 않으면 공부심이 미치지 못한다는 의미에서 견성을 할 수 없다.

아울러 견성을 방해하는 것은 허구적인 언어 문자에 매달려 부처의 본질을 파악하려는 일이다. 용수 당시의 불신론(佛身論)은 분별 위주의 문자에 의존하여 희론(戱論)하는 방식으로 설명되고 있었다. 용수는 그같은 방법으로 불신론을 설명하는 것은 여래의 본체를 잘 이해하지

21) 『대산종사법문』 3집, 제2편 교법 9장.
22) 오은성, 『견성에 이르는 길』, 원불교출판사, 2009, p.20.

못한다고 하였다. "부처는 희론(戲論)을 초월하여 불괴(不壞)한 자인데
도 부처를 희론하는 사람들은 모두 희론에 방해를 받아서 여래를 보
지 못한다"고 하였다. 여래의 본성이란 곧 세계의 본성이라고 하며, 연
기를 깨닫는 것이 법을 깨닫는 것으로 그것이 그대로 부처를 보는
것[23]이라고 하였다. 제반의 세속적 희론에 의해 자기 멋대로 부처를
재단하고 성품을 논하여 견성했다고 하면, 오히려 그러한 희론으로 인
해 참 성품을 볼 수 없다는 것이다.

  견성 방해요인으로 널리 알려진 것은 중근기 병이다. 중근기 병에
걸린 사람은 수행을 어느 정도 하면서 자기 나름의 공부에 재미를 붙
이는 경우가 많다. 그러나 중근기는 진리를 잘 아는 것 같으면서도 잘
모르는 경우가 빈번하게 발생하여 자기의 공부 방식에 집착하곤 한다.
공부의 정도를 보아서 중근기병은 법마상전급에서 법강항마위로 오를
때 잘 걸리며, 또 항마위에서 출가위에 오를 때도 중근의 고비가 있
다.[24] 소태산은 제자의 신성을 거론하면서 중근기란 자세히 아는 것
도 없고 혹 모르지도 아니하여 항상 의심을 풀지 못하고 법과 스승을
저울질하는 근기라고 하였다. 법을 의심하고 스승을 자기 멋대로 재단
하려 한다면 그는 온전한 성품을 볼 수가 없는 것이다. 오롯한 신성으
로 스승의 가르침에 따른다면 결국 참 성품을 볼 수 있는 견성의 경지
에 이르지만, 자기 잣대에 맞게 스승을 저울질한다면 견성은커녕 수도
자의 본래면목을 벗어나는 일이다.

  위의 언급처럼 도가에서 견성을 방해하는 요인은 곳곳에 산재해 있
다. 불법을 만날 기회가 없는 경우로부터 불법을 만나 공부길에 접어
들었다 해도 사심, 나태, 편벽수행 등에 떨어지는 등 여러 장애물이 공

---

23) 中村 元著, 김용식·박재권 공역, 『인도사상사』, 서광사, 1983, p.109.
24) 『대산종사법문』 3집, 제5편 법위 59.

부를 가로막고 있는 것이다. 견성 방해의 요인을 종합적으로 접근한다면 중생심으로서 '삼독오욕'이라 할 수 있다. 탐진치에 구애되고 오욕에 사로잡힌다면 중생으로서 악도윤회를 벗어나지 못하기 때문이다. 삼통 가운데 누진통(漏盡通)은 대원견성(大圓見性)을 한 사람이 누리는 경지인데, 이러한 대원견성에 방해되는 것이 바로 삼독오욕이다. 그것은 망상이 치성하여 청정자성의 성품을 볼 수 없게 하는 윤회의 요인이다. 삼독오욕은 중생의 증애심과도 같다. 견성에 토가 떨어졌는가의 여부를 알려면 증애심을 보면 아는 바, 예쁜 사람이 있거나 미운 사람이 있으면 안 된다.[25] 사랑하고 미워하는 증애심이 발생하는 원인은 중생의 삼독오욕에 의함이라는 것이다. 이는 견성에 토를 뗄 수 없는 근본 이유이다.

5. 견성의 필요성

종교인의 일상생활에서 무엇이 급한 일인가를 성찰해 본다면 견성에 이르는 길이 우선순위라 본다. 물론 각자 처한 상황에 따라 우선순위는 달라질 것이다. 하루의 우선순위가 있고, 일년의 우선순위가 있으며, 일생의 우선순위가 있다. 직업에 따라서 우선순위는 또 달라질 것이다. 정산종사는 세상에 살아갈 때에 무엇을 먼저 하여야 할 것인가를 질문하며 다음과 같이 말한다. "농부가 농사를 시작할 때 종자를 잘 내는 것이 그 시작인 것처럼 인간생활에도 종자를 잘 골라 심어야 하나니라"[26]라고 하였다. 종교에 입문하였으면 인간의 선악의 마음을

---

25) 『대산종사법문』 5집, 4. 삽삼조사게송, 제16조 나후라다존자.
26) 『정산종사법설』, 제2편 공도의 주인 21장.

잘 판별하여 본연 성품을 찾아내는 일이 중요하다. 탁한 마음이 아니라 맑은 성품 종자를 고르는 일이 농부가 튼실한 종자를 고르는 것과 다를 것이 없으며, 이처럼 견성이 필요한 이유를 밝혀주고 있다.

불법을 믿고 수행하는 사람에 있어서 견성을 이루는 일보다 급한 일이 또 있는가를 상기하면 견성의 필요성이 분명해진다. 무명 번뇌를 구제하는 종교 본연의 급선무가 '깨달음'이라는 사실을 직시하면 이보다 급한 일은 없기 때문이다. "우리가 무엇이 급하니, 무엇이 크니, 무엇이 귀하니 해도 견성하는 것같이 급한 것이 없고 귀한 것이 없고 밝은 것이 없다. 그러하기 때문에 견성을 해야 되고, 또한 견성에만 그치지 말고 성불을 해야 된다."[27] 종교에 귀의하여 교회 교당의 크기나 사리 등의 외부적 장식에만 매료되면 언제 깨달음에 관심을 갖고 견성의 경지에 이를 것인가? 불법을 공부하는 수도인에게 우선순위로 다가서는 것은 드러난 현상세계에 대한 관심보다 본질적인 내면의 성품을 비추어보는 견성이다.

또한 우리가 성불을 하는데 있어서도 견성이 필요하다. 견성 성불이라는 개념이 복합어로 등장하는 이유도 이 때문이다. 아무리 성불을 하고 싶다고 해도 진리에 눈을 뜨는 견성이 없다면 불가능한 일이다. "견성 없이는 성불이 있을 수 없고, 성불 없이는 대자대비와 대공도행이 될 수 없으니 세상을 구원할 능력이 없고 구호에 그치고 마는 것이다"[28]라는 어느 수행자의 「수행일기」가 이를 직시하고 있다. 우리가 종교 지도자로서 제중사업을 하기 위해서 성불이 필요하며, 이러한 성불을 이루는데 견성이 필수요건이다. 견성-성불-제중이라는 방식을 단계적으로, 혹은 병행적으로 이해할 수도 있다. 견성은 결국 제중을 위

27)『대산종사법문』 4집, 국산 百齋(대각의 4단계).
28)「辛丑日記」, 1961년 8월 22일(東山文集編纂委員會, 동산문집 Ⅱ『진리는 하나 세계도 하나』, 원불교출판사, 1994, p.74).

해서 필요한 일이며, 그것이 고통을 겪는 중생을 구원하는 기반이라는 사실 때문이다.

견성은 또한 인식에서의 바른 분별력을 얻기 위해서 필요하다. 일상사에 접하면서 매사를 옳게 분별하면서 살아가기란 쉽지 않다. 우리가 눈과 귀와 코와 입 등 육근작용을 통해서 인식하고 인지활동을 하면서 바른 취사선택을 하는 것은 우리의 이성 작용에 의함이다. 세상사의 인식에 있어서 그릇된 분별을 하게 되면 그것은 육근작용의 어리석음 때문이다. 따라서 무수한 분별이 어느 곳으로부터 나왔는지 그 원인을 체득하면 견성에 즉입하므로 '만법귀일하니 일귀하처오'란 말의 도리를 잘 연구할 일이다.[29] 만법이 하나로 돌아간다는 화두를 연마하는 데에도 분별이 필요하다. 불법에 근거한 바른 분별이 어리석음을 벗어나도록 하는데 큰 힘이 되기 때문이다.

견성이 필요한 것은 또 중생의 무명 고통을 벗어나게 하기 위함이다. 견성을 하지 못하면 진리에 대한 무지 무명으로 인해 죄악을 벗어나지 못할 것이다. 십이연기론을 종합하여 볼 때 무명이 고통의 근원이며, 그로인해 중생은 무명에 가리고 갈애(渴愛)에 속박되어 그릇된 고통의 생존을 하게 된다.[30] 알고도 죄를 범할 수 있는데, 하물며 모르고 짓는 범죄는 얼마나 많을 것인가를 상상해 보면, 무명으로 야기된 고통은 중생으로서 죄업의 윤회로 이어지기 십상이다. 중생의 무명을 벗어나기 위해서는 불법의 진리를 깨달아야 하며, 또 부처의 지혜를 실천해야 한다. 견성은 중생의 무지 무명을 극복하여 반야지를 얻기 위해서 반드시 필요하다는 것이다.

또한 견성은 어떠한 역경에도 견디어내는 수행 정진의 삼대력을 갖

---

29) 안정진, 퇴임 기념문집 『아름다운 42년』, 원불교출판사, 2003, p.17.
30) 中村 元著, 김용식 · 박재권 공역, 『인도사상사』, 서광사, 1983, p.62.

추기 위해서 필요하다. 세상에는 번뇌를 야기하는 수많은 경계가 있기 마련이다. 순역경계로 인해 순식간에 자신의 본성을 잃어버리고 망집에 사로잡히는 것이 다반사이다. 견성 성불을 하려면 비장한 결심으로 어떠한 환경에도 흔들리지 아니하고 정진을 하지 않으면 안 되는 이유이다.[31] 출가를 하려면 비장한 결심과 정진을 통해서 견성 성불이라는 불과를 이루는 것이 목적일 것이다. 하지만 출가를 한 후에라도 순역경계에 유혹되어 중도에 포기하거나, 번뇌의 경계를 극복하지 못하면 출가 본의를 망각하며 살게 된다. 누구나 경계를 넘어서 삼대력으로 정진하는 분발심이 존재한다면 견성이라는 불과(佛果)를 얻게 될 것이다.

오늘날은 21세기 지식 정보화의 시대라는 점에서 현대인은 과학만능의 물질문명에 도취하지 말아야 한다. 종교인이라면 물질문명의 시대에 처한 상황에서도 샘솟는 불법의 지혜를 얻도록 하는 견성이 필요하다. 견성이 가정에서 마칠 수 있을 만큼 쉽다는 말은 이처럼 인지가 크게 발달했기 때문이다.[32] 지금은 세상이 밝아지고 있으며, 앞으로 세상이 밝아지면 5, 6살 먹어서 견성한다(대산종사법문 4집, 호암특별 천도재)라는 언급이 지나치게 보일지 모르지만, 인지의 발달에 따라서 견성의 길이 가깝게 다가왔다는 뜻이다. 오늘날 물질 팽배의 지식시대에 접어든 이후 청소년을 포함하여 수많은 사람들이 인터넷에 중독되어 가고 있다. 지식은 날로 팽창하고 있는데 이러한 지식을 바르게 활용함으로써, 맑고 밝은 사회를 향도하는 종교적 지혜가 요구되며, 가일층 견성이 필요한 시점이다.

---

31) 東山文集編纂委員會, 동산문집 Ⅱ 『진리는 하나 세계도 하나』, 원불교출판사, 1994, p.75.
32) 박상권, 「소태산 성리해석의 지향성 연구」, 『원불교사상과 종교문화』 32집, 원불교사상연구원, 2006.2, p.101.

제2장

견성의 개념과 방법

1. 견성의 개념

우리가 무언가 알고자 하는 대상을 연구하려면 개념 파악이 중요하다. 개념 파악을 하지 않으면 그 연구의 본질을 놓치는 경우가 적지 않기 때문이다. 견성에 있어서도 견성 개념을 간과하면 견성의 본질이 잘 드러나지 않는다. 불가에서 견성은 간화(看話) 곧 화두 연마를 통해서 이루어진다. 우리가 알고 있는 간화선이란 '선문답을 본다'는 의미로, 그것은 성품을 보는(見性) 일과 다른 것이 아니다.[1] 견성은 간화의 심오한 과정을 통해서 이루어지는데, 여기에서 본다는 초점은 가상의 현상(法)이 아니라 대승불교에서 중시했던 성품이다. 본연 성품을 화두로 삼아 참구해 들어가서 참된 성품을 발견하는 일이 견성이라는 뜻이다.

우리의 감관작용인 육근에 접하는 육경이란 가시의 세계로서 육근이 육경의 집착으로부터 벗어나 내면의 마음 세계를 조망하는 것이 불가에서는 수행의 본질이다. 내면의 마음 세계를 관조하는 화두의 수행이 견성이기 때문이다. 마음 세계를 바라보는 것은 자기 내면에 맑은 불성이 있는 것을 알아차리라는 것이다. 속담에 업은 아기 3년 찾는다는 말이 있으며, 자기 안에 본성이 있으나 그것을 모르고 지내다

---

1) 인경, 「간화선의 이론과 실제-초기불교의 입장과 비교하면서」, 《禪사상의 전개와 현대사회》, 영산선학대학교 소태산사상연구원, 2005.11.18, p.78.

가 알게 된 것이 곧 견성이다.[2] 나의 마음속에 청정법신이 있다는 것을 모르며 살아오다가 용맹 전진을 통해 불과를 얻을 경우 불성의 발현으로서 견성이 성취된다.

덧붙여 견성이란 우리가 접하는 현상세계의 삼라만상에 대한 육안(肉眼)의 사고에서 벗어나 곳곳이 부처임을 발견하는 불안(佛眼)의 사고를 갖는 것으로, 처처불상의 세계에 진입하는 것이다. 영지불매한 세계는 만유의 바탕이므로 처처에 일원의 진리요 처처불상이라 하며, 일원의 진리는 사은의 본원이자 사은은 일원상 진리의 응화신이다.[3] 부처의 안목에서 볼 때 삼라만상은 사은의 현현이요, 일원은 그 본원이라는 점에서 세상 모든 것이 일원의 응화신으로 조망된다. 견성은 우주 만유가 처처불임을 깨닫고 사사불공하는 경지를 체험하면서 일원상 진리의 응화신을 발견하는 것과 관련된다. 일원의 응화신으로서 처처불상에 진입하는 것은 개유불성(皆有佛性)임을 확연히 아는 것으로 그것은 견성이라는 뜻이다.

또 견성은 광의로 접근하면 종교에서 추구하는 궁극적 진리를 확연히 파악하는 것이다. 그 대상이 하나님일 수 있고, 알라일 수 있고, 부처님일 수 있고, 일원상이기도 하며, 통틀어서 일물(一物)이라 할 수 있을 것이다. 『금강경』「오가해」에 있듯이 '유일물어차(有一物於此)'하니 그 일물은 무엇인가? 이에 박광전 교무는 이름도 모양도 없으되 옛부터 지금까지 죽 꿰어 있으며, 그것이 티끌 하나에도 있고 또한 우주에 꽉 차 있다[4]고 하면서, 불교는 이 일물이 무엇인가에 대하여 연구

---

2) 朴吉眞, 『大宗經講義』, 圓光大學校 出版局, 1980, p.272.
3) 송천은, 「소태산의 일원철학, 숭산 박길진박사 고희기념 『한국근대종교사상사』, 원광대학교출판국, 1984, p.1089.
4) 원불교사상연구원 편 『숭산논집』, 원광대출판국, 1996, p.438.
   송천은, 「숭산종사의 종교관-일원상을 중심으로」, 숭산종사추모기념대회 『아, 숭산

하는 것이고, 이를 깨치면 견성이라 했다. 일물을 통칭하여 각 종교가 추구하는 궁극적 진리라고 한다면, 그 일물을 확연히 깨달을 때 견성의 의미에 가일층 다가선다.

또한 견성은 진세 번뇌에 고통스럽지 않는 것으로 정견(正見)을 얻는 것이다. 번뇌의 진세에 물들면 그것은 오염된 수행에 떨어지므로 이러한 시행착오를 벗어날 때 견성에 이른다. 『육조단경』의 「반야」 제2에서는 "단지 스스로의 마음에 있어서 정견을 일으켜, 번뇌 진노(塵勞)에 항상 물들지 않으면 이것이 곧 견성이다"5)라며, 그렇게 될 때 선지식은 내외에 머물지 않고 오고감이 자유롭다고 했다. 만일 우리가 객진번뇌에 사로잡혀 사견(邪見)의 망집에 떨어진다면 그것은 맑은 성품을 발견할 수가 없다. 오탁악세에 떨어짐으로 인해 삼독심에 가려 진여자성을 드러낼 수 없기 때문이다. 그래서 견성이란 오탁악세에 물들지 않고 불교에 귀의하여 정견을 견지하는 것이라 한다.

원불교적 시각에서 볼 때, 정산종사는 전미개오(轉迷開悟)가 진정한 견성이라고 하였다. 그는 불법을 공부하는 공부인들이 성취해야 할 것을 세 가지로 말하였다. 이고득락, 전미개오, 지악수선이 그것으로 여기에서 전미개오를 직접 견성과 관련시키고 있다. 고를 떠나 낙을 얻음으로써 전미개오에 도달하며, 이를 위해 미한 것을 궁글리고 깨달아서 견성을 하라6)고 했다. 지악수선도 전미개오와 같은 것으로 모든 악을 끊고 선을 닦는 것이니, 본연성품을 어지럽히는 미혹을 극복하여 깨달음의 문으로 나아가라는 것이다. 이미 소태산은 진리의 무지무명을 극복, 생멸없는 진리와 인과의 이치를 깨닫는 것이 전미개오(대종경, 교의품 1장)라며 이를 견성과 관련시킨다.

종사』, 원불교사상연구원, 2004.12.3, p.79.
5) 불교신문사 편, 『불교에서 본 인생과 세계』, 도서출판 홍법원, 1988, p.96.
6) 『정산종사법설』, 제7편 불법대해 1장.

궁극적으로 견성의 개념을 수행자적 체험의 경지에서 접근해 본다. 그것은 무념 삼매를 체험하여 청정 법신불을 바로 볼 수 있는 것이라 할 수 있다. 대산종사는 무념 삼매가 견성이라며 자성 본래에 아무런 분별심이 없으므로 일체 사려를 다 놓아 버리고 무념에 들면 이것이 곧 견성"[7]이라고 하였다. 분별 주착심을 놓아버리는 일은 삼매의 경지에 진입하는 것이며, 그것은 분별없는 자성 청정의 본연 불성을 발현하는 것이다. 청정 법신불의 세계를 체험함으로써 얻는 부증불감이나, 대소유무, 청탁, 생사 등에 계교하지 않는 것을 견성이라 한 이유를 참고할 일이다. 분별없는 마음으로 내외에 갊아있는 청정법신불을 찾아 삼매를 얻는 수행자적 체험이 견성의 진정한 의미라 본다.

2. 견성의 목표

견성은 불법을 신앙하는 사람이라면 성취하고 싶고, 반드시 성취해야 하는 궁극 목표이다. 수행자로서 불법을 믿고 실천에 옮기는 목적이 깨달음이기 때문이다. 자신이 처한 환경이나 어려운 처지를 막론하고 각자 견성에 이르는 것을 궁극적인 이상으로 삼아야 한다는 종교삼은 입장은 일관되게 사람됨의 지표로 적용된다.[8] 종교인으로서 견성 외에 다른 의도가 앞선다면 그것은 종교를 신앙하는 목적이 다른데 있다는 뜻이다. 사업을 위해서, 아니면 대인관계를 위해서 종교의 문을 드나든다면 그것은 세속에서도 가능한 일로서 청정 자성불의 발견과도 같은 견성이 그에게 접근되지 않을 것이기 때문이다.

---

7)『대산종사법문』5집, 6. 무심결.
8) 강태중,「정산종사의 교육사상」,《원불교 교수협의회 하계세미나 요지》, 원불교 교수협의회, 2000년 7월, p.4.

도가에 입문하여 적공하는 목적이 견성 성불이라는 것은 수많은 성자들이 밝혀온 사실이다. 불법에 귀의하여 무엇을 배우자는 것인가? 참된 성품의 이치를 알아서 이를 실행에 옮기는 것보다 더한 목적은 없을 것이다. 어느 날 대산종사, 동래교도들에게 말하기를 '우리가 공부를 하는 목적이 견성 성불하자는 것'이며, 앞으로는 인지가 발달되어 견성은 집에서 다하고 큰 도인 찾아가서 성불하는데 공들일 것[9]이라고 했다. 모든 종교인은 절대자를 향해 신앙하고 교법을 실천함으로써 원만한 인격을 함양하고 중생을 제도하는 것이며, 이러한 일들을 이루기 위해서는 견성이라는 목표 성취가 관건이다.

견성은 또한 대상 설정에 있어서 일상적 지식을 확대하는 것보다 우주 대자연의 진리를 파악하는 것을 목표로 한다. 소태산의 십상 가운데 처음 나오는 것이 관천기의상(觀天起疑相)이다. 7세부터 비범한 생각으로 우주의 변화에 관심을 갖고 하늘을 보고 의심을 일으킨 것이 발단이 되어 그는 26세에 대각에 이른 것이다. 어느 날 일기가 심히 화창하고 하늘에는 한 점의 구름이 없으며 사방 산천에는 청명한 기운이 충만하여 마치 새 천지를 보는 듯, 소태산은 고요히 앉아 대자연의 풍경을 바라보았다.[10] 하늘은 왜 푸르고 구름은 왜 떠다니는가에 대하여 의구심을 가진 것이다. 그가 유년기 때 가장 먼저 화두를 삼은 것이 우주 대자연의 변천이며, 우주의 근원에 대한 의심을 품었던 것이 발단이 되어 마침내 1916년 4월 28일 이른 새벽에 큰 깨달음을 이루었다.

소태산의 장남이자 제자인 숭산 박광전 역시 우주의 근본 진리를

---

9) 『대산종사법문』 3집, 제2편 교법, 128) 견성과 성불.
10) 정산종사, 『불법연구회창건사』 제1편 1회 12년, 제2장 대종사의 유시와 발원동기, 「일화2-보는 것마다 의심을 내신 일」(박정훈 편저, 『한울안 한이치에』, 원불교출판사, 1982, pp.184-185).

얻는 것이 견성의 목표라고 하였다. 숭산은 유년기 때의 화두를 밝힌 바 있다. "나의 어린 시절부터 우주의 근본 원리를 알아보려고 자주 회의에 잠기곤 하였다. 이 정신은 점점 자라나면서 소위 견성하지 않으면 안 된다고 마음 속으로 집념하게 되었던 것이다."[11] 우주의 근본 원리를 파악하려는 목적을 가지고 화두로 삼은 것이 견성의 세계로 이어지기 때문이다. 그는 중학교 때부터 각 종교의 절대이념에 관심을 갖고 좀 더 근본적으로 우주의 원리를 연구해 보려는 결심으로 철학을 공부하였다. 과거로부터 종교와 철학은 분리되지 않았던 만큼 종교계에서 궁극적으로 화두를 대상으로 삼은 것은 우주의 생성과 변화 작용이었다.

인간은 우주의 원리를 터득해 오면서 온전한 생존을 유지할 수 있었다. 더욱이 농경사회가 주류를 이루었던 과거 상황에서 우주의 변화는 인간 생존에 있어서 반드시 알아야 할 대상이었다. 열악한 환경에서 인간이 생존을 위해서 자연에의 순응 곧 천리(天理)를 따르는 일이야말로 견성의 목표와도 잘 어울린다. 정산종사는 일원상의 진리를 깨달은 기쁨 충만에 의해 「원각가」(원기 17년, 1932)를 지었으며, 그 원각가 가사를 소개하여 보고자 한다. "천지합일 하려거든 견성이치 알아보소, 견성이치 알아내어 마음길을 닦아보소, 마음길을 닦아내어 복족혜족 알아보소, 복족혜족 알고 보면 자유자재 아나니라."[12] 그는 깨달음의 경지에서 천인합일을 체험함으로써 견성의 목적을 분명히 하였다. 그가 말한 천인합일은 일원상 진리와 하나 되는 것으로, 천지와 일원상은 정산종사의 깨달음 속에서 자유롭게 넘나들었음을 알 수 있다.

견성의 목적을 인간의 자성 원리와 관련시켜 보고자 한다. 견성의

---

11) 박길진, 『일원상과 인간과의 관계』, 원광대출판국, 1985, p.42.
12) 정산종사, 「원각가」, 『월말통신』 38호, 원기 17년 7월호(박정훈 편저, 『한울안 한 이치에』, 원불교출판사, 1982, p.294).

수단인 성리란 우주의 원리와 인간 자성원리를 아울러 연마하는 것이다. 인간의 자성 원리를 발견하려는 것은 견성을 하려는 목적으로서 현실의 미망을 없애고 조촐한 성품의 원리를 깨달아 생사에 자재하고자 하는 것이다. 『법보단경』에서는 다음과 같이 말한다. "만일 좋은 스승을 만나서 참된 가르침을 듣고 스스로 미망을 없애버린다면 안팎이 속속들이 밝아져서 본성 속에 온갖 사물이 모두 나타난다. 견성한 사람도 이와 같다. 이러한 본성을 맑고 깨끗한 법신불이라고 부른다고 했는데, 이 진리를 깨달으면 견성 성불을 하는 것이다."[13] 견성 성불의 목적이 미망을 없애고 맑은 성품을 드러내는데 있다는 뜻이다. 우리가 온갖 미망으로 인해 고통을 받고, 윤회의 굴레에 쌓인 번뇌를 해결하지 못하면 견성은 어렵다.

　원불교 종지(宗旨)에서 견성의 목적을 살펴본다. 일원상 진리를 깨닫는 것이 견성의 목적이며, 그것은 직관과 관조를 통해 진공 묘유를 체득하는 것으로 이어진다. 경산종법사는 「성리특별법회」에서 다음과 같이 말한다. "마음의 관조를 통한 깨달음이 있어야 한다. 진공 묘유의 체와 용, 그 마음을 더우잡는 것이 바로 견성이다"(원불교신문, 2001.5.11, 2면). 『정전』「일원상의 진리」를 살펴볼 필요가 있다. 진공 묘유의 조화는 우주만유를 통하여 무시광겁에 은현자재하는 것이 곧 일원상의 진리라고 하였다. 일원상은 원불교 명상(화두)의 근거로서 진공에서 묘유로, 묘유에서 진공으로 돌고 돌면서 자유자재한다.[14] 일원상의 진리는 유상으로 보면 상주불멸로 여여자연하여 본체의 측면으로 나타나고, 무상으로 보면 성주괴공과 생로병사와 심신작용으로

---

13) 『육조법보단경』, 傳香懺悔 第5(최동희, 「소태산의 본체관-圓相을 중심으로-」, 『인류문명과 원불교사상』(下), 원불교출판사, 1991, p.1243).
　　『대산종사법문』 2집, 제8부 열반법문, 종산 김도일선생 영전에.
14) 문향허, 『깨달음으로 가는 바른 길』, Bm Books, 2007, p.30.

현시되는 것이다. 이처럼 일원상 진리의 유상과 무상의 진공 묘유를 깨닫는 것이 원불교 견성의 궁극 목표이다.

3. 견성의 단계

지구는 둥글기 때문에 아름다운 경치를 한 눈에 보고자 할 경우 보다 높은 곳에 올라가야 하며, 오르는 길에는 여러 방법이 있다. 비행기를 타고 하늘에 올라가서 아래를 내려다본다면 그야말로 한 눈에 볼 수 있다. 지상에서 이러한 경치를 보고자 한다면 계단을 오르고 또 오르면 더 많은 것을 볼 수도 있을 것이다. 목적을 성취하려면 그곳을 향해 오르는 계단을 밟지 않으면 안 된다는 것이다. 단순한 경치의 전망을 확보하기 위해서 계단이 필요하듯이 심오한 심성의 세계를 대상으로 삼는 불교의 견성에도 오르는 계단이 필요하다. 그것은 견성 세계가 가일층 다양하다는 사실 때문이다. 소태산은 만법귀일의 진리와 우주만유의 진리를 깨닫는 것은 성리의 체를 아는데 불과하고, 변과 불변 유무에까지 통달해야 성리를 완전히 아는 것으로 견성의 세계가 다양하고 층이 많다[15]고 했다. 진리의 심층을 조망하는데 있어서 그것은 수행인의 근기에 따라 다양하게 비추어지기 때문이다.

수행인의 심량 내지 인식의 폭 정도에 따라 근기가 다르다. 상근기, 중근기, 하근기로 나누어지는 것은 성품을 보는 시각이 다양하다는 뜻이며, 그것은 견성에 이르는 여러 단계가 있다는 증거이다. 소태산은 과거 불조 가운데 돈오돈수를 한 이가 있지만 사실은 견성의 경로가

---

15) 송천은, 「원불교의 성리인식」, 류병덕 박사 화갑기념 『한국철학종교사상사』, 원광대 종교문제연구소, 1990, p.1138.

천만 층이요 수행도 여러 계단을 거치는 것[16]이라고 보았다. 이처럼 견성의 경로가 천층만층이기 때문에 여기에는 여러 단계가 있을 수밖에 없다. 그것은 바로 입문한 초견성의 단계, 어느 정도 수행한 중견성의 단계, 선지식의 상견성의 단계가 있기 때문이다. 다생에 걸쳐 수행해온 제불조사들의 근기, 전문 수행자의 근기, 초입 교도의 근기가 다르므로 견성의 단계도 그에 맞게 설정되어야 하는 것이다.

견성의 단계가 다르다는 것을 인지하는 것은 도가에 입문한 공부인들로서 조만의 차이는 있을지언정 누구나 견성을 할 수 있다는 뜻이다. 초입자로서 얻는 초견성도 있기 때문이다. 초견성은 물론 완성단계가 아니므로 거기에만 머무르지 말아야 하며, 참 견성은 성품의 바탕을 깨치는 것으로 견성을 해도 더 깊은 경지로 연마해야 한다.[17] 초견성은 쉽게 할 수 있겠지만, 중요한 것은 초견성을 기반으로 하여 우주의 근본 원리와 인간 자성의 원리를 깊이 깨닫는 견성을 이루어야 한다는 것이다. 진리 이해의 정도에 있어서 더욱 순숙의 단계로 나아가야 하기 때문이다.

여기에서 정산종사는 견성의 단계를 비교적 쉽게 3단계로 설정하였다. "견성에 세 가지 단계가 있으니, 만법이 하나로 돌아간 자리를 깨치는 것이요(覺於萬法歸一), 있고 없음이 함께 빈자리를 깨치는 것이며(覺於有無俱空), 있고 없음이 두루 갖춘 자리를 깨치는 것이다(覺於能有能無)."[18] 모두 각(覺)으로서의 견성을 세 단계로 밝히고 있다. 쉽게 말해서 만법귀일을 아는 것을 첫째 단계, 공(空)을 깨닫는 둘째 단계, 구족함을 깨닫는 셋째 단계가 이것이다. 게송에서 유무를 통해 구공과 구족의 세계를 설파하고 있는데 정산종사의 견성 3단계는 이러한 게

---

16) 『대종경』, 변의품 40장.
17) 한종만, 『원불교 대종경 해의』(上), 도서출판 동아시아, 2001, p.277.
18) 『한울안 한이치에』, 제3장 일원의 진리 76.

송의 세계와 직결되고 있다.

이보다 더욱 구체화시킨 견성 단계가 있다. 견성 5단계가 그것이다. "견성에 다섯 계단이 있나니, 첫째는 만법귀일의 실체를 증거하는 것이요, 둘째는 진공의 소식을 아는 것이요, 셋째는 묘유의 진리를 보는 것이요, 넷째는 보림하는 공부를 하는 것이요, 다섯째는 대기대용으로 이를 활용함이니라."[19] 위에서 말한 3단계에 더하여 보림공부와 활용공부가 거론되고 있다. 다섯 단계는『원불교 전서』에 속해 있는『정산종사법어』에 제시되고 있다면, 앞에서 밝힌 세 단계는『한울안 한이치에』(박정훈 편저)에 소개되고 있는 점이 다르다. 견성의 단계가 근기에 따라 다양한 만큼 자신의 상황에 맞게 견성 연마의 단계를 섬세하게 설정하는 것이 바람직하다.

대산종사도 견성의 3단계를 밝히고 있다. 그것은 초견성, 중견성, 상견성으로 분류된다. 그가 밝히는 3단계[20]로서 초견성은 진대지가 한 성품자리로 대(大)자리를 아는 것이며 불생불멸의 본체자리를 아는 것이다. 중견성은 대와 소를 아는 단계인데 대가 변하여 소가 되고 소가 변하여 대가 되는 것을 아는 것이다. 상견성은 대소유무 전체를 아는 것으로 대가 소가 되고 소가 대가 되며, 유가 무로 되고 무가 유로 변하는 이치를 아는 것이다. 중요한 것은 자신의 근기에 따라 임하되 견성을 급히 하려 말고 순서를 따라 지속적으로 공부하는 일이다. 하근기는 하근기에 맞는 견성의 단계를 밟으면 좋을 것이며, 중근기와 상근기의 경우도 그에 맞게 적용해야 한다.

수행자로서 통령한 각증(覺證)의 순서에 따라 견성의 단계를 설정할 수도 있으며, 그것은 도통, 법통, 영통의 순이다. 한 제자가 도통 법통 영통에 대하여 알고 싶다고 하였다. 정산종사는 답하기를, 도통은 견성함이요 법통은 이치를 응하여 법도를 건설함이요 영통은 신령한 밝음을 얻음이라 했다. "도통 법통을 먼저하고 끝으로 영통을 하여야 하나니, 만일 영통을 먼저 하면 사람이 사(邪)에 떨어져 그릇되기 쉽고 공부도 커 나가지 못 하나니라."[21] 도통을 먼저 하여야 정법 교리를 실천하는 힘을 얻는 것이지만, 일방에 능해서 영통을 먼저 하고 보면 그것은 신통을 부리는 말변지사에 재미를 붙이는 일이다. 이처럼 정법정도에 대한 견성의 체험 단계에 있어서 영통보다는 도통을 먼저 하는 것이 중요하며, 궁극에 가서 법통에 이르는 것이 정법 대도의 수행이다.

4. 견성의 방법

종교인으로서 성취하고자 하는 깨달음은 그저 의욕만으로 되는 것은 아니다. 견성에 이르는 효율적 방법이 있어야 용이하다는 것이며, 그 방법론은 다양하다. 이를 크게 두 측면에서 접근해 보고자 한다. 그 하나는 견성의 방법을 교리의 측면에서 살펴보는 것이고, 다른 하나는 견성을 연마하는 마음의 자세에서 살펴보는 것이다.

교리 방법론의 측면에서는 의두와 성리 연마의 두 가지가 있으며, 의두 성리가 견성의 교리적 방법이 되는 이유는 간단하다. 즉 의두는 대소유무의 이치와 시비이해, 불조의 화두를 연구하여 감정을 얻음으로써 사리간 명확한 분석을 얻고, 성리는 우주만유의 본래이치와 우리의 자성원리를 파악하는 것[22]이기 때문이다. 진리의 터득으로서 견성의 방법은 의두와 성리가 요긴한 것으로 그것은 일과 이치를 꿰뚫어

---

21) 『정산종사법어』, 응기편 28장.
22) 『정전』, 제3 수행편, 제2장 정기훈련과 상시훈련, 제1절 정기훈련법.

알고, 우주와 인간의 본원을 파악하는 것과 직결되기 때문이다.

견성의 교리적 접근 방법으로는 선가에서도 화두가 중시되어 왔으며, 이와 유사한 것으로 원불교의 견성은 의두 연마를 통해서 이루어진다.『정전』에 의두 20조목이 있으며, 그것은 소태산이 친제한 조목과 불조의 화두 중에서 몇 조목을 섭렵하여 구성된 것이다. 의두는 이세상의 자연 현상을 포함하여 주변에서 우리가 의심을 가지는 것이라면 무엇이든지 그 문제가 포괄하는 내용을 연구하는 과목이다.[23) 비교적 합리적인 사실파악과 그 관찰이라는 특성을 지닌 의두 연마법을 통해서 지혜를 터득할 경우에 견성으로 이어진다. 의두의 단련은 일과 이치를 대소유무와 시비이해에 따라 깊이 있게 연마하는 성향이라는 면에서 더욱 그렇다.

이어서 성리 연마를 통해서 견성이 이루어진다. 상산 박장식은 자신의 견성 연마법을 성리와 관련시켜 말한다. 곧 대종사는 '견성을 하려면 항상 내 몸 하나 구성되어 있는 이치를 연마해 보라'고 하였으며, 처음엔 '성리 깨치는 것이 내 몸 하나 연구하는 것과 어떻게 연관이 될까'를 생각해 보았다[24)는 것이다. 성리는 우주의 본래와 인간의 자성을 파악하는 길인 바, 성리 연마는 인간 자성의 원리를 파악함으로써 인간 육신의 몸 하나하나를 의두로 삼는다. '견성을 하려면 항상 내 몸 하나 구성되어 있는 이치를 연마해 보라'는 성리와 관련한 가르침을 참조할 일이다. 우주의 이치 파악과 인간 성품의 파악에 더욱 순숙될 때 지혜가 밝아져서 결국 견성에 이르는 것이다.

전술한 것처럼 견성 연마의 방법에 있어서 수행인의 마음 자세와 관련시켜 보고자 한다. 성리를 연마하는 길로서 오롯한 마음의 자세가

23) 김영민, 「원불교 의두에 관한 一考」, 『정신개벽』 제16집, 신룡교학회, 1997, p.102.
24) 박장식, 『평화의 염원』, 원불교출판사, 2005, p.219.

중요하기 때문이다.

첫째, 성리 연마에 있어서 이성적 분별에 의존하는 것을 극복하고 직관과 관조에 의한 방법이 요구된다. 자신의 사량적 분석에 의존하는 것은 일과 이치의 논리적 접근 방법이라면, 직관과 관조는 논리를 넘어선 진리의 체득 방법이다. 『견성에 이르는 길』의 저자 오은성 교무는 성리연마 이전에도 만법귀일의 뜻을 모르는 것은 아니었지만 그것은 사량으로 알고 있었던 것이라고 회고한다. "사방 골짜기의 물들이 결국 흘러 바다 한곳으로 모아지듯 만법이 제각각 달라도 그 근원은 하나의 진리에 바탕하고 있다는 식으로 배워서 사량 분별로 이해되었는데 지금은 달랐다. 아, 이것이 관조라는 것이 아닌가?"[25] 그에 의하면 개인의 사량 분별에 의하지 않고 만물을 보는 순간 그 본질을 직관하고 관조함으로써 진리가 파악되었던 것이다. 이처럼 직관과 관조를 통해 성리의 세계에 몰두하는 방법은 견성의 한 특징이기도 하다.

둘째, 참 성품의 발견에는 일상의 삶에서 불리자성(不離自性) 공부를 하는 것이 필요하다. 불리자성 공부라는 것은 현실에서 우리의 본래 자성을 이탈하지 않는 공부법이다. 정산종사는 자성반조에 대하여 밝히기를, 공부를 오래 오래 계속하면 일체시 일체처에 항상 자성을 떠나지 않는다고 했다. "필경은 자성의 진리를 밝게 깨닫는 동시에 자성의 광명이 그대로 나타나게 될 것이니, 이것이 곧 부처님의 경계요 성현의 작용이니라."[26] 오탁악세에서 살다보면 때로는 청정자성을 잃고 차별심이 생겨나서 번뇌가 치성하는 경우가 많다. 이러한 현상은 자신에 집착하고 세상의 물욕에 탐닉되기 때문에 나타난다. 자성반조의 공부를 하면 어느 곳에 처하든지 마음 작용이 번뇌를 벗어나 청정 자성

25) 오은성, 『견성에 이르는 길』, 원불교출판사, 2009, pp.29-30.
26) 『정산종사법어』, 무본편 27장."

에 부합될 것이라는 정산종사의 견해가 설득력을 더한다.

셋째, 견성은 법신의 세계를 바라볼 때 텅빈 공(空)의 진리를 꿰뚫어야 한다. '삼공(三空)'의 방법을 소개해보고자 한다. 관일체법공(觀一切法空), 양일체법공(養一切法空), 행일체법공(行一切法空)(대산종사법문 5집, 2. 제가수행의 요지)이 이것으로 일체가 텅 빈 공의 진리를 보아서 기르고 행하도록 하였다. 대산종사는『팔만장경』,『금강경』,『반야심경』의 진수이며 법신여래 자리가 그 자리라며 "나도 너도, 내 나라 네 나라도 없는 공(空) 자리를 꿰뚫어 봐야 견성이다"[27]라고 했다. 나타난 현상세계를 분별하는 것보다는 보이지 않는 진공의 세계를 화두로 삼아 연마할 때 견성의 세계에 진입한다고 하였다. 여기에 인간의 분별 사량을 유발하는 마음을 비워야 맑고 고요한 성품의 세계가 발견되기 때문이다.

넷째, 간화선과 묵조선을 할 때 삼매의 체험이 견성하는 방법이다. 수많은 도인들이 참선을 통해 결국 깨달음에 이른다는 사실을 잊어서는 안 된다. 불법을 믿고 실행에 옮기는 수도인들이 간화(看話)의 화두선이나 묵아 양망의 참선에 몰입함으로써 견성할 수 있을 것이다. 원불교 100년 성업봉찬사업에서 '자신성업봉찬'이 강조되고 있다. 이의 실천으로서「새 생활 정진운동」의 하나가 선(禪) 정진이다. 선 정진을 통해 견성을 하는 것은 일종의 삼매 체험과 같은 일이다. 묵조선으로 단전주선을 하고, 화두선으로 간화선을 응용하여 수행할 수 있다면 더 효과적일 것이다.[28] 삼매의 경지에서 의두와 성리를 연마한다면 그것은 시간의 조만은 있을지언정 반드시 불법의 혜광을 얻는 견성에 이를 것이다.

---

27)『대산종사법문』4집, 淡山 張貴滿 대구교화 발전의 초석이시여.

28) 김성장,「단전주선과 간화선의 응용」,『한국교수불자연합학회지』제18권 제1호, 한국교수불자연합학회, 2012.6, p.233.

5. 견성의 결과

견성의 경지는 심오한 진리의 체득을 통해 지혜가 밝아지는 것이다. 그것은 남이 보아 알 수 있는 것이 아니요, 오직 스스로 반야지가 밝아지는 체험을 통해 얻는 것이기 때문이다. 종교 체험을 통해서 얻는 견성의 결과를 여러 상황에 비유하여 살펴보고자 한다.

먼저 상징적 비유법에 의한 견성의 결과를 살펴보면 자신이 무의식적으로 모은 재산을 자기 재산으로 아는 것과 같다. 소태산은 견성이라 하는 것은 비하건대 거부 장자가 자기의 재산을 자기의 재산으로 알지 못하고 지내다가 비로소 알게 된 것과 같다(대종경, 성리품 8장)[29]고 했다. 자신이 모은 재산을 자기 재산으로 알지 못했다는 것은 아무런 의식 없이 돈을 벌어놓고서도 그것을 자신의 의지대로 활용하지 못하고 머슴처럼 돈 모으는 재미로만 살았다는 뜻이다. 그러므로 견성을 한다는 것은 그가 모은 재산을 자기 재산으로 알게 되어, 그 돈을 유익하게 활용하고 가치 있게 사용함으로써 덕이 있는 주인의 역할을 하게 된다는 것이다. 자신의 참 성품을 모르고 살다가 깨달음을 얻은 후 그 성품의 주인이 자신임을 깨쳐 아는 견성의 결과는 참으로 소중하다.

또한 견성의 결과는 목수가 건물을 짓게 위해 도구를 얻은 것에 비유될 수 있다. 이와 관련하여 소태산은 말하기를, 우주 만물의 본래 이치를 알게 되고서 목수가 잣대와 먹줄을 얻은 것 같다(대종경, 성리품 21장)고 하였다. 목수의 역량은 잣대와 먹물을 도구삼아 발휘되는 것이다. 그러나 목수로서 유용한 도구를 간직하지 못한다면 그 역할을 할 수 없듯이, 본 법어는 견성의 중요성을 말하면서 이면에 활용의 중

---

29) 『대종경』, 성리품 8장.

요성을 더 강하게 강조한 말씀으로 해석해야 한다.[30] 아무런 쓸모없이 도구만 가져다 보관하면 무슨 소용이 있겠는가? 나의 맑은 마음이 있는데도 그것을 발견하지 못하거나 사용할 줄 모르면 진리에 무지할 수밖에 없다는 뜻에서 견성이 목수가 유용한 도구를 활용하는 것에 비유되고 있다.

아울러 견성의 결과는 글을 모르는 이가 글을 아는 것과 같은 것으로 묘사되고 있다. 제자 김광선이 수행하는데 견성이 무슨 필요가 있느냐고 여쭈었다. 소태산은 국문(國文)에 본문을 아는 것과 같다(대종경, 성리품 20장)고 하였다. 이 역시 견성하는 이치가 문맹이 글을 아는 것과 같고 맹인이 문자를 볼 수 있는 것과 같은 것으로 비유하였으니, 말도 못 알아듣고 글도 몰라서 찾아갈 수도 없다면 이는 진리를 모르는 사람과 같다.[31] 언어 활동에 지장이 있다면 불편해질 수밖에 없는 상황을 상기시키면서 견성의 간절함을 드러낸 것이다. 무지를 탈피하여 글을 읽을 줄 알고, 말할 줄 아는 사람은 불경을 읽을 줄 알아서 불법을 실천을 할 수 있는 실력이 갖추어진다.

또 견성을 이룬다는 것은 수(繡)를 배우는 사람이 수본을 얻은 것에 비유될 수 있다. 한 제자가 견성 성불이란 견성하는 즉시로 부처가 되는가에 대하여 질문하였다. 대종사 깜짝 놀라며 답하였다. 성품을 보는 것은 수 배우려는 사람이 좋은 수본을 얻어온 것과 같은 것[32]이라 했다. 오늘날 수놓는 장면이 아쉽게 사라져가고 있지만, 과거 농경시대에 결혼을 앞둔 예비신부가 신혼살림을 준비하면서 수본의 아름다운 문양에 따라 수놓는 일은 흔한 광경이었다. 수를 놓는 사람이 수본

---

30) 박상권, 「소태산 성리해석의 지향성 연구」, 『원불교사상과 종교문화』 32집, 원불교사상연구원, 2006.2, p.102.
31) 심익순, 『이 밖에서 구하지 말게』, 원불교출판사, 2003, p.54.
32) 『대종경선외록』, 8. 일심적공장 6.

을 얻는다는 것은 그 수본에 따라서 문양을 새기기만 하면 되는 것으로 용이한 것이다. 아무리 수를 놓고 싶어도 수본이 없다면 수를 놓을 수가 없기 때문이다. 비컨대 자신의 맑은 성품을 간직하고 있어도 이를 발견할 줄 모르거나, 설사 알더라도 맑은 성품을 활용할 줄 모른다면 그것은 무지한 일이다. 견성이란 자신의 맑은 성품을 발견하여 활용할 수 있도록 진리에 밝아지는 것이기 때문이다.

다음으로 진리 체험의 측면에서 견성의 결과에 대해서 살펴보고자 한다. 견성의 참 경지란 세상만사가 개유불성(皆有佛性)임을 깨달아 청정 자성불을 발견하는 것이라 볼 수 있다. 원래에 가고 오는 것도 없고 죽고 나는 것도 없이 상주불멸로 여여자연하여 항상 만고에 길이 불멸하는 자성불을 깨칠 것이며, 이것은 오직 견성한 사람만이 알게 되는 것이다.[33] 어리석은 중생은 자신이 부처임을 깨닫지 못하여 결국 악도 윤회를 벗어나지 못하기 때문이다. 오랜 적공을 통하여 누구나 불성이 있음을 깨닫게 된다면 중생의 악도 윤회를 벗어날 수 있으며, 청정 자성을 발현함으로써 중생을 구원하는 성불제중의 대열에 합류할 수 있다.

견성이라는 불과에 있어서 무엇보다 법열로 다가오는 것은 일행삼매와 일상삼매라는 것이다. 매사에 임할 때 번뇌가 사라지고 조촐한 성품의 세계를 바라다 볼 수 있는 힘을 얻기 때문이다. 자신의 진정한 성품에 확철한 사람으로서 견성한 사람은 서있거나 서있지 앉거나 가거나 오거나 항상 자유로워 신통한 유희 삼매를 얻은 즉 이것이 바로 자신의 진정한 성품을 확철한 것이다.[34] 삼매의 경지에 의해 본연 성품을 확철했다는 것은 곧 견성했다는 뜻이다. 일체의 차별 망상이나

---

33)『대산종사법문』 5집, 6. 무심결.
34) 혜능의 언급이다(윌리암 존스톤 著, 이원석 譯,『禪과 기독교 신비주의』, 대원정사, 1993, p.205).

고민 번뇌가 삼매의 경지에서는 사라진다. 어떠한 관념의 집착으로부터 벗어나 있기 때문에 분별없는 진여성에 이를 경우 견성의 참 경지를 체험하게 된다.

　견성의 궁극적 결과는 성불이며, 그것은 불법의 수행자로서 지고의 목적을 성취하는 부처의 세계이다. 견성 성불이라는 용어는 견성에만 머무르지 않고 성불에까지 이어지도록 하는 의미를 새기게 해준다. 옛날에 이견왕이 바라제 존자에게 어떠한 것이 부처인가를 묻자 존자는 답했다. "견성을 하면 이 부처이옵나이다." 왕이 존자에게 이어서 묻기를 대사는 견성하였느냐고 했다. 존자 가로되 "나는 불성을 보았나이다."[35] 견성이 곧 부처라는 것이며, 성불은 불성을 발현하는 견성의 결승점이라는 사실을 잊어서는 안 될 것이다.

35) 『修心訣』 5章, 昔異見王, 問婆羅提尊者曰, 何者是佛, 尊者曰, 見性是佛, 王曰師-見性否, 尊者曰, 我見佛性.

제3장

견성대상과 성불

1. 견성의 대상, 일원상

원불교 신앙의 대상이요 수행의 표본이 일원상(○)이다. 회통의 진리로서 불교에서 보면 부처님이요 기독교에서 보면 하나님이요 이슬람교에서 보면 알라신이라 할 수도 있다. 원불교 종지(宗旨)로서 일원상의 진리를 깨닫는 데에는 크게 두 문이 있는데 그것은 신앙문이요 수행문이다. 일원상의 신앙은 사은과 처처불상 사사불공의 타력신앙으로 나아가고, 삼학수행으로서의 견성 성불(범아일체)의 각증(覺證)은 자력신앙이라는 두 양상으로 전개된다.[1] 여기에서 견성 성불이란 일면 삼학수행문에 속한다고 할 수 있지만, 일원상 진리의 자타력 병진 신앙이라는 측면에서 조망해야 할 것이다.

일원상 진리를 깨닫는 것은 수행만으로 되지 않는다. 신앙과 수행이 아우른 신행(信行)으로 나아가야 견성 성불로 이어지기 때문이다. 의두 성리가 정기훈련 11과목에 속해 있어 삼학수행으로 간주되지만, 신앙으로도 볼 수 있는 혜안이 필요하다는 측면에서 성리 신앙이라는 용어를 사용하는 경우가 있다. 이를테면 일원불을 표본하여 견성 성불의 성리수행을 잘 해서 천불만성을 배출하고, 일원 불공을 통해 성리 신앙을 더 잘하게 된다[2]는 것이다. 문제는 성리가 신앙의 방법인가,

---

1) 정유성, 「원불교 과학관」, 『원불교사상시론』 1집, 수위단회사무처, 1982, p.202 참조.
2) 김인철, 「교단의 정체성과 신앙의 호칭문제」, 제28회 원불교사상연구 학술대회

아니면 수행의 방법인가를 변별하는 것이 중요한 것이 아니라 원불교 견성의 방법으로서의 의두와 성리가 일원상의 신앙과 수행의 양면에서 새겨져야 한다는 점이다. 견성 성불이 삼학의 자성불 발현이라는 수행만이 아니라 청정법신불에의 감응이라는 신앙의 면에서 조명받을 수 있다는 점에서 성리신앙이라는 용어가 조심스럽게 등장하고 있다.

원불교에서는 일원상을 대할 때마다 화두로 삼으라 하여 끊임없는 적공의 신행을 권면하고 있다. 소태산 대종사는 "일원상을 대할 때마다 견성 성불하는 화두를 삼을 것이요"(대종경, 교의품 8장)라고 하였으며, 정산종사는 "일원상은 우주만물 허공법계와 진리불의 도면이니, 견성 성불하는 화두요, 진리 신앙하는 대상이요, 일상 수행하는 표준이니라"(정산종사법어, 경의편 3장)고 하였다. 따라서 일원상을 견성 성불의 화두로 삼으면서 부단히 불공해야 한다. 좀 더 넓혀보면 불가에서는 부처님을 화두로 삼고, 기독교에서는 하나님을 화두로 삼으며 여타 종교에서도 그 나름의 절대자를 화두로 삼아 깨달음과 계시의 세계로 나아갈 수 있다. 견성 성불의 화두로 삼으라는 일원상은 인간의 이성적 이해와 분석적 이해의 한계를 넘어서서 직관적 이해로 나아가게 하는 방법적 표상[3]임을 새길 줄 알아야 한다.

그리하여 일원상을 의두 성리의 대상으로 삼아 진리의 세계에 침잠할 때 일원은 우주만유의 본원이요, 제불제성의 심인이요, 일체중생의 본성이라는 것을 깨닫게 되어 견성 성불로 이어진다. 법신불 일원상은 다름 아닌 내 몸 안에 있는 나의 본성으로 이 본성을 바로 보는 것이 부처가 되는 것(견성 성불)이기에 일원(법신불)이 제불제성의 심인이며, 일체중생의 본성이라고 말한다.[4] 일원상을 테두리의 ○에 집착한

《개교100년과 원불교문화》, 원불교사상연구원·한국원불교학과, 2009.2.3, p.31.

3) 박상권, 「진리 인식에 있어서 합리론과 경험론」, 『원불교학』 제8집, 한국원불교학회, 2002.6, pp.164-165.

다면 가식적인 현상만 보일 따름이다. 외형적 장식에 집착하지 않고 본체의 세계가 본원으로 나타나 심인으로 각인되도록 해야 하는 것이다. 이에 본원이요 심인이요 본성인 일원상의 진리를 체험하여야 할 것이며, 그것이 견성 성불의 표상인 이유이다.

여기에서 『정전』「일원상법어」가 우리의 일상적 활동에서 성찰될 때 견성의 표준이 된다는 사실을 알아야 할 것이다. 이 원상(圓相)은 '안이비설신의' 육근을 사용할 때 쓰는 것이니 원만구족한 것이며 지공무사한 것이라는 사실 때문이다. 일원의 진리를 밝히고 깨달아 실천하는 기준이 되는 법문을 「일원상법어」에 분명히 밝혀주었으므로 대각의 표준은 이것으로 기준을 삼아야 하며, 깨달은 견성의 인가도 이것으로 표준삼아야 한다.5) 대각개교절의 의례에서 「일원상법어」를 봉독하는 것도 견성 성불의 표준으로 삼으라는 상징적 의미가 가미되어 있다고 본다.

이제 일원상의 진리를 정각하고 정행하는 것이 과제로 남아있다. 일원의 진리를 바르게 깨달아서 심신을 바르고 원만하게 사용하는 것을 정각정행6)이라 하였으니, 그것은 견성 성불의 표준이다. 일원상의 진리를 정각하는 것은 일원상 진리가 원만대도로서 불법의 종지라는 것을 확인하는 것이며, 정행하는 것은 정각한 내용을 실제의 삶에서 바르게 실천하는 것이다. 원불교에서는 「교리도」의 네 모서리에 사대강령을 두었으며 그중 하나가 정각정행이다. 불교에서는 중도를 표방하면서 정각정행을 위한 구체적 조목으로 팔정도를 밝히어 부처의 인품을 갖춤으로써 대자대비의 행동을 촉구한 것이다.

---

4) 김방룡, 「보조 지눌과 소태산 박중빈의 선사상 비교」, 『한국선학』 제23호, 한국선학회, 2009.8, p.136.
5) 안이정, 『원불교교전 해의』, 원불교출판사, 1998, p.172.
6) 신도형, 『교전공부』, 원불교출판사, 1992, p.212.

견성 대상으로서의 일원상은 이제 우리의 서원으로 받들면서 일상의 삶 속의 신앙 수행으로 다가서야 한다. 일원상서원문은 소태산의 즉흥적인 감상에서 나온 것이 아니요 큰 서원을 세우고 깨달은 진리와 밟아온 경륜을 통해 밝혀준 경문으로 대중이 견성 성불하여 불보살이 되도록 자비를 베풀어준 부촉의 경문이라 할 수 있다.[7] 날마다 일원상서원문을 주송함으로써 일원의 진리에 계합하고 일원의 진리를 실천하는 일이 견성 성불의 길임을 알라는 것이다. 견성이란 단지 일원상 진리를 발견한 정도에 머물지 말고 성불이라는 서원 속에서 새겨야 하는 이유가 여기에 있다.

2. 교서정착과 견성

불법의 심오한 진리를 터득하기 위해 견성의 필요성이 강하게 부각되던 때는 원기 5년(1920) 소태산이 부안 봉래산에 입산하면서부터이다. 봉래정사에서 수많은 성리법어가 설해졌으며, 이러한 성리의 해오가 견성으로 이어진다. 이곳 봉래정사에서 소태산이 설법한 내용은 그 이전과는 달리 입정과 견성 성불하는 방법이었다.[8] 『대종경』성리품의 법어 상당수가 이곳 부안 봉래정사에서 이루어졌으며, 본 성리 법어의 대부분이 견성의 의의와 필요성, 그리고 견성의 방법에 대한 법어들로 구성되어 있다. 소태산은 이곳에서 제자들에게 성리 체득을 권면하면서 견성 인가에 있어서 전통불교와 차별화하고 있다.

소태산은 약 5년간(원기 5년~9년) 봉래정사에서 주석하면서 성리법

---

7) 안이정, 『원불교교전 해의』, 원불교출판사, 1998, p.152.
8) 김혜광, 「교육사」, 『원불교 70년정신사』, 성업봉찬회, 1989, p.580.

어를 설함과 동시에 원불교 교강을 선포하였다. 봉래정사에서 성리법
어를 설하는 과정 속에서도 새 시대의 종교로서 원불교의 기본 교강
을 정립함으로써 삼학팔조가 여기에서 완성된다. 원불교의 교사에 나
타나 있듯이 소태산이 설한 삼강령과 팔조목은 강령이 간명하고 교의
가 원만하여 모든 신자로 하여금 조금도 미혹과 편벽에 끌리지 아니
하고, 바로 대도에 들게 하는 새 회상의 기본 교리가 되었다. 그는 자
수자각이라는 고통 속에서 견성 성불의 법을 가르쳤으니, 원불교의 교
강이 삼학팔조 사은사요[9]라는 것이다.

부안 봉래정사에 머물면서 소태산은 불교 지인과 교류하고, 또 수제
자 정산을 월명암에 보내면서 새로운 불법을 준비하였으며, 견성의 방
법도 원불교 방식으로 혁신하였다. 그가 봉래정사에서 기본 교강을 발
표한 후 원기 9년(1924) 익산으로 총부를 옮긴다. 뒤이어『불법연구회
규약』(원기 12)을 발간함과 더불어 곧바로『수양연구요론』을 발표하게
된다. 본 요론에서는 견성 연마의 조목들로서 문목(問目)이 등장한다.

본 문목 137개의 조목들을 보면 대종사의 구도과정에서 알고자 했던
자연현상에 관련되는 조목들이 나타나고, 유불도의 선성들의 말씀에
바탕한 의문, 선종의 화두 등이 망라되어 있다.[10] 원기 5년(1920)의 교
강 선포에 더하여 견성의 조목들을 구체화한 점에서『수양연구요론』
이 갖는 의의가 크다고 본다. 불법에 근거한 우주와 인간의 궁극적 의
문들에 대하여 깊이 공부하는 교단으로서 견성의 필요성을 드러냈던
것이다.

원기 17년(1932)에는 원불교 최초의『정전』인『육대요령』을 발간하
기에 이른다. 본『육대요령』은 원불교 교리의 강령을 총 6장으로 요약

---

9) 김정용,『생불님의 함박웃음』, 원불교출판사, 2010, p.20.
10) 정순일,「원불교 성리의 성립사 연구」,『원불교사상과 종교문화』33집, 한국원불
　　교학회 · 원불교사상연구원, 2006.8, pp.65-66.

한 기본경전으로서 다음 교서가 발간되기까지 초기교단의 중심교서로
서 활용되었다. 견성의 연마 대상이었던 문목에 대하여『육대요령』에
서 풀이하고 있다. 즉 문목이라 함은 본회 교과서『수양연구요론』내
대소유무와 시비이해를 망라하여 지정된 137절의 의두 문목과 기타
일체 인간에 의심다울만한 제목을 이름이며, 성리란 천지 만물의 본래
성과 과거 불조의 이르신 천만화두를 해결하여 알자는 과목이라[11]고
하였다. 여기에서 문목의 개념이 후래 의두 및 성리로 변화되는 흔적
들이 나타난다.

원기 20년(1935)에는『조선불교혁신론』이 발표되었다. 본 혁신론은
불법의 시대화 대중화 생활화를 표방한 저술로서 불법을 시대에 맞게
혁신함과 더불어 새 불교의 본질을 드러내는 선에서 개혁을 추구하였
다. 소태산이 불교의 혁신을 통해서 생활불교를 실천하기 위하여 견성
을 중시하면서 의두 연마를 강조한 것도 생활 속에서 실천할 수 있는
선을 추구하고자 했던 일관성이 있는 선택이었다.[12] 불교의 화두가 1
천3백여 조목이나 되는 상황에서 평생 간화선만 하다보면 머리가 상
기되어 오히려 공부가 방해됨을 알고 묵조선과 간화선을 병행하는 시
대화된 불교를 표방한 것이다. 화두만 계속하면 평생 화두연마로 시간
을 허비할 것이며, 머리에 기운이 올라 병을 얻기 쉽다는 점을 감안한
것으로 본다.

교조 소태산의 친제로서 초기교서의 완성판이『불교정전』(원기 43
년)이라는 사실이다. 소태산 주재 당시 원불교 교리의 골격이『불교정
전』에서 완비되었기 때문이다.『불교정전』에는『수양연구요론』에서
밝힌 137개의 문목이 47개로 축약되어 수록되어 있는 바, 견성의 의두

조목들을 정착시키는 과도기였음을 알려준다. 정산종사에 의하면『불교정전』은 부처가 되는 정로로서 본회 교과서 중 가장 중요한 골자가 되는 동시에 천만경전의 진리 통섭경이라[13] 하여, 이『불교정전』의 의지를 잘 요해하라고 하였다. 진리의 통섭경이란 모든 진리가 회통 섭렵되는 경전으로 이해할 수 있다. 견성을 통해 진리를 통섭하고 요해하여 실천에 옮기는 것으로서『불교정전』이 갖는 위상을 드러내고 있다.

현행본『교전』(1962년)은 원불교 교리가 완정됨과 더불어 교서의 결정판이자『원불교 전서』의 핵심 경전이다. 여기에 원불교의 기본 교법이 망라되어 있다는 것이며, 완비된 교법 체계를 분명히 밝혀주고 있다. 그리하여『정전』에는 20조목의 의두요목,『대종경』에는 성리품과 변의품 등이 견성의 법문들로 정비되어 있다. 당시 교단에서는『정전』을 발간하여 이를 원경으로 받들고,『대종경』을 통경으로 활용하고 있다.[14] 원불교 100년에 즈음하여 원경과 통경으로 정착된『원불교교전』의 위상을 상기하면서, 자성불의 발현으로서 견성을 해야 하는 과제가 남아있다.

3. 견성과 양성 솔성

일원상의 진리를 체받아 자신의 수행을 완성하는 길이 있다. 여기에는 3가지의 방법이 있는데 견성 양성 솔성이 그것이다. 소태산은 일원의 원리를 깨닫는 것은 견성이고, 일원의 체성을 지키는 것은 양성이

---

13)『정산종사법설』, 제1편 불교정전 義解, 1. 불교정전이란.
14) 정전은 교리의 원강을 밝혀주신 "원(元)"의 경전이요 대종경은 그 교리로 만법을 두루 통달케 하여주신 "통(通)"의 경전이라, 이 양대 경전이 우리 회상 만대의 본경(本經)이니라(정산종사법어, 경의편 1장).

며, 일원과 같이 원만한 실행을 하는 것은 솔성이라(대종경, 교의품 5
장)고 하였다. 이는 진리 체득에 있어 삼학의 구조와 같은 모습으로
드러나는 바, 견성 양성 솔성이라는 구조가 이것이다. 『교전』에는 삼
학의 기초가 ① 수양 연구 취사, ② 자성의 정혜계, ③ 공원정, ④ 견
성 양성 솔성, ⑤ 일심 알음알이 실행, ⑥ 해탈 대각 중정 등으로 다양
하게 이해된다.15) 견성 양성 솔성이 교강의 삼학 구조 속에서 해석학
적으로 다채롭게 이해되고 있는 것이다.

　그러면 견성 양성 솔성의 의미를 살펴보고자 한다. 견성은 하나자리
를 발견하고 나를 발견하는 것이며, 양성은 하나자리를 함축하고 나를
함축하는 것이며, 솔성은 하나자리를 활용하고 나를 활용하는 것이
다.16) 곧 견성은 사리연구의 측면에서 보면 일원상 진리를 발견하여
볼 수 있는 반야지의 확충이며, 양성은 정신수양의 측면에서 일원상의
진리를 양성 함축하는 것이다. 또한 솔성은 작업취사의 측면에서 일원
상 진리를 실생활에 활용하는 것을 말한다. 삼학의 구조에서 보면 양
성 견성 솔성으로서 정신수양은 양성이요, 사리연구는 견성이요, 작업
취사는 솔성이라 볼 수 있다.

　또 일원상 진리에 계합하는 길에는 두 문이 있는데 신앙문과 수행
문이 그것으로, 여기에서 견성 양성 솔성은 수행문에 속한다. 신앙문
은 사은을 통해서 보은하는 방법이라면, 수행문은 삼학을 통해서 수행
하는 방법이다. 곧 일원의 진리를 깨달아 함양하고 자기 자신의 생활
에 활용하는 것을 일원의 수행이라 하는 것으로, 일원상의 진리를 깨
닫는 견성, 일원상의 진리를 키우는 양성, 일원상의 진리를 사용하는
솔성17)이 수행문에 속하는 것으로 이해된다.

---

15) 한기두, 『원불교 정전연구』-교의편-, 원광대학교 출판국, 1996, p.250.
16) 『대산종사법문』 3집, 제2편 교법, 50) 양성 견성 솔성 공부.
17) 송천은, 「소태산의 일원철학」, 숭산 박길진박사 고희기념 『한국근대종교사상사』,

여기에서 견성을 따로 분리하여 양성·솔성과의 관계를 설정해 본다. 양성을 따로 분리하여 견성·솔성과 관련짓는다거나 솔성을 따로 분리하여 견성·양성과 분리하는 것은 다소 어색한 일이지만, 이들로부터 견성을 따로 분리하는 것은 자연스러운 일이다. 즉 나누어 보면 견성 양성 솔성이지만 합하면 견성을 독립변수로 놓고 양성·솔성으로 설명이 가능하다는 뜻이다. 대산종사는 이에 말한다. "우리가 견성을 하자는 것은 양성과 솔성을 잘하자는 것이다. 견성한 사람은 양성하고 솔성하는 것을 보면 그 사람이 참 견성인인가 아닌가를 알 수 있다."[18] 참 견성인이 되기 위해서 뒤따르는 양성·솔성을 잘 해야 한다.

견성 외에 양성·솔성의 조목을 같이 거론하는 이유는 또 있다. 원불교에선 견성 후에도 그것이 수행의 끝이라 보지 않기 때문이다. 견성만 하고 양성하거나 솔성하지 않으면 그것은 바람직하지 않다. 이에 소태산은 견성이 수행의 끝이라고 보지 않고 견성 후에도 양성 솔성의 과정이 있어야 한다고 하였으니, 견성은 수행의 완성이 아니라 수행의 시작이라고 보는 점에서 그렇다.[19] 견성 후 바로 성불에 이르는 경지는 수행이 따로 필요 없는 상근기에 해당될 수 있겠지만, 불법은 상·하근기 모두에게 적합한 수행이어야 한다. 또 견성 후에 업력의 습기에 의한 탐진치는 그대로 방치해 둘 수 없으며 부단한 수행을 통해서 이를 제거해야 한다. 따라서 견성 후에 대체로 양성과 솔성이라는 과정이 요구되는 것이다.

물론 견성, 양성, 솔성이라는 세 가지는 반드시 선후의 단계는 아니다. 견성 후에 양성과 솔성 단계를 밟아야 한다거나, 양성 후에 견성

원광대학교출판국, 1984, p.1090.

18) 『대산종사법문』 3집, 제2편 교법, 89) 두렷한 한 소식.

19) 김방룡, 「보조 지눌과 소태산 박중빈의 선사상 비교」, 『한국선학』 제23호, 한국선학회, 2009.8, p.151.

과 솔성을 해야 하는 것은 아니기 때문이다. 그리고 솔성을 먼저 한 후에 견성과 양성을 해야 하는 것은 더욱 아니다. 중요한 것은 견성과 양성 그리고 솔성이 동시에 진행되면 더욱 바람직하다. 견성을 했다고 해서 양성을 놓거나 솔성을 놓아서는 안 되기 때문이다. 또한 양성이나 솔성을 했다고 해서 견성 공부를 또 놓는 것도 어리석은 일이다. 견성을 하면서 양성과 솔성을 하고, 솔성과 양성을 하면서 견성을 동시에 하는 것이 바람직하며, 이는 삼학 병진을 강조한 소태산의 교리 정신과도 관련된다.

하나 더 주목할 것은 견성 양성 솔성이라는 3가지 구조로 보지 않고 두 구조로 보는 경우가 있으며, 그것은 견성과 솔성의 경우이다. 성리 탐구는 견성이라면 활용은 솔성이라는 것이다. 그래서 성리 탐구를 견성의 성취로 결론짓는다면 성리의 활용은 솔성으로 귀결된다.[20] 물론 양성은 견성과 솔성 사이에 필요 없다는 뜻은 아니다. 일상적 사유 구조를 지행(知行)으로 본다면 지는 견성이요 행은 솔성인 바, 양성은 굳이 따로 말할 필요가 없다. 이는 진리 인식의 구조를 세 구조로 접근하느냐, 아니면 두 구조로 접근하느냐의 방식이기 때문이다. 일원상 진리의 수행을 삼학이라는 견성 양성 솔성의 구조로 볼 수 있지만, 일원상 진리의 수행을 앎이라는 지(知) 곧 견성의 측면과 행(行) 곧 솔성의 측면으로 볼 수도 있다는 것이다. 이를테면 정혜쌍수에 있어서 정혜 구조도 양면성을 지닌다는 점을 참고할 일이다.

20) 박상권, 「소태산 성리해석의 지향성 연구」, 『원불교사상과 종교문화』 32집, 원불교사상연구원, 2006.2, p.100.

4. 견성과 성불

견성과 성불의 구조를 보면 견성 외에 또 성불이 필요한가하는 의구심을 갖게 한다. 견성하면 그것이 성불이지 왜 둘로 나누어 보느냐는 문제제기가 가능하지만, 양자의 관계는 동시로 보면서도 선후 관계로 보아야 할 것이다. 성불은 견성의 경지를 활용한 후 제중의 실적을 보여야 진정한 성불이 되기 때문이다.[21] 우주와 인간의 근본 원리를 깨닫는 것이 견성이라면, 깨달은 후 중생을 제도해야 하는 과제가 있다는 것이다. 이에 스스로 반야지의 획득에 이어 부처의 행적을 보이는 선후 관계로 비추어진다. 견성을 통해 성품의 원리를 깨닫고서 자비의 인류 구원이라는 성불로 이어가야 하기 때문이다.

견성 후 바로 성불하는 사람도 있을 수 있겠으나 그러한 경우는 극히 일부일 뿐이라는 것이다. 견성즉 성불이라는 경지의 체득은 상근기에게 가능한 일이기 때문이다. 견성만 하면 곧 성불이 될 수 있느냐는 한 제자의 질문이 있었다. 이에 소태산은 이를 각자의 근기와 관련지어서 상근기의 경우 즉시로 성불하는 사람도 있으나 그것은 드문 일이며, 대체로 견성 후에 성불하는 공이 더 들어간다[22]고 하였다. 과거에는 인지가 어두웠던 관계로 견성만 하면 곧 도인이라고 불리기도 하였다. 그러나 대명천지의 밝은 세상에는 견성만으로 도인이라 할 수 없게 되었다. 성품의 원리를 터득한 견성 후에 자신을 불보살로 만드는 성불의 노력이 더 필요하기 때문이다.

견성과 성불의 관계를 돈오와 점수의 관계로 설정할 수도 있다. 견성이 돈오요 성불이 점수라는 논리가 이와 관련된다. 고려의 보조국사

---

21) 위의 논문, pp.101-102.
22) 『대종경』, 성리품 23장.

지눌은 깨달음을 몰록 이룬다는 뜻에서 돈오(頓悟)를 말하고 있다. 그
러면서도 점수가 필요하다고 말한 지눌은 돈오 후에 자신의 업력에
의해 다시 어두워질 수 있음을 경계한 것이다. 어린이가 육체의 감각
기관을 가지고 있지만 그 힘을 다 활용할 수 없듯이, 비록 돈오는 하
였지만 과거의 습기를 완전히 제거하지 못하면 성불할 수 없다는 점
에서 점수를 거쳐야 한다. 견성으로 깨달았다고 해도 깨달은 상태를 지
속하지 못하면 다시 무명으로 돌아설 수밖에 없으므로 깨우친(頓悟) 후
에도 부단히 노력해야 한다(漸修)는 것이 불교의 입장이다.[23] 견성 성불
은 이처럼 돈오와 점수의 관계로 볼 수 있다. 돈오의 입장인 남종의 혜
능과 점수의 입장인 북종의 신수 견해가 아울러 요구되는 것이다.

　원불교의 경우도 같은 맥락에서 볼 수 있다. 돈오 즉 견성만 하고
점수 즉 성불의 공이 없으면 보기 좋은 납도끼에 불과하다. 돈오에 만
족하는 납도끼를 상상해 볼 때, 보조 지눌의『수심결』은 정혜쌍수를
주장하여 성품을 깨쳤으면 성불에 공을 들여야 한다[24]는 것이다. 돈
오 점수를 주장하는『수심결』은 소의경전으로서『원불교전서』속의
『불조요경』에 수록되어 있다. 소태산은 수도하는 사람이 견성을 하려
는 뜻은 성품의 본래이치를 깨달아 이를 걸함없이 사용하도록 부처를
이루기 위함(대종경, 성리품 7장)이라 했다. 견성 후에 성불의 공을 들
이지 않으면 보기좋은 납도끼라고 밝힌 소태산의 법어는 견성에만 자
족하는 경우를 경계하고 있다.

　견성에 공들이는 일에 비해 성불에 공들이는 일이 어렵다는 것은
이미 밝힌 바 있다. 한 제자가 성불의 공이 더 어렵다는 것을 인지하
지 못한 채 견성하는 즉시 부처를 이룰 수 있는가에 대한 질문을 하였

23) 불교신문사 편,『불교에서 본 인생과 세계』, 도서출판 홍법원, 1988, p.45.
24) 한종만,『원불교 대종경 해의』(下), 도서출판 동아시아, 2001, pp.42-43.

다. 소태산은 제자의 질문에 다음과 같이 말하였다. "실은 견성은 그리 어려운 것이 아니다. 자기가 본 그 성품과 같이 원만하고 밝고 바르게 자기 성품을 활용하여 복족 혜족한 부처가 되는 데에 큰 힘 드는 것이다."[25] 이어서 인지가 많이 발달되면 10여세만 넘으면 대개 초견성은 할 것이요 성불을 위하여 큰 공력을 들이게 될 것이라 했다. 이처럼 견성도 어렵지만 성불의 노력이 더 필요하다.

　견성의 공력보다 성불의 공력이 더 드는 이유는 무엇인가? 쉬운 것을 예로 들어 설명해 보고자 한다. 운전과 관련지어 이를 설명할 경우, 운전면허증을 따는 것은 견성에 해당하는 것이라면 운전면허증을 딴후 사고 없이 도로 주행을 잘 하는 것이 성불에 해당한다. 공부하는 사람이 성품을 양성하면서도 활발하게 운전하라(대종경, 수행품 53장)는 법어가 이를 시사하고 있다. 성품을 반조하면서 비추어 보는 것이 견성이라면 현실에서 솔성하며 바르게 운전하는 것이 성불로 비교될 수있다. 소태산이 밝힌 마음공부를 잘 하여서 모범 운전수 면허 공부법을 일러주니 심신 운전을 잘 하는 운전수가 되어야 한다[26]는 것이다.

　그저 면허증을 취득해서 운전은 하지 않은 채 보관만 해서도 안 되며 성품 역시 마찬가지이다. "성품자리를 보기만 하여서는 안 된다. 보아서 원만무애한 그 자리를 닦아서 그대로 하면 견성 성불이다. 그런데 행은 못하면서 알기만 하면 안 된다. 견성이 10점의 공력이 든다면 성불은 900점의 공력이 들어야 한다."[27] 성불이 그렇게 어렵다는 뜻이다. 견성 후에도 보림 양성하는 공부를 해야 성태(聖胎)가 장양(長養)된다(대산종사법문 2집, 제4부 신년법문, 원기63년-중도로 세계평화)는 법어도 같은 의미에서 성불의 노력을 강조하고 있다. 견성 후에

25)『대종경선외록』, 8. 일심적공장 6.
26) 김보현, 「모범 운전수」,『나는 조각사』, 출가교화단, 2000, p.108.
27)『대산종사법문』3집, 제2편 교법, 128) 견성과 성불.

적공하는 성불의 공이 들어가는 만큼 성불은 평생의 적공이 필요하다
는 것으로 이해해도 좋다.

　견성과 성불 구조에서 한 걸음 나아가 견성, 성불, 제중이라는 세 가
지의 구조를 상정할 수 있다. 견성은 운전면허증을 따는 일이요, 성불
은 운전면허증을 휴대하고 도로상에서 실제 운전하는 자신 제도의 일
이며, 제중은 자신 제도에 만족하지 않고 일체중생을 제도하는 부처의
대자대비의 실행과 관련되기 때문이다. 견성 성불이라는 용어와 성불
제중이라는 용어를 병렬 형식으로 사용하고 있음을 상기해 볼 필요가
있다. 전자는 자신에 초점을 두는 것이라면 후자는 타인에 초점을 두
는 성향이기 때문이다. 청정 법신불을 보아서 견성하고, 원만 보신불
이 되어 성불하고, 백억 화신불이 되어 제중하는 그 어른은 삼계의 대
권을 갖게 된다(대산종사법문 3집, 제5편 법위 69)는 법어도 같은 맥락
이라 본다.

제4장

견성과 제종교

1. 인도불교와 견성

불교의 탄생지인 인도의 초기불교 성립에 대하여 살펴보도록 한다. 인도에서 불교의 출현은 기원전 8~9세기 아케메네스(Achaemenses) 왕조가 통치하던 페르시아의 세력이 인더스강 유역으로 확장해오던 시기로, 그것은 서양에서 헤카테우스(Hecateus)와 헤로도토스(Herodotos)에 의해서 얻어진 인도에 관한 최초의 지식의 원천이라고 말해진다.[1] 불교가 성립되면서 마우리야 왕조에 이르는 시기(B.C. 6~3)에 인도의 종교적 상황은 신흥세력의 발전기였다. 그것은 종래의 아리안 문화권에서 본다면 마가다를 중심으로 한 신흥세력의 발전기였으며, 불교와 자이나교의 발전은 이 신흥세력의 등장과 관련된다.

신흥세력의 등장과 더불어 인도불교는 바라문교의 분파종교 운동에서 비롯되었다. 불교는 다른 분파들과는 달리 왕성한 포교활동을 통하여 전개되었고, 아쇼카(B.C.269~232)와 카니쉬카와 같은 숭불(崇佛) 군주의 지원에 힘입어 불법이 인도 전역에 융성하게 되었다.[2] 하지만 인도불교는 출발과정에서 인도사회에 굳건히 뿌리내리고 있던 정통 바라문교를 압도할 수는 없었다. 인도라고 하는 문화적 특성에 따라 인도불교는 인도인들의 삶 속에 용해된 베다의 권위나 제사주의적인

---

1) 라다크리슈난 저, 이거룡 옮김, 『인도철학사』Ⅰ, 한길사, 1996, p.89.
2) 길희성, 『인도철학사』, 민음사, 2007, p.148.

종교행사를 거부함으로 인해 이단으로 간주되기까지 하였다.

인도불교가 탄생하면서 교조인 석가모니가 존숭되었지만 과거 칠불의 숭배도 함께 행해졌다. 사리의 숭배로 인한 탑들이 건조되었으며 석가의 발자취, 보리수, 법륜 등도 숭배되었다. 당시의 출가 수행자들 중에서 사원에 사는 경우가 점차로 많아졌다. 승원(僧院)은 부파에 소속되어 있었고 아쇼카왕 시대에는 상좌부와 대중부의 2파로 분열되었으며, 그후 약 100년간 대중부 계통이 분열됨과 더불어 뒤이어 약 100년간 상좌부 계통도 분열되었다.3) 이때 18부파가 새로 성립되었으며 상좌부와 대중부 및 18부를 합하여 소승 20부가 존립하였다. 이들 중에서도 상좌부 계통의 설일체유부, 독자부, 정량부, 화지부, 경량부가 활동의 무대를 넓혀나갔다.

7세기 이후 부파불교로서의 인도불교가 흥성하게 되자 점차 힌두교의 공격이 심해져 불교는 어려움에 처하게 된다. 당시의 부파불교는 중관파, 유가행파, 경량부, 유부 등 크게 네 가지로 분류된다. 대승불교가 융성한 중에도 부파불교가 공존하고 있었음을 알 수 있지만 이 시대의 대세는 대승불교였다고 할 수 있다. 대승불교는 바수반두(A.D.320~400)를 내세워, 부파의 교리를 매듭한 『구사론』으로써 부파불교에 대한 이론적 부채를 청산하고, 이어 불교의 숙원이었던 무아와 윤회가 지닌 모순을 조화할 수 있는 알라야식의 체계를 창조하는 커다란 업적4)을 이루게 되었다.

인도의 대승불교가 발전하면서 견성 이론을 통해 강조되는 중생의 마음이 본래 여래임을 강조하는 여래장(如來藏) 사상이 알라야식과 묘하게 결합되었다. 그럼에도 불구하고 인도불교는 인도에서 힌두교와

---

3) 中村 元著, 김용식・박재권 공역, 『인도사상사』, 서광사, 1983, pp.83-84.
4) 정순일, 『인도불교사상사』, 운주사, 2005, p.39.

더불어 흥성하는 데에는 역부족이었다. 여래장 사상과 무아(無我)론을 강조하는 인도불교가 힌두교의 브라만이나 개체아를 강조한 아트만 사상과의 괴리가 너무 컸기 때문이다. 이는 후래 유아윤회와 무아윤회라는 논쟁을 야기하는 계기가 되기도 하였다.

물론 인도불교가 깨달음 곧 견도(見道) 내지 견성을 강조하는 점에서 인도 힌두교의 명상과 관련이 적지 않다고 본다. '명상'이라는 말이 인도의 힌두교와 불교에 관련성이 있듯이 '깨달음'이라는 말도 힌두교와 불교의 관계가 있으며, 요즈음에는 깨달음을 가리키는 'Enlightenment'는 전 세계의 종교와 사상에서 추구하는 궁극적인 경지를 지칭하는 말로 쓰이고 있다.5) 이를테면 요가의 '사마디' 내지는 '목사' 선종의 '견성' 남방불교의 '니바나' 수피즘의 '파나' 등이 그것이며, 넓혀 말하면 '하나님과의 합일'도 이와 관련된다. 견성과 유사한 용어로서 인도 원시불교의 견도(見道)를 상기해 보자. 원시불교에서 설하고 있는 성위는 견도위(見道位) 수도위(修道位) 무학위(無學位)로서 견도위는 무루의 지혜를 성취한 후 사제(四諦)의 이치를 관조(照見)하는 위를 말하는 것으로 오늘의 견성을 성취한 성위를 연상할 수 있다.

여기에서 후래 견성을 강조한 선종의 태동과 관련짓기 위해서는 인도불교에 대하여 세밀한 접근이 요구된다. 그리고 인도의 대소승과 여러 부파불교의 이해에 있어서, 우선 교종과 선종의 이해가 필요하다. 당시 교종의 팽창으로 권위주의가 드러나자 부처님의 근본불교로 복귀하자는 운동이 일어났다. 후대인들의 지엽적인 불교해석과 지나친 탑상(塔象) 예불의 폐단을 극복하고 누구라도 부처님이 된다(즉심성불, 견성 성불)는 부처님의 근본사상을 내세우면서 교종에 도전하였으니

---

5) 박석, 「명상과 사상과의 관계」, 『원불교사상과 종교문화』 30집, 한국원불교학회 · 원불교사상연구원, 2005.8, pp.15-16.

이것이 바로 선종이다.[6] 교종과 선종은 갈등 양상을 보이면서도 세월
이 흐르면서 인류의 문화유산인 불교문명은 더욱 찬란하게 꽃을 피우
게 되었다.

하여튼 인도불교는 동남아시아에서는 소승불교로 발전하였으며, 동
북아시아에서는 대승불교로 발전하였다. 주지하듯이 인도는 원시불교
에 이어 아비다르마 불교, 대승불교가 차례로 흥기하였던 것이다. 동
아시아인들은 인도에서 거의 사라진 불교문명을 인도에서보다도 크게
번창시켰다. 불교의 다른 갈래인 소승불교(그들에게는 정통불교)는 인
도의 이웃나라들인 실론, 타이, 버마 등지로 전파되어 인도에서 소승
불교가 사라진 이후에도 부처님의 근본 뜻을 견지하면서 인류사에 있
어 찬란한 정통 불교문명을 꽃피웠던 것이다.

여기에 대해서 대승불교는 서역을 거쳐 중국, 한국, 일본 등으로 전
파되었는데 소승불교에 못지않게 불교문명을 번영시켜 4세기 이후부
터는 불교문화가 한중일 3국을 압도하게 된다.[7] 서역의 인도불교가
동아시아에서 각광을 받기 시작한 것은, 불교 문명의 찬란한 발전과
더불어 깨달음의 불교, 곧 견성을 강조하는 불교로서 매력이 적지 않
았기 때문이다. 선종을 중심으로 한 대승불교는 동아시아에서 큰 파급
력을 가지고 불법의 깨달음을 중시하는 견성과 성불의 종교로 빛을
발하고 있는 것이다.

---

6) 불교신문사 편, 『불교에서 본 인생과 세계』, 도서출판 홍법원, 1988, pp.48-49.
7) 위의 책.

2. 선종과 견성

한국에 불교가 들어온 것은 372년 고구려(소수림왕), 384년 백제(침류왕), 521년 신라(법흥왕) 때로서 300~500년 대에 일어난 삼국시대의 일이며, 우리가 불교를 받아들인 경로는 중국을 거쳐 들어온 중국불교이다. 인도불교가 중국에 전래된 시대는 1세기 말~2세기 초로서 한나라 명제 때의 일이다. 인도불교가 중국으로 전래된 후 점차 활발해져서 3~4세기에는 인도불교의 교리가 번역되는 과정에서 중국 도가사상의 노장철학에서 사용되는 용어가 차용되는 경우가 적지 않았다. 중국불교는 위진시대에 이르러 정치 사회적으로 혼란기 처하게 되자 비로소 널리 전파되었다. 위진시대에 유행한 죽림칠현의 청담사상은 사람들로 하여금 현언(玄言)을 깨닫도록 익숙하게 해주었기 때문에[8] 불교는 매우 좋은 종교적 토양 속에서 성장할 수 있었다. 이때 산림에 은거하여 청정무위를 거론한 장본인들은 산도, 왕융, 유영, 완적, 완함, 혜강, 향수 등 죽림칠현으로 널리 알려져 있다.

중국불교에서 견성이 강조된 것은 대승불교의 큰 유파인 선종이다. 이미 밝힌 바 있듯이 중국의 선종은 인도에서 중국으로 건너간 불교가 중국 고유의 노장(老莊) 사상의 영향으로 새로운 모습으로 변모된 격의불교이다. 이러한 맥락에서 볼 때 인도불교의 공(空)사상과 중국철학 즉 노장의 허무(虛無)사상이 공감대를 형성하면서 중국불교는 사상적 갈등 없이 더욱 발전하는 계기가 되었다. 인도 반야의 공사상이 실천적인 면에서 선종에 수용되어 견성이라는 선종불교를 형성하였으나, 공사상의 기저에는 허무 내지 불생불멸의 영원성이 깔려 있다.[9]

---

8) 張起鈞 外, 송하경 공역, 『중국철학사』, 일지사, 1984, p.244.
   류성태, 「좌선과 좌망의 연구」, 『원불교사상』 10 · 11집, 원불교사상연구원, 1987.6, p.276.

중국불교 선종의 견성론에서 강조된 것으로 이러한 공사상과 허무사상이 합류된 것이다.

하지만 인도의 초기불교와 중국의 선불교에 있어서 견성이 다른 성향이 없지 않다고 본다. 초기불교의 사념처에서 몸(身), 느낌(受), 바램(心), 현상(法)에 '주목하여 본다'고 할 때 그곳에는 분명하게 보는 대상으로서 현상의 존재를 전제하지만, 선불교에서 성품을 본다는 견성에서 견(見)은 어떤 대상을 본다는 의미가 아니라 오히려 성품 그 자체를 경험하여 체득한다는 의미이다.[10] 인도 초기불교의 견(見)이 지향하는 것과 중국 선불교의 견(見)이 지향하는 것을 비교할 경우, 오늘날 선종에서 말하는 견성은 보는 물건이 없어야 비로소 참다운 견이 되는 것이다. 성품을 발견하고 불성의 존재를 확신하는 견성론은 인도 초기불교와 중국 대승불교(선종)의 경우 서로 다르게 나타난다.

이처럼 한국불교에서 언급되는 견성은 선종으로서의 대승불교와 직결되어 있다. 인도불교가 소승불교와 대승불교로 나뉨과 더불어 전자의 경우는 남방불교로서 동남아시아로 전파된 소승불교라면, 후자의 경우는 북방불교로서 동북아시아로 전파된 대승불교이다. 남방불교와 비교하여 볼 때에 대승불교의 사상적인 특징은 분명하다. 그것은 바로 '견성 성불'로서 용수의 중관사상, 세친의 유식사상과 대승후기에 나타난 여래장 혹은 불성에 기초하여 성립된 선사상인 것이다.[11] 대승불교에서 강조하는 것처럼 성품을 본다는 견성은 가시적 현상계를 보는 것이 아니라 무아의 본체를 꿰뚫어 보는 견성인 것으로 이는 한국과

9) 한종만, 「원불교와 불교의 관계」, 《院報》 제46호, 원광대 원불교사상연구원, 1999년 12월, p.14.
10) 인경, 「간화선의 이론과 실제-초기불교의 입장과 비교하면서」, 《禪사상의 전개와 현대사회》, 영산선학대학교 소태산사상연구원, 2005.11.18, p.79.
11) 위의 논문, p.77.

중국 일본의 불교에 강하게 나타난다.

여기에서 교종과 선종의 특성을 살펴볼 필요가 있다. 교종 세력의 팽창에 대하여 반감을 지닌 선종은 근본불교의 복귀 운동으로 나아갔으며 그것이 바로 견성 성불로 이어졌다는 것이다. 한중일 3국에서 유행한 불교는 교종의 영향력이 적지 않았던 것도 사실이다. 교종 세력의 팽창으로 도식화와 권위화가 진행되자 다시 부처님의 근본불교로 복귀하자는 운동이 일어나면서 교리이해 중심의 지엽적인 불교 해석의 폐단을 극복하고 누구라도 부처님이 된다(즉심성불, 견성성불)는 부처님의 근본사상을 내세우고 교종에 도전하였으니 이것이 선종이다.[12] 이처럼 동아시아에서는 교종과 선종이 대립하면서도 융화의 지혜를 통해서 불교문명을 더욱 찬란하게 꽃피웠다.

동아시아에 큰 영향을 미친 불교의 선종은 1700공안을 화두로 삼아 견성에 이르게 하고 있다. 간화선의 경우 1700공안을 하나하나 단계적으로 타파해 나가야 한다는 이론과 그 공안 하나가 공안 전부에 연결되어 있는 것이어서 한 공안의 타파가 공안 전부를 타파하는, 그래서 이를 대각이라 하고 그 대각만을 견성이라 주장하였으니 그 이론들에 대한 담론은 또한 필요하다.[13] 중국 특유의 토양에서 성장하면서 중국적인 특징을 강조하는 선종의 참선 체험은 인도불교의 전통을 답습하는 여러 종파적 성향과는 다르다는 것을 알 수 있다. 선종의 명상은 1천여개가 넘는 공안 곧 화두를 통해서 즉각적이고도 근본적인 통찰을 강조함으로써 돈오와 견성이 오랫동안 수행자들의 여망으로 지속되어 온 것이다.

그리하여 반야의 공사상이 선종에 수용되면서 '불립문자 직지인심

---

12) 불교신문사 편, 『불교에서 본 인생과 세계』, 도서출판 홍법원, 1988, pp.48-49.
13) 吳光燦, 「21세기의 불교의 전망과 과제」, 제17회 국제불교문화학술회의 『21세기 불교의 전망과 과제』, 원광대 원불교사상연구원, 2001.5, p.26.

견성성불'을 지향하는 선불교의 큰 맥을 형성하였다. 선종의 입장에서
는 자신의 마음 자체를 직접적으로 자각하여야 비로소 자신의 마음과
불타의 마음이 완전히 동일한 것임을 깨닫게 되며, 이러한 연유로 교
외별전이 곧 직지인심 견성성불을 의미하는 것이다.[14] 선종의 창립자
인 중국의 달마대사에 의하면, 문자언어를 숭상하지 않고 바로 사람의
마음을 가리켜서 성품을 보아 부처를 이루자는 것이며, 그것이 불립문
자, 직지인심, 견성성불로 나타난다. 선종은 간화선을 통한 대중불교
를 지향하면서 불교 본연의 깨달음을 강조하는 종교로서 역할해온 것
이다. 달마가 동쪽으로 온 까닭은 이처럼 견성의 중요성을 강조한 것
으로 선종에서 추구하는 맑고 밝은 성품을 발현하려는 견성 성불의
측면에서 더욱 조명될 필요가 있다.

3. 유불도와 견성

　과거 모든 종교의 성자들은 마음을 대상으로 삼아 참 마음을 발견
하도록 견성에 대한 관심과 이의 체득을 유도하였다. 종교라는 특성을
지닌 동양의 종교집단은 모두가 심학(心學)을 중시하여 왔기 때문이
다. 예로부터 도가에서는 심전(心田)을 발견한 것을 견성이라 하고 이
에 진력하도록 하였다. "이 심전의 공부는 모든 부처와 모든 성인이
다 같이 천직으로 삼으신 것이요, 이 세상을 선도하는 데에도 또한 그
근본이 되는 것이니라."[15] 소태산의 법어에서 강조하는 것은 유교와
불교, 도교의 종교적 성자들이 심전을 발견하여 견성을 통해서 이를

---

14) 아베 마사오, 「선과 서양사상」(존 스태프니 外 김종욱 편역, 『서양철학과 禪』, 민
　　족사, 1993, pp.47-48).
15) 『대종경』, 수행품 60장.

기르고 활용하라는 것이다.

소태산의 일원주의 정신을 계승한 정산종사는 삼동윤리를 설하였고, 대산종사는 진리는 하나이기 때문에 하나의 세계를 개척하자고 하였다. 따라서 견성 후에 보림 공부를 계속하면 대각의 문이 열리어 불교의 법신여래와 도교의 자연과 유교의 무극과 기독교의 하나님이 다 한 진리임을 알 것이니 이 자리가 바로 일원이라[16]고 하였다. 불교에서는 견성한 어른을 불(佛)이라 하고, 유교에서는 성인이라 하며, 도교에서는 최고의 경지를 단(丹)이라 하여 도사라 부르는 것이다. 중요한 것은 각 종교의 절대 진리가 하나임을 알 수 있느냐의 여부인데, 종교 회통의 정신에 따라 부처와 성자와 도사 등과 같은 열린 마음에 의한 진리 체험이 필요하다.

제종교 성자들에게서 비록 표현의 차이는 있지만 견성과 관련한 종교 회통의 측면을 살펴보고자 한다. 중국 송나라 이후 3교는 불교의 명심견성(明心見性), 유교의 존심양성(存心養性), 도교의 수심연성(修心鍊性)이라 일컬어지듯 마음 수련을 구도의 요체로 받아들이게 됨에 따라 궁극적 도가 언어를 초월해 있다는 사상과 함께 삼교회통의 중요한 근거로 작용하였다.[17] 불교에서의 견성은 유교에서의 양성(혹은 솔성), 나아가 도교에서의 연성과 상관성을 지닌다. 다시 말해서 불교의 견성은 유교의 솔성으로 이해되는 바,『대종경』성리품 8장에 견성에서 솔성으로 차원을 높여 말한 것은 유가의 솔성지위도(率性之謂道)의 솔성이며, 요순은 성지(性之)라 할 때의 성품대로 행한다는 뜻과 회통하고[18] 있다.

---

16)『대산종사법문』2집, 제4부 신년법문, 원기63년도「연두법문」중도로 세계평화.
17) 김낙필,「원불교학의 동양해석학적 접근」,『원불교사상』12집, 원불교사상연구원, 1988, p.93.
18) 柳承國,「유교사상과 원불교」,『원불교사상』제5집, 원불교사상연구원, 1981.

유교의 솔성(率性)은 현실에서 인성을 순화하는 측면이 강하게 부각
되어 있다면, 불교의 견성은 자성을 깨닫는 것이 중시된다. 유교에서
는 우리의 솔성으로 인성 문제를 중시하였고, 불교에서는 즉심시불로
서 마음을 아는 견성을 중시했으니 『대종경』에서 성리를 논하지 않는
종교는 사도라 했다.[19] 유교의 경우 송대 성리학에서는 인성을 중시
하는 성리학이 나타나며 대인관계의 예절을 중시하는 관계로 솔성과
관련하여 인품의 함양을 중시한다. 이와 달리 불교는 현실을 넘어서
성품의 진체를 발견하고 무상의 진리(空)를 강조한다. 그 성향이 다소
다르다 해도 불교의 견성에 대한 가르침과 유교의 솔성에 대한 가르
침이 갖는 함의를 회통적으로 접근해야 할 것이다.

도교의 수심연성(修心鍊性)이라는 수련의 중요성을 인지할 경우, 도
교는 기수련을 밝히고 연명장수(延命長壽)와 도통신선(道統神仙)의 세
계를 밝혔으니 그것은 불교의 명심견성(明心見性)의 측면에서 이해된
다. 도교의 수련법으로는 불로장생과 단학의 호흡 수련법 등이 유행하
였는데, 그것만으로는 불교 명상의 최고 경지에 비해 아쉬움을 느낀
나머지 후대의 도교에 가서는 명심견성(明心見性), 면벽9년, 본래면목
등을 위시한 여러 가지 불교의 개념과 수련체계 등을 도입하기도 하
였다.[20] 이러한 상호 교류 속에서도 도교는 수심(修心)에 근거한 불로
장생의 육신에 관련된 연성(鍊性)을 강조하였다면, 불교는 명심(明心)
에 관련된 견성(見性)을 주시하였던 것이다.

같은 맥락에서 불교 내심자증(內心自證)의 견성은 장자의 조철견독
(朝徹見獨)과 통한다. 스스키(鈴木大拙, 1870~1966) 박사는 선(禪)의 가

---

p.257.
19) 이은석, 『정전해의』, 원불교출판사, 1985, p.160참조.
20) 박석, 「명상과 사상과의 관계」, 『원불교사상과 종교문화』 30집, 한국원불교학회·
원불교사상연구원, 2005.8, pp.21-22.

장 명백한 특성은 내심자증의 견성을 강조함에 있다고 말하고, 이 내심자증이란 자기 존재의 핵심에 깊이 도달하는 내적 자각이며, 이것은 장자의 심재좌망(心齋坐忘) 또는 조철견독과 상응하는 것[21]이라 보고 있다. 불교에서 말하는 선(禪)은 성품의 진체를 체험하는 면에서, 장자의 좌망은 자연의 물화(物化)에 계합하는 면에서 이해된다. 이처럼 불교의 견성에 비교되는 바, 장자가 말한 도교의 조철(朝徹)은 도에 진입할 때의 마음 상태를 가리키는 것이므로 만물과 자신을 모두 잊는 망아의 상태를 말하며, 견독(見獨)은 견도(見道)와 같은 것으로서 도는 절대적이며 독립적인 것이기 때문에 독(獨)이 드러나는 상태[22]를 말한다. 도불(道佛)사상의 깨달음이 회통적 측면에서 비교되는 것이다.

한국에서의 유불도 사상과 달리 비약적인 발전을 하고 있는 기독교의 경우를 상기해 보자. 기독교의 신비체험은 불교의 견성 성불과 같은 선(禪) 체험에서 이해될 수 있는가를 살펴본다. 기독교 신비주의적 체험은 불교에서 말하는 선(禪)에서 말하는 부모미생전의 본래면목과 가까운 것으로 간주된다. 따라서 선 수행자의 직지인심과 견성성불은 기독교 신비주의자들이 영혼의 깊은 침묵 속에서 하느님의 말씀을 듣고, 영혼의 무화(無化)의 극치 즉 신성(神性)의 무와 합치하여 신화(神化)를 얻는 것과 유사하다.[23] 불교의 불성을 깨닫는 견성이 기독교의 하나님 계시 빛 신화에 비유될 수 있다는 점에서 두 종교 나름의 종교체험에서 회통의 여지가 있다.

---

21) 김용정, 「도가철학과 현대문명」, 춘계학술발표회 《도가철학과 미래》, 한국도가철학회, 2000.5, p.5.

22) 陳鼓應 著, 최진석 譯, 『老莊新論』, 소나무, 1997, p.301.

23) 박상권, 「진리인식에 있어서 무」, 『원불교사상과 종교문화』 40집, 원불교사상연구원·한국원불교학회, 2008.12, pp.14-15.

4. 원불교 견성의 특징

각 종교 교리의 특성을 언급하는 것은 그 종교가 지니는 고유의 정
체성 파악에 용이하기 때문이라 본다. 이러한 정체성은 그 종교와 다
른 종교와의 차별화를 드러낸다는 점에서 비교 연구의 방법론은 상호
차별화를 도모할 때 십분 활용된다.

원불교 교법의 특징을 언급함에 있어서 무엇보다 불교의 성향을 파
악하는 것이 필요하며, 소태산이 원기 20년 친제한 『조선불교혁신론』
에 그 골격이 드러나 있다. 예컨대 인도불교가 중국을 경유하여 한국
에 유입되었으므로 그 경전을 볼 때에 인도와 중국의 숙어와 명사가
있으므로 한국인이 일반적으로 배우기도 어렵고 알기도 어려운 경전
으로 되어있다는 것이다.[24] 또한 그 경전을 한국에서 유무식 남녀노
소를 망라하여 가르쳐 주기가 어려울 것이니, 인도불교나 중국불교에
도 끌리지 말고 한국의 재래불교에도 끌리지 말아서 오직 부처의 무
상대도의 요지와 시방세계 일체중생을 자비로 제도하던 강령을 들어
새 불교를 만들자고 했다. 생활불교를 표방하려는 소태산의 의지가 분
명하게 나타나 있다.

새 시대의 종교는 불교가 그 대세를 이룰 것이라 파악한 소태산은
과거불교의 난해한 한자를 극복함과 더불어 원불교의 교법을 불법에
주체를 두면서도 새로운 불교의 경륜을 펴나가자고 하였다. 난해한 글
에 더하여 수행방식도 새롭게 할 것을 강조하였으니 여기에서 견성의
방식이 주목된다. 과거 전통불교의 견성을 위한 간화선 위주의 방식과
달리 새로운 불법으로서 불교혁신을 통한 생활불교 내지 대중불교를

---

24) 『조선불교혁신론』 15쪽, 1935년판(손정윤, 「문학·예술사」, 『원불교70년정신사』,
원불교출판사, 1989, pp.641-642).

펼칠 것을 강조한 것이다.

따라서 과거 불가의 화두로 등장하는 1700여 공안을 137개 조목(수양연구요론, 원기 12년)으로 줄이고, 이어서 47개 조목(불교정전, 원기 28년)으로 줄이어 오늘날은 20여 조목(교전, 원기 47년)으로 축소하였다. 번다한 화두 중심의 간화선을 비판할 수밖에 없었다. "간화선은 사람을 따라 임시의 방편은 될지언정 일반적으로 시키기는 어려운 일이니, 만일 화두만 오래 계속하면 기운이 올라 병을 얻기가 쉽고 또한 화두에 근본적으로 의심이 걸리지 않는 사람은 선에 취미를 잘 얻지 못하나니라."[25] 그리하여 소태산은 간화선과 묵조선을 병행하는 좌선과 의두 연마의 시간을 두어 공허에 떨어지지 아니하고 분별에도 떨어지지 않도록 동정(動靜) 없는 진여성품을 체득할 수 있도록 하였다.

물론 무조건 불타의 가르침이나 전통불교의 수행방식을 벗어나자는 것은 아니다. 불교는 무상대도라 하면서 부처님의 무상대도는 한량없이 높고 깊고 넓으며 그 지혜와 능력은 입으로나 붓으로 다 성언하고 기록할 수 없다(대종경, 서품 17장)는 것이다. 과거 불조의 역사와 전법게송을 듣고 그 분들의 역사를 들을 때에는 정법의 스승을 만나서 일시에 고생 없이 성불하고 무상대도를 증득한 것같이 알 사람도 있을 것이라며 소태산은 이에 말한다. "불가에 대법기를 이루는 데에는 두 가지 경로가 있으니, 하나는 견성을 하여 성품과 같이 양성을 하는 것이요, 둘은 법과 마를 구분하여 법강항마를 하는 길이다."[26] 『십지행록』(十地行錄)을 보면 부처 같은 근기로도 다생을 통하여 인욕 정진을 하여 일체 마군을 항복 받았다며 그는 대각 후 자신의 연원을 석가모니로 정하였던 것이다.

---

25)『정전』, 제3 수행편 제4장 좌선법, 4. 단전주의 필요.
26)『대종경선외록』, 13. 불조동사장 4.

무엇보다도 불법이라는 주체는 세우되 시대화, 생활화, 대중화를 지향하는 원불교 수행방식의 차별화는 소태산의 생활불교 표방이라는 포부와 경륜에 관련되었을 것이다. 예로부터 도가에서는 견성을 심전 발견이라 하고 양성과 솔성을 심전 계발이라 하였다며, 소태산은 이 심전 공부는 모든 부처와 모든 성인이 취한 바이지만 새 불법이어야 한다고 했다. 우리 회상에서는 심전계발의 전문 과목으로 수양 연구 취사의 세 가지 강령을 정하고 이를 실습하기 위하여 일상수행의 모든 방법을 지시하였다[27]면서 견성만이 아니라 양성 솔성 모두를 포함하여 삼학병진과 일상수행의 요법을 강조하고 있다. 일원의 진리를 깨닫는 것은 견성만이 아니라 일원의 체성을 지키는 양성, 일원과 같이 원만한 실행하는 솔성을 통하여 실생활에 부합하는 불교를 지향하는 것이다. 견성 위주의 불교적 수행 관습을 극복하고 양성과 솔성을 아우르는 생활불교여야 한다는 뜻이다.

원불교인으로서 신앙과 수행을 하는 목적은 견성뿐만 아니라 중생을 제도하는 일에 비중을 두어야 한다. 한 수행인의 소박한 수행일기에 중생 제도의 결연한 의지가 있음을 발견하게 된다. 공부인이 공부하는 목적이 무엇이냐고 하면서 그는 다음과 같이 말한다. "자신이 먼저 득도를 하라. 견성을 하라. 그래서 자신이 제도를 받고 일체 중생을 제도할 힘을 가져라"(신축일기, 1961년 7월 21일). 중생제도의 결과로서 "낙원생활을 바랄진대 먼저 견성하라"(동서, 1961년 7월 15일).[28] 원불교인으로서 수행하는 목적은 견성이요, 그리고 견성에만 머물지 말고 낙원건설을 위해 중생을 제도하라는 것이다.

주목되는 바, 원불교의 견성은 돈오와 점수의 관계에서 언급되기도

---

27) 『대종경』, 수행품 60장.
28) 東山文集編纂委員會, 동산문집 Ⅱ 『진리는 하나 세계도 하나』, 원불교출판사, 1994, p.56. p.50.

한다. 선종에서 돈오를 강조하는 측면과 점수를 아우르는 측면이 있는데 소태산은 돈오도 필요하지만 점수가 중요함을 밝힌다. 곧 남종 혜능의 돈오적 가르침과 북종의 신수의 점수적 가르침 중에서 보조국사 지눌이 돈오점수를 강조한 것에 원불교 수행의 성향이 있다. 학인의 돈점(頓漸)과 오수(悟修)에 대한 질문에 정산종사는 답하기를, 돈오점수는 지혜의 힘으로써 이미 견성은 하였으나 아직 다생 습관이 그대로 남아 있어서 그 법력에 의하여 점점 옛 습관을 고쳐가는 것이니, 이는 과거 세상에 지혜의 단련은 이미 많으나 수행의 실력이 적은 이의 공부하는 길[29]이라 하였다. 원불교의 견성은 돈오의 견성에 머물지 않고 점수라는 성불에 이르는 것을 더욱 강조하는 것이다. 견성론에 있어서 이처럼 돈오돈수보다는 돈오점수의 수행을 견지하여 견성후 성불의 과정이 남아있다는 입장이다.

또 원불교 견성론에서 거론되어야 할 것은 일방(一方)의 전문 수행을 통해서 이루어지는 신통은 배격되고 있다는 사실이다. 신통보다는 근본에 힘쓰는 공부를 지향하기 때문이다. 신통은 지엽 같고 견성 성불은 그 근본이니, 근본에 힘을 쓴즉 지엽은 자연히 무성하나, 지엽에 힘을 쓴즉 근본은 자연 고갈된다[30]는 것이다. 원불교에서 신통은 성현의 말변지사(末邊之事)로 간주되는 이유가 여기에 있다. 이에 소태산은 인도상의 요법을 주체 삼아 중생을 제도하라고 하였다. 그는 도통 법통 영통을 밝히면서 영통은 신비한 통령이라 간주하고, 도통과 법통을 아우를 것을 강조한 것도 같은 맥락이다. 견성을 신비한 영통으로 알았던 과거 일부 수행자들의 한계를 비판하고 새 시대의 불법은 도통과 법통을 아우르는 불법이어야 한다는 것이다.

---

29) 『정산종사법어』, 경의편 47장.
30) 『정산종사법어』, 무본편 58장.

같은 맥락에서 원불교 견성론에 관련되는 것은 평상심이다. 옛 선사의 말씀에 '평상심이 곧 도'라 하였으며 이는 곧 우리의 자성을 가리킴이요 우리의 자성은 곧 우주의 대도라는 입장에서 평상심이 견성이라는 견해를 새겨볼 필요가 있다. 평상의 진리만 분명히 해득한다면 곧 견성자이며 달도자라며, 능히 평상심을 실행할 수 있으므로 우리는 이 평상의 진리를 연구하는 동시에 또한 평상의 마음을 잘 운용하여야 할 것[31]이라 했다. 이처럼 원불교에서 언급하는 견성은 특별한 공부를 통해서 특별한 행동을 하자는 것이 아니다. 그것은 일상의 수행을 터득하여 평상의 마음을 유지하는 것에서 원불교 교법의 특징이 있다는 사실 때문이다. 정산종사는 평상심을 강조하여 이를 견성과 관련짓는다.

아무튼 견성에 대한 원불교의 시각은 불교의 전통 견성론을 수용하면서도 과거 선종의 수행자들이 평생 화두만을 공부로 삼는 간화선 방식에 반대한다는 것이다. 물론 원불교의 견성에 있어서 불교의 화두를 참고하는 등 전통 불교의 선종과 유사점이 발견되기도 한다. 원불교에서 오랫동안 견성을 중시해온 것은 선종과 더불어 공동 관심사였기 때문이며, 특히 번쇄한 경론을 중시하지 않는다는 점에서 선종과 상통점이 많다.[32] 하지만 원불교 견성론에는 선종이 중시하는 간화에 의한 견성 터득이나 견성 인가의 방식에 대해서는 혁신적 의지가 노정되어 있다. 그것은 소태산이 생활불교를 표방하는 견성론과 관련되어 있기 때문이다.

---

31) 『정산종사법어』, 권도편 45장.
32) 송천은, 「원불교의 성리인식」, 류병덕 박사 화갑기념 『한국철학종교사상사』, 원광대 종교문제연구소, 1990, p.1132.

제5장

소태산의 견성승인

1. 초기교단의 견성연마

소태산은 원기 4년(1919) 가을부터 9년(1924) 초반까지 부안 변산에 머물렀다. 소태산은 주소를 전북 부안군 산내면으로 옮기어 실상사 부근에 실상초당을 짓고 대략 5년간 주석(住席)하게 된 것이다. 그가 이곳에서 중점적으로 설한 법설의 내용은 마음을 관조하는 것과 입정, 견성 및 성불하는 방법이었다. 그는 변산의 봉래정사를 찾아오는 제자들에게도 견성 성불의 화두를 설하였다. 여기에서 설한 많은 성리법어 중에서도 "변산구곡로(邊山九曲路)에 석립청수성(石立聽水聲)이라 무무역무무(無無亦無無)요 비비역비비(非非亦非非)라"[1]는 법어가 그 대표적이며, 이 뜻을 알면 도를 깨닫는 사람이라고 했다. 진리의 본체 중심으로 의두와 성리 법어를 설하여 제자들의 견성을 촉진토록 한 것이며, 이는 원불교 새 불법의 교강을 구상하면서 동시에 진행된 것이다.

약 5년간 부안 변산에서 설한 성리 법어는 견성 연마의 방식에 대한 시각을 밝히고, 그것은 과거불교와 달리하고 있었다는 점에서 초기교단의 견성이 갖는 의의를 알게 해준다. 당시 소태산은 변산의 제자들에게 성리문답을 하면서 성리의 깊은 경지로 인도하고자 했으며, 격외의 법문을 설하여 도를 알도록 하여 진공의 체를 맛보도록 했다. 아울

---

1) 『대종경』, 성리품 11장.

러 벽에 걸린 달마의 그림을 걸려보라고 하자 13세 소녀 청풍이 걸어
갔으니 '견성하는 것이 말에 있지도 아니하고 없지도 아니하나 앞으로
는 그런 방식을 가지고 견성의 인가를 내리지 못하리라' 하여 성품의
체를 중심으로 하는 인가는 달라져야 한다는 것이다.[2] 미래의 불법은
성리의 체에 만족할 것이 아니라 성리의 용까지도 밝히어야 하며, 견
성의 인가도 성리의 용까지 각증(覺證)해야 하기 때문이다.

소태산이 과거의 화두 중시적 견성 연마의 방식에 대하여 혁신의
의지를 드러낸 이유에 대하여 알아볼 필요가 있다. 앞으로의 불교는
격외의 화두 중심으로 공부하는 것은 바람직하지 않기 때문이며, 또
신비와 이적 중시의 일방적 편벽수행의 방식으로 수행을 하는 것은
개벽의 시대에 맞지 않는다는 사실 때문이다. 소태산의 일화 중에는
초가지붕을 이면서 새끼는 두르지 아니한 제자에게 훈계한 것이 오히
려 신기한 사람으로 돌리는 허물을 지적하는 등 종래 불교의 격외나
신통을 배격한 내용이 여러 법문에 나타나 있다.[3] 이처럼 소태산의
견성인가와 연마의 방식이 전통불교와의 차별화 속에서 불교혁신이라
는 교단 설립의 명분이 강하게 작용하였다.

수많은 화두를 축약하여 원불교 문목으로 제시한 것은, 새 시대의
불법은 달라져야 하는 것으로 생활불교의 출발을 알리는 계기가 된다.
초기교단에서 견성과 관련한 화두로는 문목이 제시되고 있으며, 원기
12년(1927)『수양연구요론』에 밝혀진 137조목이 그것으로 견성을 위한
모델 제시의 성격을 지닌다. 뒤이어『불교정전』(원기 28년)에서는 47
조목으로 축약되면서 이 문목이 의두로 바뀌었다. 곧 소태산은 제자들
에게 우주의 본원과 인간 자성에 대한 연마를 통해서 정기훈련 과목

2) 한종만,『원불교 대종경 해의』(下), 도서출판 동아시아, 2001, p.70).
3) 정순일,「성리개념의 변화와 그 본질」,『원불교사상과 종교문화』35집, 원불교사
상연구원, 2007.2, p.128(주4).

으로서 의두와 성리를 제시했다. 우주 대자연과 인간 자성에 대한 의
문을 갖지 않고는 견성을 얻을 수 없다⁴⁾는 점을 분명히 하였다. 견성
이란 수행인의 지혜를 밝히는 것으로 일반 지식을 넓히는 것에 더하
여 불법의 본질을 깊이 연마함으로써 반야지혜의 확충에 직결된다.

그 외에도 초기교단에서는 정기훈련에 강연을 연마토록 하여 견성에
다가서도록 하고 있다. 『월말통신』을 보면 원기 13년(1928) 음력 6월 16
일의 익산총부 예회일지를 참조해 보자. 이날은 불법연구회 창립 제2회
중 제8 예회이자 단원회였는데, 오전의 예회일지에 강연 기록이 나타나
있다. 오전 10시부터 오후 2시까지 강연을 하였으니 연사 송도성의 「다
시 우리의 삼강령에 취(就)하여」, 송만경의 「취인불여(恥人不如)」, 전음
광의 「우리의 희망의 표준」이라는 강연이 끝난 직후 소태산은 「견성 성
불하고 극락에 갈 방침」이라는 법설⁵⁾로서 강연의 보설과 더불어 견성
의 중요성을 강조하였다. 불법연구회 익산총부의 강연은 소태산 주재
하에 이루어지는 경우가 많았으며, 제자들로 하여금 강연을 발표하게
하면서 견성에 이르도록 법풍을 불리는 정경이 빈번하였다.

소태산은 문목 연마를 통해서, 또 강연을 통해서 진취의 법열을 느
끼도록 제자들의 근기에 따라 자상하게 훈도해 주었다. 그는 익산총부
금강원에 주재하면서 제자들과 의두 문답을 통한 견성 정도를 평가하
는 경우도 있었다.⁶⁾ 매일 아침 제자들에게 "만법귀일 일귀하처"라는
의두를 연마케 하였다. 제자들과 문답감정으로 지도하였지만 3개월이
지나도록 쉽게 견성 인가를 얻지 못하였다. 어떤 제자는 "이 의두를
어느 때에 알 것인가" 하고 초조한 마음을 가지는 경우도 있었고, 또

4) 장응철 역해, 『생활속의 금강경』, 도서출판 동남풍, 2000, p.23 참조.
5) 《월말통신》 제3호, 시창 13년 陰 6월 末日(원불교 교고총간 제1권, pp.23-24).
6) 김남천의 丁卯 十二月 十六日 감상담 중에서 《월말통신》 제7호, 불법연구회, 시창
13년 陰 9월 末日.

다른 제자는 "나는 못 알 것이다"라고 하면서 스스로 낙심하는 경우도 적지 않았다.

당시 송적벽과 더불어 변산에서 소태산을 시봉한 김남천의 견성과 관련한 감각감상을 소개해 본다. 어느 날 암탉이 병아리 부화하는 것을 보았는데, 10여개의 알을 품고 주야로 쉬지 아니하면서 20여일을 궁글리니 적당한 시기가 되면서 차례차례 부화했다는 것이다. "우리 선생님께서 날마다 이 의두로써 우리를 궁글려 주시는 것이 꼭 전자(前者)에 말하던 암탉이 병아리 깨는 것과 같다고 생각하였습니다."[7] 이처럼 초기교단의 제자들은 교조 소태산으로부터 구전심수의 지도 하에 의두와 성리 연마를 하였으며, 이는 하루아침에 견성이 이루어지는 것이 아니라 모계포란(母鷄抱卵)처럼 해야 한다는 교훈으로 다가온다. 초기교단의 견성 연마와 인가는 원불교의 교조를 친히 모시는 법열 속에서 이루어졌다.

이처럼 초기교단에서는 자신의 근기에 따라 견성의 정도를 알아볼수 있는 의두 문답이 성행하였으며, 스승으로부터 인정을 받기 위해 문답감정이 자주 있었던 것이다. 불교 선종과 유사하게 초기교단에서는 사제간 법의문답을 통해 문답감정을 받는 일이 일과였으며, 그로인해 바르고 빠르게 교법을 연마하고 성리에 토를 떼는 견성도인들이 배출되어 왔음을 상기할 필요가 있다.[8] 우리가 의두 성리를 어느 정도 깊이 연마하는가, 그리고 연마의 방식이 바르게 진행되는가를 스스로 알기는 쉽지 않다. 법 높은 스승과의 문답을 통해 일취월장하는 도가의 법풍을 초기교단의 공부풍토에서 배워야 할 것이다.

---

7) 위의 책.
8) 김영두, 「원불교학 쟁점의 해석학적 고찰」, 『원불교사상과 종교문화』 39집, 한국
   원불교학회 · 원불교사상연구원, 2008.8, p.63.

2. 소태산의 견성인가

원불교의 견성 인가는 과거불교의 인가 방식과는 다르다는 것을 소태산이 백학명 선사와 대화를 주고받은 사실에서 알 수 있다. 24세 연상인 월명암 백학명 주지와의 성리 문답을 살펴보면 소태산이 의도한 초기교단의 견성방식이 확연히 드러나기 때문이다. 백학명 선사가 봉래정사에 내왕하며 격외의 설로써 성리 설하기를 즐기는 장면을 소개해 본다.[9] 어느 날 대종사는 학명선사를 맞으며 저 방아 찧고 있는 동녀(童女) 청풍이 도가 익어 가는 것 같다고 했다. 선사가 곧 청풍의 앞으로 가서 큰 소리로 "발을 옮기지 말고 도를 일러오라" 했다. 이에 청풍이 절굿대를 공중에 쳐들고 있자, 선사가 방으로 들어오니 청풍이 그 뒤를 따라 들어왔다. "저 벽에 걸린 달마를 걸릴 수 있겠느냐?" 청풍이 일어서서 서너 걸음 걸어가니, 선사 무릎을 치며 13세 각이라고 했다. 이 광경을 지켜본 소태산은 견성이 말에 있지도 않고 없지도 않지만, 앞으로 그런 방식으로 견성 인가를 내리지 못한다고 했다. 초기교단의 성리문답과 견성인가의 방향이 과거와 다르다는 것이다.

그러면 소태산의 견성인가는 어떻게 행해졌는가를 살펴보자. 한 방문객이 현세에 견성한 도인이 있느냐고 소태산에게 당돌한 질문을 던진다. 그는 답하였다. "이러한 세상일수록 더욱 견성한 도인이 많이 나야 할 것이 아닌가." 방문객이 다시 물었다. "선생께서는 참으로 견성 성불을 하셨나이까?" 대종사 웃으며 말했다. "견성 성불은 말로 하는 것도 아니요 말로만 듣고 아는 것도 아니므로, 그만한 지각을 얻은 사람이라야 그 지경을 알아볼 수 있는 것이며, 도덕의 참다운 가치는 후대의 천하 사람들이 증명할 바이니라."[10] 소태산 앞에서 직접 견성

---

9) 『대종경』, 성리품 18장.

을 했느냐고 묻는 것을 보면 견성 인가에 관심이 많은 불가의 선객처럼 보인다. 그가 질문한 의도는 당돌하게 소태산을 시험해 보기 위함이라 볼 수도 있다. 스스로 견성을 했다는 즉답을 피한 소태산은 견성이란 말에 있는 것이 아니라고 함으로써 견성인가가 과거방식과 다름을 분명히 한다.

또한 소태산은 제자들의 견성인가에 대한 질문을 받는다. 제자 문정규는 일찍부터 정산을 존경하고 있었다며 그도 견성을 하였느냐고 사뢰었다. 대종사 답하였다. "집을 짓는데 큰 집과 작은 집을 다 같이 착수는 하였으나, 한 달에 끝날 집도 있고 혹은 일년 혹은 수년을 걸려야 끝날 집도 있듯이 정산은 시일이 좀 걸리리라."[11] 이처럼 견성 인가에 있어서 제자들의 근기에 따라서 가늠할 뿐 즉석인가의 방식을 피하고 있다. 학명선사가 이청풍에게 '13세각'이라 했던 것에 대해서도 그런 방식으로 인가를 내릴 수 없다고 하였다. 과거 선가에서 화두를 주고받으며 즉석에서 견성인가를 내렸던 방식과는 다르다. 즉흥성이나 격외선 도리의 인가방식보다는 진리적 신앙과 사실적 훈련 속에서 연마해야 하며, 성리의 체를 알고 성리의 용까지 아는 경지에 이르러야 견성 인가를 하는 등 신중했다고 볼 수 있다.

그러면 소태산은 제자들에게 견성을 허가하지 않았다는 것인가? 반드시 그런 것은 아니며, 소태산은 제자 김기천에게 첫 견성인가를 하였다. 대종사 선원에서 김기천이 성리 설하는 것을 듣고 말한다. "오늘 내가 비몽사몽간에 여의주를 얻어 삼산에게 주었더니 받아먹고 즉시로 환골탈태하는 것을 보았는데, 실지로 삼산의 성리 설하는 것을 들으니 정신이 상쾌하다"(대종경, 성리품 22장). 소태산에게 직접 인가

---

10) 『대종경』, 실시품 11장.
11) 『대종경』, 성리품 22장.

를 받은 삼산을 '견성1호'라 하며, 그가 성리 연마에 집중해서 사물에
덜 밝았으니 수도인은 성품을 보아서 단련할 줄 알아야 한다.[12] 어떻
든 삼산은 교조로부터 견성인가를 받은 최초의 제자라는 사실이 주목
된다. 물론 소태산의 촉망을 받던 정산에게는 견성 인가를 곧바로 내
리지 않았던 의도는 다른데 있다. 정산은 앞으로 대법기가 될 것을 미
리 알고 즉각 견성인가를 내리지 않았으니, 여래위의 법기를 숨겨두지
않았나 사료된다.

  소태산이 삼산을 견성 인가한 것은 다른 제자에게 공부심을 분발케
하기 위함도 있었을 것이다. 한 후배가 삼산에게 물었다. "형님, 어쩌
면 빨리 견성을 합니까?" "귀한 물건을 잃어버리면 밥 먹을 때나 잠자
리에 들 때나, 심지어 똥 눌 때까지 그 생각이 나지. 화두를 그렇게 잡
아야지"라며 삼산은 쉽고 간명하게 일러주었다.[13] 이처럼 소태산으로
부터 견성인가를 받기까지는 일심 정성의 심경에서 의두와 성리를 연
마해야 한다는 것이다. 원기 13년(1928) 12월 5일 밤에 삼산은 한 꿈을
꾸었다. 대종사가 청정한 초당에 좌정하였는데 그 뒤 벽상을 본즉 거
기에 한 글귀가 걸려 있었다. "풍후강산정(風後江山靜) 일초우주명(日初
宇宙明) 적본이가족(賊本爾家族) 귀순도대성(歸順道大成)." 너무 선몽이
었으므로 대종사께 사뢰니 칭찬하였다. "그 글귀가 참다운 천어(天語)
이다"(월말통신 8호, 몽견시). 오늘날 이 시가 삼산의 오도송으로 전해
진다.

  제자에게 법명을 내림으로써 그의 공부정도를 파악하여 견성인가를
한 경우도 있다. 예컨대 한 제자가 견성을 하였다는 뜻에서 이름을 '도
성(道性)'이라 한 경우가 이와 관련된다. 우리 교단에 대각여래위가 몇

---

12) 한종만, 『원불교 대종경 해의』(下), 도서출판 동아시아, 2001, p.77.
13) 박용덕, 선진열전 1-『오, 사은이시여 나에게 힘을 주소서』, 원불교출판사, 1993,
    p.203.

분 탄생하였는데 여기에는 주산 송도성도 한 분이다. 13세 때 대종사 제자로 입문하며 "마음이 지극히 넓고 큰 것이니 정신 수련으로 그 마음을 확충하려 하나이다"라고 사뢰자, 이름을 대도의 성품을 보았다는 뜻에서 도성(道性)으로 주었는데 그것이 견성인가라고 본다.[14] 이처럼 일원의 진리에 대하여 깊은 깨달음을 얻어 견성한 도인을 알아본 소태산은 일부 방편을 동원하여 견성인가를 하였다. 법명은 불가에 입문하면 받지마는 초기교단에서는 수승한 근기에 대한 견성인가의 방편이 되기도 하였다.

정산종사 역시 견성인가에 대한 견해를 밝힌다. 한 제자가 여쭈었다. 『대종경』 성리품 14장에 동천에서 오는 기러기 남천으로 간다고 말한 문정규는 견성을 하고서 한 말이냐는 것이다. 정산종사는 즉답을 피하며 견성은 확철 대오해야 한다고 했다. "백 가지 물어서 백 가지 답하고 천 가지 물어서 천 가지 대답해야지 한 가지라도 알지 못하면 완전히 깨치지는 못한 사람이다. 문일이지십(聞一而知十)이란 말이 있는데 단번에 문일이지십이 되는 것이 아니요, 문일이지일, 문일이지이, 문일이지삼, 이렇게 서서히 공부가 순숙하여 문일이지십이 되어지는 것이다."[15] 정산종사 역시 견성인가에 대하여 신중한 입장을 취한다. 대종사가 제자의 견성인가를 즉석에서 쉽게 허락하지 않은 것과 같은 맥락이다. 견성은 하루아침에 이루어지는 것이 아니며, 한 두 가지 질문에 답하는 것만도 아니다. 원리를 터득하여 대오(大悟)의 경지에 들어야 이루어진다는 것이다. 원불교의 견성인가는 순간 떠오르는 재지(才智)로 이루어지지 않기 때문이다. 견성인가의 욕속심보다는 평상심으로 정진 적공한다면 그것이 견성의 길인 셈이다.

---

14) 주산종사 회고좌담-김정용(주산종사추모사업회 편, 『민중의 활불 주산종사』, 원불교출판사, 2007, pp.131-132).
15) 『한울안 한이치에』, 제3장 일원의 진리 64.

3. 법위향상과 견성

종교 성직자로서 견성을 못한 사람이라도 법당의 설교단상에서 설교를 할 수 있다. 교역자 초기단계에 있는 부교무나 보좌교무 등이 견성을 못했다고 해서 설교를 못하는 것은 아니기 때문이다. 그리고 초급교무를 벗어난 교무라 해도 견성을 못한 경우가 없지 않을 것이다. 대종사로부터 최초로 견성인가를 받은 삼산 김기천은 견성을 못 한 사람이 정식 법강항마위에 승급할 수 있느냐고 사뢰었다. 대종사는 승급할 수 없다[16]고 하며 초성위의 법위 승급에서 견성의 필요불가결성을 밝히고 있다. 교당에서 오랫동안 교화활동을 하고 교리를 깊이 연마하는 교역자들이 많을수록 견성의 길은 앞당겨지는 것이며, 항마위의 승급은 적공하면 당연히 이루어지는 것이다.

법위로서의 법강항마위는 어떠한 의미를 지니고 있는가를 알아볼 필요가 있는 것은, 견성이 법강항마위에 오르는 자격과도 같기 때문이다. 소태산은 항마위에 대하여 『정전』에서 다음과 같이 밝히고 있다. "법강항마위는 법마상전급 승급조항을 일일이 실행하고 예비법강항마위에 승급하여, 육근을 응용하여 법마 상전을 하되 법이 백전백승하며, 우리 경전의 뜻을 일일이 해석하고 대소유무의 이치에 걸림이 없으며, 생로병사에 해탈을 얻은 사람의 위요."[17] '항마(降魔)'라는 어의에서 보면 법(法)과 마(魔)가 서로 싸워 법이 패하는 법 없이 백전백승한다는 의미이다. 또한 항마위는 경전의 뜻을 모두 해석할 줄 알고, 대소유무의 이치를 파악하는 법위이다. 진리의 혜안이 밝아지므로 경전을 확연히 해오하는 것이요, 만사의 원리를 터득하는 것으로 이것이

---

16) 『대종경』, 변의품 34장.
17) 『정전』 제3 수행편, 제17장 법위등급.

견성인 셈이다.

따라서 불법을 보다 깊이 연마하여 수행에 관심을 가지고 속 깊은 적공에 임한다면 반드시 견성에 이른다고 본다. 법강항마위는 법과 마가 싸우는 과정에서 패하지 않는 상태로 불법에 의존하여 오롯한 수행의 결과를 가져다주는 법위이기 때문이다. 대산종사는 항마는 견성을 해야 된다며, 대종사는 미래에는 견성쯤은 어려서 집에 있을 때 쉽게 하고 대정력(大定力)을 익히기 위하여 스승을 찾아가 노력한다[18]라고 전언하였다. 견성의 단계에는 상중하 3단계가 있으므로 초견성은 초등학교에서 이미 한다고 하였다. 여기에서 말하는 항마위의 견성은 물론 초견성을 넘어서 있는 것이다. 법강항마위는 견성도인이 되는 것으로서 이때부터 초성위(初聖位)에 오른다고 했다.

따라서 법위향상으로서 견성을 이루어 법강항마위에 오르려면 얼마나 공을 들여야 하는가를 가히 짐작할 수 있을 것이다. 소태산은 견성하는 길과 항마하는 길을 알아서 꾸준히 공부하는 사람은 아는 것도 날이 새는 것같이 점점 밝아지다가 해가 중천에 오르면 만상이 자연히 밝아지듯 될 것이라 했다. 또한 마군도 물러가는 줄 모르게 꼬리를 감추게 될 것[19]이라 한 것이다. 어둠이 물러가고, 마군을 항복받으면 정법대도에 대정력을 발휘하는 것으로 이 순서를 아는 사람은 꾸준히 정진할 것을 주문하고 있다. 법강 항마를 위해서 부단히 공을 들이게 된다면 견성은 틀림없이 이룰 수 있다고 본다. 그것은 무명을 타파하는 것으로 어두운 밤이 지나면 밝은 새벽이 오는 이치와 같기 때문이다. 중요한 것은 꾸준히 정진하는 것이 요구되며, 견성을 조급심으로 다가서는 것은 바람직하지 않다.

---

18) 『대산종사법문』 3집, 제5편 법위 2.
19) 『대종경선외록』, 13. 불조동사장 4.

설사 발분의 노력으로 항마위에 올랐다고 해서 견성만으로 만족할 수는 없다. 법위향상이란 지속적인 수행과정인 것으로 우리가 도문에 입문하여 정진해야 하기 때문이다. 스승 및 도반과의 문답감정을 통한 신앙체험은 물론 교리 순숙에 의해 법위를 향상하는 것이 도가의 중심 과제이며, 견성을 하여 법강항마위에 올랐다고 해서 공부를 멈추어서는 안 된다. 소태산은 법위를 6단계로 나누었으며 보통급에서 여래위의 과정을 단계별로 밝혔다. 법마상전까지는 견성 이전의 등급이라면 법강항마위, 출가위, 여래위는 견성 이후의 단계이다. 항마위에서 출가위로 진급함은 물론 궁극에 가서 여래위에 오르는 일이 수도인의 목표인 것이다. 견성에 비해 성불에 들이는 공이 더하며, 견성은 해오와 증오가 있으므로 해오는 법강항마위의 경지라면 증오는 대각여래위라 할 수 있다.[20] 법강항마위에 올랐다고 해서 지식의 해오에 만족해서는 안 되며 실천의 증오가 필요하다.

수행 도인은 항마를 통한 견성의 단계가 결승점이 아님을 알아야 한다. 그러므로 항마 도인으로서 견성에 만족하지 말고 더욱 분발심을 일으켜 법위 향상의 신행에 몰두할 필요가 있다. 법위등급은 공부인의 수행실력을 6단계로 분류한 것인 바, 이것은 공부인으로 하여금 공부의 순서를 잡게 하고 각자의 실력을 대조하게 하여 분발심을 일으킴으로써 최종 결산을 하도록 하자는 것이다.[21] 자신의 일생을 결산하는 심정에서 견성을 하고, 성불을 해야 하기 때문이다. 법강항마위에 오른 견성도인은 자신 제도만이 아니라 타인 구제, 곧 성불제중이라는 과업이 있음을 잊어서는 안 된다.

20) 한종만,『원불교 대종경 해의』(下), 도서출판 동아시아, 2001, pp.79-80.
21) 문집간행위원회, 발타원정진숙종사 문집1『법을 위해 몸을 잊고』, 원불교출판사, 2004, p.263.

돌이켜 보면 원기 10년(1925) 학위등급법이 발표된 이래 그것이 발전하여 오늘날 법위등급으로 정착되었다. 원기 47년(1962) 대산종사는 종법사 취임사에서 법치교단을 강조함과 더불어 개교반백년성업 이후 교도법위향상 운동을 전개한 이래, 법위사정을 통해서 많은 교도들이 항마위와 출가위에 오르도록 법풍을 불려왔다. 물론 법위 승급에 있어서 세속적 잣대를 가지고 정진 없는 욕속심이 발동되어서는 안 된다. 오늘날 법위 양산이라는 비판적 성찰이 있는 것도 법위승급이 인위적 잣대로 양산되는 우를 범할 수 있다는 뜻이기도 하다. 항마도인이 양산될 우려 속에서 언급된 말이 "법사의 양산은 법위의 존엄성이 실추되었다"[22]는 것이었다. 천여래 만보살이 배출되는 교단이라는 점에서 보면 이는 법위향상과 관련한 지나친 우려라 볼 수 있지만, 항마위에 더하여 출가위의 양산을 불러올 수 있다는 점을 감안한 것이라 본다. 천여래 만보살이라는 성인의 법위 승급에 있어서 양적 확산만이 아니라 질적 향상이 기대되는 것도 이 때문이다.

4. 지도자와 견성

지도자에게 견성이 왜 필요한가는 원불교 지도자의 자격요건이 무엇인가와 연결시켜 살펴볼 필요가 있다. 『정전』 최초법어에 나오는 「지도인으로서 준비할 요법」을 보면 원불교의 지도자상이 나타난다. 지도인의 4가지 조목 중에서 견성과 관련한 것으로 크게 두 가지가 거론될 수 있다. 1) 지도받는 사람 이상의 지식을 가질 것이며, 2) 일을

---

22) 간행위원회 編, 담산이성은정사 유작집 『개벽시대의 종교지성』, 원불교출판사, 1999, p.224.

당할 때마다 지행을 대조할 것이다. 불법을 연마하여 지혜가 밝아지기 위해서는 기본적으로 수행인에 도움이 되는 일반적 지식의 확충은 물론 종교적 지혜를 터득해야 할 것이다. 아울러 솔성의 모범된 행동을 해야 하는 점에서 지도자의 요건으로의 견성 성불은 주지의 사실이다.

구체적으로 원불교의 지도자와 견성 성불의 관계를 살펴 볼 필요가 있다. 원불교에서 지도자의 궁극적 도달점은 부처가 되는 것이다. 부처를 이루는 것이 지도자의 목표이며 그것은 도가에서 견성 성불에 이르는 길 외에 다른 방법이 없다. 『정산종사법어』기연편에서 "부처님은 세상의 등불이요, 중생의 정신적인 생명이라"(15장)고 밝혔으며 부처가 없었으면 우리는 능히 견성 성불하여 부처 되는 길을 모르게 되었을 것이라 밝히고 있다.[23] 이처럼 세상의 지도자적 자질로서 사회를 밝히는 등불이 되어야 하며, 견성 도인이 된 이상 세상을 구원하는 인류의 등불로서 반야의 혜광이 요구되는 것이다.

종교 지도자로는 재가도 당연히 포함되며, 특히 출가한 성직자는 직업전선에서 교화자로서의 중심 역할을 하는데 진력해야 한다. 종교의 교화적 책무를 상기하여 교도의 모범이 되어야 하는 것을 잊어서는 안 된다. 동산 이병은 종사는 이에 말한다. "수행자들에게는 견성과 득도가 선결문제요 최종적인 문제이다. 그러면 해탈의 도를 얻는다. 그렇게 되려면 마음을 늘 챙겨라 마음이 늘 비도록 하라."[24] 재가출가 모두가 수행을 통해서 견성을 해야 하고, 견성 후에는 솔성의 모범을 보여야 한다. 더욱이 교단에 입문한 교도들은 일반인의 모범이 되어야 한다.

---

23) 한기두, 「소태산 대종사와 정산종사」, 『원불교사상』 24집, 원불교사상연구원, 2000, p.25.
24) 辛丑日記, 1961년 7월 21일(東山文集編纂委員會, 동산문집 Ⅱ 『진리는 하나 세계도 하나』, 원불교출판사, 1994, p.56).

성직을 선택하여 교역에 임한 교역자는 교화적 경륜에 더하여 일원
상 진리에 밝아지는 견성을 통해서 교도들을 견성에 이르도록 하는
책무가 중요하다. 교역자들이 밝은 교리 실력으로 견성을 이루어 교도
들로 하여금 교리에 밝아지도록 해야 하기 때문이다. 교도들이 진리의
혜안을 얻는데 대체로 교역자의 지도가 필요하므로 교역자의 견성이
교도의 견성에 징검다리가 된다. 따라서 교무는 신앙과 수행에 있어서
교도의 모범이 되어야 하는바, 지도인의 가장 중요한 덕목은 교무가
견성하고 성불하게 되면 그 은혜는 바로 교도에게 미쳐가게 된다.[25]
교무가 견성을 하지 못하면 교도 역시 진리에 어두워질 수 있다. 종교
지도자가 무명에 가린다면 그를 따르는 초입교도나 일반 교도들도 무
명에 가리기 십상이다. 무명의 윤회에서 고통을 받는 중생들을 누가
건질 수 있다는 것인가? 교역자들이 견성을 반드시 이루어서 일반 교
도들과 더불어 성불제중의 대열에 합류해야 하는 이유이다.

부처가 병듦에 중생도 병든다는 것을 상기해볼 필요가 있다. 『대반
열반경』 제31권 「가섭보살품」에서 가섭보살이 부처에게 여쭈었다. "세
존이시여, 여래께서는 모든 중생을 가엾이 여기사, 조복되지 못한 이
를 조복하시며, 깨끗하지 못한 이를 깨끗하게 하시며, 귀의할 데 없는
이를 귀의케 하시며, 해탈하지 못한 이를 해탈케 하시어…." 그리하여
대의사(大醫師)가 되고 대약왕(大藥王)이 되었다는 가섭의 언급을 새겨
보면 지도자의 역할이 얼마나 심대한가를 알 수 있다. 그것은 종교 지
도자의 솔성적 중생 교화의 책무가 적지 않다는 것이며, 특히 종교인
으로서 인격 성숙의 기능을 새겨보자는 뜻이다.

그러나 오늘날 기성교단들이 종교의 교화적 역할보다는 교세확장에
더 몰두하는 경우가 적지 않다. 원불교가 노대종교들과 같이 교세확장

---

25) 성도종 外, 『교당운영론』, 원불교 교화연구소, 1999년, p.25.

에만 머무를 수 없다는 점을 환기하면, 교단의 급선무는 교화 즉 견성도인을 많이 배출해야 한다는 것이다. "지금 우리에게 교도수가 구름같이 모여들게 하거나 빌딩을 짓는 게 급한 일이 아니다. 지금은 우리가 힘이 너무 없기 때문에 다 각자 공부를 해 가지고 견성 도인이 되어야 한다."[26] 성직자의 본분과 교세확장 사이에서 우선순위가 무엇인가를 알게 해주는 것이라고 본다. 성직자가 견성을 우선순위로 삼고 정진하되, 이에 힘입어 제중사업에도 진력하는 일이 요구된다.

견성도인이 많이 배출되어야 한다는 것과 관련해서 소태산의 전망(展望) 법어를 상기하면 좋을 것이다. 그는 미래 금강산의 주인이 될 것을 강조하고 있기 때문이다. 금강산의 주인은 금강산 같은 인품을 조성해야 할 것이니 닦아서 밝히면 그 광명을 얻을 것(대종경, 전망품 6장)이라는 법어는 견성도인으로서 지혜 광명을 갖추라는 뜻이다. 원불교 중앙총부 법회석상에서 가산 김성택은 「금강산의 주인상」으로 "견성·성리에 바탕한 열린 활불인상"[27]을 강조하였다. 원불교적 지도자상은 금강산 같은 인품을 닦은 도인이어야 하며, 그것은 활불의 견성도인과도 같다.

일반인과 달리 지도자가 되려면 여러 면허증이 필요할 것이다. 학생을 가르치는 지도자가 되려면 학사, 석사, 박사 학위라는 면허증이 필요하다. 원불교의 지도자가 되려면 교무의 면허증도 필요하다. 교역자고시라는 과정을 통과해야 교무자격이 공식적으로 주어진다. 그리고 교무가 된 이후에는 부단히 정진 적공해야 하며 법사의 면허증과도 같은 견성도인이 무수히 배출되어야 한다. "견성하지 않은 지도인은 맹인(盲人)이 길 안내하는 것과 같다"[28]고 했으니, 진리의 혜안에 밝지

26) 심익순, 『이 밖에서 구하지 말게』, 원불교출판사, 2003, p.56.
27) 김성택, 「금강산의 주인상」, 《중앙총부 예회보》 642호, 2005년 10월 23일, 2면.
28) 東山文集編纂委員會, 동산문집 Ⅱ 『진리는 하나 세계도 하나』, 원불교출판사,

못하다면 원불교의 지도자로서 자격미달인 셈이다. 우리가 견성공부
에 등한시 함으로 인해 진리에 어두워지면 중생의 악도윤회를 면할
길이 없기 때문이다.

제2편

견성의 실제

문목의 연재를 시작하며

근래 의두 성리가 교단의 법풍 진작과 공부 풍토의 조성에 있어 관심의 대상이 되고 있다. 원기 100년 성업에 즈음하여 자신성업봉찬이 큰 화두로 등장하고 있기 때문이다. 대산종사는 교단백주년을 준비하도록 하면서 이미 원기 50년 10월 9일에 "대지허공심소현(大地虛空心所現) 시방제불수중주(十方諸佛手中珠) 두두물물개무애(頭頭物物皆無碍) 법계모단자재유(法界毛端自在遊)"라는 「대적공실」 법문을 내려주었다. 성업 대비와 더불어 깨달음의 화두로 삼으라는 뜻이다.

원기 100년 성업을 위한 장엄사업도 많은데, 왜 의두 성리를 그렇게 강조한 것인가? 소태산 대종사는 성리를 밝히지 않은 것은 사도라 하였다. 수도인은 의두나 성리를 통하지 못하면 정신계의 지도자가 될 수 없으며, 깨치기 전의 수행은 오염수(汚染修)가 되기 때문이다. 마치 수상문 정혜에서 자성문 정혜로 향하듯 성리 연마를 통한 정법의 진수를 맛보자는 것이다. 원기 100년 성업의 교단사를 조망하며 자신성업봉찬과 교화대불공이라는 과업에 성실히 임할 때이다.

문목(問目)은 대종사의 구도과정과 관련되어 있다. 소태산은 어린 7세에 우주 자연의 이치를 알고자 했고, 9세에 인간사에 호기심을 가지며 남다른 면모를 보였다. 사계절의 변천, 일월과 풍운우로의 왕래, 인간의 생로병사 등 모두가 의심거리였다. 관천기의(觀天起疑)는 물론 산신에 대한 기도며 구사고행을 통해 대각에 이루기까지 온갖 의문요목(問目)이 그의 뇌리에서 떠나지 않은 것이다. 소태산은 대각 후 원기 5

년~9년까지 봉래정사에서 주옥같은 성리법어를 설한 후 원기 12년
(1927)에 《수양연구요론》을 발간하였으니, 당시 제자들의 견성을 위해
문목을 연마토록 하였다.

여기에서 의두와 성리라는 용어의 연원이 '문목'이라는 사실을 주목
할 필요가 있다. 《수양연구요론》에 등장한 137개의 문목들이 원불교
의두와 성리의 원형이라는 것이다. 의두와 성리로 분류되기 이전의 용
어가 문목이었기 때문이다. 따라서 문목의 해석은 곧 원불교의 의두와
성리 해석이라 해도 좋을 것이다.

'문목'이란 용어는 오늘날 《원불교 전서》에서 더 이상 발견되지 않
는다. 교사적 접근에 의해 문목 용어의 변천사를 보면 《수양연구요
론》에서는 문목, 《육대요령》에서는 문목·성리, 《불교정전》에서는
의두·성리, 《교전》에서는 의두·성리로 변천되었다. 따라서 문목은
오늘의 의두·성리이며, 엄밀히 좁혀 말하면 의두이다. 문목이라는 용
어가 의두와 성리로 구분되기 이전까지 초기교단에서는 한동안 문목
을 연마하여 견성과 깨달음에 이르도록 하였던 것이다.

따라서 원불교에서는 《수양연구요론》의 137문목이 《육대요령》,
《불교정전》, 《교전》의 의두 성리로 변화되어온 사실을 인지하여 경
전 결집이나 성리해석에 있어 숙고해야 할 조목들이 있다면 이를 참
고해야 할 것으로 본다. 그것이 원불교 해석학의 과제이며, 소태산 대
종사의 교법 창안의 정신을 받드는 길이기 때문이다. 이에 《수양연구
요론》의 문목을 환기하면서 견성 성불을 위한 의두·성리 연마에 더
욱 매진할 때인 것이다.

앞으로 문목 137조목을 해석하면서 문목의 의미파악과 더불어 이의
실천방법을 모색하려고 한다. 각항의 해석에 더하여 전체적인 틀에서
는 다음의 사항을 염두에 두려는 것이다. 즉 문목의 등장배경으로 민
중계몽과 혜두단련, 견성인가와 깨달음의 기준, 초기교단의 법풍진작,

수양연구의 전문공부, 유불선 3교의 회통적 수렴이라는 것을 글의 행간 속에서 찾아보려고 한다. 또한『수양연구요론』의 문목을 통해 의두와 성리의 원형이 무엇인가 접근하고자 하며, 문목이 정기훈련의 과목으로서의 역할, 교리로 변용된 내역, 1700개의 불교 화두를 새롭게 새기면서 원불교 특유의 137조목으로 좁혀지고,『불교정전』에서는 47조목으로 더 좁혀졌으므로, 오늘날 20조목으로 정리된 내역도 살펴보고자 한다. 의두 성리의 분석과 직관을 통해 일원상 진리를 나의 것으로 삼아 대정진 대적공하자는 뜻이다.

1. 중생을 살생하면 중죄라 하였으니 연구할 사

오늘날 인명을 경시하는 풍조가 만연한 상황에서 본 문목 1조는 이를 환기하는 경구(驚句)이다. 약육강식과 물질주의가 팽배해지면서 인간의 목숨이 파리 목숨처럼 살상되는 현상에 대하여 생명경외의 정신을 넣어주려는 의도가 있는 것이다.

이 세상에서 가장 극악한 죄가 있다면 그것은 무엇일까? 남의 생명을 빼앗아가는 죄일 것이다. 어떠한 죄목이라 해도 살생의 죄목보다 큰 것은 없기 때문이다. 살생이 극악무도한 죄라는 것은 하나밖에 없는 생명을 빼앗음으로 인해 상극의 고통스런 윤회가 야기되기 때문이다. 옛날에 "살인자는 사야(死也)라" 하여 남의 생명을 상해하면 자기 생명도 내주어야 하는 엄격한 법이 있었으며, 회교에서는 지금도 이를 고수하고 있다.

불교에서는 오역죄(五逆罪)를 거론한다.『잡아함경』에서는 아버지를 죽인 죄, 어머니를 죽인 죄, 성자를 죽인 죄, 교단의 화합을 깨뜨리는 죄, 부처의 몸에 상처를 내는 죄를 오역죄라 하였다. 석가는 기원정사에서 제자들에게 "지옥에 떨어지는 행위는 무엇을 말하는가"를 물었으며, 여기에서 오역죄가 거론되고 있다.

요가 수행자들도 지켜야 할 오계(五戒)가 있는데, 그것은 불살생(不殺生), 불망어(不妄語), 불투도(不偸盜), 불사음(不邪淫), 불탐(不貪)이다. 이 오계 중에서 제1규칙이 불살생계이다. 기독교 십계명의 제6조를 보면 "살인하지 말지니라. 다른 사람을 죽일 계략을 도모하지 말라"(마태복음5:21-26)고 하였다. 이처럼 불살생 계율은 모든 종교의 핵심 계율로 등장한다.

여기에서 문제점이 등장한다. 우리가 살아가면서 전혀 살생을 해서는 안 된다는 것인가? 우리가 육식을 하는 한 이는 불가능한 일이라고 본다. 이에 신라의 원광법사는 세속오계로서 살생유택(殺生有擇)을 말하였다. 즉 육재일(六齋日)과 춘하월(春夏月)에는 살생하지 말라 했으니 가임기간이라는 시기를 선택하라는 뜻이며, 가축(소, 말, 닭, 개)을 죽이지 말라 하였으니 그 고기를 먹지 말라는 뜻이다.

불살생의 범주에 대한 해석으로 살생유택이 거론되고 있으니, 소태산 대종사도 이를 고심한 것으로 알고 있다. 그것은 계문에 '연고 조항'을 넣어 "연고 없이 살생을 말며"(보통급 1조)라고 하였기 때문이다. "연고 없이 사육을 먹지 말라"(법마상전급 3조)고도 하였다. 연고란 인간의 생명 유지에 해독을 주는 것이라든가, 부득이 건강 회복을 위해 살생하는 경우가 해당될 것이다.

그렇다면 "중생을 살생하면 중죄라"는 문구를 어떻게 이해하여야 할 것인가? 중생의 개념은 좁게 보면 인간이 초점이다. 따라서 '살인'에 관련하여 중죄라 한 것으로 보아야 한다. 그렇다고 인간 외의 동물은 약탈해도 된다는 뜻이 아니다. 「동포은」에서 금수초목까지 우리의 동포로 알라는 소태산의 가르침이 있기 때문이다. 불살생은 넓게 보면 인간만이 아니라 동식물도 포함된다. 총부에서 기르던 개가 죽었을 때 생명을 아끼어 죽기 싫어하는 것은 사람이나 짐승이나 다 같은 것(대종경, 실시품 34)이라고 하였다.

문목 1조를 일상의 삶에서 실천에 옮기는 방안 마련에 고심해야 한다. 그것은 생명 상해와 같은 상극의 악연을 맺지 말아야 한다는 것이다. 인간의 이기주의가 만연하여 소유욕이 극에 달할 때 다른 생명을 빼앗는 악연이 맺어지는 점을 간과해서는 안 된다. 덧붙여 오늘날 생태계가 파괴되는 상황에서 한 생명이라도 살리는 환경보호 운동이 필요하다.

궁극적으로 불살생계를 통해 지구의 평화운동으로 연결시키는 일이 요구되며, 그것이 종교가 짊어져야 할 보편가치요 구원적 사명이다. 그간 기성종교는 평화를 부르짖으면서 종교간 집단이기주의로 인해 생명살상이라는 세계전쟁의 70%에 연루되어 왔다. 이점을 상기하면서 중생을 살생하면 중죄라는 것을 더욱 각인(刻印)해야 할 것이다.

2. 도적질을 하면 중죄라 하였으니 연구할 사

세기의 도둑으로 손꼽히는 인물이 마틴 카힐이다. 그는 1949년 아일랜드에서 태어나 은행금고를 털었고, 미술관을 통째로 털었다. 그가 총탄에 맞아 45세에 숨질 때까지 훔친 물건의 값어치는 공식 확인한 것만 6천만달러(약 7백 50억원)에 이르렀다.

익산총부의 초창기 시절, 산업부원 한 사람이 계란을 익산 읍내에 나가서 판매하는 일을 맡아왔는데 그때마다 1전씩 빼 자기 통장에 예금하다가 탄로가 났다. 교단에서는 이를 중대사로 알고 그를 즉각 전무출신에서 탈퇴시켰다. 소태산은 보통급 2조에서 "도둑질을 하지 말며"라고 하였으니 이와 무관치 않다.

그러면 주변에서 도적질이 왜 생기는 것일까? 탐욕에 의한 소유욕이 발동하는 것으로 불교에서 말하는 탐진치 삼독심이 이와 관련된다. 불교 오계의 하나가 도둑질을 말라는 불투도(不偸盜)이다. 불타 당시에 잔인한 도적 '앙굴리말라'가 있었는데 그는 불타의 심법에 감화를 받아 삼독심을 제거하고자 불제자가 되었다.

도적이란 부정적 개념에 더하여 의적(義賊)이라 하여 긍정적으로 비추어지는 성향도 있었다. 조선조 연산군 시절 홍길동은 활빈당을 조직하여 의적행세를 하였던 것이다. 장길산이나 임꺽정 역시 조선조 3대 의적으로 거론되는 인물들이다. 하지만 도적질은 의적이라는 이름으로 미화될 수는 없다.

무엇보다 도적질은 사회에서 중죄가 되는 범죄이다. 그것은 아무런 노력도 없이 남의 물건을 훔치려는 행위로서 인과의 법칙에 어긋나며, 결국 무거운 형벌로서 형사적 책임이 뒤따른다. 구타원 종사는 이에 『회보』 51호(1939)에서 말하기를 "돈에 환장이 되어 도둑질을 하다가 경관에게 잡혀 곤욕을 당한다"고 하였다.

이른바 도둑행위는 사회에서 근절해야 하는 당위성에 직면한다. 이에 소태산 대종사는 '견물생심'을 말하며 초기교단의 엿목판 도둑사건을 거론한다. 총부건설 당시 엿장수를 한 관계로, 엿목판 간수에 조심하라고 하였는데 제자들이 방심해 이를 도둑맞은 것이다. 이에 소태산은 제자들에게 크게 꾸지람을 하였다(대종경, 실시품 4장).

이따금 일선교당에 도둑이 든 경우가 있다고 한다. 불교 사찰에도 도둑이 드는 경우가 한 두 번이 아니다. 소태산의 엿목판 분실의 교훈을 되새겨 보면 각 교당에서는 견물생심이 되지 않도록 각별한 주의가 필요하다. 『주역』 「계사전」에서도 "간수하기를 게을리 하는 것은 도둑을 가르치는 것이라(慢藏而誨盜)"고 하였다.

하여튼 금은보화를 소유하려는 탐욕에 구애받지 말고 '허공법계'를 소유하는 심법이 되어야 한다. 대종사는 "누가 이 가운데 허공법계를 완전히 자기소유로 이전 증명낸 사람이 있느냐"며, 범부 중생은 형상 있는 물건만을 자기 소유로 내려고 탐착하므로 그것이 영구히 제 소유가 되지도 못할 뿐 아니라 아까운 세월만 허송하고 만다(대종경, 성리품 26장)고 하였다. 가슴 깊이 새겨야 할 법어이다.

3. 사사(私邪)로 음탕한 일이 있고 보면 중죄라 하였으니 연구할 사

조선조 광해군 때 이귀의 딸은 김자겸에게 시집갔으나 과부가 되자 절에 들어가 비구니처럼 살았다. 절에서 수행 정진하던 중 그녀가 범한 간음이 발각되자 옥에 갇히는 신세가 되었다. 고금과 동서를 불문하고 성윤리가 느슨해지고 있다. 최근 미국의 성연구지에 의하면 간음을 범한 주부 80% 이상이 죄의식을 느끼지 못한다고 했다. 급증하는 이혼 등 가정해체의 원인은 부부의 불건전한 성윤리와 무관하지 않은 것이다.

세상에는 일부다처제(회교 허용)도 있지만 대체로 일부일처제를 지향하고 있으며, 간음하지 말라는 것은 이 일부일처제의 윤리와 직결된다. 사회 형법에 따르면 간음이란 강간죄, 간통죄, 혼인빙자간음죄(2009.11.삭제)를 말하며, 이 간음이 중죄인 까닭에 국가의 실정법에 저촉된다.

여기에서 간음은 왜 발생할까? 육신의 본능 즉 오욕의 무명(無明) 때문이다. 이에 남녀가 건전한 만남 및 행복한 가정을 지키려면 성윤리가 요구된다. '남녀 7세 부동석'이란 말도 엄정한 남녀윤리를 상징하는 말이다.

『수능엄경』에 의하면 보련향 비구니가 음행을 범하고서 "음행은 중생을 죽이는 것도 아니요, 훔치는 것도 아니므로 죄 될 것이 없다"고 하다가 몸이 불살라져 산채로 지옥에 들어갔다고 한다. 예수 역시 은밀한 음욕조차 간음으로 인정하였다(마태복음 5:27-30).

그러면 간음은 왜 하지 말라고 했는가? 먼저 건전한 가정윤리를 위함이요, 또한 인간의 육체적 욕망의 한계 때문이다. 이에 소태산은 "간음을 하지 말며"(보통급 3조)라는 계문에 더하여 "두 아내를 거느리지 말며"(상전급 2조)라고 하였다. 그는『월말통신』32호(1930)에서 간음을 경계하며 '목불시사색(目不視邪色)' 곧 "눈으로 여색을 탐하여 보지 말라"고 하였다. 도가에서는 심계(心戒)까지 두어 마음으로라도 음행을 범하지 말라고 한다.

하여튼 문목1~3조는 살도음에 관련되는 것으로, 모든 종교가 이 계율을 강조하고 있다. 원불교의 보통급 1~3조가 그것이고, 불교 5계의 불살생, 불투도, 불사음이 포함되어 있으며, 기독교 10계명의 6~8조가 이와 관련된다.

만일 간음을 범하였을 경우 어떻게 해야 하는가? 진정한 참회가 필요하다. 구업을 진정으로 참회하면서 선업을 쌓아나가야 한다. 살도음을 행한 악인이라도 마음 한번 돌리면 불보살이 된다(대종경, 요훈품 12장)고 했고, 대산종사도『신분검사법』에서 살도음의 계율은 묻지 말고 사(赦)하도록 하였으니, 그것은 참회의 길을 제시해준 셈이다. 오탁악세의 현실에서 세간락의 육욕(肉慾)을 절제하고, 음행(淫行)을 범한 자는 참회를 통해 무루의 도락(道樂)을 얻자는 뜻이다.

4. 망령된 말을 하고 보면 중죄라 하였으니 연구할 사

요즘 세태를 보면 허물이 없다는 사람들끼리 함부로 말을 하고, 친구들끼리 객기에 찬 말을 주고받다가 감정을 상하곤 한다. 혀 세치가 상대방에게 상처를 주어 서먹해지는 경우가 많다. 구업(口業)이 짓는 죄악을 모르기 때문이다. 또 우리의 일상생활에서 주고받는 말은 마음의 거울이자 각자의 인품임을 모르는 까닭이다.

불교가 태동하던 때 육사외도의 한 사람인 '푸라나 캇사파'는 석존과 동시대의 인물이었다. 그는 "망령된 말을 하는 자는 아무런 죄악도 저지르지 않는다"라고 하여 망령된 말을 주고받는 것에 어떠한 죄의식도 느끼지 않다가 주위의 호된 비판을 받았다. 모세 십계명의 한 조목을 보아도 "너의 하나님 여호와의 이름을 망령되어 일컫지 말라"고 하였으니, 망령된 말은 불교의 5계에 더하여 기독교의 10계로서 금기시되는 계율이다.

교단 초기에 서대원 선진이 수필한『대종사 법설집』을 보면, 망령된 세상을 비판하는 대목이 나온다. "이 세상 인심은 나의 생각과는 순연히 달라서 망령신들이 전부 세상을 좌우하니, 어떻게 하여야 이 도깨비 같은 무리들에게 밝고 견고한 참다운 영(靈)을 집어넣어줄지"(월보 46호, 1933)라고 하며 개탄해 하였다. 여기에서 망령신이란 여러 뜻이 함축되겠으나, 망령된 말로써 사람들의 온전한 정신을 홀리게 하는 것도 포함될 것이다.

따라서 망령된 말을 벗어나는 것이 과제이다. 불가는 5계로 불망어(不妄語)를 강조하고 있는 바, 이는 '정직하고 자비로운 언어'를 사용하라는 계율이다. 진실성과 책임감, 거짓이 없는 인간관계에 대한 언어 계율이라는 뜻이다. 이를테면 기만과 속임, 욕설, 이간질, 아첨하는 말 등은 모두 망령된 말에 속한다.『수심결』8장에서도 "너는 함부로 망령된 말을 하지 말라, 정과 사를 분간하지 못하는 것이 미혹되고 전도한 사람이다"라고 하였다.

사실 망령된 말이 바람직한 언어가 아님을 알면서도 우리는 망령된 말의 실수를 이따금 범하는 이유는 무엇인가? 그것은 번뇌가 농후하고 오랜 무명의 습기가 굳어져서 생각들이 망정(妄情)을 내어 만나는 인연들마다 상대심을 돋구기 때문이다. 보조국사는 「정혜결사문」에서 말하기를, 비방과 칭찬, 시비하는 음성이 목구멍에서 망령되이 나오며, 그것은 빈 골짜기의 메아리와 같다고 지적했다.

공부심이 없는 자의 목구멍에서 흘러나오는 망령된 소리는 어떻게 해야 극복할 수 있는가? 소태산은 「법마상전급」에서 "망령된 말을 하지 말라"고 하였다. 또 그는 심고와 기도를 올릴 때에도 마음이 간사하고 망령된 곳으로 흘러가지 않도록 간절히 하라고 하였으니, 경계속에서 마음의 거울을 대조하라는 뜻이다. 『금강삼매경』에서도 나는 본래 경계가 없으니 밝은 마음을 찾아 마음에 망령됨을 없애면 사량분별의 경계가 사라진다고 했다. 진정 귀담아 들어야 할 가르침이다.

5. 밖으로는 비단같이 꾸며내고 안으로는 불량하면 중죄라 하였으니 연구할 사

중국 한나라 때 중국산 비단이 로마 제국에 수요가 커지면서 한때 로마 경제를 위태롭게 하였다. 로마인들이 금을 주고 중국 비단을 수입하느라 자국에 재정적으로 큰 타격을 주었기 때문이다. 내륙 아시아를 횡단하는 고대 동서 통상의 도로를 비단길, 곧 실크로드라 불린 것도 중국의 비단이 서방으로 수출됨의 흔적이다.

이처럼 비단은 부귀와 장식의 보물로 여겨진 까닭에 주변을 비단으로 꾸미거나, 말을 비단같이 꾸미는 소재로 자연스럽게 우리의 귓전에 전해져 왔다. 조선조 송강 정철은 1560년 「성산별곡」에서 비단을 화려한 꾸밈의 실체로 파악하여 비단으로 하늘을 아름답게 꾸민다고 하였던 것도 같은 맥락이다.

구한말 소태산 대종사가 살았던 시절도 비단은 부귀와 장식의 상징물로 여겨졌다. 이에 소태산은 "비단같이 꾸미는 말을 하지 말라"(정전, 특신급 8조)고 하였으니, 감언이설(甘言利說)이나 교언영색(巧言令色)으로 말을 꾸며 상대방을 유혹하려다 말의 진실성을 잃지 말라는 것으로 이해할 수 있다.

우리의 삶에 있어 언어생활은 매우 중요하다. 일상의 말은 나의 인격이 드러나는 마음의 거울이기 때문이다. 이에 언어사용에 있어 진실을 잃고 허영과 가식에 사로잡히는 것은 나의 인격에 손상을 가져다준다. 교단 초창기의 김영신 교무는 비단으로 말을 장식하지 말라는 뜻에서, 비단으로 자기 몸을 감싸고 허장성세하였다면 "나의 앞길은 어찌 되었을까?"(회보 제4호, 1933)라고 하였다.

나의 인격에 손상을 가져다주는 것을 뻔히 알면서도 비단같이 꾸미는 말을 하게 되는 이유는 무엇인가? 내가 하는 말에 법도가 없이 방심하거나, 무엇인가에 욕심이 끌려 이를 성사시키려고 침이 마르도록 상대방을 설득하려 하기 때문이다. 하지만 정산종사는 사람이 부정한 짓에 비단으로 꾸며 싼다고 해도 그 냄새가 밖으로 나타난다(정산종사법어, 근실편 7장)며, 비단같이 꾸미는 행위의 한계를 지적하고 있다.

그럼에도 불구하고 비단같이 꾸미는 말을 한다면 어떻게 되는가? 그것은 곧 악업으로 이어진다. 『업보차별경』 31장에서 악업의 하나로 "속으로는 불량한 마음을 품으면서 밖으로는 비단같이 꾸미는 말을 많이 한 고로 항상 그 몸 주위에 초목이 빽빽하고 가시가 많이 돋친 수풀이 많게 됨이요"라고 하였다. 비단같이 꾸미는 말을 할 경우의 자신의 인품이 황폐화됨을 경계한 것이다.

따라서 비단같이 꾸미는 말을 하지 않으려면 어떻게 해야 할 것인가? 불교에서는 비단같이 꾸미는 말을 하지 말라는 측면에서 '불기어(不綺語)'를 말하였다. 『업보차별경』 20장에서 중생이 인도에 태어나는 선업의 하나로써 "속으로 불량한 마음을 품으면서 겉으로 비단 같이 꾸미는 말을 아니함이요"라고 하였으니, 진실한 언어생활을 주문하고 있는 것이다.

6. 한 입으로 두말을 하면 중죄라 하였으니 연구할 사

초대 대통령으로서 미국을 세우고 헌법을 만든 조지 워싱턴(1732~1799)은 다음과 같은 말을 남기고 있다. "모략과 중상에 대한 최선의 답은 묵묵히 자기 의무를 지키는 일이다." 세상을 살다보면 상대방이 나를 중상모략으로 몰아가는 사람이 생기기 때문에 이를 잘 극복해야 한다는 의도에서 언급한 말로 새겨진다.

누구나 내 앞에선 좋게 말하고 나 없는 곳에서 흉을 본다면 상처를 받을 것이다. 예컨대 주변에서 나를 중상 모략한다면 억울하기 그지없다. 대인관계에서 내가 중상모략을 당하여 곤경에 처하는 경우에는 어디에 하소연할 수도 없다. 이를테면 자신의 본의와 상관이 없는데 다음과 같은 말을 듣는 경우가 그것이다. "누가 그러던데 네가 나를 안 좋게 말했다며?"라는 소리를 들으면 억울하다는 것이다.

이처럼 한 입으로 두 말 하는 것이 중상모략으로, 그것은 신구의 삼업(三業)으로 죄업을 짓는 씨앗이 된다. 『사십이장경』의 4장에서는 여러 악업 중에서도 입으로 범하는 계율의 하나가 '한 입으로 두말하는 것(兩舌)'을 지적하였다. 양설을 할 경우 고통의 악업을 벗어나지 못한다는 것이다.

따라서 한입으로 두말을 하지 말라는 뜻은 합당한 근거도 없이 남을 중상모략으로 비방하지 말라는 뜻이다. 남을 비방하게 된다면 이말저말 섞어가며 그를 헐뜯는 경우가 많아지기 때문이다. 이에 자연스럽게 한 입으로 여러 말을 하게 되어 남의 원성(怨聲)을 사게 되므로 남을 비방해서는 안 된다는 것이다.

한입으로 두말을 하게 되는 이유는 무엇인가? 그것은 상대방에 대한 시기와 질투심이 발동하여 나타나는 현상이다. 여기에서 중생으로서 '이간(離間)'이라는 심리적 충동이 발동하게 된다. A와 B의 사이가 좋을 경우, C가 이들 A와 B를 갈라놓기 위해 이간질하게 되는 까닭이다.

결국 이간질을 하며 한 입으로 두말을 하는 중생들의 삶은 어떻게 되는가? 『회보』 제2호(1933)에서 「부끄러워 할 줄 알라」는 제목으로 강연을 한 유성렬에 의하면, 한 입으로 두 말을 하는 행동은 부끄러워하지 않을 수 없다고 하였다. 서대원 선진 역시 불경의 경구를 해석하면서 "한입으로 두말을 많이 한 고로 항시 그 몸 주위에 험한 언덕과 뾰족한 나무와 깊은 구렁이 많음을 느끼게 된다"(회보 22호, 1936)고 하였다.

이에 소태산은 법마상전급 5조에서 "한입으로 두말하지 말라"고 하였다. 한 입으로 두 말을 할 경우, 그것은 중생으로서 고통의 죄업을 짓기 때문에 구업(口業)을 벗어나도록 한 것이다. 『업보차별경』 20장에서도 육도의 길에서 인간계에 태어나는 열 가지 선업의 하나가 한 입으로 두 말하지 않는 데서 비롯된다고 하였다. 만일 누가 나에게 한 입으로 두 말을 할 경우 시시비비 따지지 말고 묵묵히 눈을 감고 초연해야 할 것이다. 진실은 그렇다고 변하는 것이 아니기 때문이다.

7. 악한 말을 하고 보면 중죄라 하였으니 연구할 사

공부심으로 살아가는 자는 기본적으로 어떠한 모습에서 차이가 날까? 부루나 존자가 여쭙기를 "세존이시여, 저는 서방수로나국에 가서 세존의 법을 포교하고 싶사오니 허가하여 주옵소서." 세존이 답하였다. "부루나여, 그 나라 사람의 성질이 매우 포악하여 반드시 너에게 악구(惡口)를 하며 해를 끼치리니 그런다면 어찌 하려느냐?" 부루나 사뢰기를 "그런다면 저의 몸을 때리지 않는 것만으로 다행히 여기며 그 일을 하겠습니다."

이는 과거 영산회상에서 부처님의 제자 부루나가 이방의 나라로 포교를 떠나기 전에 부처님과 주고받은 문답으로, 타지 사람들이 그에게 악한 말을 하더라도 절대 마음을 상하지 않겠다고 부르나가 석가모니에게 맹세한 내용이다. 초기교단의 김영신 선진이 감각감상으로 「남을 제도하려면 부루나를 본받자」는 내용으로 『회보』 16호(1935년)에 올린 글로서 이는 아무리 악한 말이라도 경계를 잘 극복하라는 예화인 것이다.

그러면 악한 말이란 무엇인가? 그것은 입에 주워 담을 수 없는 험악한 말을 함으로써 상대방의 감정을 상하게 하는 것이다. 불가에서는 이를 악구(惡口)라 하여 추잡한 입에서 나오는 말로 새기고 있다. 악한 말은 남을 비방하는 욕설과 같은 것인 바, 불가의 계율에서 불악구(不惡口)를 강조하며 악한 말은 신구의 삼업으로 짓는 악업이라는 것이다.

하지만 중생들은 자신의 감정을 잘 제어하지 못하여 마음 내키는 데로 말을 거침없이 해버리는 경우가 많다. 이를테면 낯부끄러운 육두문자가 그것이다. 이는 싸움의 현장에서 발견되곤 한다. "너 이 XX, 너 죽을래 이X." 이러한 말들을 접하고 보면 그 말을 한 사람의 인격이 가히 어떠한지를 금방 알 수 있다. "악한 말을 많이 한 고로 항상 그

주위에 돌과 모래가 추하고 껄껄하여 접근할 수 없게 된다"고 『업보차
별경』 31장에서 언급하고 있다.

　악한 말, 즉 악구를 고치지 않고서는 자신의 고요한 불성을 보존할
수 없다. 이에 이공주 선진은 다음과 같이 악한 말을 고치는 모본을
보이자고 하였다. 일상 범하기 쉬운 악구(惡口)의 악습을 「일기법」의
대조를 통해 고쳐야 한다며 "여러분 동지시여, 어찌하렵니까?"(월말통
신 19호, 1929년)라고 하였다. 매일 수행일기를 통해 악한 말을 극복하
라는 뜻이다.

　논제의 핵심은 일상의 언어생활에서 맑고 고운 소리를 내자는 것이
다. 소태산은 「일원상법어」에서 "이 원상은 입을 사용할 때 쓰는 것이
니 원만구족하고 지공무사한 것이로다"라고 하였다. 원만구족하게 입
을 사용한다면 악구를 극복하고 분위기를 밝게 할 수 있다. 본 문목이
『정전』의 계문 보통급 6조로 변화되면서 "악한 말을 하지 말라"고 하
였으니, 자신의 입에서 나온 말이 인격의 표상임을 깨달아 주고받는
말 한마디에 공부심으로 임해야 할 것이다.

8. 예 아닌 진심이 나고 보면 죄의 근본을 일어낸다 하였으니
　　연구할 사

　한 때 베스트셀러 작가였던 스티브 챈들러에 의하면 『성공을 가로
막는 길』의 하나로 '사람이 날 화나게 할 때'라는 조목이 포함되어 있
다. 그의 지적대로 화를 잘 내는 사람은 그의 성공이나 대인관계에 원
활하지 못하다는 것이다.

　그럼에도 불구하고 우리는 왜 화를 자주 내게 되는가? 그것은 매사
내 뜻대로 되지 않는다거나, 일처리의 성급한 성격 때문이다. 또 상대

방을 오해하면서 나타난 현상이기도 하다. 이에 화를 자주 내는 것은 나의 온전한 심신작용에 있어 백해무익할 따름이다.

당연히 화를 내다보면 판단력이 흐려져 자기 앞길이 막힌다. 나의 본심을 잃은 결과, 평정심을 상실하게 되어 마침내 패가망신하기 쉽다. 홧김에 참지 못하고 자살하고 살인하며 집에 불을 지르는 죄업을 우리는 자주 목격하기 때문이다. 이에 김수환 추기경은 『바보가 바보들에게』라는 저술에서 말하기를 "화내는 사람이 언제나 손해를 본다. 화내는 사람은 자기를 죽이고 남을 죽이며 아무도 가깝게 오지 않아서 늘 외롭고 쓸쓸하다"고 했다.

여기에서 화를 내는 것이란 다름 아닌 진심(嗔心)을 뜻한다. 이 진심은 본래 고요한 나의 마음이 요동치며 화가 머리끝까지 치밀어 오르는 것을 말한다. 화가 치밀어 오르면 입속의 침이 마르고 화병에 걸려 건강까지 잃게 되는 것으로 이는 일종의 울화통과 같은 것이다.

따라서 불가에서는 이 진심을 탐진치 삼독심으로 간주하여 인생에 있어 3가지 독소 중의 하나라고 하였다. 진심은 나에게 아무런 경계가 없을 때에는 별로 일어나지 않는다. 그러나 일단 고통스런 경계가 닥쳐오면 그때부터 진심이 발동하기 시작한다. 이에 『사십이장경』에서 말하기를 "욕함을 듣고 성내지 않기가 어렵다"(12장)고 하였던 것이다.

화를 버럭 내는 것은 감정을 상하여 결과적으로 자신이 초라해져서 진여자성(眞如自性)을 잃게 하며, 그것은 우리의 원만한 인품 형성에 저해된다. 그러면 무조건 화를 내지 말라는 것인가? 물론 방편으로 꾸지람을 하기 위해 화를 내는 경우 외에 어떠한 진심이든 바람직하지 않다.

고래로 성자들에 의해 진심을 경계하는 목소리가 있어왔다. 예수는 「산상수훈」에서 화를 내지 말라고 하였고, 공자도 『논어』「옹야편」에서 '불천노(不遷怒)'라 하여 성냄을 남에게 옮기지 말라고 했으며, 『주역』「손괘」에서는 화를 참는 것을 수양이라고 했다.

이제 진심은 죄의 근원이 되는 이상 금할 일이다. 소태산은 법마상
전급 9조에서 "진심을 내지 말며"라고 하였다. 진심을 내지 말라고 하
는 것은 온전한 마음으로 취사하라는 것으로 이해할 수 있다. 그것은
주위 인연과 상생의 관계를 지속하고 나의 평온한 마음의 상태를 유
지하기 위함일 것이다.

9. 술을 과히 먹으면 죄의 근본을 일어낸다 하였으니 연구할 사

『리그베다』에 나오는 여러 신(神)이 있다. 이를테면 태양의 신 미트
라, 불의 신 아그니, 술의 신 소마(Soma) 등이 그것이다. 이처럼 과거
에 '소마'라는 술(酒)의 신이 거론되는 것을 보면 술이 인간사회에 밀
접했던 고대의 시대상을 엿볼 수 있다.

고금을 통하여 술은 인간들에게 애호되어 왔던 것이 사실이다. 1920
년대 한국사회의 비참한 현실을 그대로 드러내고 있는 내용을 보면
'혼몽중에 있던 우리, 취중(醉中)에 있던 우리'라는 것이 『불법연구회규
약』에 나타나 있다. 구한말 역시 인간의 취중 애환에 관련되어 있는
것이다.

문제는 술이 왜 죄의 근본이 되는가 하는 점이다. 술이 때론 기호품
인 것은 사실이나 우리의 온전한 정신을 마취시킨다는 것이다. 정신이
마취되다 보면 결국 고통의 씨앗이 되기도 한다. 조송광 선진은 「음주
의 피해는 어떠한가」라는 글에서 다음과 같이 말하고 있다. "술은 온
전한 사람으로 하여금 병신을 만드는 것이니 취한 사람은 정신이 없
고, 잘 앉지도 못하며, 구역질 잘하며, 존장도 몰라보고, 개천에도 잘
빠짐이다."

이에 소태산은 금주를 강조하기 위해 계문으로 실천을 유도하였다. 원기 12년(1927)에는 보통급 계문에서 "술을 과히 마시지 말라"고 했고, 원기 17년에는 "술을 마시지 말라" 했다. 그리고 원기 47년에는 "연고 없이 술을 마시지 말라"고 했으니 근래에는 '연고조항'을 붙여 부득이 사교(社交)의 경우에 한하여 예외로 하고 있다.

연고조항이 있다고 해서 술을 대승행의 방편으로 삼는 경우도 금물이다. 불교에서는 5계(五戒)로써 금주를 강조하고 있다. 기독교 역시 술에 대하여 비판적으로 말한다. "포도주는 거만하게 하는 것이요, 독주는 떠들게 하는 것이라. 무릇 이에 미혹되는 자에게는 지혜가 없느니라"(잠언 20:1). 이처럼 동서의 종교가 술을 마시지 말도록 권하고 있다. 아무리 음주계에 연고조항이 있더라도 술에 중독되면 습관적으로 술을 마시고, 또 과음을 하게 되면 건강을 상실하고 위험과 실수를 유발하기 때문이다.

우리는 가능한 술을 삼가야 할 것이며, 알코올 중독의 심각성을 인지해야 할 것이다. 남방의 성성이라는 짐승은 그 힘이 세고 날래어 사람이 힘으로는 잡지 못하나, 성성이가 술을 즐겨하므로 술을 큰 그릇에 가득 담아두면 살짝 와서 조금 마시고, 또 다시 와서 더 마시고 하기를 여러 차례 한 뒤에는 그만 쓰러지게 되며 그 때에 사람이 나와서 잡아간다(대종경, 인도품 30장)고 하였다. 남방이의 술 중독처럼 술에 취해 패가망신당하거나 목숨을 잃는 경우가 적지 않음을 성찰해야 할 것이다.

10. 예 아닌 의복으로 몸을 윤내고 보면 죄의 근본을 일어낸다 하였으니 연구할 사

인간은 동물들과 달리 의복을 입고 살아가는 만물의 영장으로서, 각자 옷을 입고 살아가는 데에 도가 있는 것이다. 석가모니 사촌동생 데바닷타는 석존 말년에 교단의 개혁을 요구하였는데 그중 하나가 "수행승들은 누더기 옷을 입는 자가 되어야 한다"라고 하면서 자산가가 보시한 옷을 입으면 죄를 범하는 것이 될 것이라 하였다. 종교인들이 옷을 화려하게 입는 것을 금하는 것을 개혁의 한 요인으로 삼았다는 뜻이다.

의식주의 검소함을 강조하는 것은 유교에도 나타난다. 옛날에 증자가 3일간 밥을 짓지 않고 10년간 옷을 짓지 아니 하였으되 낙도의 마음을 놓지 않았으며, 공자가 나물먹고 물마시며 팔벼개를 하고 누워있을 지라도 낙이 그 가운데 있었다고 하였으니 의식주에 흔연한 성자의 모습을 드러낸 것이다.

원기 14년(1929) 11월, 이동안 선진이 전무출신의 검소한 복제를 위해 건의했는데, 이공주 선진은 이에 대하여 다음과 같이 감상을 밝혔다. "우리 불법연구회의 경제상 절약을 하기 위함이니 여자도 사람이요, 한 회원인 이상 어찌 중대한 경제문제를 등한시하리요"라면서 "우리로써 저 속세에 유행되는 난잡한 사치에 빠져서 온전한 정신을 회복치 못하면 어찌 우리의 수치가 아니겠는가"(월말통신 11호)라고 하였다.

고금을 통하여 왜 예(禮)아닌 의복을 사치스럽게 입지 말라고 강조하는가? 그것은 분수에 넘치는 사치의 의식주 생활을 염려하는 것으로, 의복을 검소하고 청렴하게 입자는 뜻이다. 화려한 의상(衣), 분에 넘치는 진수성찬(食), 기화요초의 집(住) 등은 세속의 사치에 불과하므로 결과적으로 재산의 손실로 이어진다. 절제가 없는 의복생활로 인해 적자의 삶을 꾸려가는 것은 가정이 쇠망하는 원인이 되므로 죄업의 근본이 되는 경우가 적지 않다.

따라서 옷은 분수에 맞게 입도록 하되 예의에 어긋나지 않아야 하며, 이에 거스를 경우 경제적 손실로 이어져 결과적으로 빚지는 생활이 된다. 일부 상류층들이 즐기는 옷으로 옷 한 벌에 수백만원이고, 속옷 한 벌도 몇 십만 원이라는 소문이 들리는 것을 보면 귀를 의심해야 할 것인가? 소태산은 "비단 옷을 입으나 베옷을 입으나 한서를 방어하는 데에 어떠한 차별이 있는가"(불법연구회창건사 1편10장)라며, 특신급 4조에서 "의복을 빛나게 꾸미지 말며"라고 하였다. 아무리 옷이 날개라고 하지만 화려하게 입을 경우 그것은 외부의 장식에 치우칠 뿐 내면의 수양에 장애가 된다는 사실을 알아야 한다.

의식주의 검박한 생활은 창립정신으로서 근검절약과도 연결된다. 소태산은 자신의 맏딸 박길선과 제자 송도성이 익산본관에서 결혼식을 올릴 때(1929.12.21) 솔선하여 평소 입던 옷을 깨끗이 빨아 입고 결혼식을 하도록 하였으니 사표가 아닐 수 없다. 이것은 그가 사회개혁을 위한 '신정예법'(1926)을 선포한 것과 같은 맥락이다.

11. 대위(待爲)받을 목적 없이 대위를 받고자 하면 죄의 근본을 일어낸다 하였으니 연구할 사

본 문목에서 밝힌 '대위'란 오늘날 '대우'와 같은 말이다. 김수환 추기경은 자신이 그린 자화상을 보며 "내가 어디 가서 대접받길 바라는 게 바보지. 어이쿠"라고 하였다. 세인의 존경받으면서도 풍자적으로 이를 성찰하였으니, 우리가 해놓은 일은 별로 없으면서 대접이나 받으려는 중생 심리를 통렬히 꿰뚫어 보고 있다.

이따금 우리는 이기심의 소산으로 자신을 남보다 앞세워 대접을 받으려는 심리가 발동한다. 물론 이성을 소유한 인격체의 경우 대우받을 수 있는 자격을 갖추고 있으며, 그것은 인간이 최령한 존재이기 때문이다. 다만 우리가 대접 받을만한 행위를 하면서 대접을 받으려느냐가 문제인 것이다. 이에 정산종사는 「원각가」에서 말하기를 "대우 구한 동무들아 외식(外飾) 대우 원치마라. 목적 없이 받는 대우 그 대우가 멧날(날마다)인가?"(월보 37호)라고 하였다.

대우 받을 목적 없이 대우를 받으면 죄의 근본이 되는 것은, 인과의 법칙에서 볼 때 아무런 일을 하지 않고 대접을 받으려 할 겨우 빚지는 삶이 된다는 뜻이다. 저축한 돈이 없는데 은행에서 돈 찾으려는 격이다. 각자의 발원(發願)에 따라 대우하는 법이 있으므로 특별한 발원이 없이 자기 몸 하나 편안하기 위한다면, 이는 자신으로나 세상으로나 적지 않은 손실이 되고 만다(대종경, 교단품 16장). 무위도식으로 대우를 받으려 하면 빚지는 생활임에 분명하기 때문이다.

그러면 어떠한 경우에 정당한 대접을 받을 수 있다는 것인가? 내가 공을 위해 대접을 받을 만한 일을 해야 한다는 것이다. 부처는 남을 위해 살다 갔지만 영생을 두고 숭앙을 받고 있지 않은가? 또한 나보다 남을 먼저 대우하는 마음이 필요하다. 소태산의 장녀이자 제자인 박길선의 감각감상을 보면 "내가 대우를 받고 싶거든 남을 먼저 대우하고 내가 은혜를 받고 싶거든 남에게 먼저 은혜를 끼치라"(월말통신 22호)고 하였다. 대접받는 이는 모두가 나를 위한 삶보다는 남을 위해 살아가는 점에서 공통적이다.

여기에서 대우받기 좋아하는 경우를 사상(四相)과 관련지어 보자. 아상으로 인해 나를 대접해주기를 바라는 마음이 싹트거나, 수자상으로 인해 아랫사람들이 나이 든 나를 대접해주기를 바라는 명예욕 등이 이것이다. 아이가 점점 성숙해가며 주위 물건들에 유혹되듯이, 연륜이 쌓이면서 수도인들이 혹시라도 아상과 수자상으로 대접받기를 바란다면 명예욕에 떨어지므로 공부의 마장이 된다는 것을 숙지해야 한다.

특히 종교인은 남을 위하여 헌신하려는 마음이 투철한 이상 스스로 대접받기를 바라기보다는 오히려 남을 더 섬겨야 할 것이다. 기독교에서도 "네가 대접을 받고자 하는 데로 남을 대접하라"(마태복음 7:12)고 하였다. 전무출신이란 몸은 천하의 뒤에 서서 일을 하고 마음은 천하의 앞에서 일을 해야 하듯이, 세계를 위하는 공인이라면 공을 이루면 대접받을 생각보다는 뒤로 물러나는 미덕이 중요하다.

12. 예 아닌 가무와 낭유를 하고 보면 죄의 근본을 일어낸다 하였으니 연구할 사

고금을 통하여 가무(歌舞)란 어떤 상황에 우리 심신이 흥에 겨워 율동이 시작되는 것으로 긍정적 측면에서 거론되곤 한다. 부족국가 시대의 제천행사로서 부여의 영고라든지 예의 무천, 고구려의 동맹 등에서 행해진 의식은 이러한 가무의 초기형태이다.

아무리 흥에 겹다고 해도 가무는 때와 장소를 가려야 하는 것이며, 그렇지 않을 경우 낭유(浪遊)로 치닫는 일이 많다. 다시 말해서 예에 벗어날 경우에 가무가 음탕해지고, 낭유의 유혹이 커진다는 것이다. 낭유란 개념도 '사치스러운 놀이'에 빠지는 것을 말한다.

여기에서 예 아닌 가무와 낭유가 죄의 근원이 되는 이유가 무엇인가를 알아야 한다. 예 아닌 가무란 정당한 축하의 무대가 아닌 곳에서 춤추는 것이니 정신을 혼미케 하기 때문이요, 예 아닌 낭유란 주색잡기로 재산을 탕진하는 것이니 고통의 근원이 되기 때문이다.

원기 18년(1933) 김영신 선진은『회보』5호에서 다음의 감상을 기록한다. "가련한 카페 여성들이여! 웃음과 춤으로 사람들의 정신을 마취하여 일시적 안락을 구하는 비루한 생각을 가졌느냐"며, 고해에서 방황하는 무리들을 구원하자고 힘주어 말하였다.

초기교서『수양연구요론』이 발간될 당시는 원기 12년(1927)의 일로서 물질문명의 발달로 인하여 정신세력이 약해지는 암담한 상황이었다. 민중들은 당시의 고통을 모면하기 위해 가무와 낭유로써 인생을 흥청망청 보내는 것이 다반사였다. 춤바람이 나고 도박에 빠진 패가망신의 가족들이 속출하였던 것이다.

당시의 시대적 배경을 인지한 정산종사는 말한다. "요즘 어떤 여자들이 춤에 빠져 남편과 자식도 몰라보는 사람이 많다고 하니 큰 걱정이 아닐 수 없다. 재물욕이 많은 사람은 술이나 잡기쯤은 설혹 마음에 끌리지 않는다 할지라도 재물을 보면 어찌할 바를 모르고 눈이 활짝 뒤집혀서 갖은 추태를 부린다"(정산종사법설, 공도의 주인 51장). 이처럼 남녀를 불문하고 춤에 빠져 가정을 버리고 낭유에 떨어져 재산을 탕진하는 경우가 많았던 것이다.

이러한 현상은 도시는 물론 농촌사회를 부패하게 만든 원인이기도 하였다. 초기교단에서는 '길룡 교풍회'라는 것을 결성하여 예 아닌 가무와 낭유의 폐풍을 극복하려 했던 흔적이 나타난다. 1929년 영광교당 부근의 마을 사람들이 잡기와 과음의 폐풍이 유행하자 불법연구회 회원들에게까지 물들 염려가 있으므로 정산종사는 구동, 영촌, 범현동 세 마을의 주민들을 규합하여 길룡 교풍회를 조직하고 인륜 기강을 세워서 잡기나 과음을 엄금하며 미풍양속을 장려 실행케 하니 당지의 각 기관에서도 매우 칭찬하였다. 본 문목은『정전』계문의 특신급 10조에서도 강조되었으니, 처음에 춤을 좀 추었거나 낭유를 했다고 해서

큰 문제가 없을지라도 그것은 중독의 특성을 지니고 있음을 간과해서
는 안 된다.

13. 금은보패의 근본을 알지 못하고 금은보패로 윤을 내고
보면 죄의 근본을 일어낸다 하였으니 연구할 사

최근 K모 텔런트가 3천9백만원짜리 시계를 결혼 예물로 하였다는
네이버 인터넷 기사(2010.4.17)가 주목을 끌었다. 시계가 시간을 알리
는 것에 더하여 보통 사람으로서는 감히 상상하기 어려운 값비싼 보
물로 등장한 것이다. 물론 돈이 많은 사람들의 소비습관에 대하여 일
일이 시비할 것은 없지만, 청정 가치를 추구하는 수도인들에게 세간의
일들이 깨우침의 스승 역할을 하고 있다.

세간의 과분한 일들이 미화되어서는 안 된다. 이에 불타는 말한다.
"나는 금은보패 보기를 자갈같이 하며, 좋은 비단 보기를 헌 걸레같이
하노라"(사십이장경 42장). 노자도 "얻기 어려운 보물(難得之貨)은 사람
들로 하여금 행동을 비뚤어지게 한다"고 했다.

여기에서 금은보패는 무엇인가? 금은보패란 금이나 은과 같은 귀중
품으로 현금과 같은 가치를 지닌다는 면에서 긍정적 측면도 있다. 우
리가 의식주를 향유하며 살아가는 이상, 금전의 상징물인 금은보패도
필요한 일이다.

하지만 금은보패를 아무리 간직하려 해도 인간의 소유욕에 만족을
가져다주지 못한다는 점에 문제가 있다. 그것은 우리의 무한욕심 때문
이다. 인간들이 금은보패에 혈안이 되고 광분하지 않을 수 없게 만드
는 것은 오욕(五欲)에 의한 부귀영화에 탐닉하기 때문이다. 금은보패
가 죄의 근본인 이유가 바로 이것이다.

따라서 금은보패는 인간의 삶에서 참 실상이 아니라 허상일 따름이며, 탐욕을 불러일으키는 유혹의 대상에 불과하다. 이에 불교의 십사(十事)에 금은정(金銀淨)이 있어 출가자에게 금은 정재(淨財)를 받는 것을 엄금하여 청정 수행을 강조하고 있다.

소태산 대종사는 특신급 3조에서 "금은보패 구하는데 정신을 뺏기지 말라"고 하였다. 정산종사도 큰 보배란 옥이나 금으로 견줄 수 없는 것으로 일생동안 닦은 복덕이며, 나아가 최후일념 청정함(정산종사법설, 생사대사 11장)이라고 하였다. 대종사와 정산종사의 가르침은 탐욕의 세간락에 초연히 하여 맑고 조촐한 도락(道樂)을 유도하고 있다. 유한한 보패를 대신하여 무한 가치의 허공을 소유하라(대종경, 성리품 26)는 가르침이 그것이다.

삼세의 불보살들은 허공법계를 자기 소유로 내는 데에 공을 들였으므로 형상 있는 천지 만물도 자기의 소유로 수용한다. 하지만 범부 중생들은 형상 있는 것만을 소유하려 탐착하므로 그것이 영구히 제 소유가 되지도 못할 뿐 아니라 허송세월을 보내므로 허망한 일이 되고 만다.

이제 우리는 솟구쳐 오르는 탐욕을 극복하는 일이 과제이다. 『수양연구요론』『정정요론』의 연원서인『영보국정정편』에서 정정(定靜) 수양을 밝히면서, 부귀영화도 내 마음을 유혹할 수 없고 금은보패도 내 뜻을 빼앗아갈 수 없으니, 한 뜻이 세워져 정함에 오욕이 동하지 않는다고 하였음을 참조할 일이다.

14. 때 아닌 때 먹기를 좋아하고 때 아닌 때 잠자기를 좋아하면 죄의 근본을 일어낸다 하였으니 연구할 사

맛있는 음식을 맘껏 먹고 실컷 낮잠을 자면 행복하다고 할 것이다. 과연 그렇게 하면 좋을까? 김기천 선진은 다음의 감각감상을 기록하고 있다. "저는 술 담배 낮잠 나태 등 여러 가지 습관이 있는지라, 이런 생각이 나면 참지 못하여 필경 속여서 외출을 하거나 별별가지 수단을 내어서라도 이것을 도모하려고 합니다. 그러므로 어떻게 하던지 동지들의 눈을 속이려고 애도 많이 타고 하였습니다"(회보 6호).

세상 돌아가는 줄 모르고 늦잠자기를 좋아하는 사람에게는 다음의 법문이 필요하다. 어느 날 소태산은 전주에 들러 제자들에게 말하기를, 날이 이미 밝아서 만물이 다 기동하여 사방이 시끄러우나 어떤 사람은 날이 밝은 줄을 모르고 깊이 잠 자고 있다(대종경 전망품 7장)고 하였다. 일어나야 할 시간에 늦게까지 잠을 자는 사람들의 행태를 꾸짖은 것이다. 이에 정산종사도 대종사의 안타까움에 합류하기라도 하듯이 「원각가」에서 "눈을 들어 보려무나, 잠을 깨어 보려무나, 삼강팔조 좋은 법은 아는 길을 일렀으니, 어서어서 알아보세"라고 하며 잠을 깨어 정진 적공을 주문하였다.

우리가 일상을 살아가면서 본능에 쫓겨 살다가 때 아닌 때 먹기를 좋아하는 식욕에 탐닉되고, 때 아닌 때 잠자기를 좋아하는 안일욕에 사로잡히니 오욕의 노예가 된다. 물론 적당한 음식 섭취와 적당한 수면은 우리의 생명활동에 있어 중요하다. 음식섭취는 육체의 신진대사에 활력이 되며, 수면은 피로 극복에 도움이 되기 때문이다.

그러나 쾌락적 식도락이나 육신의 나태로 인해 그 중도를 잃어버렸을 경우가 문제이다. 식도락은 음식 조절을 못하여 과식으로 이어지고, 일신의 안락으로 인해 잠이나 자는 등 나태해진다면 바람직한 삶이 아

닐 것이다. 때 아닌 때 음식을 먹을 경우, 또 때 아닌 때 잠을 자야 하
는 경우는 육신에 병들어 기력이 쇄했을 때일 뿐임을 알아야 한다.

　우리가 공부심을 놓고 살면 때 아닌 때 군것질을 하고 때 아닌 때
잠자기를 좋아하게 되어 결국 수도인의 수행 적공에 방해가 된다는
사실을 명심하지 않을 수 없다. 『회보』 3호(1933) 「회설」에서는 일상
생활에서 인간락, 즉 식욕, 색욕, 재욕, 명예욕, 수면욕 등 오욕을 인정
하면서도, 필경 오욕만을 추구하다가는 물욕에 타락하여 수도자의 본
분을 벗어나는 우를 범한다고 하였다.

　이에 수도인이 정진하면서 음식을 먹고 싶을 때 음식 조절을 하고,
잠을 자고 싶을 때 수면 조절을 하여야 적공의 법열을 느낄 수 있을
것이다. 소태산 대종사는 「특신급」 9조에서 "연고 없이 때 아닌 때 잠
자지 말라"고 하였는데, 이는 수도인으로서 안일과 나태를 극복하라는
뜻이다. 정산종사도 아침부터 저녁에 이르기까지 행주좌와 24시간 항
상 선(禪)의 심경을 가지라 하여, "기침시에는 기침하는데 일심이 되
고, 식사시에는 식사하는데 일심이 되라"(정산종사법설, p.373)고 하였
음을 상기할 일이다. 일과득력은 멀리 있지 않다고 본다.

15. 일일시시로 자기가 자기를 가르친다 하였으니 연구할 사

　일일시시로 자기가 자기를 가르치지 못함은 자행자지의 삶 때문이
다. 이는 자기 마음 내키는 대로 행동을 하여 자신은 물론 상대방에게
상처를 주는 행위가 되는 것이다. 주색잡기나 사기사건, 존친상해 등
의 사건사고가 사전 교육이 부족하여 나타난 비인격적인 행위이기 때
문이다.

　유교에서는 이러한 방종의 생활을 벗어나도록 일일시시로 자신을

성찰하라고 하였는데, 『논어』「학이편」에서 증자는 말하기를 "나는 날
마다 나의 몸에 대하여 세 가지 일을 살핀다(日日三省)"고 하였으니 유
교의 경건한 수양론을 짐작케 한다. 초기교단에서도 1931년에 발간한
『통치조단규약』의 속표지에 '일일신 우일신(日日新 又日新)'이라는 표어
를 내걸고, 날마다 새롭고 또 날마다 새롭게 자신을 성찰하는 삶을 견
지하라고 하였다.

그러면 날마다 새롭게 자신을 가르쳐야 하는 이유는 무엇인가? 인
간은 순간 방심할 수 있고, 또 경계를 따라 나타나는 무명에 가리기
쉽기 때문이다. 곧 방심을 하거나 무명의 번뇌에 가리게 된다면 고통
스런 중생의 삶이 지속되므로, 거울에 먼지가 끼면 날마다 닦아 없애
라는 것과 같은 원리이다.

일일시시로 자기가 자기를 살핀다는 원불교적 의미는 무시 무처로
자신에게 간직되어 있는 '불심(佛心)'을 온전히 드러내라는 것으로 이
해할 수 있으며, 이는 선정삼매로 이어진다. "명필이 되기로 하면 먼저
명필의 필법을 체받아서 필력을 잘 길러야 하듯이 부처를 이루기로
하면 먼저 부처님의 심법을 체받아 일일시시로 불심을 잘 길러야 한
다"(정산종사법어, 권도편 23장)고 하였다.

일일시시로 자기가 자기를 가르친다는 것은 원불교의 교리정신에서
볼 때 호학(好學)의 정신과 연계된다. 호학이란 배우기를 좋아하고, 가
르치기를 좋아하는 것이기 때문이다. 「일상수행의 요법」에서 가르칠
줄 모르는 사람을 잘 가르치라 하였으며, 「무시선법」에서도 잠깐이라
도 마음의 고삐를 놓고 보면 곧 도심(道心)을 상하게 된다고 하여 일일
시시 자신의 성찰을 주문하고 있다.

하여튼 본 문목조항은 오늘날 『정전』「솔성요론」 8조로 정착되어
"일일시시로 자기가 자기를 가르칠 것이요"라고 하였다. 이는 소태산
대종사가 의두 연마에만 그칠 것이 아니라 수행의 실천조목으로 삼도

록 하기 위하여 「솔성요론」으로 정착시킨 것으로 이해된다.

일일시시로 자기가 자기를 가르치는 것은 자신의 철저한 수행에 더하여 신앙적 자세로 다가설 필요가 있다. 경산종법사는 「참회문 해설」에서 일일시시로 자기가 자기를 가르치는 것은 참회 수도에 의한 자기 자신이 깊은 성찰을 하여 평소의 생활과 마음작용에 각별히 유의해서 죄악을 짓지 않고 좋은 습관만을 길들여 가자고 하였다. 순간순간의 방심을 극복하는 무시선의 심경이 이와 관련될 것이다.

16. 남의 원 없는 데에는 무슨 일이든지 그 사람의 마음 상하도록 권하지 말고 자기 할 일만 하라 하였으니 연구할 사

상대방은 일을 하고 싶지 않은데 옆에서 강요에 의해 그 일을 시킨다면, 일의 성사는 고사하고 마음에 상처를 주기 십상이다. 이러한 현상은 내가 하고 싶지 않은 일을 상대방에게 대신 시킬 경우에 더욱 극명해진다. 이에 『대학』 9장에서 "나를 미루어 남을 생각하라"(推己及人)고 하였다.

물론 내가 하고 싶은 일은 상대방도 기꺼이 할 것이다. 그러나 힘들고 어려운 일을 내가 하기 싫다고 해서 상대방에게 억지로 그 일을 시키려 할 때 문제는 심각해진다. 이완철 선진은 원기 15년 자신의 좌우명으로 다음과 같이 밝히고 있다. "괴롭고 어려운 일은 항상 내가 담당하고, 편하고 쉬운 일은 매양 다른 사람에게 미루라."

인지상정인가? 성경에서도 말하기를 "너희는 남에게서 바라는 대로 남에게 주어라"(마태복음 7, 12)고 하였다. 전개되는 일의 좋고 싫음을 떠나서 그 일을 하는 사람이 상대방이라면 그 스스로 선택하도록 해야 하는 것이며, 내가 좌지우지 강요한다면 그것은 고통을 초래하는 악업을 짓게 한다.

그러면 남의 원이 없는데도 불구하고 우리는 왜 일을 강요하는 현상이 발생하는가? 매사를 자기중심으로 생각하기 때문이며, 또한 하기 싫은 일은 남에게 미루는 습관 때문이다. 자기 중심의 이기주의와 남이 대신 해주기를 바라는 안이한 습성이 상대방의 마음을 상하게 하기 쉽다는 것이다.

여기에서 '역지사지'라는 용어가 등장한다. 전음광 선진은 어느 누구든 힘든 일을 접하여 하기 싫은 마음이 나게 되는 것은 인심의 자연스런 결과(회보 4호, 회설)라고 하였다. 일의 호오(好惡)에 따라 싫증나는 것은 사람의 자연스런 심리이므로, 나에게 닥친 일을 하기 싫으면 남에게 시키지 않는 것이 수도인의 배려요 공부심이다. 소태산 대종사는 사람이 무슨 일이나 자기에게 어떠한 관계가 있는가에 따라 정성이 일어난다(대종경, 수행품 5장)고 하였으며, 자신과 관련이 없으면 일에 정성이 없고 하고 싶은 마음이 우러나오지 않음을 밝혔다.

상대방의 마음을 상하면서까지 일을 강요하는 것은 권력집단이나 계급사회에서 가능한 일이다. 도가에서는 일의 진행에 있어 자발적 동참의 원리를 밝히고 있다. 원불교에서는 솔성의 도를 밝히어 무엇이든 자발적이고 자율적으로 임하도록 하고 있다. 본 문목이 『정전』「솔성요론」 15조로 정착되어 "다른 사람의 원 없는 데에는 무슨 일이든지 권하지 말고 자기 할 일만 할 것이요"라고 하였던 것이 이와 관련된다.

숙고해 보면 나에게 닥친 일은 나에게 그 해법이 있지 상대방에 있는 것이 아니며, 그것은 소태산이 "자기 할 일만 하라"는 것에서 확인할 수 있다. 내 마음도 제대로 다스리지 못하면서 상대방의 마음을 다스리려 하는 중생의 우를 범하고 있지는 않는지 살펴봐야 할 때이다.

17. 무슨 일이든지 잘못되는 일이 있고 보면 남을 원망하지 말고 자기 일만 살피라 하였으니 연구할 사

흔한 말로 테니스를 하다가 경기에서 패하였을 경우, 테니스 라켓이 좋지 않아서라고 탓하는 경우가 있다. 자신의 실력 부족을 인정하지 않고 애꿎게 라켓 탓을 하는 것이다. 일이 잘못되었을 경우, 그것을 자신에게서 살피는 것보다는 외부적인 일에 핑계를 삼는 구차함과 다를 것이 없다.

여기에서 동양 고전의 지혜를 찾아보고자 한다. 『중용』 4장의 문구가 이와 관련된다. "군자는 활의 화살을 쏘는데 만약 과녁의 정곡을 맞추지 못하면, 자기 자신에게 돌이켜 보라"고 하였다. 초기교단의 『회보』 1호의 「회설」에서도 이와 관련한 예화가 나타나 있다. 곧 무사가 활을 잘 못 쏘면 스스로를 반성할지언정 남에게 탓하지 말라는 것이다.

문제는 많은 중생들이 자신의 잘못을 알지 못하고 상대방에게 원망을 돌린다는 것이다. 그것은 상극의 업을 짓고 자신을 강급으로 몰아가는 상황으로 전도시킨다. 원기 14년(1929) 8월 6일 경성지부의 예회일지를 보면 무슨 일이든지 잘못된 일이 있고 보면 남을 원망하지 말고 자기를 살피라(월말통신 18호)고 하였다. 동년 9월 8일 영광 신흥지부의 예회일지에도 똑 같은 내용이 기록되어 있다.

우리가 항상 접하는 삶의 패턴에서 각자 목적한 바의 일을 성취해 나간다. 그러나 일을 하다보면 당연히 실패할 일도 생기기 마련이며, 또한 일의 성취 여부에 따라 주위의 시비가 따르기도 할 것이다. 일을 수습하다 보면 일에 따라붙는 시비를 벗어날 수 없는 것이며, 이에 자신이 행한 일을 조용히 성찰해 보는 지혜가 요구된다.

설사 자신이 하고자 한 일에 실패하였다고 해서 그것을 자신의 잘

못으로 삼지 않고 외부적 요인으로 돌리는 어리석음을 벗어나야 할 것이다. 자신의 잘못을 남에게 돌리는 행위는 그 근원을 찾지 못하는 결과를 야기하며, 상대방에 대한 원망심이 쌓인다는 점이 문제로 등장한다.

『불법연구회 창립총회 창립취지』를 보면 '선악 귀천의 근본을 알지 못하고 한탄과 원망에 그쳤던 우리'라고 하였다. 매사 잘못된 일이 있고 보면 남을 원망하고 한탄하는 사람들이 많다는 뜻이다. 자기 잘못은 성찰하지 못하고 남을 원망하고 한탄하면 그것은 고통의 씨앗을 만드는 꼴이다. 지금 세상은 문명의 도수가 한층 나아갈수록 안으로 병맥의 근원이 깊어져서 원망의 병이 치성하므로 서로가 자기의 잘못은 알지 못하고 저 편의 잘못만 살핀다(대종경, 교의품 34장)고 하였다.

이에 소태산 대종사는 본 문목 조항을 솔성(率性)조항에 관련시키고 있다. 즉「솔성요론」9조가 이것으로, 잘못된 일은 자기 자신에서 찾도록 하는 성찰의식을 불러일으킨다. 자신과 관련한 일의 성패는 삼학의 작업취사와 관련되므로, 남을 탓하기보다는 자기가 책임을 지는 솔성의 자세가 필요하며 그것이 참 수행인의 자세이다.

18. 나 못 당할 일은 남도 못 당한다 하였으니 연구할 사

'마음의 저울대(心衡)'라는 제목으로 주산종사는 다음의 시를 쓰고 있다. "매일매일 시시때때 천만사를 달고 다는 너의 맘 저울대, 희로애락 원근친소 모든 경계 당할 때에 공정을 잃지 말라(不失公正)"(회보 15호). 희로애락이나 원근친소를 당할 때 어디에 치우치지 말라는 글로서 내가 감당하기 힘든 일은 남에게 넘기지 않아야 저울대가 한쪽으로 기울어지지 않는다는 것이다.

인생이란 희로애락과 원근친소로 점철되기 쉽다는 면에서 누구나 한쪽으로 기울기 쉬운 마음이 작용하는 것도 사실이다. 여기에서 감정의 호오(好惡)가 발생하는데 좋은 일이야 별 문제가 없겠지만, 좋지 않은 일이 닥쳤을 때 감당하기 쉽지 않다는 점은 인지상정이다. 부산 하단지부의 예회일지를 보면 "수도인이라는 것은 역경을 당할수록 광채가 난다"(회보 14호)라는 기록이 보인다. 좋지 않은 경계를 당할수록 정법에 귀의하여 감정의 평정을 찾으라는 것이다.

매너리즘 가운데 내가 못 당할 일을 남이 당하도록 하는 우(愚)를 범하는 일은 없는가를 반성해 보아야 한다. 곧 나의 무지 무명으로 인해 나의 고통을 남에게 떠넘기거나, 남의 이익을 나의 것으로 착취하는 일이 없었는가 하는 점에서 이를 새겨보자는 것이다. 내가 감내할 수 없는 일은 남도 감내할 수 없다는 점에서 상대방이 못 당할 일을 강요해서는 안 되기 때문이다.

"부처는 있는 데를 당할 때에 없는 데까지 알고, 없는 데를 당할 때에 있는 데까지 알았다"며 소태산 대종사는 "일의 순서를 알지 못하고 힘에 감당 못할 일을 구태여 하고자 하며, 남의 원 없는 일을 구태여 권하려 한다"고 『대종경』에서 지적하였다. 정산종사도 말하기를, 억울한 경계에 처해도 남에게 떠넘기지 말고 안분하고 원망이 없어야 한다고 하였다. 이순신 장군이나 조나라 인정승과 황정승을 환기시키며, 성현은 자신이 못 당할 일을 남에게 떠넘기지 않는 심법을 지닌 분들이라는 것이다.

같은 맥락에서 『정전』「솔성요론」 15조의 "다른 사람의 원 없는 데에는 무슨 일이든지 권하지 말고 자기 할 일만 할 것이요"라는 가르침을 새겨볼 일이다. 내가 못 당할 일은 남도 못 당하므로 다른 사람의 원 없는 일을 권해서는 안 되기 때문이다. 모든 일을 처리함에 있어 나와 너의 간극을 벗어나면 치우침이 없겠지만, 이를 실천에 옮기는 일은 참으로 어렵다는 점에서 본 문목을 화두로 삼고 연마해야 할 것이다.

출가위 조항에 "원근친소와 자타의 국한을 벗어나라"는 조목이 있는데, 이는 내가 남 못 당할 일을 전가하지 않는 공부표준으로 새겨진다. 나의 편의주의를 벗어나 상대방의 입장을 소홀히 하지 않는 공부는 원근친소를 극복하여 자타의 국한을 벗어나는 길뿐이다. 이에 역지사지(易地思之)하는 마음을 가져야 할 것이다.

19. 무슨 일이든지 서로 생각해주고 서로 공경하라 하였으니 연구할 사

일상적 생활에서 대인관계를 하다보면 상대방이 불손하다고 생각되는 경우가 이따금 발생한다. 그것은 상대방이 나에게 경박하게 대하여 괘씸하다는 생각이 들기 때문이다. 김영신 선진은 수필법문에서 다음의 기록을 남기고 있다. "어떤 후진이 선진을 몰라보고 불경한 태도를 보인다든지, 아랫사람이 윗사람을 몰라보고 인사를 안 챙긴다면 그만 괘씸한 생각에 마음이 편치 않다"(원광 307호). 오묘한 감정의 존재인 인간이기에 서로 상처주지 말고 공경심으로 대하자는 뜻이다.

돌이켜 보면 '공경'이란 말은 유교에 자주 사용되는 용어이다. 공자에 의하면 군자란 "공경으로써 자기를 수양하는 자이다"(논어, 헌문편)라고 하였다. 조선조에 유행한 유교의 가르침에 의하면 군자의 도는 몸가짐을 공손히 하며, 윗사람을 공경히 섬기라 했다. 군자의 인품이란 상하의 도, 노소의 도, 선후진의 도에 공경과 섬김이 예절로 드러나기 때문이다.

석가모니는 아란에게 말하기를, 사람이 키가 크고 건장한 자는 전생에 다른 사람을 많이 공경한 연고이요, 사람이 키가 적고 용렬한 자는 전생에 다른 사람을 많이 낮추어 본 연고이라고 하였다. 이는 서대원 선진이 역해한 『죄복보응경』(회보 14호)에 소개된 내용이다. 이처럼 다른 사람을 공경을 하느냐, 경시하느냐에 따라 그만한 인과가 따른다는 것이다.

　서로의 감정을 상하지 않게 하는 '공경'이란 개념을 원불교적으로 풀어 말하면 그것은 '불공'이란 용어에서 접근이 가능하다고 본다. 어느 누구를 접하든 부처님 대하듯이 한다면 공경이요 그것이 다름 아닌 실지불공의 정신과 관련되기 때문이다. 실상사에 불공하러 온 노부부에게 소태산 대종사는 말하기를 "그대들이 불공할 비용으로 자부의 뜻에 맞을 물건도 사다 주며 자부를 오직 부처님 공경하듯 위해 주어 보라"(대종경 교의품 15장)고 하여 당처에 실지불공을 하도록 하였다.

　우리가 겪는 시비이해의 감정에서 얻는 묘안은 내가 상대방의 감정을 상하지 않도록 해야 상대방도 나의 감정을 건드리지 않는다는 원리이므로 이를 새겨야 할 것이다. 소태산은 "내가 남을 공경하고 생각하면 남은 나를 공경하고 생각하나니라"(월말통신 10호)고 하였다. 그것은 역설적으로 내가 남을 핍박하고 경박하게 대할 때 상대방도 나를 고통스럽게 하는 인과의 원리가 작용하기 때문이다.

　본 문목의 참 뜻을 『정전』에서 찾아본다면 「솔성요론」 11조에 잘 나타나 있다. "다른 사람의 잘된 일을 견문하여 세상에다 포양하며 그 잘된 일을 잊어버리지 말라." 이는 무슨 일이든지 서로 생각해주고 공경하라는 말과 서로 통한다. 부처의 대자비심에서 보듯, 우리가 중생의 심법에서 불보살로 옮기는 것은 상대방을 접하여 그 공경심을 놓지 않고 실지불공을 할 때 더욱 가능한 일이다.

20. 연구자는 부당한 일이 있거든 아무리 하고 싶어도 죽기로 써 아니할 일이라 하였으니 연구할 사

오늘날 세상의 매스컴에 등장하는 뉴스를 보면 가관(可觀)이다. 전쟁의 위협으로 평화가 깨지고, 폭력으로 죄인이 되며, 도적으로 죄인이 되고, 인륜파괴와 부정부패로 패가망신하는 경우를 자주 접하기 때문이다. 이 모두가 부당한 행위를 범하여 일어나는 난맥상들이다.

본 문목은 '부당한 일'에 대한 언급이고 다음편(문목 둘러보기 22)에 거론할 문목은 '정당한 일'에 대한 언급인 바, 이를 하나로 언급할 수도 있으나 둘로 나뉘어 있으므로 부당한 일을 중심으로 설명하고자 한다. 즉 부당한 일은 죽기로써 하지 말라는 것은 우리의 육근 작용에 있어 정의를 환기하는 가르침으로 볼 수 있다.

여기에서 부당한 일이란 무엇인가? 이를테면 온당하지 못한 일, 법을 어기는 일, 악한 행동을 하는 일 등이 부당한 일이라 할 수 있다. 송도성 선진은 원기 17년 「땀 한방울의 변화」라는 제목으로 『월보』 36호에 다음의 글을 남긴다. "변화하지 못할 땀이라 하는 것은 쓸데없는 일에 헛수고를 드리면서 흘리는 땀이거나, 또는 부당한 일을 도모하기 위하여 흘리는 땀이다." 이처럼 부당한 일이란 쓸데없는 정력을 소모하는 땀과 같이 거론된다.

당연히 부당한 일은 하지 말아야 하는데, 사람들은 안이하게 그 같은 부당행위의 유혹에 빠지는 이유는 무엇인가? 일상생활에서 방심(放心)을 하면서 살다보면 그것이 불의인지 정의인지 바른 판단을 하지 못하여 부당한 일의 유혹에 떨어지기 때문이다. 설사 판단을 한다할지라도 인과(因果)를 부정하는 사람도 부당한 일을 범하게 된다.

따라서 소태산은 『월말통신』 10호에서 「부당한 길 밟는 자」에 대하여 법을 설한다. 곧 부당한 길을 밟는 자는 그 행위가 편하고 쉬울 것

같지마는 "행하는 자 자체에 있어서는 갈수록 복잡하고 험난한 사경(事境)이 당해 와서 그 전도를 막나니 제군은 마땅히 온전한 정신으로 자상히 조사해 볼지어다." 부당한 일을 자행자지로 하다보면 자신의 전도를 그르친다는 것으로 인과와 벗어나는 행동을 조심하도록 하였다.

하여튼 본 문목이 던지는 주제의 초점은 부당한 일은 '죽기로서 하지 말라'는 것에 관련된다. 정산종사 역시 어느 처지에 있든지 항시 자기의 마음을 굳게 하고 자기의 신분을 잘 가져서 부당한 일이면 죽기로써 하지말라(정산종사법어, 경의편 60장)고 하였다.

부당한 일을 하지 말라는 것은 사은의 「법률은」 조항과 관련되는 바, 법률은에 배은을 하는 행위를 벗어나서 보은행을 하자는 것이다. 또한 부당한 일을 하지 않도록 하는 것은 『정전』의 계문 정신과도 관련되어 있다. 본 문목이 『정전』 「솔성요론」 14조로 정착되었음을 주목할 필요가 있는데, 그것은 "부당한 일이거든 아무리 하고 싶어도 죽기로써 아니할 것이요"라고 하였으니, 천만부당한 일을 멀리할 일이다. 부당한 일의 죄악은 고통의 윤회를 지속시키기 때문이다.

21. 연구자는 당연한 일이 있거든 아무리 하기 싫어도 죽기로써 하라 하였으니 연구할 사

우리가 해야 할 당연지사(當然之事)란 무엇인가? 사회의 공익을 위해 봉사하는 것은 이성을 가진 존재로서 당연한 일이다. 또 가난한 이웃을 돕는 것도 당연한 일이요, 세계 평화를 위해 헌신하는 공도자 역시 당연한 일을 하고 있는 셈이다. 외국에 지진이 일어났을 때 인류가 온정을 베풀고, 전쟁 희생자가 발생한 경우 유가족들에게 위로를 전하는 것은 지극히 당연한 일이다.

'당연한 일'의 개념을 원불교적으로 풀어보도록 한다. 원불교에서는 공부 정도를 평가하는 「신분검사법」이 있는데 이를 통해 그 성격을 파악할 수 있다. 곧 신분검사의 내용은 먼저 당연등급과 부당등급을 대조하는 것으로, 당연등급은 신심, 서원, 공심, 겸양, 통제 등 23개 조목 등 인간으로서 실행에 옮겨야 할 일이다.

덧붙여 당연한 일을 죽기로써 하라는 말은 정의를 실천하라는 것으로서 일종의 보은(報恩)이며, 이는 개인의 인품함양과 사회윤리의 중심 가치로 거론된다. 유교는 현실 치세(治世)를 중시하므로 유교의 당위가치로는 군자로서 마땅히 실천해야 하는 바는 인륜 도덕이다. 불교의 경우도 『대승기신론』에서 보면 우주내의 일체 중생은 본래가 일심 동체이므로 동체대비(同體大悲)로 중생을 구원해야 한다고 하였다.

무엇보다 당연한 일은 순리를 따르는 것으로, 그것은 정도에 관련되는 일이다. 소태산이 밝힌 「인생의 요도」는 인간으로서 마땅히 인도(人道)를 실천하는 것으로 귀결된다. 원불교 초기교서인 『수양연구요론』의 「공부의 요도 진행순서」에서도 당연한 일을 실행하여 극락세계를 이루자고 하였다. 이를테면 '당연지사는 진행하여 지옥의 길은 묶어지고 극락으로 향하는 것'이라고 한 것이다.

이처럼 당연지사는 실천해야 할 것임에도 불구하고 우리가 기꺼이 응하지 못하는 이유는 무엇인가? 그것은 개인의 이기주의나 나태, 분발심의 부족에서 오는 무력감, 또는 사회에 대한 책임의식의 결여 등에서 나타난다.

따라서 『월말통신』 10호(1928))에서 소태산은 정당한 일을 행하는 사람은 이를 행할수록 매우 너그럽고 편안하여 탕탕한 대로가 열린다고 했다. 정당한 일은 하기 싫다고 해도 일단 죽기로써 임한다면 밝은 서광이 열린다는 선연선과의 원리를 언급하고 있다. 당연한 일을 죽기로써 한다는 것은 『정전』 무시선의 강령에도 나타나 있다. "육근이 유사하면 불의를 제거하고 정의를 양성하라.”

하여튼 본 문목 조목은『정전』「솔성요론」13조에 “정당한 일이거든 아무리 하기 싫어도 죽기로써 할 것이요”라고 하였는데, 당연한 일의 실천이 중요함을 자각하게 한다. 종교인의 본분으로서 개인의 불의에 대한 불타협 정신은 물론 사회정의를 함양하는데 진력해야 한다. 매사에 임하여 당연한 일을 행하려면 자신의 청정 불성을 발현하는데 진력하고 정의감을 가질 것이며, 나아가 보은 활동에 정성을 다해야 할 것이다.

22. 혹 사람이 남의 시비는 드러내는데, 내 시비는 감추는 것이 무슨 일인가 연구할 사

범부 중생들이 살아가면서 고통의 죄업을 짓는 이유로는 여러 가지가 있을 것이다. 이를 인간관계와 관련지어 본다면 서로 시비를 따지다가 자기를 보다 합리화하여 상대방을 비방하는 방향으로 치우치기 때문이다. 그로 인해 중생들은 남을 함부로 비판하는 습관으로 인해 악연의 죄고에서 벗어나지 못한다.

더욱이 나의 시비는 쉽게 용서하고 남의 시비는 냉정하게 따지려는 심리가 발동되곤 한다. 불교의 유식학에서는 세 가지 자성(自性)으로 현상계를 설명하는데, 그중 하나가 분별성(변계소집성)으로 이 변계소집성은 자기의 감정에서 시비의 차별적 집착을 일으켜서 일체 사물에 대하여 자기 주관적 색채를 띠고 남의 잘못을 분별하는 것이다.

우리가 남의 시비는 드러내는데 내 시비는 감추는 또 다른 이유는, 자기중심적 사고에서 나의 시비를 너그럽게 생각하고 남의 잘못을 쉽게 판단하는데 데서 오는 현상 때문이다. 기위 시비를 따지려면 나와 남의 차별적 분별보다는 불의와 정의의 공정한 분별에서 비롯되어야 할 것이다. 「법률피은의 조목」 3조에서 "시비이해를 구분하여 불의를 징계하고 정의를 세워 안녕질서를 유지하여 우리로 하여금 평안히 살게 함이니라"고 언급한 이유가 분명해진다.

주변의 시시비비란 우리가 행한 일의 선호감에 직결된다는 것을 알아야 한다. 사리간의 처사에 있어 나타나는 선행은 시(是)요 악행은 비(非)와 관련되기 때문이다. 이에 소태산 대종사는 시비를 선악과 관련하여 "남의 시비를 보아서 나의 시비를 깨칠지언정 그 그름은 드러내지 말라"(월말통신 7호, 법설)는 법어를 설하였다.

감성이 서로 다른 사람들이 살아가는 세상인데 어떻게 시비를 하지 않을 수 있느냐고 반문할지도 모른다. 본 문목은 시비를 하지 말라는 것이 아니라 시비의 편중을 내 중심으로 삼아서 남을 탓하는 것에 흘러가는 것을 극복하자는 것이다. 이에 소태산은 "그대들이 어찌 남의 일에 대하여 함부로 말을 하는가. 참된 소견을 가진 사람은 남의 시비를 가벼이 말하지 아니하나니라"(대종경 인도품 35장)고 하여 무관사에 부동함은 물론 남의 시비에 대하여 일희일비하지 말라고 하였다.

본 문목이 오늘의 『정전』 「솔성요론」 10조로 정착되었는데, 그것은 "다른 사람의 그릇된 일을 견문하여 자기의 그름은 깨칠지언정 그 그름을 드러내지 말 것이요"라는 것이다. 우리는 스스로를 성찰할 때에 항상 남의 잘못을 보려 하지 말고 자신의 언행에 더 신중해야 한다.

본 문목을 실천해야 하는 주요 이유는 삼학의 「작업취사」와 관련되는 바, 죄복 결산의 능력을 키우기 위함이라 본다. 『정전』 「정기일기법」에서 심신작용의 처리건을 기재시키는 뜻은 당일의 시비를 감정하여 죄복의 결산을 알게 하며 시비이해를 밝혀 모든 일을 작용할 때 취사의 능력을 얻게 하는 것이라고 하였던 것이다.

23. 혹 사람이 내 것은 중히 알지마는 남의 것은 중히 알지 않는 것이 무슨 일인가 연구할 사

필자가 대학을 졸업하던 때, 마르틴 부버가 쓴 『나와 너』라는 책을 선물 받고 두 번이나 정독한 적이 있다. 부버에 의하면 이 세상은 '나' 혼자 있는 것이 아니라 '너'라는 이웃이 함께 존재하며 살아가는 상생의 관계라고 하여 감동을 준 것이다. 그것은 나와 남(이웃)을 모두 소중한 상생의 존재로 보는 시각을 열어주기 때문이다.

그럼에도 불구하고 우리는 '나'라는 울타리에 갇혀 여전히 내 것만 소중히 알고 남의 것을 중히 알지 못한다. 그것은 자타의 차별상에 따른 자존적(自尊的) 사고방식 때문이다. 이에 나와 이웃은 상호 의존적 관계임을 알아야 하는 바, 『아함경』에서는 4구게(四句偈)로 이를 설명하고 있다. "이것이 있을 때 저것이 있고, 이것이 없을 때 저것이 없으며, 이것이 생김으로 인해 저것이 생기고, 이것이 멸함으로 저것이 멸한다." 화엄철학에서도 바다와 파도를 같은 존재자로 보고 상호 인연의 유기체성을 언급하였다.

우리가 삼세(三世)를 믿고 있다면 나의 존재는 나 하나의 개체로 머물러 있지 않는다. 가정해 보면 '나와 너'는 전생에 형제나 친구였을 수도 있으니 현생의 자기중심적 차별상에 매여 산다는 것은 중생의 피차·자타에 대한 차별상에 불과하다. 과거와 현재 미래라는 삼제(三際)의 사유에서 본다면 현재의 남은 과거의 나였을지도 모른다. 화계사의 숭산 스님이 "참선의 목적이 무엇인가"라고 질문한 적이 있다. 이어서 그는 '우주와 내가 하나가 되어 나와 남의 경계가 없어지는 것'이라며, 이는 깨달음의 진정한 의미라고 하였다.

나와 남의 경계를 허무는 심법이 깨달음을 이룬 불보살 심법이다. 내 것이 소중하면 남의 것도 소중하다는 시각, 즉 나와 남의 분별된

차별상을 극복해야 하는 적공의 과제가 등장한다. 성불제중도 나 혼자 하기보다는 우리 모두가 하면 좋을 것이다. 최수운은 「용담가」에서 말하기를 "너를 만나 성공하니, 나도 성공 너도 득의(得意), 너희집안 운수로다"라고 하였다.

우리에게는 나와 너라는 좁은 시각을 극복하는 일이 과제이다. 한문의 상형문자에서 볼 때 인간의 '인(人)'자는 한 개체와 한 개체가 서로 의지하는 형상이다. 소태산은 이에 말한다. "중생은 영리하게 제 일만 하는 것 같으나 결국 자신이 해를 보고, 불보살은 어리석게 남의 일만 해주는 것 같으나 결국 자기의 이익이 되나니라"(대종경 요훈품 21장). 자타 극복의 출가위 심법을 지니라는 뜻이다.

천주교는 1990년 9월부터 '내탓이오' 운동을 벌여왔다. 세간에 회자되는 '네덕 내탓' 운동처럼 자타의 차별 관념을 극복하고 나 개인을 떠나 인류 삼라만상을 한 가족으로 보는 일원주의적 시각이 어느 때보다 더 요구되고 있다. 내가 소중한 만큼 남도 소중한 존재임을 인지한다면 세상의 전쟁은 사라질 것이며, 서로 융통하게 될 것이라는 소태산의 『대종경』「전망품」내용이 실현될 것이다.

24. 혹 사람이 입으로는 착한 말을 하면서도 행실은 그와 같이 안 되는 것은 무슨 일인가 연구할 사

전래되는 속담에는 주워 담을 것이 참 많다고 본다. 조상들의 교훈이 그 속에 그대로 용해되어 있기 때문이다. 서양의 속담에 "easier said than done"이란 말이 있다. "행동보다 말하는 것이 쉽다"는 뜻이다. 행동보다 말이 쉽다는 것은 언행에 괴리감을 가져다주는 중생의 속성 탓이다.

한국교회의 신뢰도에 대한 여론조사에서 「교회를 불신하는 이유」 (2008년)는 '교회 지도자와 교인들의 언행 불일치'(32.2%)가 가장 많았 던 것으로 알려졌다. 종교인들이 입으로는 착한 말을 하면서도 행실이 이를 따라주지 않기 때문이다. 이러한 현상은 한국교회뿐이겠는가. 모 든 종교인들이 성찰해야 할 부분이라고 본다.

종교마다 언행에 대한 계율조항이 부여된 것도 중생들의 언행 불일 치적 속성을 잘 알고 있기 때문이다. 불교의 5계 중에서 언행에 대한 계율을 보면 비단같이 꾸미는 말을 금하였고(不綺語), 한 입으로 두 말 하는 것도 금하였으니(不兩舌), 이 모두가 언행일치를 말하는 내용이 다. 원불교의 언어와 관련한 계율도 여섯 가지나 된다.

언행의 중요성은 특히 동양의 고전 『주역』의 곳곳에서 발견된다. 「건괘」에서는 평소의 말에 믿음이 있어야 하며 평상시 행위에 삼감이 있어야 한다고 했고, 「가인괘」에서는 말은 내용이 있어야 하고 행위는 항상성이 있어야 한다고 했으며, 「이괘」에서도 "군자는 언어에 신중해 야 한다"고 하였다. 이처럼 동양사상과 전통종교에서 언어생활의 신중 성을 밝히고 있다.

일상의 삶에서 언행이 부각되는 것은 그것이 우리의 인격과 관련되 기 때문이다. 사람의 언행에서 그 인간됨의 정도를 파악할 수 있다는 것이다. 어떠한 사람과 30분 정도 대화를 나누다 보면 그의 일상적 어 투에서 인격상을 파악할 수 있다. 언행은 우리의 인품과 관련된다는 점에서 수행에 있어 빠뜨릴 수 없는 계율과도 같은 것이다.

이에 소태산은 말과 행동이 일치하지 못하면 교육상으로도 문제가 발생한다고 하였다. "부모는 자녀들이 보고 나가는 거울이 되나니 어 찌 몸 한번 행동하고 말 한번 하는 것일지라도 심상히 할 수 있으랴" (대종경선외록, 원시반본장 10). 말 한번하고 몸 한번 행동하는 것에 신중하지 못하는 지도자라면 신뢰를 잃어 교화니 교육이니 어렵다는 뜻이다.

언행을 적공에 비유하는 내용이 있어 흥미롭다. 『죄복보응경』의 해설을 소개해 본다. "사람이 조용하고 자상하며 말과 행실을 얌전하게 하는 자는 전생에 참선공부를 많이 한 연고이요"(회보 14호, 서대원). 말과 행실을 얌전하게 하는 것은 참선을 잘 한 연고라는 뜻은 매사에 무시선으로 언행을 대조하여 적공의 길로 나갈 것을 주문하는 것이다. 중생들은 말을 앞세우고 불보살은 행동을 앞세운다는 사실을 알아서 부처의 인품을 닮아가도록 언행일치의 삶이 절실하다.

25. 혹 사람이 바른대로 하는 말을 들으면 귀에 거슬리는 것이 무슨 일인가 연구할 사

세상을 살아가면서 상대방에게 충고를 해준다는 것은 쉬운 일이 아니다. 충고를 듣는 사람이 상당한 스트레스를 받을 수 있기 때문이다. 2011년 1학기, 원불교학과 1학년 수업시간에 「서원관 40일간의 생활에서 힘들었던 점」을 물었더니 "훈련일정에 적응하기 힘이 들었다"는 부분과 "선배들의 충고에 스트레스를 받았다"는 부분이 적지 않았다고 했다.

누군가가 나에게 충고를 하면 싫어지고 또 스트레스를 받는다. 마음을 비우지 못하고 알량한 자존심에 상처를 입는 경우가 많기 때문이며, 또한 충고를 해주는 사람이 못마땅한 경우도 있을 것이다.

여기에서 충고를 해주는 사람과 충고를 받는 사람간의 예절이 필요하다. 충고는 신중히 해야 하며, 이 충고를 받아들이는 자는 마음의 문을 열어야 한다. 충고를 신중히 할 때 상대방이 그 진정성을 알고 적극 수용할 것이며, 또 충고가 받아들여져 조신(操身)할 때 충고해준 사람은 더욱 행복해질 것이다.

충고해주는 친구가 없거나 충고를 받아들이지 못한다면 이 역시 불행한 일이다. 자신의 잘못을 상대방이 더 잘 알 수 있는데, 이를 지적해줄만한 친구가 없다는 것은 학생에게 스승이 없는 꼴이다. 맹자는 "충고하는 신하가 없는 나라는 방심 속에서 멸망하게 된다"(孟子, 告子 下)고 하였다.

우리에게 적당한 충고는 필요하며, 충고를 받아들여야 잘못을 시정하고 죄업을 막는 삶이 되는 것이다. 그것은 자신의 잘못을 성찰하는 계기가 되며, 또한 후회 없는 생활을 위해 충고가 필요하기 때문이다. 정산종사는 "스승과 동지들의 충고를 듣지 않고 일을 그르치는 사람도 있나니, 그대들의 마음은 어느 정도에 있는가 반조하여 영원한 세상에 큰 후회가 없도록 하라"(정산종사법어, 무본편 20장)고 하였다.

원기 15년(1930) 초기교단의 「농업부」 벽에 붙여진 글귀에 다음의 글이 있다. "만약 충고해주는 말을 듣거든 가장 좋은 약을 얻은 것 같이 하여, 절하고 받아서 마음속에 갚아두고 길이 몸을 다스리는 화제(和劑)를 삼을지어다"(월말통신 32호). 자신의 보약을 얻은 듯이 충고를 받아들이라는 말은 참으로 감동으로 다가온다.

하지만 충고를 받아들임에 있어 반드시 주의할 사항은 충고를 해주는 사람에게 원망심을 갖지 말라는 것이다. 충고의 본의를 알지 못하고 충고해주는 사람에게 원망하고 악의를 품는다면 이처럼 낭패는 없기 때문이다. 소태산 대종사는 「공부인의 큰 병」 3조에서 충고 혹은 교훈을 하여주면 보감을 삼지 아니하고 이 사람 저 사람에게 원수와 같이 아는 일을 크게 경계하고 있다(월말통신 35호, 법설)고 했다. 본 법문은 후에 『대종경』 수행품 49장에 실렸다.

도반의 충고는 나의 보약이요, 개과천선의 길임을 알고 잘 받아들이는 자세를 새겨야 할 것이다. 충고를 해줄 스승이나 도반이 없다면 진급의 길이 막힌다는 사실을 일상의 삶에서 무겁게 새겨야 한다.

26. 일체 중생 섬기기를 생불같이 하라 하였으니 그 이치를 연구할 사

'생불'이라는 용어는 근대에 이르러 민중종교에 자주 등장하고 있다. 민중들은 구한말 암울한 시대를 벗어나 메시아의 탄생을 간절히 염원하며 생불의 등극을 염원하고 있었기 때문이다. 생불의 메시아적 역할은 『정감록』에서 풍수지리설에 바탕한 현세적 이상향에 관련되었고, 동학과 증산교에서는 후천개벽에 관련되었다.

불교의 여래장 사상에서도 '일체중생 실유불성'이라 하여 중생 모두에게 불성이 있음을 밝혔고, 정법 상법 말법을 지난 새 불교의 주세불이 민중의 희망으로 살아나는 등 생불의 부활론이 등장하고 있는 것도 사실이다. 이러한 생불의 부활은 기독교에 의하면 예수의 부활로 볼 수 있으며, 불교의 경우 미륵불의 출현으로도 볼 수 있다.

민중종교와 새 불교를 표방한 소태산 대종사는 중생들에게 메시아적 생불로 등장한다. 초기교단의 제자들이 대종사를 생불로 모시었는데, 그것은 정신개벽과 불교혁신이라는 메시아적 미륵불로 화현된 것이다.

생불이자 미륵불의 화현으로 등장한 소태산은 법당에 모셔진 불상한 분만 모실 것이 아니라 천지에 편만한 불상이 있음을 알고 섬기라 하였으니 그것이 처처불상 사사불공의 표어로 등장한다. 이에 신도형 교무는 『교전공부』에서 우주 삼라만상이 생불이기 때문에 처처불상 사사불공을 해야 하는 이유가 성립된다(p.21)고 하였다.

그러면 대종사는 왜 일체 중생을 생불로 섬기라고 하였는가? 일체

중생이 불성을 소유하고 있기 때문이요, 처처가 불상의 화현이기 때문이라는 것이다. 인간은 물론 우주의 모든 생명체에 불성이 있음을 알고 불공을 하라는 뜻이다. 이에 대하여 대산종사는 생불을 모시고 모두가 활불이 되자고 『정전대의』에서 밝혔다.

우리가 만일 중생이라는 현애상에 떨어지면 구제받기 어려워지며, 이와 달리 누구나 부처가 될 수 있다는 생불론은 자아성취는 물론 적공에 활력소가 된다. 일체중생이 생불임을 아는 것이 곧 나 자신이 부처라는 신념을 가져다주기 때문이다.

고금을 통해 절대자 한 사람에게 맹종하는 타력신앙의 한계를 인지한 소태산은 누구나 불성을 지니고 있으며, 그것은 일체 중생이 모두 부처가 될 수 있다는 확신을 심어준 것이다. 다가오는 시대는 미륵불의 시대라 전망하고 서로서로 생불이 되어 서로 제도하며, 서로 부처의 권능 가진 줄을 알라(대종경, 전망품 18장)고 하였다.

이제 일체 중생을 생불로 알고 섬기라는 법어를 통해서 자신불공은 물론 주위 모든 인연에게 불공하는 심경으로 살아가는 지혜가 필요하다. 법신불을 향한 진리불공에 더하여 천지만물 생불에게 실지불공을 하는 법도 있다고 『대종경선외록』에서 밝힌 소태산의 가르침을 새겨보면서, 우선 나를 가장 괴롭히는 자를 생불로 모시는 생활부터 해나가는 지혜가 필요하다.

27. 솔성을 하여야 도라 하였으니 어찌하면 솔성인지 연구할 사

솔성(率性)이란 무엇일까? 그것은 참된 성품의 원리를 알아 성품을 잘 거느린다는 의미이다. 전통 불가에는 솔성보다 견성이라는 용어가 자주 등장한다. 선사들이 제자들을 가르치는데 있어 견성을 독려하며 견성해야 큰 깨달음을 얻는 것으로 간주하였기 때문이다. 여기에서 납도끼 이야기가 거론된다. 수도하는 사람이 견성을 하여 솔성을 하자는 것인데, 솔성에 공을 들이지 아니하면 보기 좋은 납도끼에 불과하다는 것이다.

납도끼 이야기는 소태산이 『대종경』 성리품(7장)에서 설한 법어이다. 보기 좋은 납도끼가 되지 않으려면 견성에 만족하지 말고 솔성을 해야 하며, 이것이 참 도를 얻기 때문이다. 쉽게 말해서 견성만으로 도를 깨달아 실행할 수 없다는 것으로 솔성을 통해 견성한 바를 실천에 옮기라는 것이다. 곧 견성만으로 성불할 수 없고 솔성이 뒷받침되어야 성불을 할 수 있다는 뜻에서 솔성을 하여야 부처의 진경에 이르자는 뜻이다.

전통불교의 수행법을 수용하되 솔성이라는 생활불교를 보다 강조한 의도에서 소태산은 솔성을 하여야 한다고 하며 불교 혁신의 의지를 드러내고 있다. 그것은 생활불교와 실천불교를 표방하며 원불교를 개교한 동기이기도 하며, 선불교의 견성에 만족하지 말고 정법수행의 삼학 병진이라는 솔성으로 이어져야 한다는 것이다.

솔성을 강조하는 의미에서 소태산은 유교에 대해서도 언급하고 있다. 한 제자에게 『중용』의 솔성지도를 해석해 보라고 하니, 유가에서는 천리자연의 도에 잘 순응하는 것을 솔성하는 도라고 사뢰었다. 소태산은 이에 천도에 잘 순응만 하는 것은 보살의 경지요, 천도를 잘 사용하여야(솔성) 부처의 경지(대종경, 불지품 6장)라고 하였다.

솔성의 중요성은 대종사를 계승한 정산종사에게도 잘 나타난다. 원기 17년(1932) 깨달음을 얻은 후 작사한 「원각가」에서 정산은 다음과 같이 말한다. "솔성수도 하여보세. 솔성수도 하고 보면 … 춘추법려(春秋法侶) 되었도다"(월말통신 38호). 솔성의 도를 통해 선행을 닦아나가며 결국 영원한 불법을 실행하는 수행자가 된다는 것이다.

여기에서 솔성과 계문을 언급하지 않을 수 없다. 『정전』에서 밝히는 솔성은 불법을 적극적으로 실행하자는 것이며, 계문은 주로 부정적 행위를 하지 말자는 뜻이다. "계문은 범치 말고 솔성요론은 잘 지키자"(월말통신 22호)라고 말한 이공주 선진의 「주의와 결심」 11조도 이와 관련된다. 소태산은 솔성을 위한 「솔성요론」 16조항을 밝히고 「계문」 30조항을 밝히었으니 일상생활에서 불법을 실천하자는 것에 역점을 두었다.

『정전』「지자본위」의 조목 1조에서 솔성의 도와 인사의 덕행이 자기 이상이 되고 보면 스승으로 알라고 강조하였다. 이에 솔성의 도 하나하나 실천하는 것이 「솔성요론」을 실천하는 길임을 알아야 한다.

28. 내가 도를 닦는 것이 남을 가르침이라 하였으니 어찌하여서 그러한지 연구할 사

조선 17대 왕 효종(1619~1659)은 그의 딸 숙휘 공주가 수놓은 옷 한 벌을 원하자 "나는 지금 한 나라의 왕으로서 솔선수범하여 검소한 생활을 하고자 하는데 어찌 너에게 수놓은 옷을 입게 할 수 있겠는가?"라며 허락하지 않았다. 왕이 솔선하는 자세로 공주에게 가르치는 모습이다. 최근 사회의 CEO들이 솔선하는 모습도 마찬가지라 본다. 삼성그룹의 이건희 회장은 경영자의 자세를 과거처럼 '나를 따르라'가 아닌 '네가 먼저 자율적으로 해보라'로 바꿔보라는 것이라고 그의 자서전에 밝히고 있다.

소태산은 어느 날 부안의 실상사에 들렀는데 한 화상이 젊은 상좌에게 참선을 하라 하되 잘 듣지 않는다고 꾸짖자, 그 사람으로 하여금 영영 참선을 못하게 하는 것도 화상이라고 하였다. 그러면서 남의 원 없는 것을 강제로 권하는 것은 그 사람으로 하여금 영영 그 일을 싫어 하게 원인이라 했다. 소태산은 저 바위 속에 금이 든 줄을 알았거든 내가 먼저 채굴하여 그것을 광채 있게 쓰면 사람들이 그 금을 채굴하 려 할 것이며, 이것이 곧 사람을 제도하는 묘방이라(대종경, 실시품 2 장)고 훈계하였다.

여기에서 내가 도를 닦는 것이 남을 가르친다는 의미를 알 수 있다. 어떠한 일을 하고자 할 때 내가 먼저 솔선해야 남이 따라온다는 뜻이 다. 유교의 팔조목에는 수신 제가 치국 평천하가 있다. 자기 자신이 먼저 수신을 해야 제가와 치국이 되는 솔선의 가치가 중시되고 있다. 이와 유사한 것이 『정전』에 밝힌 최초법어이다. 수신의 요법, 제가의 요법, 강약 진화의 요법(치국), 지도인의 요법(평천하)이 그것이다. 제 가와 치국, 평천하는 근본적으로 자신이 먼저 솔선하는 수신(修身)에 서 비롯되는 것이다.

그럼에도 불구하고 중생들이 말만 앞세우게 되는 이유는 무엇인가? 그것은 중생이라는 무명에 가리어 있기 때문이며 적공의 실천을 등한 히 하기 때문이다. 하지만 부처는 말보다는 손수 행동으로 실천하여 남이 따르도록 한다. 소태산은 "나는 내 일을 먼저 조사하고 연구하여 본 후에라야 비로소 그대들의 하는 일을 살피나니, 그대들은 먼저 자 심시비(自心是非)를 조사하라"(월말통신 7호, 원기 13년)고 하였다.

나는 실천하지 않고 상대방에게 권하는 것은 설득력이 없으며, 언제 나 내가 모범을 보이는 솔선수범을 할 때 상대방이 그 행동을 본받는 것이다. 원기 9년(1924) 봉래정사에서 익산에 총부를 건설한 이래, 전 무출신으로서 공동체 생활을 하던 중 총부 대중들이 마당 청소를 하 는데 깨끗하게 하지 못했다. 이를 지켜본 소태산은 빗자루를 받아들고 친히 마당을 쓸면서 말했다. "자, 보아라. 청소를 하는 데에도 공부가 들어있다. 그렇게 하는 둥 마는 둥 해서는 안 된다. 자갈은 자갈대로 모으고 검불은 검불대로 모아야 한다." 스스로 빗자루를 들고 청소를 하는 순박한 성자의 모습에 제자들은 감동한 것이다. 지도자라면 망설이지 말고 지금 여기에서 솔선할 차례이다.

29. 외면으로만 지식이 많으면 도를 행하지 못한다 하였으니 연구할 사

오늘날 자주 거론되는 21세기의 특성은 지식정보화의 시대라는 것이다. 지식이 없으면 문맹이 됨은 물론 세상에 뒤처지는 삶을 살기 때문이다. 스마트폰이니 트위터니 하는 것들은 신지식이 없으면 넘나볼 수 없는 시대상이 되고 말았다. 그럼에도 불구하고 외면의 지식이 많으면 도를 행하지 못한다는 것은 무엇을 뜻하는가?

그것은 지식과 행동을 일치하지 못하는 중생의 습성 탓으로 지행일치를 위해서는 적공이 필요하기 때문이다. 불가에서는 지식과 수행이 병진된 도인을 요구한다. 어느 한편에만 몰두하면 조각도인이 될뿐더러 편벽 수행자 내지 독각(獨覺)의 벽지불이 되고마는 것이다. 『사십이장경』 11장에서는 벽지불 백억 분을 공양하는 것이 부처님 한분을 공양하는 것만 못하다고 하였다.

불보살의 교화 역량에는 크게 두 가지를 거론할 수 있으며, 그것은 지·비(智悲) 곧 지혜와 자비이다. 대승불교의 이론적 측면에서는 지혜가 중시되고, 실천적인 측면에서는 자비가 중시된다. 이들 덕목들은 새의 두 날개 또는 수레의 두 바퀴로 간주되며, 그 가운데 어느 하나라도 결여된다면 그것은 불교의 지도자상을 벗어나게 된다. 이에 규봉 종밀(780~841)은 지혜와 자비심을 증가시켜야 한다(悲智自然增明)고 하였다.

외면의 지식이 많으면 도를 행하지 못한다는 일례를 살펴본다. 원기 14년(1929) 선방 해제식을 마친 후 소태산은 문맹퇴치를 위해 익산 본관에 거주하는 20여 제자들을 모아 야학(夜學)을 시작하였다. 이때 일상생활에 필요한 일반 지식을 습득하려고 20여일 몰두하는 제자들의 모습을 지켜본 대종사는 호통을 쳤다. "제군은 당분간 야학을 중지하라"(월말통신 12호). 미약한 심력(心力)으로 야학을 하느니 그만 두라는 것으로, 과학공부에 진력한 나머지 도학공부에 소홀히 하는 것을 지켜보았기 때문이다.

이처럼 소태산이 일방 학문에 몰입된 제자들을 외학이라 하여 크게 꾸짖은 이유는 그들이 주종본말을 알지 못하였기 때문이다. 도가에서는 도학공부를 하는 것이 주요, 과학공부를 하는 것이 종임에도 불구하고 과학을 중시하다가 도학을 멀리하는 수가 많은 것이다.

세상을 살아가면서 외학의 지식도 필요한 일이지만, 도학의 마음공부에 소홀해지면 주종 본말을 망각하기 쉽다. 이에 정산종사는 과학지식보다 도학을 본위하여 실지 수행과 실지 신앙을 직접 단련하라(정산종사법어, 경륜편 14장)고 하였다.

외면으로 지식이 많으면 중근기병에 떨어질 수도 있다. 알량한 지식인이 걸리기 쉬운 중근기는 자세히 아는 것도 없고 혹은 모르지도 아니하여 항상 의심을 풀지 못하고 법과 스승을 저울질하는 근기(대종경, 신성품 2장)라고 하여 중근기 병을 주의하도록 하였다. 이에 균형 잡힌 지도자라면 지식축적과 지혜의 실천 곧 도학과 과학을 병진해야 하는 것이다.

30. 외면으로만 착한 행실이 있고 보면 도가 밝지 못한다 하였으니 어찌하여 그러한지 연구할 사

세상을 살아가는데 두 종류의 사람이 있다고 가정해 보자. 하나는 사업은 잘하는데 공부에는 소홀히 하는 사람이 있을 것이고, 다른 하나는 공부는 잘하는데 사회에 눈이 어두운 사람이 있을 것이다. 삶의 패턴에서 어딘가에 쏠린 생활을 하고 있다는 것을 바로 알 수 있으며, 당연히 균형감각을 갖추는 삶이 아쉽다.

외향적 삶에 쏠리는 현상은 특히 동양인의 인격상에서 바람직하지 않다. 참 인품 함양을 위해서는 외형에 더하여 내면의 수련이 필요하기 때문이다. 『주역』「중부괘」상9 효사는 날개소리만 요란하게 하늘로 오르고 실체는 따르지 않은 즉 외형만 꾸밀 뿐 마음이 따르지 않음이니 흉하다고 하였다. 한편에 쏠리는 인간은 다른 한편의 생활을 등한히 한다는 사실을 알아야 한다.

원기 20년(1935), 초기교단의 공부 풍토를 알 수 있는 글이 있어 주목된다. 편벽 수행을 우려하는 문구가 이것이다. "입으로는 가장 선한 말을 하면서도 그 내심에는 극히 불량한자 많다"(회보 19호). 이는 외선내악(外善內惡)의 표리 없는 인격을 이루라는 가르침이다. 외면으로만 선한 척하여 내면으로 도를 밝히는 공부를 하지 못함으로 인해 악도에 떨어질 수 있기 때문이다.

그러면 외면으로만 착한 행실이 있을 경우 도에 밝지 못한 이유는 무엇인가? 밖으로 치닫다보니 내면의 수행 공부가 미흡하여 지혜가 밝아지지 않기 때문이다. 또한 착한 척하는 외면의 가식과 허상에 매달리면 내면의 진여실상을 볼 수 없다는 면에서 도를 밝히는 공부와 거리가 멀기 때문이다.

흔히 벽지불이라는 말이 있다. 그것은 편벽수행으로서 독각(獨覺)에

길들여져 석벽(石壁)의 외면만을 주시하는 경우이다. 『화엄경』 10지품
에 등장하는 것으로, 아라한 10억을 공양한 것보다는 벽지불 한 분을
공양하는 것이 낫고, 벽지불 100억을 공양하는 것보다 부처님 한분을
공양하는 것이 낫다(사십이장경 11장)고 했다. 문자 그대로 벽지불
100억을 공양하기보다 부처님 한분을 공양하라는 것은 편벽된 수행보
다는 내외를 두루 갖춘 참 불보살이 되라는 뜻이다.

과거 수행자들 중에서 견성을 빨리 이루려는 욕심으로 일상의 일과
에는 소홀히 하면서 다락방에서 다리를 틀고 앉아 좌선만 하는 사람
들이 있어왔다. 공부인들이 외면 일방(一方)의 견성도인에 취해 새벽
부터 다락방에서 좌선에만 몰두하다가 낮의 공동작업을 소홀히 하는
경우가 적지 않았기 때문이다. 이에 소태산 대종사는 내외 공부를 두
루 해야 한다면서, 앉아서 좌선만 하는 것을 공부로 안다면 어찌 내정
정 외정정의 큰 공부법을 알았다 하겠는가(대종경, 수행품 9장)라고
하였다.

정산종사 역시 외적으로만 치닫는 행동을 떠나 평상심(정산종사법
어, 권도편46)을 간직하도록 하였다. 우리는 외면으로 착한 행실을 하
면서도 내면의 도를 밝히는 삼학병진의 무시선 공부를 통해 도(道) 밝
히는 공부를 아울러야 할 것이다.

31. 선도 대소가 있으니 어찌 하여서 그러한지 연구할 사

서구 기독교의 이원론적 사고에 의하면 선과 악을 구분하고 있으며,
동양의 일원론적 사고에 의하면 선악을 구분하지 않고 선(善)과 불선
(不善)이라 하여 불선을 악으로 다루지 않았다. 즉 선과 악이라는 이분
법적 구분보다는 선(善)이냐 아니냐(不善)는 일원론적 시각이라는 것이

다. 노자는 『도덕경』에서 '불선'이라는 용어를 7차례나 사용하여 선에 상대되는 용어를 악이라는 말보다는 불선이라 하고 있다. 또 노자는 상선(上善)을 물로 언급하였는데, 그것은 만물을 이롭게 하기 때문이라는 것이다. 상선이 곧 대선(大善)이요, 위선(爲善)이 곧 소선(小善)이라는 것이다.

부파불교「상좌부」에 의하면 수행상 결정적 역할을 하는 52개의 심적인 요소가 있다고 한다. 이 52개 중에서 해탈에 도움을 주는 25개의 선법(善法)이 있고, 방해하는 14개의 불선법(不善法)이 있으며, 13개의 중성법이 있다고 하였다. 따라서 해탈에 도움을 주는 25개의 선법이 큰 선이라면 나머지 불선법·중성법은 작은 선이거나 악행에 해당된다.

소태산 대종사는 선(善)을 두 가지 시각에서 바라보았다. 상대적인 측면에서 선악을 바라본 것이 그 하나요, 선악마저도 초월한 절대 경지에서 바라본 것이 그 둘이다. 이를테면 능선능악과 무선무악이 초월적 경지의 지선(至善)으로 큰 선에 해당한다면, 일상적인 상대성을 띤 선은 작은 선에 해당한다는 것이다.

한 제자가 이웃집 사람에게 약간의 보시를 하여 복을 지었다고 하자, 대종사는 그 복이 죄로 화하는 이치를 아는가라고 물었다. 제자가 대답을 못하자, 대종사는 범상한 사람들은 남에게 약간의 은혜를 베풀고는 그 상을 놓지 못하므로 미워하는 마음이 생긴다고 하였다. 이에 달마는 '응용무념을 덕이라 한다' 하였고, 노자는 '상덕은 덕이라는 상이 없다' 고 하였다(대종경, 인도품 17장)는 것이다.

선을 베풀더라도 베푼다는 상을 벗어나는 것이 큰 선이요, 선을 베풀었다는 상에 매달리면 그것이 작은 선임을 알아야 한다. 선을 베풀었다는 상념에 사로잡히면 오히려 화근이 될 수 있기 때문이다. 나아가 분별이 없는 불성(佛性)에서 본다면 원래 선악이란 없다는 것도 알아야 한다. 이에 선과 악을 초월한 자리를 지선이라고 했듯이, 선악을 초월할 때와 선악을 초월하지 못할 때 선의 대소(大小)가 나뉘는 것이다.

여기에서 선악의 대소 개념을 밝히자는 것이 주 목적은 아니다. 업에는 선업, 악업, 무기업이 있는데 선행자는 후일에 상생의 과보를 받고 악행자는 후일에 상극의 과보를 받는 진리가 있으니 참회하고 선행하라는 측면을 상기하자는 것이다. 기왕이면 선행을 통해서 좋은 인과를 받자는 것이 핵심이며, 좋은 인과를 받더라도 무루의 복락을 쌓을 수 있는 상 없는 선행, 즉 큰 선을 행하자는 것이 본 문목의 의의라 본다.

32. 악도 대소가 있으니 어찌 하여서 그러한지 연구할 사

초기 기독교 수도인이었던 '안토니'의 전기를 쓴 아타나시우스 주교의 표현에 의하면, 그는 악마와 투쟁하면서 어떤 유혹에서도 해방되는 영적 순결성에 도달했다고 한다. 기독교에 있어 악이란 '본래 하나님이 정당하게 만들었으나 잘못 놓여있음으로서 악이 된다"는 논리가 전개되며, 그것은 하나님을 거스르는 사탄과 같은 것으로 이해되었다.

선과 악에 대하여 동양에서 특히 관심을 보인 유교의 맹자와 순자가 있는데 순자는 인간의 성악설을 피력하고 있으며, 고자는 성품에는 선도 악도 없다고 하였다. 불교에서는 신구의 삼업(三業)으로 짓는 죄악을 밝히며 무명의 업보를 벗어나라고 강조한다. 『법구경』 183게에 의하면 '제악막작 중선봉행(諸惡莫作 衆善奉行)'을 거론하고 있다. 불타는 십악(十惡)을 밝히어 살생, 도적, 간음, 망어, 기어, 양설, 악구, 탐심, 진심, 치심을 멀리 하라(사십이장경 4장)고 하였다.

원불교 초기교단에서는 선악의 문제를 매우 중시하여 이를 강연이나 회화의 주제로 삼았다. 원기 14년(1929) 2월 26일 중앙총부 예회날

45명이 법회에 참석하였는데, 이날 강연에 세분의 연사가 등장한다. 정산종사의 대선(大善)과 소선(小善), 송만경의 대악(大惡)과 소악(小惡), 전음광의 대덕과 소덕이란 주제로 열띤 강연을 하였다.

송만경 교무의 연제 「대악과 소악」이 본 문목과 관련되어 있다. 그러니까 원기 12년(1927) 『수양연구요론』이라는 초기교서를 발간한 후 불법연구회에서는 이와 관련된 문목을 강연으로 연마하고 있음을 알 수 있다. 그것은 사람의 성품이 동한즉 능히 선하고 능히 악하다(대종경, 성리품 2장)는 대종사의 법어와 상통하는 것이다.

문제는 악에 대소가 있다는 뜻을 어떻게 이해하느냐가 관건이다. 악이란 모두 악이지 거기에 대와 소가 있다는 것은 이해하기 쉽지 않기 때문이다. 이것은 선(善)에 대소가 있다는 바로 전장의 문목과 같은 맥락에서 이해할 필요가 있다. 곧 능선능악을 이해하는 방식에 대해 생각해보자는 것이다. 의미론적으로 소태산이 밝힌 '능선능악 무선무악'에 있어 능악과 무악은 악마저 자유로 초월할 수 있는 지극한 상황에 관련되므로 대(大)에 해당된다. 이에 대해 구애되는 상대적인 악은 소(小)에 해당된다는 것이다.

그러나 현실론적으로 문제가 되는 것은 대악(大惡)을 긍정하고 소악(小惡)을 부정하는 듯한 인상을 벗어날 수 없다는 점이다. 따라서 여기에서는 선의 대소를 이해하는 것과 달리 악의 대소는 다르게 이해해야 한다. 곧 업보 윤회를 벗어나지 못할 극악무도(極惡無道)한 것이 대악이라는 점을 인지하자는 것이다. 이에 한 마음이 악하면 모든 악이 이에 따라 일어남을 알고, 또 성품을 깨치지 못한 사람이 악을 행하면 모든 것이 악이 됨을 알아서 삼업(三業) 청정의 반야지혜를 밝힘으로써 악의 대소를 벗어나야 한다.

33. 도(道)도 대소가 있으니 어찌 하여서 그러한지 연구할 사

원기 12년(1927)에 발행된『수양연구요론』의 문목 31~32조는 선악(善
惡)의 대소에 관련된 것이라면, 문목 33~34조는 도덕(道德)의 대소에 관
련된 것으로 구성되어 있다. 이 문목들은 공교롭게도 원기 14년(1929) 2
월 26일 중앙총부 예회 때 강연 주제로 등장하였다. 이는 초기교서가
발행된 2년 후 예회에서 문목을 강연으로 연마하였다는 뜻이다.

그렇다면 짧은 예회시간에 3~4명의 강연자가 나와서 발표를 하는
경우 그 시간은 얼마나 걸렸겠는가? 소태산 대종사가 대각전에 임석
하여 법회를 보는 시간은 오전 10시부터였으며 법회가 끝나는 시간은
12시였으니 두 시간의 진지한 법회가 전개되었다. 동년 2월 26일 주산
종사가 예회 출석인원을 점검하니 45인이었고, 팔산 김광선의 사회 속
에서 강연을 하였으니 정산종사의「대선과 소선」, 송만경의「대악과
소악」, 전음광의「대덕과 소덕」이었으며, 아쉽게도 본 문목 주제인 대
도와 소도와 관련한 강연자는 본 기록에 없다.

이제 본 문목의 핵심인 도(道)의 대소는 과연 무엇인가를 살펴본다.
공자는 대도와 소도를 분명히 나누어 설명하고 있다.『논어』「양화편」
에서 말하기를 "군자가 도를 배우면 인간을 사랑하게 되고(愛人), 소인
이 도를 배우면 부리기 쉽다(易使)"라고 하였다. 대도는 사람을 사랑하
는 군자의 도이며, 소도는 사람을 제멋대로 부리는 소인의 도라는 것
이다.

여기에 대하여 노자는『도덕경』18장에서 대도가 소도로 변하는 원
인을 밝히고 있는데 "대도가 없어지고 나서 인의가 나오고 지혜가 생
겨난다"고 하였다. 대도가 사라지는 원인은 중생의 가식에 의한 인위
적 인의나 간교한 지혜에서 비롯된다는 것이다. 그러니까 자연에 순응
하는 무위자연의 도가 대도라는 뜻이다.

그렇다면 불법에서 말하는 대도와 소도는 무엇인가? 불보살의 무상 대도가 대도라면 중생들이 계교하는 도는 소도라 본다. 소태산은 말하기를, 다생을 아는 것이 대도요 일생만 아는 것이 소도이며, 일체중생을 인도하는 것이 대도요 자신만 챙기는 것이 소도이며, 시방세계를 한집안 삼는 것이 대도라면 나의 국한된 집만 소유하는 것이 소도(대종경, 서품 17장)라고 하여 인도정의의 정법대도를 강조하고 있다. 도의 대소가 여기에서 나뉘고 있는 것이다.

우리는 소도를 멀리하고 대도를 실천하는 방안을 모색해야 한다. 그것은 행주좌와 어묵동정 간에 무애자재의 도가 있음을 알아서, 능히 정할 때에 정하고 동할 때에 동하며, 능히 클 때에 크고 작을 때에 작으며, 능히 밝을 때에 밝고 어둘 때에 어두우며, 능히 살 때에 살고 죽을 때에 죽어서, 법도에 어그러지는 바가 없도록 해야 하는 것이다(대종경, 불지품 4장). "대도는 못가는 곳이 없이 다 갈 수 있다. 그러나 소도는 막히고 한정되어 있다"는 숭산 박광전 선진의 『대종경강의』 내용이 돋보이며, 그것은 소승행이 아닌 대승행을 하라는 뜻이다.

34. 덕도 대소가 있으니 어찌 하여서 그러한지 연구할 사

도와 덕을 중심으로 하여 삶의 보고(寶庫)로서 역할을 한 것이 동양의 고전 『도덕경』이다. 노자는 도와 덕을 중심으로 그의 사상을 전개하였던 도가의 철인이다. 그가 말한 도는 자연의 주재자이며, 덕은 도의 실천을 통해 나타나는 품격이다. 공자 역시 『논어』 「이인편」에서 덕의 중요성을 밝히어 "덕이 있으면 외롭지 않다. 반드시 이웃이 있게 된다"(德不孤 必有隣)고 하였다. 동양에서 강조되는 덕의 가치는 『주역』에서 말하는 것으로 "대인은 천지와 더불어 그 덕에 합한다"는 가르침을 잘 알 수 있다.

원기 13년(1928) 불법연구회의 일요 예회일지를 소개하여 본다. 6월 6일 오전 10시에 송만경 회장의 사회로 개회하고 법회 출석인원을 점검하니 남녀 40인이었다. 이어서 송도성은 「성격론」이라는 문제로, 전음광은 「대덕과 소덕」이라는 문제로 열변을 토하였다(월말통신 제3호). 이어서 1년 뒤인 원기 14년 2월 26일, 「대덕과 소덕」(전음광)이라는 주제의 강연이 또 이루어지고 있다. 대덕과 소덕이라는 주제가 얼마나 중요하면 중앙총부 정례 일요예회 시간에 두 차례나 발표되었느냐 하는 점이다.

덕의 중요성을 상기하면 덕의 의미가 궁금해진다. 먼저 덕은 우리가 상생의 기운으로 이웃에게 베푸는 은혜라고 볼 수 있다. 또한 덕은 도를 실천함으로써 나타나는 인품이라 본다. 소태산은 덕이라 하는 것은 어느 곳 어느 일을 막론하고 오직 은혜가 나타나는 것이며, 천도(天道) 지도(地道) 인도(人道) 등 각자의 도를 행하면 그에 따른 덕이 나타난다(대종경, 인도품 2장)고 하였다.

그리하여 소태산은 제일 큰 덕으로 말하면 곧 대도를 깨달은 사람으로서 능히 유무를 초월하고 생사를 해탈하며 인과에 통달하여 삼계 화택에 헤매는 중생들로 하여금 한 가지 극락에 안주하게 하는 것이니, 이러한 사람은 가히 대덕(大德)을 성취했다고 하였다.

덕에도 대덕과 소덕이 있다는 것인가? 그것은 자타의 관념에서 접근할 수 있고, 나아가 덕을 베푼 자의 심법에서 접근할 수 있다. 먼저 대덕은 이웃에 대한 희생적 베풂이라면 소덕은 나의 개인주의적이고 이기주의적인 이유로 인해 베푼 덕이다. 이어서 내가 덕을 베풀고 난 후에 베풀었다는 상을 가지면 소덕이요 베풀었다는 상마저 벗어나는 것이 대덕이다.

어느 날, 한 제자가 덕을 베풀고 베풀었다는 상을 벗어나지 못할까

염려하여 소태산은 다음의 법어를 설한다. "노자께서는 '상덕은 덕이
라는 상이 없다' 하셨으니, 공부하는 사람이 이 도리를 알고 이 마음을
응용하여야 은혜가 영원한 은혜가 되고 복이 영원한 복이 되어 천지
로 더불어 그 덕을 합하게 될 것이다"(대종경, 인도품 17장). 상덕의 의
미심대함이 드러나고 있다.

　요컨대, 덕을 베풀되 공중을 위하는 마음으로, 또 상이 없는 깨달음
의 심법으로 다가서야 한다. 나를 앞세우고, 또 상을 드러내면 베푼
덕도 잃기 쉽기 때문이다.

35. 사람의 마음이 오직 위태하다 하였으니 연구할 사

　마음이 위태하다는 말이 나오는 고전의 출전은 『서경』「우서편」으
로 "인심은 오로지 위태로우며(人心惟危) 도심은 오로지 은미하다"고
하였다. 공자 역시 마음이 자칫 위태로워질 수 있음을 밝히면서 "배우
지 않고 생각만 많으면 위태하다"(思而不學則殆)라고 했다. 따라서 고
대 성현의 가르침에 의하면 인심에 유혹되어서 공부심으로 살지 않으
면 마음이 위태로울 뿐이라는 것이다.

　본 문목은 원기 14년(1929) 2월 26일 불법연구회 예회에서 있었던
강연과 일치한다. 주산 송도성 선진은 익산 본관의 예회일에 「사람의
마음은 오직 위태하다」는 주제로 강연을 하였다. 당시 예회일지에 의
하면, 법회와 강연을 마치고 폐회를 선언하니 오전 12시10분이었다(월
말통신 12호)고 기록하였다. 2시간 남짓 법열에 찬 법회 분위기였음을
짐작케 한다.

　주산종사가 강연 제목으로 설한 내용이 본 문목과 일치하고 있으니
흥미로우며, 더욱이 본 강연에 이어서 그의 부친 송벽조 교무가 2개월

뒤 동년 4월 26일 『월말통신』14호에 이와 관련한 글을 게재하고 있으니 부전자전(父傳子傳)의 법풍을 불리고 있음을 확인할 수 있다. 송벽조 교무에 의하면 "인심은 유위(惟危)하고 도심은 유미(惟微)하다"며, 인심이 오직 위태하다 함은 의리에 부당한 일이 그른 줄은 누구나 다 알지만 부당한 재색명리에 유혹되기 때문이라 하였다.

여기에서 마음이 위태하다는 것은 무슨 뜻인가? 소태산 대종사는 우리의 마음이 위태로워지는 원인으로 타인을 해롭게 하면서 자기만을 유익하게 하려는 마음(정전, 공도자승배)임을 밝히고 있다. 나아가 모든 경계를 대하여 마음을 쓸 때 희로애락과 원근친소에 끌리는 마음(대종경, 교의품 5장)이 위태로운 마음임을 밝히고 있다.

실제의 삶에서 위태하기 쉬운 마음의 일례를 살펴보도록 한다. "물화의 보배는 허망하기 뜬 구름 같고 위태하기 누석 같다(物貨之寶 虛似浮雲 危如累石)." 이는 정산종사가 전음광 선진에게 설한 법어이다(정산종사법어, 근실편 21장). 마음이 위태로워지는 것은 산위 쌓인 바위(累石)가 쏟아져 내리는 것에 비유되고 있으며, 이는 중생심의 오욕 때문이다. 따라서 불같이 일어나는 마음 하나하나 챙기며 정심(正心)을 간직하여야 하는 것이다.

위태한 마음의 극복은 마음공부가 요체이다. 박길선 선진의 일기를 보자. "마음을 졸이고 태워가며 담을 넘고 벽을 뚫어 그 위태한 모험을 하여 물건을 절취하여다가 저의 안락을 얻으려함은 그 오죽이나 저를 위한 일이 아니고 무엇이랴"(월말통신 22호, 원기 14년). 이에 내 마음을 도적질하는 위태한 마음을 성찰하여 조촐한 마음을 길들이기에 노력하라는 것이다. 위태로워지는 마음을 벗어나려면 경계를 따라 나타나는 요란함과 어리석음, 그름을 극복해야 한다. 심지(心地)는 원래 맑고 조촐한 자성의 원리에 바탕하고 있기 때문이다.

36. 혹 사람이 부귀를 하고자 하되 행하는 땅에는 죽고 망하는 데로 들어가니 어찌하여 그러한지 연구할 사

현대인들은 부귀에 쉽게 탐닉하며 이에 집착하곤 한다. 부귀의 매력이 무엇이기에 일생동안 '부귀'라는 마법에 끌리어 살아가는 것인가? 인간은 누구나 육신을 지니고 있는 한 그 육신의 욕망이라는 원죄설에 매몰되곤 한다. 부귀해진다면 의식주의 풍요를 누릴 것이며, 사람들로부터 부러움을 사게 될 것이라는 자만심과 과시욕의 통념에 사로잡혀 있기 때문이다.

이에 『도덕경』에서는 "부귀하고서 교만하면 스스로 허물을 남길 따름이다"고 경고하였다. 노자는 우리가 부귀를 이룬다고 해도 교만해질 수 있음을 경고하고 있다. 서양에서도 부귀는 삶에 있어 능사는 아님을 경고하였다. "헛되고 헛되며 헛되고 헛되니 모든 것이 헛되도다"라고 말하는 『성경』(전도서 1장 2절)의 가르침 역시 인간이 부귀하고자 하나 결국 허망한 데로 떨어진다는 것이다.

불교의 경우도 부귀는 경계의 대상으로 비추어지고 있다. 불교 승려들에 있어 의식주는 옷 세 가지와 발우 하나임을 강조하며 무소유를 수행자의 미덕으로 여긴다. 석가모니도 왕궁가의 왕자로 태어나 부귀영화를 누릴 수 있었으나 이를 버리고 출가를 단행하였다. 불타의 홀연한 출가를 상기하듯 이공주 종사는 원기 14년(1929) 자성의 글을 남긴다. "삼계대사 사생자부 석가모니는 인생락의 제1위인 왕궁의 태자위도 마다하고 유성출가하여 설산에서 6년간 고행을 하였거든, 이공주는 20칸에 미만한 기와집 1동을 못 잊음인가"(월말통신 22호). 부귀의 혁영심을 꾸짖는 가슴 뭉클한 성찰의 회초리가 아닐 수 없다.

그러면 불법에서 부귀가 부정적으로 비추어지는 이유는 무엇인가? 제행무상과 제법무아의 원리를 숙고하면 부귀영화는 일순간의 환락일 뿐 풀잎의 이슬처럼 허망하다는 것이다. 소태산 대종사는 부귀공명을 가졌다 할지라도 생로병사의 앞에서는 무상할 따름이라며 "나의 육신이 한번 죽어 없어질 때에는 전일에 온갖 애고(愛苦)와 온갖 욕심을 드러낸 처자나 재산이나 지위가 다 풀 위에 이슬 같이 사라질 것이다"(월보 41호, 시창 17년)라고 하였다.

이에 부귀영화의 무상함을 깨닫지 못하고 집착한다면 결과적으로 육신을 태우고 허망함으로 떨어진다는 의미에서 본 문목에서는 부귀하고자 하되 행하는 땅에는 죽고 망하는 데로 들어간다고 하였다. 초기교서『수양연구요론』의『정정요론』상편에 다음의 글이 나온다. "부귀영화도 능히 마음을 달래어 가지 못하고 금옥보패도 가히 뜻을 빼앗아가지 못한다." 심신을 불사르게 하는 부귀영화의 집착을 놓으라는 것이다.

물론 무조건 부귀를 부정할 수 없으며 부귀도 인간의 삶에서 필요하다. 그러나 부귀영화를 이루기 위해서는 육신을 다 태울 것이며, 설사 이룬다고 해도 교만에 떨어질 수 있음을 알아야 한다. 또한 죽어갈 때는 어느 하나도 가져가지 못한다는 무상의 진리를 알아서 해탈의 진여자성(眞如自性)을 찾기에 노력해야 할 것이다.

37. 공부자는 '불리자성왈공'이라 하였으니 어떠한 것이 불리자성인지 연구할 사

고려의 명승 보조국사가 지은『수심결』30장에 "불리자성하여 정과 혜를 아울러 갖추라"(不離自性 定慧等持也)고 하였다. 자성문(自性門) 정혜에서 이러한 불리자성의 공부가 강조되고 있다. 불리자성의 공부는 원기 12년(1927)에 발간된『불법연구회규약』속표지에 '불리자성왈공 응용무념왈덕(不離自性曰工 應用無念曰德)'이라는 표어로 나타나며, 소태산 가사 「회성곡」의 속표지 뒷면에도 '불리자성왈공 응용무념왈덕'이라는 글귀가 쓰여 있다.

이처럼 불리자성 공부가 초기교단의 공부표준의 하나로 등장하고 있다. 원기 14년(1929) 동선 중 어느 날, 소태산 대종사는 제자에게 "너희는 공부 중 불리자성이라 하였으니 어찌하면 너희 마음이 일시라도 떠나지 못할 자 있느냐" 하거늘, 조송광은 "주야로 일분 일초라도 떠날 수 없는 것은 오직 호흡 일기(一氣)라, 이 이치를 알아 주의하면 불리자성입니다"라고 답하였다. 적공의 결연한 성리문답과 같다.

여기에서 불리자성이란 개념 파악이 요구된다. 불리자성이란 나의 조촐한 마음이 동정 어느 때든 경계에 흔들리지 않는 진여자성을 간직하는 것을 말한다. 따라서 불리자성은 동정간 불리선이며, 이를 달리 말해서 무시선 공부라 할 수 있다. 무시선의 수행은 대승 수행의 빠른 길이라고 강조하고 있으니, 이러한 동정일여의 무시선으로 대표되는 불리자성의 의의가 부각되는 것이다.

불리자성 공부가 필요한 이유는 청정한 마음을 유지하기 위해서이다. 우리의 마음이 자성을 떠나지 않고 고요함에 드는 것을 입정(入靜)이라 하는데, 『수양연구요론』 「공부의 진행순서」를 보면 "입정이라는 것은 일분일각이라도 마음이 자성을 떠나지 아니하며(不離自性) 응용하여도 생각이 없는 때이다"라고 하였다. 대종사는 「공부의 진행순서」 8계단을 제시하고 있는 바, 마지막 단계에 '입정'을 말함으로써 일분일각이라도 불리자성 공부를 하여야 한다고 했다.

수도인의 지극한 정성으로 불리자성 공부를 해야 하는 바, 불리자성 공부법은 크게 두 가지 측면에서 거론할 수 있다. 우선 성리 연마를 통해서 동정간 자성을 여의지 않는 공부법이다. 원기 57년(1972) 여름에 대산종사 말하기를 "네가 성리에 관심이 많다면서?" 학인이 사뢰기를 "삼천대천 칠보 보시의 공덕보다 불리자성 공부가 더 재미있는 줄은 압니다." "그래야 한다"라고 다독였다. 공부인이라면 누구나 불리자성의 공부에 재미를 느끼는 것이 요구된다.

다음으로『정전』「일상수행의 요법」에서 본다면 그것은 심지의 요란함, 어리석음, 그름을 극복하고 자성의 정혜계를 세우는 공부법이다. 일상수행(日常修行)이라는 용어 자체를 보면 언제나 자성을 떠나지 않는 불리자성의 의미를 지니고 있기 때문이다. 따라서 행주좌와 어묵동정이라는 일상의 삶에서 우리의 맑고 밝은 성품을 여의지 않도록 하는 불리자성 공부가 필요하다.

38. 부처님 말씀에 "공부자는 위로 네가지 중대한 은혜를 갚아야 한다" 하셨으니 그 은혜를 알아 그 은혜를 갚기로 하면 그 은혜를 연구할 사

소태산 대종사가 부처님 말씀을 인거하며 네 가지 중대한 은혜를 거론한 것을 보면, 본 문목은 원불교의 사은이 아니라 불교의 사은으로 보인다. 불교의 사은으로는 대개 3종이 있는데, 첫째『대승본생심지관경』에서는 부모은, 중생은, 국왕은, 삼보은을 말하고 있다. 둘째『정법염처경』에는 모은, 부은, 여래은, 법사은이 있고, 셋째『석씨요람』에는 사장은(師長恩), 부모은, 국왕은, 시주은이 있다.

이처럼 불교의 사은을 문목에서 밝힌『수양연구요론』은 원기 12년(1927)에 발간된 것으로 원불교 사은이 형성되기 2년 전의 일로 보인다. 원불교 사은이 정식 성립된 연도는 원기 14년(1929)의 일이라 판단되기 때문이다. 원기 14년 10월『월말통신』제20호의 내용을 보면「교법 제정안 사은사요」라는 중앙교무부의 공문이 발송된 후 비로소 사은이 교리 강령으로 정착되었다. 물론 원기 5년~9년, 소태산은 부안 봉래정사에서 원불교 교강을 구상하였음은 주지의 사실이며, 이때 삼학이 완성되었다.

『수양연구요론』의 문목에서 밝힌 네 가지 중대한 은혜는 불교의 사은을 언급한 것이며, 본 문목이 게재된 2년 후에 사은 사요의 교리가 공표되는 계기가 되었다고 볼 수 있다. 사은 교리가 공표된 1년 후인 원기 15년(1930)의 『월말통신』 제33호에는 다음의 글이 있다. "천지도 우리의 복전이요 부모도 우리의 복전이요, 동포도 우리의 복전이요, 법률도 우리의 복전이라 하겠노라. 어찌하여 사은이 우리의 복전일까 하면 그것은 다름이 아니라 우리는 과거에도 그 사은 가운데에서 살아왔고 현재에도 그 사은 가운데에서 살고 있고 미래에도 그 사은가운 데로 살아갈 것이다."

과거에도 사은 가운데에서 살아왔다는 것을 보면 소태산은 이미 불교의 사은을 잘 알고 있었다. 원기 14년 사은이 정착된 후 교단의 정식 경전에 사은의 교리가 수록된 것은 원기 17년(1932)에 발간된 『육대요령』이다. 이처럼 원불교 최초의 정전인 『육대요령』에 사은과 사요의 교리가 출현하여 사은사요 삼학팔조라는 교리 강령이 완비되었다.

원불교 신앙의 대상으로서 네 가지 은혜로는 천지은 부모은 동포은 법률은이며, 이 네 가지 중대한 은혜를 입었다는 뜻에서 사중은(四重恩)이라고도 한다. 우리가 네 가지의 은혜를 갚기 위해서는 어떻게 해야 하는가? 사은의 「보은의 대요」가 원기 28년(2943) 발간된 『불교정전』에 잘 밝혀져 있으니 이를 참조하여 보자. 천지은의 응용무념의 도, 부모은의 무자력자 보호의 도, 동포은의 자리이타의 도, 법률은의 불의를 징계하고 정의를 세우는 도가 이것이므로 사은의 은혜를 갚기로 하면 보은의 대요를 실천해야 한다.

천지은혜의 보은하기 위해서는 천지팔도를 연마하고 천지 보은조목

하나하나를 실천하자는 것이다. 이것은 부모은과 동포은, 법률은의 경우도 마찬가지이다. 원불교는 은혜에 보은하는 종교인 이상 원망심을 감사심으로 돌리며 네 가지 은혜에 감사 보은하는 심경으로 살아가야 할 것이다. 우리의 복전을 감사심으로 가꾸어 무루의 복락을 마련하자는 뜻이다.

39. 부처님 말씀에 "공부자는 아래로 세가지 악도에 떨어진 중생을 제도하라" 하셨으니 어찌하여야 제도할지 연구할 사

세 가지 악도란 곧 삼악도(三惡道)로서 악도윤회를 면하지 못한다는 『법화경』 말씀인 바, 육도 윤회의 세 가지 곧 축생, 아귀, 지옥을 말한다. 세상을 살아가면서 선연선과를 맺는다면 천상이나 인도에 태어날 수 있는데, 악연악과를 맺게 되면 축생이나 지옥에 떨어진다는 뜻이다.

어느 누구나 상생의 선연으로 살고 싶지만 악도에 떨어지는 것은 이유가 분명 있을 것이다. 그것은 본래 맑은 우리의 자성을 잃어버리고 살기 때문이다. 다시 말해서 무명(無明)에 가리어 살아가므로 고통에서 벗어나지 못하는 것이다. 따라서 소태산 대종사는 세 가지 악도에 떨어진 중생을 제도하라고 하며, 이를 문목의 조목으로 설정해준 것으로 파악된다.

누구나 악도에 떨어져 사는 것을 원하지 않지만, 중생은 어쩔 수 없이 삼악도의 굴레에서 헤매기 쉽다. 이에 『사십이장경』 36장에서 말하기를 "부처님 말씀하시되 삼악도를 벗어나 사람 몸 받기가 어렵다"고 하였다. 일체 유정(有情)이 축생과 아귀와 지옥을 벗어나 인도나 천도에 수생하기 쉽지 않다는 뜻이다. 이에 적공하는 공부인이 되어야 할 것이며, 그로 인해 삼악도에 떨어진 중생을 제도하라고 소태산은 말한 것이다. 『대종경』 인과품 26장에서 중생들이 철없이 죄업 짓기를 쉬지 아니할 경우 삼악도를 벗어날 수 없다고 했다.

이제 공부인에게는 삼악도를 극복하면서 살아가야 하는 당위성에 직면한다. 『회보』 63호(원기 25년)의 「회설」에 의하면, 대종사를 만나지 못하고 이 대도정법에 귀의하지 아니하였던들 우리는 이 세상을 혼몽 취중에서 지내다가 순식간에 삼악도에 떨어져 백만 윤회를 지낼지라도 악도를 벗어날 수 없을 것이라고 하였다. 다행히 정법 회상을 만나 선도 수생을 하는 기쁨을 표출하고 있다.

그럼에도 불구하고 세 가지 악도에 떨어진 중생을 제도하려면 어떻게 해야 하는가? 고려의 보조국사는 「정혜결사문」에서 말하기를 "계율이란 잘못을 막고 악을 그친다는 뜻으로 삼악도에 떨어짐을 면하게 하는 것이요"라고 하였다. 그에 의하면 삼악도에 떨어지지 않도록 계율을 엄정하게 준수하는 삶을 살도록 하였다. 악도 윤회를 극복하는 길은 우리의 행동 하나하나가 불법에서 벗어나지 않을 때 상생의 선연으로 이어지기 때문이다.

상생의 선연을 위해서 일상적 삶과 관련하여 언급해 보고자 한다. 그것은 불같이 치성하는 탐진치의 삼독심을 벗어나야 한다. 소유욕이 발동하는 탐심, 불같이 일어나는 진심, 어리석은 행동의 치심을 극복하는 돈독한 신행(信行)을 하여야 한다는 뜻이다. 우리가 수도를 하는 진정한 목적은 삼악도의 고통에서 벗어나도록 적공의 성찰을 하여 상생선연을 맺어감에 있다. 하루하루 성찰의 삶이란 삼악도에 이르게 하는 삼독심을 극복하는 것과 관련된다.

그것은 궁극적으로 윤회에서 해탈하는 것을 염두에 두어야 한다. 이는 무명의 깨달음 곧 진리의 등불을 밝히는 문목(의두 성리) 연마에서 실마리를 풀어가 보도록 하자.

40. 대인은 천지로 더불어 그 덕을 합하고, 일월로 더불어 그 광명을 합하고, 사시로 더불어 그 차서를 합하고, 귀신으로 더불어 그 길흉을 합한다 하였으니 어찌하면 그러한지 연구할 사

본 문목은『주역』「건괘」에 나오는 글인 바, 대인이란 천지와 일월, 사시와 길흉 등에 합일하는 삶을 사는 사람이라 했다. 역(易)에서는 인간을 크게 소인, 군자, 대인으로 분류하고 있는 바, 소인이란 무지하여 걱정에 사로잡혀 살고, 군자란 자신에 대한 도덕적 자각을 통해 살며, 대인이란 우주와 합일하며 사는 이상적 인간형을 말한다.

어떤 유학자 두 사람이 잠간 휴식하는 중에『주역』「건괘」「문언전」의 본 구절을 토론함을 듣고 그곳을 지나던 소태산 대종사는 그 의지가 훤히 해석되었다. 이에 마음 밝아지는 증거가 아닌가 하고 전일에 품은 의두를 연마해 본즉, 모두 한 생각을 넘지 아니하여 대각을 이루었음을 확인하였다고『불법연구회창건사』에서 밝히고 있다.

따라서 이 문목은 대종사의 깨달음과 관련되어 있다. 또 대산종사는『정전대의』에서 일원상서원문을 설명하는 과정에서 본『주역』「건괘」의 원문을 인용하고 있는데, 이를테면 일원상서원문에 합일하고 보면 성자 및 대인이 될 수 있음을 밝히고 있는 것이다. 대인과 관련한 문목은 소태산의 깨달음의 기연에 이어 대산종사의 일원상 합일 법문과 관련되어 있다.

여기에서 대인이란 어떠한 인물로 평가되고 있는가? 유교에서 대인은 천지의 도를 받들어 실현하는 사람으로 천인합일의 경지에 이른 성인에 해당된다고 볼 수 있다. 대인의 인품에 관련된 소재로 천지, 일월, 사시, 귀신이 등장하는 이유는 우주의 드넓은 기운과 인간의 호연한 대기(大氣)가 합일되기 때문이다. 그리하여 좁은 인간 세상에 구애됨을 벗어나 우주 대자연과 하나 되는 삶을 말한다.

원불교의 경전에도 대인이 빈번하게 거론되고 있다. 대인이라는 용어가 『대종경선외록』에는 5번 등장하고 있으며, 『정산종사법어』에는 10번이나 등장하여 누구나 대인될 소지가 없지 않으니 마음을 키우고 국을 넓히는 공부를 부지런히 하라고 하였다. 따라서 원불교에서 말하는 대인은 국량을 키우는 성현으로 간주되고 있는 것이다.

대인이 되려면 어떻게 살아야 할 것인가? 정산종사는 대인으로서 갖추어야 할 8조목을 밝힌 『팔대인각경』을 번역하였는데, 그것은 시창 21년(1936) 『회보』 23호에 연재되었다. 여기에 밝혀진 내용을 보면 오온(五蘊)에 집착하지 않는 것, 탐착을 벗어나는 것, 자족함을 아는 것, 악습을 벗어나는 것, 생사의 해탈을 이루는 것, 증오심을 벗어나 대정진하는 것이다.

이에 우리는 중생 심리를 벗어나 대인 곧 '큰 사람'의 심법으로 살아가야 한다. 『대종경』 불지품 11장에서 말하기를 "아무리 큰 살림이라도 하늘 살림과 합산한 살림같이 큰 살림이 없고, 아무리 큰 사람이라도 하늘 기운과 합한 사람같이 큰 사람이 없나니라"라고 하였음을 참조할 일이다. 호연대기(浩然大氣)를 품고 정진하는 자는 대인될 자격이 있기 때문이다.

41. 음부경에 가라대 "사람이 살기를 발하면 천지가 반복(反覆)한다" 하였으니 어찌하여 그러한지 연구할 사

흔히 듣는 말로 여자가 한을 품으면 오뉴월에 서리가 내린다는 말이 있다. 물론 남녀를 불문하고 원망심을 품을 경우 독기가 나온다는 뜻이다. 우리들이 현실에서 접하는 인간관계에서 상극의 기운이 맺힐 경우 이러한 말들이 주로 오가는 것이다. 본 문목은 사람이 살기를 발할 경우 인간세상을 넘어서 천지가 뒤엎는다는 것으로, 하늘이 노하여 죄벌을 내린다는 의미이다. 우주의 기운과 인간의 기운이 떨어져 있는 것이 아니라 상호 관련되어 있음을 지적하는 것이기도 하다.

본 글의 원문을 보면 『음부경』 상편에 '인발살기 천지반복(人發殺機 天地反覆)'이라고 하였다. 이는 사람이 죽이는 기운을 발하면 천지가 뒤집혀진다는 것이다. 사람은 만물의 영장이므로 천지의 주인으로서 살아가는 바, 상생의 기운을 발하지 않고 상극의 기운(살기)을 발하면 생명의 살상으로 인해 세상이 뒤집혀지는 것이다.

본 문목의 바로 앞뒤 글을 보면 '천발살기 이성역수(天發殺機 移星易宿)' '지발살기 용사기륙(地發殺氣 龍蛇起陸)'이라 하였으니, 하늘이 살기를 발하면 별자리를 옮기고, 땅이 살기를 발하면 뱀이나 용이 지상으로 오르게 된다고 하였다. 따라서 천지가 살기를 발하면 하늘도 어지럽혀지고 짐승들도 혼란에 빠지는데, 인간들이 살기를 발하면 이 또한 예외가 아니라는 것이다.

우리가 세상을 살아가는데 살기(殺氣)에 더하여 악기(惡氣)와 독기(毒氣) 등이 있다. 이 모두가 상대방을 해롭게 하는 기운으로 은혜의 관계가 아니라 원수의 관계로 나아가는 경우인 것이다. 대산종사도 이 세 가지 상극의 기운을 벗어나라(대산종사법문집 2)고 하였다. 영생을 두고 상생의 선연작복을 위해서이다.

오늘날 세상은 호락호락하지 않은 것 같다. 서로의 시기질투에 더하여 경쟁적 이기주의가 발동하여 개인 개인의 갈등은 물론 국가간 전쟁을 일으키다보면 지구상에 생명체가 살아남을 수 없을 것이고, 그 같은 참화(慘禍)는 결국 천지가 뒤집히는 꼴이 되고 마는 것이다. 인간이 살 수 없는데 천지에는 어떤 생명체도 살아남을 수 없기 때문이다.

우리가 살기를 발하는 것은 정의롭지 못한 탐진치에 유린되어 상생관계가 유지되지 못하기 때문이다. 그것은 자리이타와 정반대의 삶으로 이어진다. 이를『월말통신』23호「회설」에서는 자리타해(自利他害)와 자해타해(自害他害)라 하였다. 그로인해 형제간의 살기, 나아가 부부간의 살기는 가정의 화목과 세상의 평화를 깨뜨리고 만다는 것이다.

따라서 우리는 천지가 부화뇌동하지 않도록 상생의 선연을 맺음은 물론 인간세상의 평화를 반드시 정착시켜야 한다. 이를 위해서는 모두가 악업을 짓지 말고 상생의 선연으로 살아가는 자세가 필요하다. "나에게 살기가 없으면 동물도 가까이 다가온다. 내 마음에 화기가 있으면 상대도 결국 화기를 갖게 된다"(대종경강의)는 숭산 박광전의 저술 내용을 새겨볼 일이다.

42. 음부경에 가라대 "사람은 만물의 도적이라" 하였으니 어찌하여 그러한지 연구할 사

본 문목과 관련한『음부경』「중편」의 내용을 소개하여 본다. "천지는 만물의 도적이고, 만물은 사람의 도적이며, 사람은 만물의 도적이나니, 세 가지 도적이 이미 균형 있게 마땅해짐으로 천지인 삼재(三才)가 이미 편안해지는 것이다." 사람은 만물의 도적이라는 글에 더하여 천지는 만물의 도적이고, 만물은 사람의 도적이라는 것으로 삼재의 도적이 거론된다.

『수양연구요론』에 발표된 이 문목이『월말통신』18호 회설의 주제로 등장하고 있음이 주목된다. 곧 사람은 전지전능한 최령의 존재로서 삼라만상을 능히 지배할 수 있다며, "옛 글에 사람은 만물의 도적이라 함도 사람이 만물을 주장하여 사용함으로 도적이라는 명사를 붙여 주권자라는 지위를 암시한 것이다"라고 하였다.

이처럼 사람은 만물의 도적이란 용어가 초기교단의 정기간행물에서 거론되고 있는 점을 보면 "사람은 과연 우주만상의 주인이라. … 우월한 정신과 구비한 육체의 소유자인 사람은 이와 같이 높고 귀한 것이다"라고 「회설」에서 강조하고 있다. 최령한 존재인 인간의 위상을 강조함으로써 우주만유의 주권자임을 설파하고 있는 셈이다.

따라서 만물의 최령한 존재로서의 인간을 정신개벽의 주인공으로 등장시키려는 것이 소태산 대종사의 염원이다. 선천시대에는 천권이 강조되어 왔으나 후천시대에는 인권을 강조함으로써 만물을 주재하는 주인으로 등장시킨 것이다. 사람을 만물의 도적이라 한『음부경』의 경문을 수용한 대종사의 유불도 회통의 정신이 드러난다.

민중종교로서 후천개벽의 사명을 계시한 소태산의 염원은 원기 13년(1928)의 「인재양성소기성연합단 취지서」에도 나타나는데 "사람은 삼재(三才)를 총합한 결정이며 … 사람들이 아니면 천지는 껍질이요 만물은 무주(無主)일 것이다"(월말통신 3호)라고 하였다. 원기 14년(1929)에 김영신 선진은 사람이란 만물의 최령자가 되며 대우주의 주인이 된다(월말통신 22호)고 하였다.

그러면 굳이 사람을 '만물의 도적'이라 표현한 이유는 무엇인가? 그것은『음부경』을 원용하면서 최령한 사람을 '만물의 주인'으로 반전시키려는 것이다.『정전』에서 말하기를 "최령한 사람은 보고 듣고 배우고 하여 아는 것과 하고자 하는 것이 다른 동물의 몇 배 이상이 된다"고 하였다.『대종경』에도 만물 가운데 사람은 최령하다는 내용이 두 차례나 등장하여, 사람은 만물을 주재하는 최령한 존재임을 각인시키고 있다.

인간은 만물의 도적이 아닌, 만물의 주재자로서 만물을 한 포태로 여기며 활용해야 하는 과제가 등장한다. 만물을 주관하는 인간의 마음

작용이 무엇보다 중요하기 때문이다. 사람은 만물의 도적이라는 의미를 의두에 부각시킴으로써 인간을 만물의 주재자이자 주인으로 환원하려는 대종사의 의도를 새기면서 후천개벽의 주역이자 용심법의 주인공이 되어야 한다는 각오가 필요하다.

43. 음부경에 가라대 "성정(性情)의 공교(功巧)하고 졸(拙)한 것을 가히 써 없애라" 하였으니 어떠한 것이 공교한 것이며 어떠한 것이 졸한 것인지 연구할 사

본 문목의 원문은 『음부경』 상편의 '성유교졸 가이복장(性有巧拙, 可以伏藏)'으로서 각자의 성품에는 뛰어난 것(巧)과 그렇지 못한 것(拙)이 있으니 이것들을 극복하라는 것이다. 이처럼 『음부경』의 원문에는 성(性)만 있고 정(情)이 없으나 소태산은 정자를 첨가하여 성정으로 설명하였다. 엄밀히 말해서 성 하나만의 단어로 공교와 졸의 개념이 성립할 수 없으므로, 문장의 구조상 정을 대비하여 논리를 완성시킨 것이다.

성정이란 용어의 논리 구조를 보다 쉽게 이해하기 위해서는 송대 성리학과 관련한 지식이 필요하다. 주자가 '심통성정(心統性情)'을 밝혀 마음이 성품과 감정을 통어한다는 뜻에서 성정이라는 용어를 사용하고 있다. 성이란 순선(純善)으로서 인의예지신 오상(五常)을 말하며 정이란 선악 혼용의 희로애락을 말한다. 이 논법을 분별해보면 성의 공교함에 대하여 정의 졸함이라 볼 수도 있다. 순선의 성이므로 공교라 할 수 있고, 선악 혼용의 정이므로 졸이라 할 수 있기 때문이다.

주목할 바, 소태산 대종사는 '성정'이란 용어를 정기간행물에서는 딱 한번 사용하였는데, 『수양연구요론』이 나온 1년 후인 원기 13년(1928)의 『월말통신』 1호에 나온다. "갑동리에서는 그 압제를 할 수 없이 받으며 그중에도 성정(性情)깨나 있는 사람은 우선의 압제받는 것만 원통하여 을동리의 명령을 복종치 않다가 혹독한 처분을 받는다"라는 「강자로 약자되는 법문」이 그것이다. '성정깨나 있는 사람'이란 성정의 공교에 해당하며, 그렇지 못한 사람이란 성정의 졸에 해당한다.

사실 내가 잘났다고 하거나 못났다고 하는 계교심은 모두 청정자성에 비추어 보면 허상을 잡고 노는 꼴이다. 예컨대 상근기와 하근기의 경우를 보자. 스스로 상근기라고 판단하여 이에 넘치거나(功巧), 스스로 하근기라고 하여 퇴굴심을 내는 것은(拙) 모두가 허상에 사로잡힌 중생심이기 때문이다.

따라서 성정의 공교함과 졸함을 없애는 공부를 해야 하는 것이다. 그것은 대인접물 간에 일어나는 마음작용을 잘하라는 뜻이다. 소태산은 성정의 수행과 관련하여 『대종경』에서 언급하고 있다. 사람의 성품은 원래 선악이 없는 것이나 습관에 따라 선악의 인품이 있게 된다(수행품 30장)라고 하여 습관에 따라 나타나는 성정의 계교 감정을 극복하라는 것이다. 우리의 성정이 잘났다(공교)거나 못났다(졸)는 상을 극복하는 것은 계교심을 벗어난 자성, 곧 본래 선악이 없는 경지를 회복하는 것과 같다.

이를 위해서는 본연 자성을 찾아가는 공부를 해야 한다. 자성에는 공교함이나 졸함이라는 분별 작용이 없기 때문이다. 이에 소태산은 본래에 분별과 주착이 없는 우리의 성품을 간직하여 마음 밭(心田)의 잡초를 뽑으라(대종경, 수행품 59장)고 하였으니, 심신 수양의 측면에서 더욱 적공해야 할 것이다.

44. 산무도적(山無盜賊)하고 도불습유(道不拾遺)하면 태평세계라 하였으니 어찌하여야 그러할지 연구할 사

본 문목의 전적(典籍)을 찾아보면 『환단고기』로서 '산무도적 야불습유(山無盜賊, 野不拾遺)'라 하였으며, 단어에 있어 상호 차이점이 발견된다. 원전에는 '야(野)'라 하였지만 본 문목은 '도(道)'라 하고 있기 때문이다. 물론 의미상으로는 문제가 없으며 "산에는 물건을 빼앗은 도둑이 없고, 들에는 흘린 물건을 주어가지 않는다"는 의미이다. 들[野]에 흘린 물건이든, 길[道]에 흘린 물건이든 별 차이가 없기 때문이다.

이른바 도둑이 없고 흘린 물건을 줍지 않는다는 것은 집집마다 식량이 쌓이고 재물이 비축되어 있어서 백성들이 의식주의 풍요로움을 누리는 이상향을 뜻한다. 『허생전』이나 『홍길동전』에서도 이러한 이상세계를 묘사하고 있다. 곧 허균은 율도국(부안군 위도)을 언급하고 있는데, 여기에는 조선인이나 중국인도 출입하지 않는다는 의미로 '산무도적 야불습유'와 같은 풍요로운 세상으로 묘사되고 있다.

만일 이와 달리 길거리에 도둑이 많아져서 살기 힘든 세상은 무엇인가? 그것은 아귀다툼의 세상이요 무명 중생이 살아가는 세상일 것이다. 『업보차별경』 12장에 의하면 중생이 범하는 악업 중에서 네 가지가 도둑과 관련되어 있다고 했다. 첫째는 스스로 도둑질을 잘 함이요, 둘째는 다른 사람을 권하여 도둑질을 하게 함이요, 셋째는 도둑질하는 법을 찬성함이요, 넷째는 도둑질하는 것을 보고 마음에 좋아함이라는 것이다. 이러한 세상에서 살아가는 사람들은 물론 의식주의 빈천보라는 업보를 받을 것이라고 하였다.

선천시대에는 미신이 창궐하고 도둑의 무리가 횡행한 세상이었다면, 후천시대는 산에는 도적이 없고 들에는 물건을 줍는 사람이 없는 세상이 도래할 것이다. 후천시대의 증산도에 의하면 천지개벽의 세상에서 상제는 이상국가를 말하여 누구를 억압하거나 부패함이 없다는 뜻에서 '산무도적 야불습유'의 경지를 설하였다. 『환단고기』의 언급이나 『홍길동전』의 이상향과 증산의 천지개벽의 세상에는 그같은 이상세계가 그려지고 있다.

같은 맥락에서 소태산 대종사는 『대종경』 전망품에서 돌아오는 세상을 전반세계라 하여 미륵불의 이상향을 그리고 있다. 그것은 인류의 정신문명이 물질문명을 지배할 것이며 물질문명은 도덕발전의 도움이 될 것이니, 멀지 않은 장래에 "산에는 도둑이 없고 길에서는 흘린 것을 줍지 않는 문명세계를 보게 되리라"(전망품 20장)고 하였다.

이러한 이상세계에서 살려면 우리는 어떻게 해야 하는가를 살펴본다. 초기교단의 최도화, 정세월 선진이 이상향을 염원하며 소태산 대종사께 미륵불과 용화회상의 세상이란 어떠한 세상이냐고 여쭈었다. 이에 대종사는 "하나하나 먼저 깨치는 사람이 주인이 되나니라"라고 답하였다. 각자가 일원상 진리에 눈을 뜨고 무명을 벗어나 간절한 구도의 심경으로 깨달음을 성취하는 삶이 바로 '산무도적 도불습유'의 이상향에서 살아갈 수 있다.

45. 세상은 쇠하고 도심은 없어진다 하였으니, 어찌하여 그러한 지 연구할 사

"세상은 쇠하고 도심이 없어진다"는 문목의 고전적 연원을 찾아보면 『맹자』와 관련된다. 맹자는 공자가 『춘추』를 지은 이유를 「등문공」 하편에서 자세히 기록하고 있다. "세상이 쇠하고 도가 미약해서 사설(邪說)과 폭행이 일어나 신하가 그 임금을 시해하는 자 있으며 자식이 그 아비를 시해하는 자 있느니라." 세상이 쇠해진다는 것은 미신이 횡행하고 인륜이 사라진다는 것이며 그것은 도심이 없기 때문이라는 것이다.

또한 『서경』에서는 "인심은 위태롭고 도심은 미미하니 그 중(中)을 잡으라"고 하였다. 세상이 쇠해진다는 것은 인심이 위태롭다는 것이요 도심이 없어진다는 것은 도심을 발휘하는 사람들을 찾아보기가 쉽지 않다는 것이다. 고전에서 세상이 쇠해진다는 것은 정법대도가 없어지는 실상을 경고하는 것이요, 그것은 인심에 사로잡히기 때문이다.

여기에서 인심과 도심의 의미를 살펴볼 필요가 있다. 유교사상에서 자주 거론되는 도심이란 천리(天理)에서 나오는 선한 마음이라면 인심은 인욕(人欲)에서 나오는 악한 마음이다. 이를 성품론에 의거하면, 도심은 성선설에 바탕한 맹자의 입장이라면 인심은 성악설에 바탕한 순자의 입장이다.

인심과 도심은 유교 성리학의 수양론에서 자주 거론하는 용어이다. 율곡은 「내성론」에서 도심에 의해 인심을 제어하고 순화시켜 천리를 실현하고 인욕을 멸하라고 하였다. 이처럼 성리학은 인심의 기질변화를 통해서 도심을 기르는 수양론의 중요성을 부각시키고 있다.

이에 소태산은 본 문목을 유불도 3교사상과 회통의 측면에서 제시하고 있다. 제자 송벽조에게 『중용』의 솔성을 해석하여 보라고 하자, 제자는 천리 자연의 도에 잘 순응하는 것을 솔성의 도라고 답하였다. 이에 대종사는 육도의 윤회와 십이인연에 끌려 다니지 말고 부처님처럼 천업을 돌파하고 거래와 승강을 자유 자재하는 도심을 기르라(대종경, 불지품 6장)고 하였다.

어쨌든 "세상은 쇠하고 도심은 없어진다"는 말은 교단초기의 문목연마에 종종 활용된 것으로 보인다. 성산 성정철 선진은 다음과 같이 말한다. "세상이 쇠하고 도덕이 가늘어진 이 세상에 어찌 다행히 종사주의 대법 하에 모이게 되어 억만고에 희귀한 이 도덕공부와 사업을 하게 되었나이까"(원기 15년 5월 8일). 세상이 쇠하는 것을 도심의 도덕공부와 연결시키고 있는 것이다. 송벽조 선진도 원기 14년(1929), 스스로 설정한 문목으로서 인심은 위태롭고 도심은 오직 미미한 이유를 『월말통신』 14호에서 자세히 언급하고 있다.

우리는 오욕에 끌려사는 인심을 극복하고 청정한 도심을 발휘하는 데 적공을 해야 할 것이다. 그것은 경계를 따라 일어나는 번뇌 망상을 극복하는 마음공부에 달려 있다. 인심과 도심이 발할 때의 유념 공부는 그 효력을 더하리라 본다.

46. 부처님은 왕궁 태자로 무슨 원이 또 있어서 천자위를 마다하시고 입산 수도하셨는지 연구할 사

B.C. 6세기, 가비라국의 정반왕과 마야부인 사이에서 태어난 고타마 싯다르타는 19세에 야쇼다라와 결혼하여 아들 라훌라를 낳았으며, 왕자로서 아무런 부족함 없이 왕궁가에서 풍요롭게 살 수 있었다. 그러나 싯다르타는 평소 품었던 인생의 궁극적인 문제의 해결 없이 사는 것은 무의미하다며 대결단을 내린다.

29세 되던 해에 사랑하는 가족을 뒤로하고 출가하여 수행자의 길을 택하였다. 어둠을 뚫고서 애마를 타고 왕궁가를 빠져나온 것이다. 신흥국가인 마가다로 향하였는데, 그곳에는 많은 종교와 사문들이 운집하여 있었다. 사위성에서 출발하여 카빌라바스투에 이르고, 쿠시나가라와 바이샬리와 갠지스 강을 지나 마가다국으로 들어가 왕사성에 이르렀다.

싯다르타는 당시 고귀한 신분이었음에도 불구하고 고행의 출가를 단행한 직접적인 이유는 어느 날 동서남북의 사문유관(四門遊觀)을 통해 생로병사가 덧없음을 알았기 때문이다. 인생무상에 대하여 고민하면서 우울한 나날을 보내왔는데, 태어나는 아이의 울음소리, 힘들게 거니는 노인, 병에 신음하는 사람, 사자(死者)의 슬픔을 목도하고 인생의 무상함에 출가의 결심을 굳히게 되었다

고행의 터 '가야'라는 곳의 한 보리수 밑에서 명상을 하다가 마침내 진리를 깨달아 불타가 되었다. 당시 그의 나이 35세의 일이었으며, 깨달음을 얻은 후 불타는 같이 고행했던 다섯 비구들에게 바라나시의 녹야원에서 최초법어로서 고집멸도라는 사성제 법문을 설하였다. 이어서 애욕 및 고행의 양극을 피하여야 한다는 중도의 팔정도를 설하였는데 그것이 유명한 초전법륜인 것이다.

이 법륜은 오늘날 불자들에게 삼세인과와 육도윤회, 십이인연이라는 불법으로 다가와 삶의 오욕과 무명을 벗어나게 해주고 있다. 설산 고행 끝에 깨달음을 얻은 불타는 혜안으로 중생들에게 고통을 극복토록 하고 해탈의 길로 인도한 사바의 성자가 된 것이다.

1930년 5월 25일 밤, 소태산 대종사는 말하길 "옛날 서가세존은 받은 위를 내던지고 바둑판을 지고 유성 출가하지 아니하였는가? 그 때문에 변두리 서역 인도국 정반왕이 전 세계에 드러나지 아니하였는가? 너희들에게 부탁하노니 명심하라. 이 시대는 정신을 온전히 가져 일심이 주장되는 시대이다"(이호춘, 修道手記, 원광 55호)라고 하였다. 성자의 가르침을 새기며 새 시대의 주역으로 정진하라는 것이다.

부처님의 유성출가에 대하여 이공주 종사는 말한다. "삼계대사 사생자부 석가모니는 인생낙의 제일위인 왕궁의 태자위도 마다하고 유성출가하여 설산에서 6년간 고행을 하였거든 … 이 알량한 속세의 영화에 탐착함인가?" 사바세계의 번뇌를 벗어나려는 수행일기에서 부처님의 유성출가의 정신을 기리고 있다.

우리는 연원불인 부처님의 유성출가의 거룩한 뜻을 새기면서 생로

병사와 부귀영화에 집착하는 삶을 극복하는 지혜를 얻어야 한다고 본다. 그것이 대도정법에 인연을 맺고 이 시대를 사는 수행자들의 신행인 것이다. 더욱이 교역자라면 출가 당시의 서원을 새기며 반조하는 시간이 빈번해야 하리라 본다.

47. 일만법을 통해다가 한 마음을 밝히라 하였으니 연구할 사

대종사의 대각 후 지었다는 석두암 장본 『회성곡』(원기5년) 표지 뒷면에 '통만법명일심(通萬法 明一心)'이라는 글귀가 있다. "일만법을 통해다가 한 마음을 밝히라"는 문구가 바로 '통만법명일심'을 의미하며, 이는 대종사가 깨달은 실체가 실천적 표어로 나타난 것이다. 본 표어는 원불교 최초의 교서인 『수양연구요론』(원기12년) 권두표어로 등장하고 있다. 뒤이어 『육대요령』(원기17년)에 이르러 '통만법명일심'이란 표어 대신에 개교의 동기 "물질이 개벽되니 정신을 개벽하자"라는 표어가 서장을 장식하고 있다.

원기 13년(1928) 『월말통신』 7호의 법설에서는 통만법 명일심을 깨닫고 보면 복과 혜를 아울러 간직하여 "남의 시비를 보아서 나의 시비를 깨칠지언정 그 그름은 드러내지 말라"고 하였다. 그것은 또한 『월말통신』 34호에 「통만법명일심」이라는 법설제목으로 나타난다. 이것은 후에 『대종경』 전망품 14장의 내용으로 실리는데 예수교의 심통제자만 되면 대종사의 참 제자도 될 수 있으니, 종교간 간격을 두지 말고 회통할 수 있는 통만법명일심 공부를 하라고 하였다.

그러면 여기에서 만법이란 무엇이기에 만법을 통하라고 했는가? 정산종사는 이를 우주의 대소유무와 인간의 시비이해라고 하면서 통만법하여 명일심하고, 명일심하여 통만법하기도 한다(한울안 한이치에,

제3장 일원의 진리66)고 하였다. 이러한 해석은 화엄의 총해만유(總該萬有)의 일심(一心)과도 통하는 것으로서 우주 만유의 대소유무를 통해 인간의 시비이해를 밝힘으로써 일심에 이른다는 것이다.

종교적으로 만법을 음미해 보면 유불도 3교의 교법으로도 볼 수 있는 바, 종교간 회통사상이 본 문목과 연계된다. 『정전』 의두요목 제7조에서 "만법을 통하여다가 한 마음을 밝히라 하였으니 그것이 무슨 뜻인가"라고 함으로써 소태산은 이미 유불도 3교의 교리를 만법으로 보았던 것이다.

이제 통만법명일심 공부는 어떻게 하는 것이 바람직한가? 먼저 '통만법' 공부가 필요하다. 그것은 우주만유가 무엇인지 파악하는 것이요, 유불도 사상을 대체로 이해하는 공부를 하자는 것이다. 이어서 '명일심' 공부가 필요하다. 만법의 원리를 알았으면 나의 한 마음 밝히는 공부를 하자는 것이다. 나의 맑고 조촐한 한 마음을 밝히는 공부는 원불교 마음공부의 현주소이기 때문이다.

이 두 가지를 응용하면 통만법하여 명일심하는 공부가 필요하며, 또한 명일심하여 통만법하는 공부가 필요하다. 물론 무엇을 우선하느냐가 중요한 것은 아니지만, 그것은 통만법하여 혜(慧)를 밝히고 명일심하여 정(定)을 쌓는 정혜(定慧) 쌍수의 공부를 하자는 뜻이다. 그리하여 통만법명일심 공부로서 죄는 짓지 말며 복을 짓는 것으로 유도되어야 한다. 일원상의 진리도 이와 관련되는 바, 일상의 생활에서 일원상의 깨달음으로 나아가는 적공을 해야 할 것이다.

48. 세상 말이 죽은 사람이 살아난다 하니, 적실히 그러한지 연구할 사

"죽은 사람이 살아난다"는 것은 죽은 사람이 다시 태어날 수 있다는 것으로 여기에는 해석학적 접근이 필요하다. 본 문목이 의미하는 바는 국가와 사회를 위해 희생적 순교를 통한 부활과 관련되거나, 종교에 입교함으로써 거듭남의 생활을 하는 경우일 것이다.

『신약성서』의 증언에 의한 교회의 발단은 예수가 십자가에 못 박혀 죽자 절망해서 사방으로 흩어진 제자들이 3일만의 예수 부활을 보고 용기와 힘을 얻었으니, 예수야말로 인류의 구세주라고 언급함과 관련된다. 유가에서는 살신성인(殺身成仁)이라 하여 자신의 몸을 희생하여 인(仁)을 이룬 공자를 칭송하고 있다. 불교에서도 나를 놓아버리라는 차원에서 '백척간두 진일보'를 언급함으로써 진정으로 내가 되살아나는 법어를 설한 것이다.

우리는 두 번 태어난다고 한다. 루소(J. Rousseau)의 말을 빌리면 한 번은 부모로부터 생물학적으로 태어나고, 다른 한 번은 스승의 가르침으로서 거듭난다는 것이다. 성자와 위인달사들은 이러한 부활에 성공한 자들이다. 석가모니도 화려한 왕궁가를 벗어나 출가고행 끝에 대성자가 되었으니, 오늘날 영원히 살아있는 부처님으로 숭배되고 있다.

소태산은 석가모니가 500생 동안 부단한 적공을 한 결과 주세불이 되었다며 다음과 같이 말한다. "그대들은 이 말을 듣고 반성하여 혹 열성이 식었으면 다시 추어 잡으라. 만일 열성이 식어가는 날에는 그 사람은 그날부터 살고도 죽은 산 송장이 되어가는 것이니, 살고도 죽은 사람이 될 것이 아니라 살았으면 산 사람으로 정진하여야 할 것이다"(대종경선외록, 은족법족3장). 곧 죽어도 산 사람이 되라는 것이다.

원기 14년(1929) 8월의 『월말통신』 18호에 죽은 사람이 살아난다는

「회설」의 내용이 주목된다. 소태산은 삼학팔조와 계문, 솔성요론, 훈련법, 유무념 등으로 우리를 죽음의 나락에서 구원하여 살려주었다는 것이다. 그는 조금도 해이함과 허루(虛漏)함이 없이 우리를 지도하므로 죽는 자로써 생명수를 얻음 같고 갱생의 동아줄을 겨우 잡아 광명한 참 인간을 이제야 비로소 보고 살게 되었다(교고총간 1권, 134쪽)라고 하였다. 교조의 위력으로 죽은 자가 살아나는 것은 정법대도를 믿고 부단한 적공을 통해 불보살이 된다는 것이다.

수도인 삶의 표준으로 등장하는 "아사법생 법생아생(我死法生 法生我生)"이라는 말이 있다. 내가 죽으면 법이 살고, 법이 살면 결국 나도 산다는 뜻으로, 삿된 내가 죽어야 법도 살고 나도 사는 공생의 이치를 알라는 것이다. 방언공사를 마친 구인제자들은 원기 4년(1919) 3월 법인기도를 시작한 후, 마지막 기도일인 8월 21일 구간도실에 모여 "죽어도 여한이 없다(死無餘恨)"는 서약을 대종사께 올리니 공인으로 다시 살려주었던 것이다. 살려고 아등바등 하는 삶도 의미 있겠지만, 희생적 정열로 공중사에 임한다면 죽을 고비에 처하여도 살아나는 사람이 되리라 본다.

49. 천상에 상제님이 있어 풍운우뢰설상과 중생의 길흉화복을 판단한다 하니 적실히 그러한지 연구할 사

고금 동양인들은 우주의 풍운우로상설 변화를 보고 인간의 길흉화복을 판단하였다. 이것은 천인합일의 삶을 강조하는 유교적 가풍과도 관련되어 있다. 『주역』 팔괘의 상징성이 이와 관련되며, 「설괘전」에서도 다음과 같이 말한다. "우뢰로써 움직이고, 바람으로써 흩고, 비로써 윤택하게 하고, 해로써 건조시키고, 산으로써 정지시키고, 연못으로써 기쁘게 하고, 하늘로써 통치하고 땅으로써 저장한다." 풍운우로가 우주의 생명체에 다가서서 조화를 부림에 인간은 길흉화복을 판단할 지혜를 발휘하여 왔던 것이다.

소태산은 사은의 천지은을 밝히어 풍운우로의 혜택이 있으므로 만물이 장양되어 그 산물로써 우리가 살게 된다고 했다. 또 대소유무를 설명함에 있어 천지의 춘하추동 사시순환 풍운우로상설과 만물의 생로병사와 흥망성쇠를 이름이라 했다. 일월성신과 풍운우로상설이 모두 한 기운 한 이치어서 하나도 영험하지 않은 바가 없다(대종경, 변의품 1장)는 것이다.

이처럼 문목이나 성리에 우주의 소재가 등장하는데, 우주의 대소유무 이치를 보아다가 인간의 시비이해를 건설한다는 측면에서 풍운우로상설과 길흉화복이 거론되고 있다. 『월말통신』 20호 「회설」에서도 인간은 우주의 풍운우로 조화에 응하여 삼재(三才)를 통합한 결정물로서의 인류는 우주의 주인이라고 하였다. 소태산은 우주사를 보아 인간사를 전개하는 성리의 소식을 전했는데, 천지의 식이나 풍운우로상설, 길흉화복 등의 용어는 유교적 용어와 밀접한 관련이 있다.

원불교의 초기교서 『정정요론』(상)에서 하늘이 명한 덕이 품부되어 사람이 될 처음에, 머리는 위로 삼청진궁의 기운으로 화하고, 배는 아래 산림천택의 얼굴을 받고, 가슴은 일월성신과 풍운우뢰와 음양조화의 부락을 품었나니 이는 바로 나의 영보국(靈寶局)이라고 하였다. 선가의 상제(上帝)가 인도하는 영보국의 세계에 대한 『정정요론』의 의미를 새겨봄직한 일이다.

우주의 풍운우로와 인간의 길흉화복이라는 소재를 등장시킨 본 문목은 선가사상에서 수렴한 것이지만, 소태산은 이를 불가의 일체유심조라는 공부법으로 전개하고 있다. 그는 말하기를 "천상의 상제가 풍운우로상설과 길흉화복을 판단한다 하니 적실히 그러한지 연구할 사"

라고 문제를 제기하면서 모든 길흉화복이 다 마음으로 좇아 짓는 바 (월말통신 5호)라고 한 것이다.

위의 언급에서 인간 길흉화복이 모두 자기의 짓는 대로 보응되는 것을 증오(證悟)케 하여 가장 현대적 정신을 가진다(월말통신 18호)는 소태산의 교판정신을 새길 필요가 있다. 전통종교의 사상을 섭렵하면 서도 교판적으로 풍운우로상설과 길흉화복의 판단은 '상제'가 아니라 우리 '자신'이라는 것을 적실히 각인시키고 있다.

50. 명부에 시왕이 있어서 중생의 복의 경중과 죄의 경중을 일일이 조사하여 상벌을 있게 한다 하니, 적실히 그러한지 연구할 사

본 문목에 등장하는 용어의 개념 파악이 우선 필요하다. 명부(冥府) 란 사람이 죽을 때 심판받는 곳이며, 명부사자는 명부에서 심부름하는 자이다. 이어서 명부시왕에 있어 시왕(十王)은 저승에서 죽은 중생의 선업과 악업을 재판하는 10명의 대왕으로 진광대왕, 염라대왕, 변성대 왕 등이다.

중생의 죄복을 심판하여 상벌이 있게 한다고 했다. 사람이 죽은 날 부터 49일까지는 7일마다, 그 뒤에는 백일, 소상(小祥), 대상(大祥) 때에 차례로 명부에서 명부사자가 데리고 온 사람은 시왕에 의하여 상벌의 심판을 받는다는 것이다. 『대종경』천도품 18장에서 말하길, 염라국이 다른 데가 아니라 곧 자기 집 울타리 안이며 명부사자가 다른 이가 아 니라 곧 자기의 권속이라 했다. 그것은 애착 탐착에 끌려 살다가 죽음 에 이르러 영이 멀리 뜨지 못하고 도로 자기 집 안에 떨어져서 인도 수생의 기회가 없으면 축생계에 떨어지기 때문이다.

살아생전에 해탈된 심법으로 살지 못하면 죽음에 이르러 악도에 떨어진다는 것으로 소태산은 금강산 여행에서도 이를 환기시키고 있다. 원기 15년(1930) 6월, 대종사는 경성지부 제자들과 8박9일간 금강산 여행을 하였다. 「금강산 탐승기」에 의하면, 금강산 명경대 뒤의 염부세계를 가리키며, 여기에는 명부의 시왕봉, 명부사자의 사자봉, 죄의 경중에 관련되는 죄인봉, 상벌을 내리는 판관봉, 죄벌을 받은 지옥문 등이 있다고 하였다. 악업을 짓지 말고 선업을 짓자는 뜻에서 기록에 남겼을 것이다.

누구나 죽을 때 명부에 이르러 명부시왕에 의해 벌을 받지 않으려면 어떻게 살아야 하는가? 소태산은 이에 말한다. "상시일기장이 저승의 재판문서이다. 일생 동안 꾸준히 사실로만 적어 놓는다면 염라국 최판관의 문초는 틀릴지 몰라도 이 기록에는 틀림이 없을 것이다"(대종경선외록, 일심적공장 4). 그의 언급처럼 일생을 살면서 죄업을 짓지 않고 선업을 쌓아야 복을 받는다는 것이다.

잘 살아야 잘 죽는다는 말이 있다. 죽어갈 때 잘 죽는 것은 생전 선업을 지었기 때문이다. 불교의 보살들 중에서 지장보살이 등장하는데 이 지장보살은 지옥 구제의 보살이다. 우리가 죽음의 문턱에서 기다리고 있는 명부사자 앞에서 떨지 않고 홀연한 마음으로 재판을 기다리는 것은 애착 탐착을 없애는 해탈의 심경으로 살아갈 때 가능한 일이다.

지금부터 애착 탐착을 놓는 공부를 차분히 해나갈 때 명부시왕과 지장보살의 가호 속에 지옥에 떨어지지 않고 천상계에 머물 것이다. 하루하루 선업을 쌓고 틈틈이 생전천도를 해나가는 적공이 필요한 이유가 여기에 있다.

51. 사람의 귀신이 있는데 어떠한 것이 귀신인가 연구할 사

그간 귀신은 두려운 존재였고, 귀신이란 경외의 대상이 되어 사람이 죽은 뒤의 넋이라거나, 사람에게 죄와 복을 주는 정령으로 받들어지기도 했다. 동양에서 귀신은 미리 올 것을 아는 존재, 그리고 생명체의 변화를 일으키는 배후로 간주되었으며, 『주역』에서도 귀신이란 용어가 6번 등장한다. 서양에서의 귀신은 유령(ghost)으로 이해되는 것이 보통이다. 할로인(Halloween) 날에는 연례행사로서 큰 호박에 악마의 얼굴을 새기고 밤에 도깨비 마녀 등 귀신의 모습으로 가장하는 축제가 열린다.

초기교단에서는 '귀신'에 대한 용어가 심심치 않게 등장하고 있다. 『월말통신』과 『월보』에 귀신 용어가 45회, 『회보』에 51회 등장하고 있다. 『대종경선외록』에 4회, 『대종경』에 1회, 『한울안 한이치에』에 3번 등장한다. 여기에서 귀신의 개념은 크게 긍정적인 면과 부정적인 면이라는 두 가지로 접근된다.

우선 소태산 대종사의 귀신에 대한 입장은 어떠한가? "선천에는 음계에서 양계를 지배하게 되므로 귀신들이 일체를 주장하게 되어 장난도 훨씬 심하였고 그들이 인간계를 누르고 살았으나, 후천에는 양계에서 음계를 지배하게 되므로 인간들이 일체를 주장하여 살게 되는 까닭에 귀신들의 장난이나 세력이 없어진다"(대종경선외록, 도운개벽3장). 그의 언급처럼 귀신은 선천시대에 그 영향력이 컸으나, 후천시대에는 영향력이 줄어든다는 것이다.

귀신과 관련하여 초기교단의 강연제목으로 심심찮게 등장한 것은 『주역』 「건괘」 문언전의 내용(與鬼神合其吉凶)으로 『월말통신』 3호(원기13년)에 나타난다. 이어서 원기 14년(1929) 의두 문목으로 「세상에 귀신이 있는데 어떠한 것이 귀신인가」(월말통신 13호)의 내용이 나타

218 ● 견성과 원불교

난다. 이른바 우리가 보려고 해도 볼 수 없는 영험한 존재가 귀신으로, 우주 대자연에서 조화를 부리지만 많은 사람들이 귀신을 잘 모른 채 미신으로 섬기는 우를 범한다고 하였다.

우주에 새가 날고 바람이 불고 벌레가 우는 것 등이 귀신의 조화이니, 천지만물이 다 귀신이라고 한다. 그것은 귀신이 아무리 영험하다고 해도 진리적으로 이해하자는 것이다. 삼산 김기천 선진은 미신적 귀신론에서 벗어나 사실적 인식의 솔성으로 접하라 했다. 원기 17년 (1932) 중앙총부 대각전 예회에서 그는 "솔성을 잘 하려면 귀신에 대한 의심을 파(破)하라"는 말로 설명하니 청중은 귀신의 형상을 발견한 듯 미신의 소굴에서 벗어난 듯이 환호성이 법당을 울리게 하였다(월보 42호)는 기록이 있다.

우리는 인도상의 요법에서 귀신을 바라보아야 한다. 신령한 존재로만 아는 기복신앙의 미신적 행태를 벗어나, 진리적이고 사실적인 솔성(率性)의 도를 다함으로써 일원상 진리의 묘유(妙有)와 관련시켜 보자는 것이다.

52. 세상에 난이 나면 피난처가 있다 하니 어떠한 것이 피난처인가 연구할 사

영어로 성당이나 교회를 '생추어리(sanctuary)'라고 하는데, 원래 이 말은 '신성한 곳'이란 뜻으로 피난처를 말하며, 죄인들의 피난 장소를 의미하였다. 삼국시대에 마을마다 소도라는 곳이 있었으며, 그곳에서 관례의 제천행사를 지냈다. 이 소도가 마을을 지키는 수호신의 역할을 하였으니 죄인들이 소도 안에 들어오면 체포할 수 없는 피난처였다.

우리가 난감한 상황에 처했을 때 피난처가 필요한 것은 사실이다.

『주역』「비괘(否卦)」에서 말하기를 "군자가 난세를 피해서 살되 영화롭게 하지 말아야 한다"고 하였다. 천하가 난세이면 소인들이 부귀영화에 탐닉된 것으로, 군자는 이를 피하라는 것이다.

여기에서 피난처가 필요한 이유를 알게 해준다. 대종사 성비의 글을 보면 그 이유 또한 알 수 있다. 정산종사는 성비(聖碑)에서 대종사의 출현 시대가 '판탕(板蕩)한 시국'이라 하였으니, 나라의 정치가 어지럽고 윤리 도덕이 문란한 세상을 판탕한 시국이라 할 수 있다. 이 말의 유래는『시전』「대아」장에서 판(板)과 탕(蕩)의 2편이 문란한 정사를 읊은 시에서 유래한 말이며, 판탕으로부터 벗어나는 길이 다름 아닌 피난처가 되는 셈이다. 후천개벽의 성자 출현도 이와 관련된다.

일찍이 대종사는 '마음나라의 난리'를 지적하면서 정법이 피난처임을 밝히었다. 우리의 공부법은 난리 세상을 평정할 병법이요, 그대들은 그 병법을 배우는 훈련생과 같으니, 그 난리란 곧 세상 사람의 마음나라에 끊임없이 일어나는 난리라는 것이다. 이에 사욕의 마군을 따라 어둡고 탁해지며 복잡하고 요란해져서 한없는 세상에 길이 평안할 날이 적으므로, 이와 같은 중생들의 생활하는 모양을 마음난리(대종경, 수행품 58장)라 하였다. 따라서 온전하고 평안하여 밝고 깨끗한 마음나라에 피난해 있으라는 것이다.

실제 전쟁의 난리를 겪었던 우리로서는 피난처가 필요하였다. 정산종사는 6.25전쟁 때에 익산총부의 대각전과 정미소 등에 피난해 있으면서 말하기를, 아무리 난경에 처해 있다 할지라도 희망을 잃지 말라고 하였다. 그는 특히 평화의 심경을 놓지 말라(정산종사법어, 국운편 29장)고 하였으니, 법신불의 위력에 힘입어 정법 대도에 귀의하여야 한다는 것이다.

정법에 귀의하면 마음난리를 피함으로써 적멸궁에서 정진할 수 있다며, 주산종사는『회보』13호에서 세 가지 난세를 피하라 했다. 첫째 난세는 삼독심에 유혹되어 팔만사천의 마군이 아우성치는 것이요, 둘째 난세는 삼계화택(三界火宅)으로 만신창이가 된 상태요, 셋째 난세는 인생사의 난관에 봉착하여 마음을 태우는 것이라 했다. 이 마음나라의 난리를 극복할 수 있는 유일한 피난처가 정법대도의 적멸궁이라는 것이다.

53. 세상 말이 명당이 있어서 그 명당을 얻어 조여부모(祖與 父母)의 백골을 안보하면 자손도 생기고 부귀공명이 절로 된다 하니 적실히 그러한지 연구할 사

여가시간에 산행을 하다보면 양지바른 곳에 묘소가 있음을 발견하는데, 명당자리라며 산수 좋은 곳에 가묘(假墓)를 해두는 곳도 산견된다. 또한 별장이나 사찰을 지을 때 명당을 찾곤 한다. 1917년 11월경 정산종사는 모악산 대원사에 들어갔다. 이 산은 예로부터 진잠의 신도안, 풍기의 금계동과 함께 풍수설에 의한 명당이라 하여 피난처로 지칭되었으며, 신흥종교나 유사종교가 많이 모여 있는 곳으로 유명하다.

그러면 명당은 지기(地氣)를 간직한 영험한 곳인가? 물론 의미가 전혀 없진 않겠으나 결론부터 말하면 명당의 비합리적 측면이 많다. 1935년 발간된 『회보』 제20호 「회설」을 보면, 부귀 공명을 소원하는 사람이 한두 명이 아니며, 이러한 소원을 이루기 위하여 산천초목에 기도하거나 명당을 찾아 선조의 묘를 잘 쓰려 한다는 것이다. 그러나 일체 화복(禍福)의 근원은 명당에 있는 것이 아니라 "생로병사와 인과 보응의 이치를 알아서 짓는 바에 있다"고 했다.

명당이라는 곳을 선조(先祖)의 묘소로 삼고자 하는 것은 풍수예언과 같은 운명론에 치우치는 심리 때문이라는 것이다. 소태산 대종사는 말하기를 "혹 안다는 사람은 말하되 산수와 경치가 좋은 곳에는 사원이 있다"(대종경, 서품 16장)고 하였다. 정산종사도 도가에서 과거의 인습에 집착된 점이 많아서 일반 가정에서도 미신 행사나 풍수 예언 등에 끌리어 모든 것을 운명으로 돌리고 바라고만 앉아 있다"(정산종사법어, 경의편 12장)고 지적하였다.

1974년 11월 6일, 대산종사는 금산 제원교당 교도들과 함께 삼동원 천양원에 올라서 잠시 잔디밭에서 쉬었다. 제원교당 교도들이 말하였다. "참 좋은 명당터입니다." 대산종사 말하기를 "땅에 그 명당이 있느냐? 마음에 명당을 써야지. 앞으로는 명당이라 하지 말고 심당(心堂)이라고 하라"고 하였다. 운명론에 치우치는 미신적 명당을 찾으려 말고 일체유심조를 깨닫는 심당을 찾으라는 뜻이다.

1994년 『주세불의 자비경륜』을 저술한 좌산종사에 의하면, 세상에는 명당이 있어 풍수지리설을 중히 알고 묘지터를 미리 잡아놓는 성향이 있다며 이에 말한다. "죄복 원리나 구원의 의미로서의 명당론, 신론, 사주론, 육정육갑론 등도 이제 하나의 골동품의 의미 이외에는 아무 것도 없다."

일부 사람들이 아직껏 명당에 맹종하는 습속을 탓할 것은 아니지만, 진리적이고 사실적 종교 신앙을 하는 후천개벽의 새 종교에 의하면 그러한 행태는 이제 지나간 시대의 골동품을 구하는 형국이라는 것이다. 명당터가 외부에 따로 있다는 미신적 신앙을 돌려 진리신앙의 전당이라면 처처불상이니 어디나 명당이라는 것을 알아야 한다. 특히 나의 심당(心堂)을 찾아서 사사불공을 하되, 외형적 명당이라는 우상의 상념을 벗어날 때이다.

54. 천당이 있고 극락이 있다 하니 어떠한 곳이 천당과 극락 인가 연구할 사

천당이란 기독교에서 하나님에게 구원을 받아 하나님 나라에 합류 하는 것으로 천국이라고도 한다. 누구든지 하나님의 이름을 부르는 자 는 구원을 얻으리라(요엘 2장 32절) 했고, 착하고 정직한 사람은 죽어 서 천국에 가고 악인은 죽어서 뜨거워 고통을 당할 것(눅 16장 22절) 이라 하였다.

기독교의 천당에 비유되는 것이 불교의 극락(極樂)이다. 극락이란 안락 또는 연화장 세계라고 하는 바, 즐거움이 충만된 곳으로 아미타 불의 본원이 성취된 깨달음의 경지를 말한다. 『아미타경』에 의하면, 극락세계는 아미타불이 거주하며 설법하는 곳으로 서방으로 십만 억 의 불국토를 지난 곳에 있다고 하였다.

천당과 극락은 기독교의 성자나 불교의 불보살들이 살고 있는 세계 로서 생사거래와 육도윤회를 자유자재하며, 삼계의 대권을 잡고 무한 한 낙을 누리고 사는 곳이다. 육도세계에서 이를 거론하면 천당과 극 락은 최상위의 천상계를 말한다. 원불교에서는 이를 광대무량한 낙원 (樂園) 세계라고 한다.

여기에서 낙원세계에 이르는 방법이 궁금하다. 소태산 대종사는 『대종경』에서 "지금 세상의 이 큰 병을 치료하는 큰 방문은 곧 우리 인생의 요도인 사은사요와 공부의 요도인 삼학팔조, 이 법이 널리 세상에 보급된다면 세상은 자연 결함 없는 세계가 될 것이요, 사람들 은 모두 불보살이 되어 다시 없는 이상의 천국에서 남녀노소가 다 같 이 낙원을 수용하게 되리라"(교의품 35장)고 하였다.

원기 14년(1929), 송도성 선진 역시 「신년 도가」라는 글에서 극락의 경지를 밝히고 있다. "공부사업 병진하니 복혜족의 근원이요, 지기 안

분하고 보니 극락세계 여기로다. 사은사요 원만교리 세계상에 으뜸이
요, 삼강팔조 빠른 법문 일체중생 광명일래"(월말통신 34호).

그간 극락은 열반 후에 도달한다거나, 천당은 유일신을 믿어야 간다
는 식의 유토피아적이고 편협된 사고가 만연하였다. 이제 후천개벽의
시대에 처하여 그같은 편협된 신앙관을 극복하는 정법신앙의 시대인
것이다.

얼마 전 타계한, 기독교인이면서 다원론자인 리영희 선생은『스핑
크스의 코』라는 저서에서 다음과 말한다. "나는 예수의 신자이고, 부
처의 신도인 것이다. 예수교를 믿어야 천당간다거나 부처를 안 믿으면
지옥 간다는 식의 예수교 신자가 아니고 불교신도도 아닌 대신, 위대
한 두 분을 동시에 마음속에 귀히 모시려는 것이다." 열린 안목을 지
닌 선지자의 시각이 이처럼 감동으로 전해진다.

소태산 대종사는 파란고해의 일체생령이 구원받는 세계가 천당이요
극락이며 낙원세계라 하였다. 전통불교에서 거론하는 상락아정의 극
락과 기독교의 천당론을 수용하면서도, 낙원의 이상향을 출세간이나
유일신에서가 아니라 현실의 인간세계에서 구현하도록 하였다. 천당
과 극락 사이의 낙원세계가 갖는 함수가 여기에 있다.

55. 지옥이 있다 하니 어떠한 곳이 지옥인지 연구할 사

고대 인도에서는 대지의 밑에 지옥이 있다고 생각했다. 그것은 베다
시대에 죽음의 신인 야마(yama)의 거주처가 처음에는 천계에 있었는
데 도중에 지하로 이동하였다는 것에 기인한다. 인도의 전설이 불교에
수용되면서 팔한팔열(八寒八熱)이라는 16의 지옥설이 전개되었다.

쉽게 말해서 삼세를 두고 삼계에서 인과를 부정하는 자행자지의 삶

으로 인해 삼독심과 악도 윤회의 고통을 받고 사는 것이 지옥이며, 인간으로서 수라 축생 아귀 같은 삶도 지옥의 일종이다. 지옥을 심상(心上) 지옥과 실제(實際) 지옥으로 나누어볼 수 있는 것이며, 불교의 근본주의에서는 극락과 지옥은 따로 있지 않다고 주장하기도 한다.

원불교의 초기 정기간행물인『회보』61호(1939년)의 서산대사「별해심곡」이라는 글에 지옥의 종류가 나열되어 있어 흥미롭다. "도산지옥 화산지옥 한빙지옥 금수지옥 발설지옥 독사지옥 아침지옥 거해지옥 각처지옥 분부하여 모든 죄인 처결한 후 대연을 배설하고 착한 여자 불러들여 공경하며 하는 말이 소원대로 다 일러라." 지옥중생의 고통을 극복하도록 선여인을 대비시킨 언급이라 본다.

그러면 어떻게 하여 지옥에 떨어지는지『불조요경』의『업보차별경』16장에 나타난「지옥보를 받는 열 가지 죄업」을 소개하여 본다. 신구의 삼업(三業)에 이어 천지 만물이 본래 아무것도 없다 하여 한갓 없음을 주장함이요, 천지 만물이 떳떳이 있다 하여 한갓 있음을 주장함이요, 인과가 없다는 소견을 가짐이요, 구태여 선을 지으려고 애쓸 것이 없다는 소견을 가짐이요, 모든 법을 볼 것도 없다는 소견을 가짐이요, 편벽된 소견을 가짐이요, 은혜 갚을 줄을 알지 못함이다.

소태산은 지옥이란 죄복과 고락을 야기하는 오욕의 집착에 구애될 때 나타나는 것이라 했다. 한 제가가 극락과 지옥이 어디에 있느냐고 여쭈자, 대종사 답하였다. "네 마음이 죄복과 고락을 초월한 자리에 그쳐 있으면 그 자리가 곧 극락이요, 죄복과 고락에 사로잡혀 있으면 그 자리가 곧 지옥이니라"(대종경, 변의품 10장). 이어서 도산지옥(동서, 인과품 32장), 현실지옥(동서, 천도품 19장) 등을 밝히며 재색명리로 인한 죄업을 짓지 말도록 하였다.

지옥에 이르지 않는 가장 쉬운 공부길을 소개하여 본다. 주산종사는 다음과 같이 말한다. "솔성요론 행코나니 현인군자 이름 높네. 삼십계

문 범치마라 지옥길이 그 길이다"(월말통신 34호). 이처럼 지옥을 극복
하는 길은 원불교 교법을 실천하는 것이며, 그것은 악업을 멀리하고
선업을 쌓음에 있다. 염라대왕이 지옥에서 저승사자를 보내더라도 생
전에 선업을 쌓아 중생제도에 힘쓰면 두려워할 필요가 없다는 뜻이다.

56. 모든 사람이 모든 귀신을 위하여 모든 정성으로 제사하면 귀신이 흠향한다 하니 적실히 그러한지 연구할 사

　인도의 아리아인들은 각기 가정에서 제화(祭火)를 만들어 신들에게
공물을 바쳤고, 조상들을 위해 찬가를 부르며 제사를 올렸다. 중국의
경우, 『예기』에 의하면 하은주 3대의 왕들은 귀신의 숭배와 관련되는
신명(神明)을 섬기고 복서(卜筮)를 사용했다고 한다. 동양의 전통윤리
에 의하면 관혼상제의 예로서, 자녀가 부모에 대한 효성을 표하는 뜻
에서 부모 사후에 제사 향례를 정성스럽게 지내왔던 것이다.

　이처럼 전통종교에서 귀신이란 인류의 소망에 부응하고 열반인의
영혼을 안내하는 정령(精靈)으로 간주되기도 하였다. 곧 유가에서는
조상을 위해 제사를 극진히 모시고, 불가에서는 열반인이 49일간 중음
에 있다가 왕생극락을 하도록 천도재를 올려주는 경우가 이것이다.

　그러나 귀신은 긍정과 부정의 양면으로 접근된다. 소태산 대종사에
의하면, 귀신의 영향력은 지난 선천시대에 크게 작용하였지만 후천시
대에는 정법대도의 시대가 도래한다고 하며, 점차 귀신의 영향력은 줄
어든다(대종경선외록, 도운개벽 3장)고 하였다. 이에 귀신의 영험성은
인지하되 여기에 무조건 의존하는 기복신앙을 멀리하라고 한 것이다.

　유교의 자로가 귀신을 섬기는 일에 대하여 물었을 때만도 공자는
사람도 섬기지 못하는데 어찌 귀신을 섬길 것인가(논어, 옹야편)라며

귀신을 공경하되 멀리하라 했다. 노자도 귀신의 신출귀몰을 부정하며 『도덕경』 60장에서 말하길 도(道)로써 천하에 임하면 귀신이 사람을 상하게 하지 못한다(以道莅天下, 其鬼不神, 非其鬼不神, 其神不傷人)고 하였다.

인간이 세상에 살아가면서 우연한 가운데 음조와 음해가 없지 않다. 진리를 모르는 사람들은 그것을 부처님이나 귀신이 주재하는 것인 줄로 알지마는 아는 사람은 그 모든 것이 각자의 심신을 작용한 결과로서, 과거에 자기가 지은 바를 현재에 받게 되고, 현재에 지은 바를 또한 미래에 받게 되는 것(대종경, 인과품 15장)이라고 하였다. 음조와 음해는 귀신의 신비함에 의함보다는 정법대도의 실천 여부에 달려있다는 뜻이다.

부모은의 「부모보은의 조목」에서는 부모가 열반한 후에는 제례를 극진히 모시라는 뜻에서 역사와 영상을 봉안하여 길이 기념하라고 했다. 그것은 신비로운 귀신의 영험에 매달려 제사를 지낸다는 의미보다는 열반인을 위한 왕생극락과 삼세부모에 효성을 다한다는 진리적 종교의 신앙으로 다가서라는 뜻이다. 귀신을 신비함으로 접근하라는 것이 아니라 천지신명과 허공법계의 작용, 즉 일원상 진리의 묘유적 조화로 해석해야 하는 이유가 여기에 있다.

대종사가 귀신의 흠양 문제를 화두로 남긴 뜻은, 귀신의 신비와 이적 행위를 액면 그대로 믿으라는 뜻이 아니다. 정령에 대하여 종교적 신앙 의례의 사실적 접근이라는 과제를 남겨준 셈이다. 이것이 진리적 종교의 신앙이요 사실적 도덕의 훈련인 것이다.

57. 모든 사람이 등상불을 향하여 모든 정성과 모든 전곡으로 공(功)을 바치며 비는 말이 "재앙은 없어지고 없던 자손이 생겨나며 수명복록으로 만세 유전케 하여 주옵소서" 하니 적실히 그러한지 연구할 사

등상불 숭배란 불타의 색신을 신앙의 대상으로 숭배하는 것을 말하며 여기에 문제점이 적지 않다는 것이 본 문목의 핵심이다. 만일 등상불을 신앙하기로 하면 석가모니불 외에 아미타불, 비로자나불 등을 신앙해야 되고, 이는 자칫 분파로 이어져 수많은 종파불교로 변질될 수 있다.

더구나 등상불 숭배의 폐단은 기복신앙으로 이어질 수 있다. 그것은 미신신앙의 행태이기 때문이다. 자손이 있게 해달라든가, 부귀와 장수를 염원하는 뜻에서 오로지 등상불에게 의지하며 곡식이나 금전을 바치는 행위는 기복적 미신신앙으로 이어져 왔던 것으로, 이는 선천시대의 종교들이 갖는 한계였다.

등상불 숭배의 폐단을 인지한 소태산 대종사는 원기 4년(1919) 방언공사를 마치고 변산으로 가기 전, 등상불을 모시는 김제 금산사에서 몇 개월 유숙하면서 미래 불법의 구상을 밝히면서 암자 벽에다 일원상을 그려서 붙여놓았다. 원기 5년 봉래정사에서 정법대도를 선포하기 1년 전의 일이다.

이때를 당하여 재래불교의 혁신이라는 화두가 대종사의 가슴 깊이 파고든 것이다. 후래『조선불교혁신론』(1935)을 저술하면서 불교혁신의 하나로 "등상불 숭배를 불성 일원상 숭배로'(총론 7조)라는 조목을 내세웠다. 등상불을 숭배하는 것이 교리 발전에 혹 필요는 있으나, 현재로부터 미래사를 생각하면 필요는 고사하고 발전에 장해가 있을 것이라고 하였다.

원기 20년(1935)의 『회보』 18호의 「회설」에서 「죄와 복의 근원」에 대한 언급을 주목해보자. "땅이 박하여 곡식이 잘 아니 되는데 등상불 전에 엎드려 저 박토를 옥토로 만들어 주시라고 빈들 그 무슨 소용이 있겠는가?" 이에 천지에게 당한 죄복은 천지에게 불공하고, 부모에게 당한 죄복은 부모에게 불공하며, 동포와 법률에게 당한 죄복은 동포와 법률에게 각각 불공을 하여야 할 것이라며, 과거 미신 생활하던 사람들이 각성하여 대도정법을 믿게 될 것이라 했다.

원기 22년(1937) 정산종사도 『불법연구회 창건사』 13장에서 말하기를, 부처를 숭배하는 것도 한갓 개별적 등상불에만 귀의할 것이 아니라 우주만물 허공을 다 부처로 알게 된다고 하며, 정법대도인 일원상 신앙의 당위성을 밝히고 있다. 등상불 숭배의 기복신앙이 아니라 일원상 신앙이 새 시대의 불법이라는 것이다.

새 시대의 불법으로서 원불교 신앙론의 특징은 등상불 숭배를 벗어나 개체신앙에서 전체신앙으로, 미신신앙에서 사실신앙으로, 인격신앙에서 진리신앙으로 돌리자는 것이다. 등상불 숭배의 기복신앙을 극복해야 한다. 미륵불 시대에는 인지가 밝아져서 저 불상에게 수복을 빌고 원하던 일은 차차 없어지고, 진리적 종교의 신앙과 사실적 도덕의 훈련의 표상인 법신불 일원상을 신앙함으로써 만생이 그 덕화를 입게 되리라고 하였다. 수명복록이 멀리 있지 않기 때문이다.

58. 사람이 죽어서 혹 짐승 되는 수도 있다 하니 적실히 그러한지 연구할 사

축생계란 동물들을 말하며 구체적으로 짐승들을 총칭한 것으로 이것은 많은 죄업을 지어 우치(愚癡)하게 사는 과보를 받으며, 죽음을 당하는 공포가 극심한 세계이다. 삼계육도 가운데 축생의 종류가 가장 많은 것으로 알려져 있으며, 그 종류는 무려 36억 종류 이상이라고 한다.

축생계란 동물의 세계를 지칭하지만, 우리가 인도 수생을 하였다고 해도 짐승과 같은 세계를 사는 경우가 있는데 그것을 심상계로 보는 것이다. 즉 축생은 인간의 치심이 치성할 때이요, 무지하여 본능적 충동으로 윤기를 구분하지 아니하고 도덕을 무시하는 비인간적인 마음이 일어날 때(정산종사법설, 불법대해 4장)라는 것이다. 축생계는 치심과 본능적 충동으로 비인간적인 삶을 살아가는 것이라는 뜻이다.

소태산은 우리가 악도를 지으면 곧바로 축생계로 떨어진다고 하였다. 예컨대 거미가 제 입에서 나온 줄을 타고 먹고사는 것과 같이 사생(四生)도 항시 저의 육근동작 여하에 따라 혹은 선도로, 혹은 악도로 이 육도를 면치 못하고 윤회하는 것이라며, 인도 중의 상하와 귀천의 차서를 다 밟은 후에 지옥에 떨어진다"(월말통신 36호)고 하여 인간이 윤회하여 축생계로 떨어짐을 지옥에 비유하고 있다.

중생들이 실제 축생보 받는 원인을 불경을 통해 살펴본다. 이는 신구의 삼업으로 악업을 지음이요, 탐진치의 번뇌로 악업을 지음이라고 『업보차별경』에서는 설하고 있다(17장). 소태산 역시 정욕으로 인하여 본능에 집착하는 삶을 산다면, 죽을 때 인도 수생이 어렵다는 것이다. 보통 사람은 이 생에 얽힌 권속의 정애(情愛)로 인하여 몸이 죽는 날에 영이 멀리 뜨지 못하고 도로 자기집 울안에 떨어져서 인도 수생의 기회가 없으면 혹은 그 집의 가축이 되며, 혹은 그 집안에 곤충류의 몸을 받기도 한다고 대종사는 천도 법어에서 언급하였다.

우리가 선업을 지으면 성현 불보살이 될 수 있지만, 이와 달리 악업을 지으면 축생계에 떨어지므로 삼가 두려워해야 할 것이다. 육근 작용을 잘못하여 죄업을 짓는다면 무진(無盡)의 재앙과 고통이 중생 첩출(疊出)하여 삼재와 팔난(八難)도 그 속에서 나오고 빈한과 병고도 그 속에서 나오며 지옥, 아귀, 축생보도 그 속에서 나오므로 두렵게 여기고 조심해야 한다(회보 54호, 이공주)라는 가르침이 이것이다.

인간으로서 본능에 집착하여 안일하게 살 것이 아니며, 또 심상계를 범할 수 있음을 주의할 일이다. 근본적으로 신구의 삼업이나 탐진치 삼독심으로 살다보면 강급에 떨어져 결국 축생계로 떨어짐을 두렵게 알아야 할 것이다. 진급이 되고 은혜를 입을지언정 강급이 되고 해독은 입지 말라는 서원 발원의 자세가 필요하다.

59. 짐승이 죽어서 혹 사람 되는 수도 있다 하니 적실히 그러한지 연구할 사

매우 우치하고 당돌한 질문을 던져보자. 짐승이 죽어서 정말 사람이 되는 수도 있다는 것인가? 또는 사찰을 맴돌던 개가 죽어서 인간 몸이라도 받았다는 말인가? 물론 삼세의 이론으로는 가능한 일이다. 삼세 윤회를 부정하는 사람은 이를 터무니없는 일로 여길 것이지만 불교 육도의 윤회론에서 이를 진급과 강급의 세계로 받아들인다.

육도의 세계란 천상, 인도, 수라, 축생, 아귀, 지옥이라 할 수 있는데, 여기에서 진급의 윤회란 축생이 인간계 이상으로 태어나는 것이다. 따라서 짐승이 죽어서 사람이 되는 수도 있다는 것은 유정(有情) 생명체가 심신작용을 따라서 진급으로 변화하기 때문이다.

이와 관련한 내용이 불경에도 발견된다. 『업보차별경』 24장에서는 다음과 같이 말한다. "중생이 지옥에 잠간 들어갔다가 곧 나오게 되는 것은 지옥에 들어갈 업을 짓고 곧 무서운 마음과 부끄러운 마음과 싫어하는 마음이 나서 실심으로 즉시 참회하여 다시 그 죄업을 짓지 아니하였음이니라." 이는 우리가 축생계의 강급과 같은 죄업을 지었다 할지라도 참회하여 다시 그 업을 짓지 않으면 죄업을 소멸하리라는 법어이다.

무명에 가린 중생이라면 육도 윤회론을 부정하여 어떻게 짐승이 죽어서 인간 몸을 받을 수 있겠느냐고 할 것이다. 그러나 인과를 믿고 삼천대천세계가 이 세상에 건설된 가지가지의 세계임을 깨달아 적공하면 자신이 무지한 중생에서 벗어날 수 있다. 여기에서 우리는 선업을 지어서 축생계를 벗어남으로써 인도 수생의 길을 밟아야 할 것이다.

원기 20년(1935) 10월 22일, 익산총부 산업부의 소가 익산에서 열린 투우대회에서 1등을 하였다. 또 산업부의 소가 전주에서 열린 밭갈이 대회에 참여하여 1등을 했다. 대종사는 이때에 대중 앞에서 그 소를 칭찬했다. "너는 축생으로 태어나서 먹는 것도 풀을 먹고 입는 것도 가죽 그대로이나 사람보다 무아봉공을 더 잘하였다. 너의 희생정신으로 농사를 잘 지어 빚도 다 갚았으니, 우리 회상에 끼친 공덕이 어찌 없어질 것인가? 후생에는 큰 복 받을 것이다"라고 하였다. 짐승이 죽어서 사람이 되는 수도 있다는 방편 법설로 이해된다.

엄연히 전개되는 인연과 속에서 필연의 윤회론을 믿지 못한다면 그것은 이생에 가린 무명 업보 때문일 것이다. 육도 윤회의 현실에 대하여 경산종법사는 말한다. "우리들의 수많은 전생이 있는데 그 전생들이 사람이 아닌 귀신의 세계나 하등동물의 세계에서 태어나 살다가 인간으로 태어난 경우도 있을 것이다"(원불교사상시론 1집).

따라서 미물 중생계에서 진급을 하려면 부단한 불공을 해야 한다.

악업을 짓지 말고 선업을 쌓아야 하기 때문이다. 지속되는 윤회의 고리를 끊어서 해탈의 극락생활을 해야 할 것이다. 모든 중생이 구원받도록 적공과 보은 생활을 하자는 뜻이다.

60. 세상에 생사가 있는데 부처님 말씀에는 생사가 없다 하셨으니 적실히 그러한지 연구할 사

인간에겐 생사가 있어 죽음에 임하면서 제행무상(諸行無常)을 깨친다. 또 생사가 없다는 불교 교리에 의하면 불생불멸의 이치를 깨친다. 여기에서 상호 이율배반적 사고로 유도하는 것이 본 문목이다. 한 제자가 큰 스님께 물었다. "제행무상이라 했는데 어찌 불생불멸이 있습니까?" "존재의 근본을 모르고 개별 존재에 집착하는 중생의 눈으로 보면 모든 게 다 생멸로 보이지만 우주 전체의 이치를 알고 보면 변화가 있을 뿐이니 불생불멸이다." 선불교 선승들이 자주 주고받는 화두의 하나이다.

불법에 있어서 제행무상이나 불생불멸의 이치를 알려면 색즉시공(色卽是空)을 알아야 한다. 『반야심경』에 "불생불멸 불구부정 부증불감"이라 했다. 생사가 작용하는 생멸문으로 보면 현생에 생사가 분명 있으나, 생사가 없는 진여문으로 보면 일체가 공(空)이어서 불생불멸이다. 생멸문과 진여문의 관계가 본체와 현상으로 전개됨을 알게 된다.

이를 쉽게 설명한다면 파도와 바다의 관계로 보자는 것이다. 즉 파도는 있다가 사라지듯 생멸하지만 여여한 바닷물은 불생불멸한다. 그것은 개령과 대령의 관계인 것으로, 개령으로보면 우리 인간은 생멸하지만 영원한 우주의 대령에서 보면 생사초탈의 세계에 진입하는 것이다.

원기 15년(1930) 6월, 초기교단의 정기간행물인 『월말통신』 18~19호를 참고해 보자. 곧 바다가 바람을 만남에 파도가 일어나고 바람이 자매 파도가 쉼과 같이, 모든 동물의 생사가 다 이러한 것으로써 일체 만상이 영생치 아니함이 없다는 것이다. 이처럼 세상에 생사가 있다는 것은 일종의 현상계에서 본 파도이며, 생사가 없다는 것은 본체계에서 본 바다로 비유된다.

석가모니는 물론 소태산 여래가 생사 없는 불생불멸의 진리를 가르치려는 이유가 있을 것이다. 생사의 굴레는 중생의 윤회로 이어지는 미혹의 세계이기 때문이다. 중생들이 겪는 생사의 고통을 잘 알고 있으므로 생사해탈을 유도한 것이다.

규봉 종밀(780~841)은 「선원제전집도서」에서 말한다. "번뇌가 다할 때 생과 사가 끊어지고 생멸이 멸하는 것이다." 개령의 윤회에 속박되는 것 자체가 고통으로 인간의 생로병사의 인연 고리에 머물다보면 극락세계의 건설은 어렵다는 뜻이다.

이에 소태산 대종사는 다음과 같이 말한다. "사람의 생사는 비하건대 눈을 떴다 감았다 하는 것과도 같고, 숨을 들이 쉬었다 내쉬었다 하는 것과도 같고, 잠이 들었다 깼다 하는 것과도 같나니, 그 조만의 차이는 있을지언정 이치는 같은 바로서 생사가 원래 둘이 아니요 생멸이 원래 없는지라"(대종경, 천도품 8장). 다만 깨친 사람은 이를 변화로 알고 깨치지 못한 사람은 이를 생사라고 집착한다는 것이다. 수양 정진으로 일생을 살아가면서 집착의 윤회 고리를 끊도록 생사해탈의 적공이 필요한 이유이다.

61. 세상에 여러 도가 있는데 어떠한 도가 참 도인가 연구할 사

동양사상에서 말하는 도(道)는 우주 상생의 기운이 지속되며 생명을 존속시키는 원리이다. 『주역』에서는 음양 작용을 하는 것을 도라고 하여 "진실로 그 사람이 아니고서는 도가 헛되이 실행되지 않는다"면서 사람으로서 떳떳한 도를 실천토록 하였다. 이처럼 도는 유가의 경우 인륜과 관련되어 있다.

노자는 도를 가히 말할 수 있으면 참 도가 아니라고 하여 인위적인 도를 멀리하고 있다. 그것은 자연의 본성을 그대로 따르는 소박 무위의 도를 말한다. 도는 텅 비어 있으므로 만물의 근원이 되는 바, 도와 합일하는 삶을 살도록(도덕경 4장) 밝히고 있다.

불교에서 말하는 도는 과연 무엇인가? 그것은 정법의 무상대도로서 이에 진입하는 방법을 팔정도에 둔다. 불법을 새롭게 혁신한 소태산은 『대종경』 서품에서 이 불법을 '무상대도'라 하여 한량없이 높고, 넓으며, 그 지혜와 능력은 입으로나 붓으로 다 성언하고 기록할 수 없다(17장)고 하였다. 이어서 불법은 천하의 큰 도이므로 성품의 원리를 밝히고 생사의 일을 해결하며 인과를 드러내고 수행길을 갖추어서 모든 교법에 뛰어나다고 하였다.

이러한 유불도 3교에서 거론되는 도는 원불교 교법에서는 어떻게 조망될 수 있는가? 그것은 넓혀 보면 일원상 진리요 이의 인륜 실천적 접근법에 의하면 '인도상의 요법'이다. 후천개벽의 종교로서 인도를 강조한 소태산 대종사는 선천의 도가 하늘에 있지만 후천의 도는 인간에 있다고 했다. 원기 13년(1928)『월말통신』 8호에서 소태산 대종사는 「금강산과 그 주인」이라는 법어를 설한다. "어서어서 인도의 요법을 부지런히 연마하여 세계의 산 가운데 홀로 금강산이 드러나듯이 모든 교회 가운데 가장 모범적 교회가 되도록 노력할지어다. 그러면

강산과 더불어 사람이 아울러 찬란한 광채를 발휘하리라." 후천시대의
정법대도가 인도상의 요법에 관련되어 있음을 밝히고 있다.

다음으로 도와 덕의 관계를 살펴본다. 소태산이 강조한 도란 떳떳한
길을 말하며, 떳떳한 길을 행함으로써 얻어지는 것은 덕(德)이다. 그래
서 도덕회상으로서 도와 덕의 관계를 일체화시키고 있다. 하늘이 도를
행하면 하늘의 은혜가 나타나고, 땅이 도를 행하면 땅의 은혜가 나타
나며, 사람이 도를 행하면 사람의 은혜가 나타난다(대종경, 인도품 2
장)고 하였다. 원불교는 도덕회상이 되고 재가출가는 도덕회상의 주인
공이 되도록 하였다.

우리에게 필요한 것은 진리의 깨달음을 향한 구도의 적공이다. 경산
종법사는 말한다. "성자들은 본인들이 각고의 정성으로 진리를 포착하
여 이를 그 나름대로 도라고 하였다"(노자의 세계, 20쪽). 그것은 천도
(天道)와 지도(地道)를 섬기되 인도(人道)를 강조하는(대종경, 인도품 2
장) 원불교의 매력과 직결되어 있다. 대도로서의 일원상 진리가 화현
되어야 하기 때문이다.

62. 세상에 사람이 있는데 어떠한 사람이 제일 큰 사람인가
연구할 사

역사상 세계에서 키가 제일 컸던 사람은 1918년 미국의 일리노이 주
에서 태어난 로버트 퍼싱 와들로우(Robert Pershing Wadlow)로 알려져
있다. 그는 22세의 젊은 나이로 숨졌지만 사망할 당시 그의 키는
272cm에 가까웠다. 일본 신화에 나오는 거인 야마오토코가 있으며, 그
리스 신화에 나오는 거인 티티오스는 제우스의 아들이다

세상에서 제일 키가 큰 사람이란 과연 이들을 말하는 것인가? 키가

크다는 것을 두 가지 차원에서 접근해볼 필요가 있다. 하나는 외형적으로 정말 키가 큰 사람으로 거인(巨人)을 말하며, 다른 하나는 내면적으로 도량이 큰 사람 곧 대인(大人)을 말한다.

그러면 본 문목에서 지향하는 '제일 큰 사람'이란 거인을 말하는가, 아니면 대인을 말하는가? 문자 그대로 보면 전자에 해당하겠지만, 의미론적으로 보면 후자에 해당한다. 원불교에서는 어떠한 사람이 제일 큰 사람인가? 거인을 말하는가, 대인을 말하는가를 반문해 보면 지향점이 무엇인가를 알게 된다. 그것은 후자로서 대인의 심경은 외형적 크기가 아니라 내면적 적공의 정도에 달려 있다. 정산종사는 "몸은 작아도 마음이 크면 대인이요, 몸은 커도 마음이 작으면 소인이라"(정산종사법어, 유촉편 29장)고 하였다.

따라서 세상에서 제일 큰 사람이란 도량이 넓고 큰 대인을 말하며, 대인과 같은 용어로 사용되는 것이 성인, 군자, 불보살일 것이다. 그리고 이의 반대되는 사람을 소인, 중생으로 부른다.

전통적으로 『주역』에서 대인은 우리가 본받아야 할 인물로서 천지, 일월, 사시, 귀신과 합일하여 살아가는 사람이라고 하였다. 공자는 우리가 세 가지 경외할 바가 있으니, 천명을 경외하고 대인을 경외하며(畏大人) 성인의 가르침을 경외하라(논어, 계씨편)고 하였다. 이처럼 대인이란 우주 대자연과 합일하며, 인간으로서 본받아야 할 위대한 성자인 셈이다.

초기교단에서는 이러한 대인에 대하여 관심이 많았던 것 같다. 원기21년 『회보』 23호에 『팔대인각경』을 소개하고 번역하였는데 대인으로서 깨쳐야 할 법어를 실천하도록 하였다. 여기에서 대인으로서 지녀야할 여덟 가지 길을 제시하였는데, 불교경전 중에서 보살의 공부길로서 이를 간명하게 정리한 것이다. 일례로 대인의 제7조목으로 오욕이 과하면 재앙을 부르나니, 세욕에 물들지 말고 수도하기를 생각하라고 하였다.

　앞으로 우리는 큰 사람이 되려면 어떻게 살아야 하는가? 소태산 대종사는 대인에 대하여 말하기를 "아무리 큰 살림이라도 하늘 살림과 합산한 살림같이 큰 살림이 없고, 아무리 큰 사람이라도 하늘 기운과 합한 사람같이 큰 사람이 없나니라"(대종경, 불지품 11장)고 하였다. 도문에 입참한 우리 모두가 우주 대자연과 합일하는 큰 도량의 인물이 되어야 한다는 것이다.

63. 사람의 직업이 있는데 어떠한 직업이 제일 큰 직업인가 연구할 사

　오늘날 사회적 문제로 등장하는 것은 실업률이며, 이는 직장을 구하기가 어렵기 때문이다. 구하기 힘든 직업의 종류는 과연 얼마나 될까? 조선조까지 사농공상이라는 4종류 직업으로 구분해왔지만, 21세기 접어들어 직업의 종류도 2만종이 훨씬 넘는다고 한다.

　일반적으로 직업은 우리의 생명 유지 곧 의식주 해결에 있어서 필요하다. 직장에 다니며 호구지책으로 생계활동을 해야 하는 것이 아닌가? 고금을 막론하고 직업의 의미는 변하지 않은 것 같다. 1930년에 발간된 『월말통신』 30호를 보면 "자기의 중한 의무와 생계를 돕기 위하여 직업을 계속한다"라는 글이 보인다.

　물론 직업은 일차적인 경제의 의식주 해결에만 필요한 것은 아니며, 교육과 문화적 삶에 있어서도 필요한 일이다. 인간은 최령한 존재요 이성을 가진 한, 학교에서 배운 교육을 통해 사회에 기여하는 직장생활이 그것이고, 노동의 대가에 의한 경제적 여유를 통해 문화생활을 즐기는 것이 그것이다.

그렇다면 직업에 귀천이 있는가? 이론상으로 귀천이 없다고 할지 모르나 현실에는 직업에 귀천이 있다고 보는 것이 일반적인 시각이다. '맹모삼천지교(孟母三遷之敎)'에 나오듯, 맹자의 어머니는 상여가 있는 근처에 살다가 시장으로 옮겼고, 나중에 학교 주변으로 거처를 옮긴 것도 교육을 위해서였다. 장례업, 판매업, 교육업이라는 직종에서 맹자의 어머니는 후자를 선택, 맹자를 훌륭한 성자로 키웠던 사례를 보아도 알 수 있다.

본 문목에서처럼 '제일 큰 직업'에 대한 화두가 등장한다. 그것은 직업을 선별해서 가지라는 당위성 때문이다. 직업으로 말하면 복을 지을 직업이 있고 죄를 지을 직업도 있을 것이다. 이에 소태산은 말하기를, 직업을 가지되 살생하는 직업이나 남의 정신 마취시키는 직업을 가지지 말며, 또는 권리를 남용하여 남의 생명 재산을 위협하거나 가슴을 아프게 하는 일이 없어야 한다(대종경, 인도품 43장)고 하였다. 악업을 극복하기 위해서는 선한 직업을 가지라는 뜻이다.

여기에서 어떠한 직업이 제일 큰 직업인가? 대통령인가, 장군인가, 아니면 대기업 사장인가? 직업의 선호도에 대하여는 각자의 가치관에 따라 다르겠지만 소태산의 직업관은 남다르다. "이 모든 직업 가운데에 제일 좋은 직업은 일체 중생의 마음을 바르게 인도하여 고해에서 낙원으로 제도하는 부처님의 사업이니라"(동서, 인도품 40장). 그에 있어서 제일 큰 직업은 중생 구원에 관련되는 직종이다.

중생구원에 더하여 「동포은」을 살펴보자. 김기천 선진은 "어화우리 도우들아 동포피은 알아보세. 사농공상 직업으로 서로서로 은혜되네"(월보 44호)라 했다. 우리가 동포은혜 속에서 살아가므로 직장생활에 있어 부의 축적에만 국한하지 말고 동포구원이라는 자리이타로서 상생의 직업을 가져야 하리라 본다.

64. 사람에게 운수가 있는데 어디로 좇아오는가 연구할 사

우파니샤드에 의하면 인간의 운수란 카르마에 의하여 결정된다고
했으며, 이는 아트만(atman)의 윤회와 직결되어 있다. 육사외도의 마
칼리고살라는 숙명론을 내세우며 모든 생명체의 운명이 결정되어 있
다고 했다. 고대 중국에도 인간의 운수론이 있어 천명론(天命論)과 연
결되어 있다. 대체로 종교와 직결되어 있으며 동아시아에서 주로 발달
되어 온 것이다.

오늘날 유행하고 있는 풍수지리설이나 사주팔자는 이 운수론에 관
련된다. 조상의 묘는 명당을 써야 하고 사주팔자가 좋아야 운수 대통
한다는 말이 이것이다. 근래 성행한 신종교도 이러한 운수론과 멀리
떨어져 있지 않다. 최수운의 『용담유사』 안심가를 보면 "기험하다 기
험하다, 아국운수 기험하다"라고 하며 괴질 운수설에 따라 개벽론을
들고 나왔던 것이다.

소태산 대종사는 사람에게 운명이 있음을 밝혔으며, 다만 그것이 어
디로부터 오는가를 연마하도록 하였다. 생로병사의 수레바퀴에 윤회
하는 인간의 운명은 거역할 수 없는 일이다. 하지만 그것이 "어디로부
터 좇아오는가"의 사고방식에 따라 우리의 삶은 달라질 것이다.

우리에게는 정업난면(定業難免)이라 하여 각자의 운명이 정해진 이
상 운명을 거부할 수는 없다고 본다. 하지만 운명을 귀신이 정해준다
거나, 기암괴석이 정해준다거나, 하늘이 정해준다고 하는 수동적 운명
관이 문제이다. 적극적으로 운명론을 타개해 가는 면이 아쉽기 때문이
다. 『시경』에서 천명미상(天命靡常)이라 하여 "하늘의 뜻이 언제나 고
정된 것이 아니라 사람의 태도에 따라 바뀔 수도 있다"고 하였음을 참
조할 필요가 있다.

사주를 보아서 운명이 좋지 못하다는 사람이나 혹 세간사에 실패한

사람들의 운명론을 비판하였는데(대종경, 서품 16장) 그것은 참 불법이 아니라 허무한 도에 떨어질 따름이며, 참 불법은 일체유심조의 원리에 따른 수행 적공의 여부에 관련된다.

원기 18년(1933) 11월, 김형오 선진은 "운수를 주느니 도통을 시키느니 극신자는 군수를 주느니 하여 가지고, 어리석은 인민을 둘려 돈을 빼앗을 계획이 아닌가?"(회보 4호)라며 어리석은 운명론을 지적하였다. 원기 19년(1934)『회보』7호의「회설」에서는 하늘을 신앙하는 사람도 있고 혹은 귀신을 신앙하는 사람도 있으며 혹은 알지 못할 운수를 신앙하고 혹은 산수를 신앙하며 혹은 목석을 신앙하는 사람이 있다고 안타까워했다.

만일 수동적 운명론에 떨어지면 기복신앙을 벗어나지 못한다. 따라서 우리로서는 각자의 운명을 타개할 수 있는 묘안이 필요하다. 정산종사는 과거의 인습에 집착되어 일반 가정에서는 미신 행사나 풍수예언 등에 끌리어 모든 것을 운명으로 돌리고만 있었다(정산종사법어, 경의편 12장)고 비판한 점을 새겨야 한다. 정법 신앙의 참 모습을 전하기 위해 적극적 운명론을 밝힌 소태산은 본 문목을 깊이 있게 연마하도록 하였던 것이다.

65. 세상에 때가 있는데 어디로 좇아오는가 연구할 사

세상에는 적절한 때가 있는 법이며, 여기에서 때란 '시기' 혹은 '기회'라는 말로 바꾸어 볼 수 있다. 삶을 전개하면서 무엇이든 나서서 해야 할 때가 있고, 나서서는 안 될 때가 있는 것이다. 그래서 공자는 "천하에 도가 있으면 나가서 일을 할 것이며, 도가 없으면 숨는다"(논어, 태백편)라고 하였다.

고래로 인류의 고난이 지속된 때에는 이를 구원할 구세 성자가 출현해 왔다. 2500년 전에 석가모니와 공자, 2천년 전에 예수가 그러했다. 그리고 선천시대와 후천시대를 가름할 '때'에 당하여 물질개벽에 따른 정신개벽의 선봉으로 소태산 대종사가 출현하였다. 정법과 상법과 말법이 지나면서 그 시대를 책임질 주세 성자가 출현하는 것은 불가의 여래 출현설과 관련되는 것이다.

그러면 여기에서 말하는 '때'란 어디에서 오는 것인가? 밖으로부터 오는가, 아니면 내가 만들어가는 것인가? 이는 다소 우문(愚問)으로 들릴 수 있지만 어떻게 생각하느냐에 따라서 인생관이 달라진다. 만일 때가 밖에서 온다고 하며 그 때만을 기다리면 기회주의 내지 미신적 종교신앙에 사로잡힐 것이다.

물론 때가 밖에서 오는 성향도 있으리라 본다. 그러나 '때'는 내가 조물주가 되어 스스로 만들어 간다. 기회가 밖에서 오는 경우도 있지만 '일체유심조'의 원리에 따라 내가 만들어가기 때문이다. 이러한 인생관으로 살아간다면 자신 앞에 놓인 운명을 탓하지 않고 적극적으로 고난을 개척해 나가는 삶을 살 수 있다. 이에 기회란 우연한 것으로 보지 말고 적극 개척하여 매사를 호기(好機)로 삼을 수 있어야 한다.

인생은 일생을 통해 세 번의 큰 기회(때)가 찾아온다고 한다. 그러나 그것을 운명으로 돌리면 찾아온 기회도 달아나고 만다. 내가 기회를 만들어간다면 세 번 아니 여러 번 기회는 찾아오는 것이다. 피터 드러커는 『미래의 결단』에서 말하기를, 기회가 문을 두드릴 때 그것을 열어줄 수 있도록 스스로 지식 자원을 창출해야 한다고 하였다.

소태산은 세상에 때가 있음을 알고 유용한 사람이 되도록 전문 훈련을 받아야 한다고 하였다. "선원에서 그대들에게 전문 훈련을 시키는 뜻은 인류 사회에 활동할 때에 유용하게 활용하라는 것이니, 그대들은 이런 기회에 세월을 허송하지 말고 부지런히 공부하여 길 잘든 마음 소로 너른 세상에 봉사하여 제생의세의 거룩한 사도가 되어주기 바라노라"(대종경, 수행품 55장). 전문 훈련을 통해 자신의 기회를 만들어가라는 것이다.

우리는 얻기 어려운 좋은 기회를 만나서 모든 악연을 물리치지 못하면 영원토록 고해에서 윤회하는 중생이 될 뿐(월말통신 11호)이라고 이춘풍 선진은 「심전잡초」에서 말하고 있다. 정법회상을 만난 이때 적공을 부단히 해야 하는 이유이다.

66. 부귀라 하는 것이 어디로 좇아오는가 연구할 사

부귀의 개념을 살펴보면 의식주의 부유함을 부(富)라 하고, 신분상으로 귀함을 귀(貴)라 한다. 이러한 부귀를 우리는 누구나 취하고자 하는 바이나 문제는 부귀에 만족하지 못하고 무한 욕망이 치성한다는 것이다. 이러한 욕망을 채우지 못할 때 말할 수 없는 고통이 뒤따른다.

하지만 채우고자 하는 부귀영화는 덧없을 알아야 한다. 석가모니는 왕궁에 태어났으나 부귀와 영화를 헌신짝처럼 버리고 출가를 단행하였다. 공자 역시 "의롭지 못하게 얻은 부귀는 나에게 있어서 부질없는 뜬구름(浮雲)과 같은 것이다"라고 『논어』 「술이편」에서 언급하였다.

부귀는 무엇이기에 욕망의 대상으로 떠오르며, 또는 뜬구름이라고 말하는가? 정산종사는 세속의 5복을 말하여 보통 '장수, 부, 귀, 강녕, 다남자'(정산종사법어, 무본편 48장)를 언급했다. 이는 세간락의 부귀를 말함으로써 마음공부에 따른 출세간락을 간과해버리는 폐단을 지적하고 있는 것이다.

그러면 부귀는 어디로부터 오는가? 크게 두 가지를 거론할 수 있다. 첫째, 외부로부터 오는 입신출세의 부귀영화이다. 소태산 대종사는 뜬

구름과 같은 외부의 부귀영화를 언급하고 있다. 천하에 제일가는 부귀공명을 가졌다 할지라도 생로병사 앞에서는 어찌할 힘이 없나니, 이 육신이 온갖 수고와 욕심으로 얻은 처자나 재산이나 지위가 다 뜬 구름같이 흩어지고 만다(대종경, 불지품 15장)고 하였다.

둘째, 부귀는 내면으로부터 오는 마음공부의 자족(自足)임을 알고 내면 불공을 잘해야 한다. 대종사는 대체로 부귀 빈천되는 것이 다생 겁래를 왕래하면서 불공 잘하고 못하는데 있다(대종경, 교의품 14장)고 하였으며, 정산종사 역시 수도인의 오복을 밝혀 생멸없는 진리를 알고, 번뇌와 착심을 제거한 시방일가의 도락을 강조하였다.

무엇보다도 외부로부터 오는 부귀영화는 덧없음을 알고 물질적 부귀보다는 내면에서 발견되는 영원한 마음의 도락을 누리는 것이 필요하다. 금은보패 구하는데 정신을 빼앗기지 말라는 계문「특신급」3조를 새겨볼 일이다. 그리고 "부귀침몰 동무들아, 양양자득(洋洋自得) 하지마라. 하염없이 자득하면 불의빈천(不意貧賤) 오나니라"는 원각가(월보 38호, 원기 17년)의 가르침은 욕망에 사로잡힌 사람들에게 경종으로 다가온다.

예로부터 성현들은 인간의 부귀가 온다고 그다지 기뻐하지도 않고 부귀가 간다고 그다지 근심하지도 않았다(대종경, 인도품 53장). 부귀와 권세에 끌리지 말고 오직 의식주 생활에 자기의 분수를 지켜서 본심을 잃지 않으면 난세를 당할지라도 위험한 일이 없을 것이기 때문이다. 부귀는 외부로부터 오기도 하고, 내면으로부터 오기도 하는 이치를 알게 된 이상, 세속에서 추구하는 재색명리의 부귀를 절제하며 시방오가의 출세간락을 보충하는 공부가 절실한 이때이다.

67. 빈천이라 하는 것은 어디로 좇아오는가 연구할 사

세상에 태어나면 부귀하든가, 빈천하든가, 아니면 중산층으로 사는 것이 우리 인생이다. 이것은 우리가 빈천한 삶을 살 수도 있다는 것으로, 빈천의 의미를 알아볼 필요가 있다. 빈(貧)과 천(賤)의 두 용어가 합성한 것으로 경제적으로 가난한 경우를 빈, 신분상 천한 경우를 천이라 한다.

우리는 누구나 빈천을 면하려는 본능을 가지고 살아간다. 그것은 부귀의 삶이 생활을 윤택하게 하고 귀한 대접을 받고 살아갈 수 있다는 자존적(自尊的) 희망 때문이다. 그러나 생존경쟁이라는 현실의 벽에 부딪쳐 빈천을 면한다는 것은 쉽지 않은 일이다.

그렇다고 빈천이 좋지 않고 부귀가 무조건 좋다는 생각은 바람직하지 않다. 빈천이 청빈한 삶으로 상징되고, 부귀는 부패의 삶으로 전락되는 경우가 적지 않기 때문이다. 유가의 선비정신에서 청빈이 강조되고 있음을 상기할 필요가 있다. 공자는 벼슬도 못한 신분이었고, 가난할 때 겨우 끼니를 때웠지만 안빈낙도로 승화시켰던 관계로 오늘날 성자의 반열에 있는 것이다.

불교의 공(空)사상에 의하면 인생이란 빈손으로 왔다가 빈손으로 가게 되므로 본래 빈부는 없다고 한다. 태어날 때부터 부자로 태어났거나 가난하게 태어나지 않았으며, 죽음에 이르면 부귀영화는 덧없는 일이기 때문이다. 제행무상의 도리가 이와 관련된다.

하지만 현실에서 다가오는 빈천은 극복의 대상인 바, 이 빈천은 어디로부터 오는가를 알아야 한다. 지나치게 의뢰생활을 하거나 사치생활로 자행자지할 경우 빈천해진다. 소태산은 말하기를 "사람이 누구나 이로운 일을 원하나 하는 바는 해로울 일을 많이 하며, 부귀하기를 원하나 빈천할 일을 많이 한다"(대종경, 인도품 39장)고 하였다.

현실은 빈천한 사람들이 많다는 데서 빈부차가 사회적 문제로 등장하기도 한다. 소태산은 『대종경』에서 빈천보에 대하여 말하기를, 아무리 흔한 것이라도 아껴 쓸 줄 모르는 사람은 빈천보를 받는다(실시품 18장)며, 물을 함부로 쓰는 사람은 후생에 물 귀한 곳에 태어나는 과보를 겪는다고 했다.

원불교 초기교단의 살림도 가난하였다. 본 문목이 원기 12년(1927)에 발표된 이래, 원기 17년(1932)에 빈천과 관련한 언급이 자주 등장하는 것도 이 때문이다. 원기 17년 정산종사의 「원각가」에 "빈궁하고 천한 동무 회만(悔慢)하여 말을 마라. 빈천중에 작심하면 부귀올 날 또 있으며"라는 가사가 보이며, "빈천에 빠진 자는 자포자기 할뿐이오"(월보 42호, 1932)라며 희망을 심어주려는 이공주 선진의 글이 이것이다.

이에 빈천보가 생기는 원인을 파악하여 이를 극복하는 일이 필요하다. 대종사는 대대로 물림을 받아온 고향의 빈천을 면하고자 방언공사를 거행하였으며, 영육쌍전을 통해 빈천을 벗어나고자 하였다. 사치한 생활을 극복함은 물론 절제와 자력을 키워나가는 지혜가 필요한 것이다.

68. 사람을 믿지 말고 그 법을 믿으라 하였으니 연구할 사

우리에게 잘 알려진 '자등명 법등명(自燈明 法燈明)'이란 용어가 있다. 이것은 『대열반경』에 있는 것으로, 법에 의존하되 다른 것에 의존하지 말라는 뜻이다. "오로지 온당한 자신과 법만을 등불로 삼아 정진하라." 불타가 열반에 들기 전 마지막으로 남긴 법어이다. 다른 것에 의존하다보면 미신신앙에 가릴 수 있기 때문에 정법에 의존하라는 의미이기도 하다.

여기에서 사람은 미완의 존재이므로 완벽한 법에 의존해야 한다는 명제가 성립된다. 사실 인간의 수명은 유한하지만 진리는 영원한 것이라고 단정할 때 우리에게 다가오는 가르침은 시공적으로 유한한 사람보다는 영원불멸한 진리에 의존하는 것은 당연한 일이다. 한평생 오욕에 끌리는 사람보다는 영원히 지혜광명으로 사바세계를 비추는 불법에의 의존이 신앙인들로서는 당연한 일이다.

사람만 믿지 말라고 한 의미를 몇 가지 차원에서 접근해 보자. 『사의경』과 아비달마 『구사론』에서 강조하는 네 가지 원칙이 이에 관련된다. 첫째 법에 의하되 사람에 의하지 말라, 둘째 뜻에 의하되 언어에 의하지 말라, 셋째 지혜에 의하되 지식에 의하지 말라. 넷째 요의경(了義經)에 의하되 불요의경(不了義經)에 의하지 말라는 것이다. 네 가지 모두가 유한한 대상의 극복으로서 무한한 불법에 따르라는 것이다.

같은 맥락에서 소태산은 『정전』 「솔성요론」 1조에서 "사람만 믿지 말고 그 법을 믿을 것이요"라고 하였다. 그가 말하는 '사람'이란 일생을 산다고 해도 100년을 넘기지 못하며, 더구나 시공에 구속되는 육신이라는 미완의 존재로 사는 경우가 허다하다는데 문제가 있다.

원기 24년(1939) 7월경, 불법연구회를 감시하던 황이천 순사가 대종사께 물었다. "선생님도 육신을 가진지라 어느 때인가는 세상을 떠나실 터인데, 그 뒤에도 이 불법연구회가 그대로 계승되어 나갈까요?" "참으로 좋은 말을 물었다. 대개의 종교단체는 교주를 신봉하고 있는 고로 그 사람이 죽으면 흐지부지되고 마는 것이 흔한 일이나 이 불법연구회는 나 개인을 믿기보다 내가 낸 법을 옳다고 신봉하기 때문에 내가 죽어도 내 법은 영원히 계승할 것이다(원불교신보 112호)." 인간의 한계를 넘어서 있는 무한 불법의 생명성을 불어넣은 셈이다.

그리하여 대종사는 즉시 사무실의 주산 송도성을 불렀다. 「솔성요론」 3조 '사람만 믿지 말고 그 법을 믿을 것이요'를 제1조로 돌려라" 하면서 매우 기쁜 표정을 지었다(同신보 112호). 또 당부하기를 "열 사람

의 법을 응하여 제일 좋은 법으로 믿을 것이요"라며, 한정된 시공의
인격불이 아닌 법신여래의 진리불에 맥을 대도록 하였다.

우리는 감관작용에 휘둘리는 중생의 육안(肉眼)으로 살아가지 말고
깨달은 성자의 불안(佛眼)으로 지혜롭게 살아가야 할 것이다. 그것이
영원불멸한 법에 의존하는 정법 신앙이다.

69. 어떠한 사람은 얼굴이 단정하고 몸에 병도 없고 다른 사람의 존대함을 받는지 연구할 사

이 세상에서 얼굴미인을 열거하라고 하면 아랑드롱이나 클레오파트
라 등를 거론할 법하다. 또한 백설공주를 빠뜨릴 수도 없으니, 요술
거울을 보면 "거울아 거울아, 이 세상에서 누가 제일 예쁘냐"라는 대목
이 낯설지 않다. 사람으로 태어나 절세미인이라는 소리를 듣는 것은
누구나 부러움을 살만한 일이다.

육체의 아름다움을 간직하고자 하는 것은 인간의 본능이다. 그러나
외형적으로 아름다움을 얻으려는 욕망은 무한하기 때문에 만족할 수
없다. 세월이 지나면 외형적 미(美) 또한 사라진다. 미함과 추함의 분
별을 넘어서라는 성현의 언급이 기대된다. 장자(莊子)는 추한 사람과
미인 서시(西施)를 대조한다면 괴상한 일이지만 참된 도의 입장에서는
하나가 된다(장자, 제물론)고 하였다. 아름다움의 조건은 상대적이며,
그것은 편파적일 수 있다는 것이다.

세속의 잣대를 들이대어 육체적 미모에 치우칠 경우 내실이 없는
인생으로 타락하기 쉽다. 원기 13년(1928), 김기천 선진의 감각감상을
소개해 본다. "꽃이 그와 같이 황홀한 이 만큼 열매도 크고 아름다울
것인가? 아니 그렇지 않다. 홍도화의 열매로 말하면 참 복사의 씨보다

도 더 작으며 맛없는 것이다"(월말통신 9호)라고 하였다. 홍도화뿐만 아니라 무슨 꽃이나 황홀하다고 해서 열매마저 튼실하다고 할 수는 없다. 외양에 도취하지 말고 내실을 기하라는 뜻이다.

따라서 육체적 미모의 한계를 알고 마음의 내적 충실성이 요구된다는 사실을 인지할 필요가 있다. 본 문목에서 단정한 얼굴에 더하여 건강과 신뢰를 언급한 이유가 이것이다. 외적 미모도 필요하지만 단아하고 덕망을 갖춘 인품이 더 중요하기 때문이다.

그러면 우리에게 미모(美貌)의 판단 기준이 무엇인가? 미스코리아를 선발할 때 대체로 진선미를 거론한다면, 대종사는 첫째 아름다운 얼굴, 둘째 건강한 몸, 셋째 다른 사람으로부터의 존경심을 강조하리라 본다. 미모만을 강조하는 세속의 잣대에서 심법을 강조하는 도가의 잣대를 지향하고 있는 셈이다.

그러한 인물을 교단에서 찾으라면 누구일까 궁금한 일이다. 대종사는 마음공부에 재미 붙인 제자 조전권을 매우 예뻐했다. 세상의 눈으로 볼 때 어디 한 군데 예쁜 이목구비가 없지만 "전권이는 눈 귀 코가 이쁜 데도 미운 데도 없으니 원만하다. 미스 불법연구회이다"(금강산의 주인이 되라, p.311)라고 하였다. 참다운 미모는 곧 용심법의 미인임을 강조하였다.

사회나 종교를 향도하는데 있어서 육체의 단아함과 건강에 더하여 주위의 존경을 받는 정신적 인품을 갖춘 지도자상이 요구되며, 그것이 수도인으로서 지향할 바이다. 우리는 육신의 화장(化粧)도 필요하지만 정신의 화장이 더 필요한 이유이다. 그것은 세상에서 알아주는 샤넬(?) 등의 화장품에 탐닉됨을 극복하고, 교법이라는 화장품을 나의 삶에서 활용하자는 것이다. '미스코리아'가 아니라 '미스불법연구회'라는 용어의 상징성이 크게만 다가온다.

70. 어떠한 사람은 얼굴이 추비하고 몸에 병도 있고 다른 사람의 더러움을 받는가 연구할 사

'추비(醜鄙)'라는 용어는 한 단어 같지만 두 가지의 의미가 있다. 그 하나는 그 모양새가 추하다는 추(醜)이고 다른 하나는 행동거지가 비루하다는 비(鄙)이다. 따라서 추비란 나의 모습과 행동이 단정하지 못하고 어리석은 면모로 나타났을 때를 말한다. 여기에 더하여 몸마저 병들어 있다면 이보다 큰 고통이 또 없을 것이다.

중국 고대의 주나라 때 백이와 숙제라는 두 선비가 살고 있었다. 이에 장자는 어지럽고 추잡한 세상에서 절의(節義)를 굽히지 않은 두 선비를 거론하면서 지금 천하는 캄캄한 어둠 속이라 하여 당시의 "임금과 함께 살며 몸을 더럽히는 것은 이를 피하여 행동을 깨끗하게 지키는 것만 못하다"며, 북쪽의 수양산으로 가서 끝내 굶어죽은 백이나 숙제를 칭송하고 있다. 추비하고 더러움으로 뒤집어쓴 위정자를 혹독히 비판하는 모습이다.

그러면 우리가 살아가면서 추비한 모습을 보이며 병고에 고통을 겪는 이유는 무엇인가? 그것은 나의 언행이 단정하지 못함은 물론 매사 삼독심에 물들어 있기 때문이다. 중생의 일상 행태가 추비한 모습으로 비추어지는 것도 이 때문이다. 『업보차별경』에서 말하기를, 중생이 악도에 타락되어 형체가 추루(醜陋)하고 몸이 거칠어서 사람들이 보기를 싫어하게 되는 것은 탐진치에 물들어 있기 때문(30장)이라고 하였다.

초기교단의 정기간행물인 『회보』 62호(1940년 신년호)에서도 추비한 삶을 경계하고 있다. 『천청문경』이라는 불경을 인용하였는데 "어떤 사람이 제일 추하고 더러운 사람입니까?" "계문을 잘 범하는 사람이 추하고 더러운 사람이니라"고 답하였다. 범계의 악도윤회를 지적하고 있다.

우리가 중생의 삼독 오욕의 추비한 흔적을 인지한다면 자신을 성찰하며 살아가는 지혜가 요구된다. 그것은 불경의 언급처럼 욕심적은 사람이 제일 편안한 사람이며, 족한 줄 아는 사람이 제일 부귀한 사람이며, 계문을 잘 지키는 사람이 제일 단정하고 엄숙한 사람이라는 것이다. 오탁악세에 물들어버린 현실의 삶을 반조하면서 초기교단의 공부 풍토를 돌이켜 보자는 뜻이다.

「우리 동지의 면목상」이라는 주제의 인물소개가 있어 주목된다. 이를테면 삭발 입산하여 성심 수도하던 진정리화를 칭송한 당시 글을 본다. 비루한 생활과 천한 환경을 초월하여 청정한 장소에 귀의한 것을 보면 얼마나 장한 일이며 존앙할 일이냐(월보 42호, 1932년, 11월)고 하였다. 추비하고 질병에 시달리며 명예를 실추하는 일이 없어야 한다는 것이다.

이에 우리는 삼독심을 제거하여 오욕 경계에서 벗어나야 한다. 맑고 조촐한 마음을 밝혀 지혜의 등불을 켜자는 뜻이다. 대종사는 '마음비루'를 멀리하라고 하며, 어떻게 하면 나쁜 이름이 드러나서 오랜 세상에 더러운 역사를 끼치게 되는가를 잘 참조하여 깨치고 고치라(대종경, 교단품 29장)고 하였음을 새겨야 하리라 본다.

71. 어떠한 사람은 부모 형제 처자가 구비해서 서로 섬기고 서로 의지하여 일생을 경사로 지내는가 연구할 사

본 문목에 부모, 형제, 처자라는 용어가 등장하는 이유는 무엇인가? 그것은 가정의 기본 구성원을 밝히면서 가정이 화목해야 만사가 행복하다는 뜻이다. 『명심보감』에서 '가화만사성(家和萬事成)'을 말하고, 조상이 덕을 쌓은 집안에는 반드시 경사가 따른다는 뜻의 '적덕지가필유

여경(積德之家必有餘慶)'은 가정의 화목을 권면하고 있다.

현대인들에 있어서 각 가정이 행복한 것만은 아니다. 부부의 이혼이 급증하고 있으며, 존속상해 등의 부끄러운 현상이 매스컴에 오르내리고 있다. 과거로부터 대가족 제도에 의해 부모, 형제, 처자가 함께 살았으나 오늘날 핵가족이 증가하고 생존경쟁이 치열해지고 있으므로 가정 화목에 있어서 빨간 불이 켜지고 있다.

여기에서 가족 구성원이 행복한 가정을 이끌어 가느냐, 아니면 불화의 가정을 야기하느냐에 대해 희비가 나뉜다. 동양 전통의 미덕은 가정 화목이 우선인 바, 『주역』「가인괘」에서는 가장이 엄하게 교육하여 깨우침이 있도록 하면 길하게 되고, 이와 달리 부인과 자식이 희희낙락하면 부끄럽게 된다고 하였다.

불교에서 가정 인연은 삼세의 부모로부터 비롯된다. 곧 부모가 자녀에게 생명을 선사하면 가정이 형성되는데(부모은중경), 불가에서 가정은 '선동업(善同業)'이라 하여 부모와 형제 처자가 상생의 인연으로 만나서 화목한 가정을 이루는 것을 목표로 하고 있다. 부모자녀 사이에 상생의 인연으로 살아가면서 자녀는 부모에 효성을 다하도록 한다.

소태산 대종사는 『대종경』에서 가정에서 부모 형제 등 가족 간에 우애하고 효도하도록 하였다. 자기 가정에서 부모에게 효도하고 형제 간에 우애하는 사람 가운데 남에게 악할 사람이 적고, 부모에게 불효하고 형제간에 불목하는 사람 가운데 남에게 선할 사람이 적다(인도품 11장)며, 가족이 우애하고 효도하는 것을 최우선으로 삼고 있다.

가정교화(齊家)는 수신(修身)과 치국·평천하로 이어지는 만큼 인류가 행복해지는 전제조건이 되기에 충분하다. 가족이 불화하면 자신은 물론 사회 국가가 불안해지기 때문이다. 그러면 어떻게 해서 가정의 경사를 만들어가야 할 것인가? 『정전』「제가의 요법」1조에서는 직업과 의식주를 건전히 하여 근검저축하며, 2조~5조는 가족이 서로 화목하여 은혜로운 감사생활을 하라고 하였다.

원불교는 사은신앙에 「부모은」을 넣음으로써 부모은의 일반적 윤리 조목을 종교적 신앙조목으로 격상했다. 초기교단에서도 부모와 처자가 화평하고 안락한 가정을 만들려면 가족이 화목해야 한다(월말통신 15호 회설, 원기 14년)고 하였다. 대종사는 가정의 번영과 경사를 위해 은혜 속에 서로 섬기라 한것이다. 『세전』의 「가정」 조항에서도 모든 생령이 한 집안 한 권속임을 상기시키고 있다.

72. 어떠한 사람은 조실부모하고 형제 처자도 없으며 일생을 고독하게 있어서 한탄으로 세월을 보내는지 연구할 사

우리는 행복한 사람들을 오복을 누린다고 말한다. 『서경』「홍범편」에 실려 있는 것으로 장수, 부귀, 건강, 덕행, 장수가 이것이다. 정산종사도 오복을 언급한 바 있는데 세간 오복뿐 아니라 출세간 오복을 갖추지 않으면 참 오복을 누리지 못한다는 것이다. 오복 중에서 첫째 조목으로 '장수'와 관련한 것이 본 문목조항에 관련된다. 조실부모(早失父母)라든가 형제 처자가 없다면 단명한 것으로 이는 한탄스런 일이기 때문이다.

어렸을 때 부모가 열반하였을 경우를 상상한다면 그 고통은 이루 형언할 수 없다. 또 결혼을 하지 못하여 혼자 살다보면 혼기를 놓치는 경우가 많아 처자가 없는 것은 물론이다. 아울러 아내 및 자녀와 일찍 사별했을 경우도 원망생활로 이어지기 쉽다. 이 불운들은 조실부모, 형제 처자가 없는 경우로서 고독함은 물론 한많은 생활이 되는 것이다.

이렇게 고통스런 가정환경에 노출되는 원인은 어디에 있는가? 그것은 삼세를 돌이켜 보면 '과거'의 업연이 쌓이어 고통의 윤회를 현세에 받는 경우가 있을 것이다. 또한 '현세'에 악도생활을 하고 상생선연의 덕을 쌓지 못하여 자업자득하는 경우도 마찬가지이다. 정산종사는 언급하기를 "자기가 잘 지었으면 금생에 잘 받을 것이요, 잘못 받으면 전생에 잘못 지은 것이라, 아는 이는 더 잘 짓기에 노력하고 모르는 이는 한탄만 할 따름이니라"(정산종사법어, 원리편 46장)고 하였다.

한탄의 세월을 보내지 않으려면 일상생활에서 자신을 긍정하여 자기 신세에 대하여 원망생활을 극복하는 일이 필요하다. 소태산 대종사는 공경하는 마음을 놓으면 부자 형제 부부 사이에도 불평과 원망이 생기는 것(대종경, 인도품 33장)이라 했다. 불평불만이 생기면 조실부모의 슬픔은 물론하고 처자형제가 있다 해도 무슨 기쁨이 있을 것인가.

이어서 현생에 상생의 복덕을 쌓아가는 일이 요구된다. 내자녀 남의 자녀 구분 말고, 또는 내 부모 남의 부모를 구분하지 않고 불공하여 기쁨을 얻자는 것이다. 불법에 의하면 삼세를 두고 내부모 내자녀가 아니라고 할 수 없기 때문이다. 우리의 모든 업이 그 성질에 따라 그 성과에 조만과 장단이 각각 있으니, 복을 조금 지어 놓고 복이 바로 오지 않는다고 한탄하는 것은 바람직하지 못하다(정산종사법어. 원리편 45장)고 하였다.

아무튼 조실부모 처자이별이 있다면 원망하지 말고 마음공부로서 정진 적공할 뿐이다. 소태산 대종사 당대의 여성 십대제자가 그러했고, 초창기 제자들도 한 때 한탄과 불만을 저주하였지만 이를 극복하고 정진하였다(월보 42호, 원기 17년). 부모와 처자를 여읜 고통을 벗어나는 길로서 정법 만나서 법력을 향상하고 불공하여 감사생활과 같은 안빈낙도의 주인공이 될 자격이 요구되는 것이다.

73. 어떠한 사람은 초년에는 부귀하다가 말년에는 빈천하는지 연구할 사

현대인들에 있어서 삶의 목표는 부귀영화로서 이것은 끊임없이 전개되는 우리의 본능과 결부되는 성향이 있다. 세속의 잣대로 바라보면 사람의 입신출세는 부귀영화에 달려있기 때문이다. 우리가 설사 부귀를 이루었다고 해도 심신작용의 굴곡이 심하여 자손 3대가 잇지 못한다는 말도 있으니, 본 문목은 부귀를 끝까지 지키지 못하는 원인이 무엇인가에 대한 법어이다.

불교의 『열반경』에 이르기를, 전생 일을 알고자 할진대 금생에 받은 바가 그것이며, 내생 일을 알고자 할진대 금생에 지은 바가 그것이라고 하였다. 소태산 대종사는 이에 말하기를 "이 생에서 그 마음은 악하나 부귀를 누리는 사람은 전생에 초년에는 선행을 하여 복을 지었으나 말년에는 선을 지을 것이 없다고 타락하여 악한 일념으로 명을 마친 사람"(대종경, 천도품 35장)이라 하였다. 이처럼 초년과 말년, 전생과 내생은 모두 인과 작용에 의해 전개된다는 것이다.

우리가 인생 초반기에 부귀를 누린다고 해도 그것이 후반기에까지 이어진다고 장담할 수 없다. 무상한 인생살이에서 영원한 부귀를 유지하지 못하기 때문이다. 소태산은 원기 17년(1932) 『월보』 43호에서 말하기를, 지혜를 준비할 줄은 모르면 버는 돈도 지극히 약소하여 항상 빈천의 구렁을 면치 못할 것이며, 돈을 벌기는커녕 오히려 망하고 마는 수가 있다고 하였다.

우리가 초년에 부귀한 것을 말년까지 지속시키지 못하는 이유는 과연 무엇인가? 그것은 자신이 이룬 부귀를 온전하게 보전하지 못하기 때문이다. 수입보다 지출이 많으면 가난을 면하지 못하는 것은 당연하다. 아무리 흔한 것이라도 아껴 쓸 줄 모르는 사람은 빈천보를 받으며,

까닭 없이 물을 함부로 쓰는 사람은 후생에 물 귀한 곳에 몸을 받는다(대종경, 실시품 18장)고 하였다. 절약정신으로 살고, 공중을 위하는 마음으로 살아갈 때 부귀는 지속된다는 뜻이다.

정산종사는 원기 17년(1932)에 「원각가」에서 말한 바 있다. "흥망성쇠 반복되니 부귀빈천 무상이요, 강자약자 전환되니 계급차별 달라진다"(월보 38호). 부귀란 절대적인 것이 아니라 무상한 것이요, 또한 강약의 원리에 의한 자리이타의 정신에 따라야 한다는 것이다. 물질의 부귀는 영원한 것이 못되며, 마음의 부귀를 이루는 적공이 필요하다는 뜻이기도 하다.

여기에서 우리는 물질의 부귀에 급급하지 말고 심신의 적공을 통해 강급이 아닌 진급의 생활을 해야 할 것이다. 밖을 향한 기술 추종보다 안으로 마음 쓰는 법을 알아야 하는 바, 우리의 교법이 돈을 버는 방식이라(대종경, 수행품 8장)는 가르침을 새겨야 한다. 초년과 말년만이 아니라 영생을 부귀하게 사는 방식이 이것으로, 자본을 활용하여 사업을 하는 사람의 경우 더욱 새겨야 할 법어이다.

74. 어떠한 사람은 초년에는 빈천하다가 말년에는 부귀하는지 연구할 사

자수성가한 사람들은 인생 초년에 빈천했지만 말년에 부귀한 경우이다. 국내에선 정주영 현대그룹 전회장이 그러했고, 해외에서는 세계적 갑부 워렌 버핏이 이에 해당될 것이다. 정주영 회장은 가난하여 세 끼의 밥을 제대로 먹지 못하였고, 버핏은 가난을 극복코자 1956년 투자를 시작, 각고의 노력 끝에 오늘의 부귀를 이루었다.

『수양연구요론』에 밝힌 74조 문목은 지난번 73조 문목에서 밝힌 바,

초년에 부귀하다 말년에 빈천한 이유에 반대되는 조목이다. 초년에 빈천하다고 해도 말년에 부귀한 것은, 초년에 부귀하다 말년에 빈천한 것보다는 그래도 결과의 측면에서 바람직하다고 본다. 고진감래라는 말이 있듯이 부자로 살다가 가난한 것보다 가난하게 살다가 부자로 사는게 훨씬 좋기 때문이다.

초년과 말년은 이생과 내생으로도 풀어볼 수도 있다. 이생에 빈천하게 살았지만 선연 작복의 생활을 지속하여 왔다면 내생에는 틀림없이 부귀하게 되는 것이다. 소태산은 『대종경』에서 말하기를 "전생에 초년에는 부지중 악을 지었으나 말년에는 참회 개과하여 회향을 잘한 사람"(천도품 35장)을 거론하며, 인과론적으로 참회 개과하여 내생의 부귀한 삶을 유도한다.

그렇다고 세속적인 부귀를 일방적으로 미화해서는 안 된다. 현대인이 꿈꾸는 부귀에 한계가 있기 때문이다. 공자는 부귀를 욕심내지 않고 안빈낙도를 선택해서 성자로 존대를 받고 있고, 석가모니 역시 이생에 부귀함을 버리고 출가를 단행하여 영원한 도락을 얻고자 하였다. 부귀의 허망함을 알았기 때문에 구도의 깨달음을 얻고 불멸과 인과의 이치를 발견하여 세계의 성자가 되었으니 영원한 세월에 부귀를 얻은 것이 아니겠는가?

하지만 우리는 현실을 무시할 수는 없다. 각자의 처지에서 어떻게 하면 초년에 빈천했더라도 말년에 부귀하게 살 수 있는가? 부귀 빈천되는 것이 다생겁래를 왕래하면서 불공 잘하고 못하는데 있으니, 복이 많고 지혜가 많은 사람은 일원상의 이치를 깨치어 천지만물 허공법계를 다 부처님으로 숭배한다(대종경, 교의품 14장)고 하였다. 우리가 선호하는 부귀는 진리불공과 실지불공을 얼마나 잘하느냐에 달려 있기 때문이다.

또한 일체유심조의 원리에 따라 작심(作心), 수행을 통해 부귀할 수

있는 길을 터득하는 것이다. 『월보』 38호(1932년)의 「원각가」 가사를
보자. "빈천 중에 작심하면 부귀 올 날 또 있으며, 번민고통 하는 동무
조롱하여 웃지마라." 설사 당장은 빈천하다고 해도 수행 적공하고, 정
성으로 노력하면 부귀의 길로 인도된다는 것이다.

바람직한 삶이란 부귀 빈천에 비굴하지 않는 낙도생활을 하는 것과
관련된다. 정산종사는 빈천을 당함에 거기에 구애되고 부귀를 당함에
거기에 집착하여 길이 빈천을 초래한다(정산종사법어, 원리편 35)며
이로부터 해탈된 삶을 주문하고 있으니 반조할 일이다. 정토 극락은
해탈에서 비롯되기 때문이다.

75. 어떠한 사람은 효자를 두어서 평생에 몸과 마음이 편하고 집안을 흥왕하는지 연구할 사

효도를 강조하는 『효경』에서는 신체와 털과 피부는 부모에게 받은
것(身體髮膚 受之父母)이어서 감히 손상하지 않는 것이 효도의 시작이
라 하였고, 공자도 효도를 강조하는 의미에서 집에 들어와서는 효도하
고(入則孝) 밖에 나가서는 공경한다고 하였다.

서양에서 효는 'filial duty'라는 용어를 사용하고 있으며, 본 어의를
보면 효도는 부모와 자녀의 의무라 하고 있다. 동양과 서양의 경우를
비교해 보면 유교의 효사상은 부자간 천륜(天倫)의 차원에서, 서구의
효사상은 인륜(人倫) 차원에서 거론되고 있는 점이 다르다.

불교의 경우 『부모은중경』에 효사상이 나타나 있다. 불교의 효사상
에 의하면 재가불자를 위한 효와 출가자를 위한 효로 구분하고 있으
며, 이와 관련한 경전으로는 『범망경』, 『부모은중경』, 『중아함경』 등
이 있어 삼세 부모에 효도하도록 하고 있다.

소태산 대종사는 어느 날, 강습 중에『부모은중경』한 권을 탁자 위에 놓고 말하였다. "뼈만 보고도 남녀를 구분할 수 있을 것이니 대중 가운데 누가 말하여 보라." 처음 내방한, 한문에 능통한 천도교 교인에게 말해보라 하니 대답이 없자 대종사 말하였다. "아마 어머니 뼈는 검고 가벼울 것이며, 아버지 뼈는 무겁고 누럴 것이다"라고 하였다는 기록이 있다. 생명잉태의 하해같은 어머니, 넓혀 말하면 부모에 대한 보은의 중요성을 말하고 있는 것이다.

전통 종교의 효사상에 대하여 원불교의 효 사상은 독특한 면을 지니고 있다. 부모를 신앙의 대상으로 격상함으로써 유교나 불교에 더하여 자녀의 부모에 대한 효성이 지극함을 거론하고 있는 것이다. 정산 종사도 모든 보은 가운데 부모 보은이 제일 근본이 된다며, 이를 모르고서 어찌 천지와 동포와 법률의 근본적 은혜를 알게 되겠는가(정산 종사법어, 경의편 59장)라고 하였다.

소태산은 제자들에게 충효열의 가치를 강조하며 춘향전, 심청전, 흥부전 등을 듣도록 한 후 법어를 설한 경우도 있다. 정절과 효성의 장함을 칭찬하며, 그 형식은 시대를 따라 서로 다르지만 그 정신만은 어느 시대에나 변함없이 활용되어야 한다(대종경, 실시품 41장)는 것이다.

어떻게 하면 효자를 두어 마음 편하고 집안이 흥왕하는가? 소태산은 부모와 자녀의 효성을 강조하면서 효는 백행의 근본이라(대종경, 인도품 11장)고 하였다. 나아가 그는 「최초법어」에서 제가의 요법을 두어 가정교육의 중요성을 밝히고 있다. 호주는 자녀의 교육을 잊어버리지 아니하며, 상봉하솔의 책임을 다하도록 하라는 것이다.

이어서 가정이 화목하며 의견 교환하기를 주의할 것은 물론, 모든 가정이 어떠한 희망과 방법으로 안락한 가정이 되었는지를 살펴보라고 했다. 부모의 솔선수범은 물론 자녀와의 부단한 대화를 통해 소통의 장을 마련하라는 것이다.

76. 어떠한 사람은 불효자를 두어서 평생에 몸과 마음이 불안하고 집안을 망하는지 연구할 사

옛말에 "부모는 열 아들 건사하나, 열 아들은 한 부모 못 모신다"라는 말이 있다. 부모의 자녀 사랑에 비해서 자녀의 경우 오히려 불효가 늘어나는 현 세태에 귀감이 가는 말이다. 근래 자료에 의하면 핵가족의 등장으로 인해 자녀로부터 학대받는 노인들의 수가 2년 만에 50% 급증하고 있으며, 가해자 중에서 53%가 아들이라 했다.

이와 다른 입장에서 생각하여 보자. 설사 부모가 자녀에게 잘못했다 치자. 부모에게 효성이 부족하여 아버지가 자식을 세 번이나 죽이려고 했지만 항상 "내가 불효하거니" 하는 부족감을 느껴 효도를 다한 까닭에 순임금은 천하에서 제일가는 효자라 칭송받고 있다는 사실을 교훈으로 삼아야 하는 것이다.

소태산 대종사가 대각후 지은 가사 「안심곡」에는 다음의 글이 있어 주목된다. 곧 도덕이 땅에 떨어져서 "불효부모(不孝父母)하고 불목형제(不睦兄弟)한다"고 하였다. 불효하는 세태는 다름 아니라 도덕이 타락했다는 것을 말한다. 전도된 현실의 인식은 그가 새 불법으로 도덕회상을 건설하려 했던 원인이 되었다.

불효는 멀리 있지 않다. 그것은 무자력했던 우리를 키워준 부모 은혜에 대한 배은망덕이 이와 관련된다. 삼산 김기천 선진은 원기 18년(1933) 「교리송」에서 다음과 같이 말한다. "보은하면 삼세부모 깊은 은혜 백분지일 갚게 되고, 만일 배은하고 보면 세상사람 배척하고 나의 자손 불효하네"(월보 44호, 1월호). 불효는 달리 말해서 부모 피은에 배은하는 것이라고 하였던 것이다.

여기에서 누구의 자녀는 효도하는데 하필 내 자녀가 불효를 하는가 라고 생각할 법한 일이다. 그러면 이러한 가정의 불행을 피할 수는 없는가? 하루는 어떤 노인 부부가 자부의 성질이 불순하여 불공이나 올리려고 부안 실상사에 가는 중이라고 하였다. 이에 소태산은 등상불이 아닌 산부처에게 불공을 드리라고 한 것이다.

그러면서 소태산은 부모에게 효도하고 불효할 직접 권능이 자녀에게 있다며 직접 불공을 하라고 하였다. 세상을 살다보면 호사다마(好事多魔)이므로 불효하는 자녀들이 적지 않은 법이다. 불효자가 있다는 것에 통탄하는 것보다 이를 극복하는 부모의 지혜가 더 현명한 이유이다. 부모로서 지킬 바의 네 가지 도의 하나로서 자녀의 효와 불효를 계교하지 말고 오직 의무로써 정성과 사랑을 다해야 할 것이다(세전, 제3장 가정).

소태산은 부모의 불효자식은 어디에 가든지 악연을 지을 수밖에 없음을 다음과 같이 말한다. "부모에게 불효하고 형제간에 불목(不睦)하는 사람으로 남에게 선할 사람이 적다"(대종경, 인도품 11장). 따라서 불효자는 통절히 반성하여 부모 피은에 보은의 도를 실천하지 못할 경우 악도 윤회에 떨어진다는 사실을 새겨서 부모 보은의 도를 밟아야 할 것이다. 또 부모는 불효자를 원망으로 대하기보다는 실지불공의 대상으로 삼아야 한다.

77. 어떠한 사람은 횡액에 걸려 악사를 당하는지 연구할 사

횡액이란 횡래지액(橫來之厄)의 준말로 뜻밖에 닥친 재난이나 액운을 말하며, 태풍, 쓰나미, 지진 등으로 인한 참상이다. 또한 악사(惡死)란 선생(善生)의 반대되는 말로 흉악하게 죽음을 맞이하는 것을 말한다.

불경『대비심 다라니』에 15종의 악사와 15종의 선생이 있다며, 횡액으로 인한 악사에 대하여 거론하고 있다. 여기에서 열거하는 악사의 몇 가지를 보면 끔찍한 죽음이 무엇인지를 가늠할 수 있다. 1) 굶어 죽는 것, 2) 형벌로 죽는 것, 3) 원수 손에 죽는 것, 4) 뱀에 물려 죽는 것, 5) 악귀로 죽는 것, 6) 자살하는 것 등이 이것이다.

이와 같이 횡액의 악사를 당한다면 이보다 큰 형벌은 없을 것이며, 불가에서 말하는 흑암지옥 내지 무간지옥과 다를 것이 없다. 악사의 극형(極刑)을 현실에서 발견할 수 없는 것은 아니다. 그 실상을 보면 2008년 5월 12일 중국 쓰촨성 대지진이 일어나서 베이촨현 건물 80%가 붕괴되고 3만5천명이 사망했으며, 지난 번 일본의 지진에 이은 쓰나미 참상도 같은 맥락에서 이해되는 것이다.

어떠한 결과로 이러한 횡액 악사를 입게 되는가? 그것은 자신의 필연적 혹은 우연한 업에 따라 나타나는 것으로, 원기 15년(1930) 『월말통신』 「회설」에서 말하기를, 천지는 은생어해 및 해생어은의 이치가 있어서 우리에게 많은 해악을 주었다(18~19호)고 했다. 천지에는 개업(個業)과 공업(共業)의 인과에 따라 천지의 은생어해와 해생어은의 원리가 적용되기 때문이다.

횡액과 관련하여 초기교단의 「강연」 시간에 사실적으로 거론된 바 있다. "살생을 하고 보면 나에게 어떠한 죄해가 미치는가" 라고 반문하면서, 무엇이나 죽기를 싫어하는데 많은 살생을 하고보면 재앙과 횡액이 당할 것은 사실이니 그 인과는 피하지 못하고 반드시 받게 된다(회보 26호, 원기21년)는 것이다.

따라서 소태산은 『대종경』에서 횡액의 참사를 면하도록 제자들에게 환기시키고 있다. 제자 이춘풍이 산에 갔다가 포수가 그릇 쏜 탄환에 크게 놀란 일이 있다고 하자, 대종사는 횡액을 당하였거나 의외의 급사를 하였을 때에는 비록 관계없는 사람이라도 이를 발견한 사람이 관청에 보고할 의무를 가졌다(인도편 55장)고 하였다. 횡액의 악사(惡事)를 당하였을 경우 자신을 성찰함은 물론 「법률은」의 국가법에 따라

취사를 하도록 하라는 내용이다.

　이러한 횡액의 악사를 면하도록 소태산은 상생의 선연선과를 지어서 악연악과를 면할 것을 주문하였다. 나아가 현실의 삶에서 재난이 오기 전에 미리 액(厄)을 방비하라(대종경, 요훈품27장)고 하여 가능한 재난의 참화를 미래 대비하도록 하고 있다. 정법대도를 만나서 무명을 깨우치고 제중 사업에 정성을 들여야 하는 이유가 다른데 있는 것이 아니다.

78. 어떠한 사람은 평생에 횡액이 없고 원명으로 죽는지 연구할 사

　도교의 『옥추경』은 칠성신앙과 관련되면서 더욱 민중에게 독송되었다. 신봉자들은 각종 재앙과 아홉 가지 횡액을 면하고자 북두칠성에 기도하곤 했다. 북극성 위에 삼태성이 있어서 두괴성(斗魁星)을 덮고 있으니, 만일 사람의 본명(本命) 중 그 별이 비치면 생전에 형벌이나 옥살이할 염려가 없으며 사후에도 지옥이나 고해에 빠질 염려가 없다는 것이다.

　또 『서경』의 「홍범」에서 밝힌 오복의 하나인 고종명(考終命)은 소태산이 밝힌 원명(元命)이요, 『옥추경』에서 밝힌 본명(本命)이다. 고종명, 본명, 원명이라는 용어에는 인간으로서 요절의 횡액을 피하려는 본능이 작용하므로 이는 종교적 신앙과 더불어 고금을 통해 지속되어온 것이다.

　그러면 횡액으로 죽은 사람과 횡액 없이 원명으로 장수를 하는 사람 사이의 불공평함이 존재하는가? 불교 윤회의 법칙, 즉 선업과 악업의 인과를 모르면 이를 불공평하다고 할 것이다. 재색명리나 탐진치에 끌려 악업을 지어간다면, 무명으로 인해 평생 횡액이 없기를 바라는 요행수에 불과하기 때문이다.

물론 평생 횡액 없이 잘 사는 것은 우연으로 다가오는 경우도 있겠지만, 살아생전에 재난이 닥쳐올 것을 미리 예방하는 방법이 필요하다. 원기 13년(1928) 어느 선진의 감각감상을 소개하여 본다. "훌륭한 기관을 설비하고 보니 그야말로 인력으로써 능히 천재(天災)를 방어하는 바가 되었으며 참으로 자리이타가 아니라 할 수 없다"(월말통신 7호, 원기 13년). 유비무한의 자리이타로 살아간다면 평생 횡액 없이 원명으로 장수를 누린다는 뜻이다.

세상을 살아가는 좋은 비결이 있다. "내 생명이 오래 살고 싶거든 무슨 방면으로든지 남의 생명을 잘 보호해 줄 것이요"(대종경선외록, 제생의세 8장). 소태산 대종사의 가르침에 따라 횡액으로 요절하지 않는 방법은 상생의 선연을 맺으면서 공중사를 잘하라는 의미이다.

특히 사은 중에서 횡액에 영향을 미치는 것은 천지은에 관련된다. 천재지변이 횡액에 가까우며 그것은 천지배은에 직결되기 때문이다. 천지는 지극히 공정한 도에 따라 운행되기 때문에 은생어해와 해생어은의 원리로 운행되는 바, 은혜로운 삶을 살아야 한다. 김기천 선진은 자신이 지은 「교리송」에서 "영원불멸 하옵기로 우리 생명 장수하니 대강 몇조 들어봐도 천지없고 못 살리니 이런 은덕 또 있는가"라고 하였다.

물론 오래 사는 것만이 능사는 아니다. 오래 살더라도 건강하고 또 불법에 눈을 떠야 한다. 정산종사에 의하면 사람들은 그 몸이 오래 사는 것만으로 수(壽)를 삼으나, 수도인들은 생멸 없는 진리를 깨닫는 것으로 수를 삼는다(정산종사법어, 무본편 48장)고 했다. 장수나 요절에 대하여 지나치게 계교하는 것보다는 오로지 유비무환과 공익정신을 염두에 두어야 한다.

79. 고금을 물론하고 성인이 출세하사 혹 횡액으로 죽은 성인이 있으니 성인은 알지 못한 바가 없으며, 일체 중생을 다 구제하는 수단이 있다 하거늘 어찌하여 당신의 몸은 구제치 못하였는지 연구할 사

본 문목에는 "성인이 횡액으로 죽을 수 있는가?" 그리고 "성인은 중생을 구제하는 수단이 있지만 자신은 왜 구하지 못하였는가"에 대한 두 가지 질문이 공존한다. 이러한 질문들에는 모두 불교의 정업(定業)에 관련되는 성향이 있다.

횡액(橫厄)으로 인하여 목숨을 온전히 하지 못하고 재난이나 사고, 전쟁으로 죽은 사람들 중 성자라고 해서 예외가 아니라는 것이다. 한 번 죽을 운명은 성자나 범부 모두 면할 수 없다는 것은 이미 정해진 업이기 때문이다. 정업 난면(難免)이라는 말이 여기에서 유래한다.

정업 난면인 만큼 성자라 해서 찾아오는 횡액을 면할 수 없으며, 그 것은 불타의 경우도 마찬가지이다. 『불설승기행경』을 보면, 한 바라문 여인이 부처를 욕되게 하고자 임신부 행세를 하고 설법하고 있는 불타 앞에 와서 "책임도 지지 못하는 주제에 무슨 설교냐"며 자신은 부처의 아기를 임신했다고 하였다. 이를 본 청법대중은 어찌할 바를 몰랐는데 이때 석제환인이 불타 뒤에서 부채질을 하고 있다가 신통으로 사실이 아님을 밝히어 화를 면하였지만 이 역시 정업의 하나인 것이다.

과거 성자들은 어려운 상황에서도 이를 극복하고 그의 경륜을 전개하였다. 예컨대 석가모니도 태자의 모든 영화를 다 버리고 출가하여 난행과 고행을 겪었음은 물론 외도들의 박해로 그 제자가 악살까지 당하였고, 공자는 춘추대의를 바로잡기 위하여 철환천하 할 때에 상가의 개 같다는 욕까지 들었고, 예수도 갖은 박해와 모함 가운데 복음을 펴다가 십자가에 형륙을 당하였다.

소태산도 이러한 정업을 피할 수는 없었다. 방언공사를 하면서 갖은 고통을 겪다가 사필귀정을 거론한 것은 완강한 중생을 제도할 때 사기(邪氣) 악기(惡氣)를 억압한 연유이기도 하다. 또 정산종사가 중병으로 고통을 받을 때 많은 고통을 받은 연유를 물었다. 이는 예화를 통해서 설명되고 있는데, 중국 고대 우왕 때 백익이라는 재상이 치산치수를 하는데 산에는 맹수가 있어서 사람을 해쳤다. 그래서 사람들을 살리기 위해서 산에다 불을 지를 수밖에 없었다며 자신의 전생사와 관련된 정업 난면을 은유적으로 묘사하고 있다.

우리가 정업을 면할 수 없다고 아예 낙담해서는 안 된다. 삼세의 묵은 업을 녹여내는 지혜를 발휘해야 하는 것이다. 소태산은 『대종경』 인과품 9장에서 지극한 마음으로 수도하면 정업이라도 면할 수 있느냐는 제자의 질문에, 정업은 졸연히 면하기가 어려우나 면해 가는 길이 없지 않다며 육도사생의 변화되는 이치를 알아서 날로 선업을 지으라 했다.

하여튼 횡액 정업을 극복하는데 있어 악업을 짓지 않는 일이 무엇보다 중요하다. 중생의 무명으로 인해 전개되는 인과의 원리를 무시할 수 없다. 누구에게 필연으로 다가오는 업장을 녹이도록 참회와 기도의 적공이 절실해지는 이때이다.

80. 성인의 말씀에 선하면 복을 받는다 하셨거늘 혹 현상에 선인이 빈천하는 것은 무슨 이치인가 연구할 사

근대 산업혁명은 생활방식에 대전환을 가져왔으나, 빈부 격차를 극대화시켰다. 오늘날 지구상에 살고 있는 70억 인구 중 10억 명의 사람들을 **빼놓고** 나머지 60억 인구가 빈곤층에 속해 있으니 빈천한 사람들이 주류를 이루고 있는 실정이다.

우리가 빈천해지는 이유에 대한 화두로서 본 81조의 문목은 전 73조와 유사한 면이 있다. 73조를 보면 사람이 초년에는 부귀하다가 말년에는 빈천한가와, 80조를 보면 선연선과라 했는데 선인이 왜 빈천해지는가를 밝혔니, 빈천과 관련한 공통점이 있다는 것이다.

선연작복의 성현이라 해서 모두 부귀를 영위하는 것은 아니다. 옛날 순임금은 밭 갈고 질그릇 굽는 천역을 하였고, 석가모니는 유성 출가를 단행하여 고행하였고, 공자 역시 가난했지만 안빈낙도를 하였다.

교단 초창기 창립선진들도 의식주에 풍요롭지 못하였다. 주산종사에 의하면 공장과 상점이 적막했고 빈자(貧者)도 근심이 컸다고 했다. 곤궁의 극에 달한 농촌이며, 그 농촌을 토대삼고 유지 대책을 세운 불법연구회(월말통신 35호, 1932년)라고 하였다. 대종사와 창립선진은 만석평에 밭 갈기도 눈물겨웠고 아카시아 엿밥도 마다하지 않았지만 이를 딛고 일어선 것이다.

그러면 선연작복이라 했는데 선한 사람이 빈천 과보를 받는 이유는 무엇인가? 선연작복은 삼세를 걸쳐 진행되고, 또 아무리 성품이 선한 사람이라 해도 의식주에 검박하지 못하면 빈천해진다는 것이다. 성품이 선한 것은 선한 것이고, 경제적 활동은 또 다른 역량으로서 사실적 불공에 해당하기 때문이다. 성품이 선하다고 해서 노력하지 않으면 빈천보를 면할 수 없는 것이다.

원기 12년(1927) 3월에 발행된『수양연구요론』의 삼강령 설명을 보면, 작업을 취사하면 넉넉하고 급함이 곳을 얻어 골라 맞으며 세세생생 부귀와 빈천이 드러난다고 하니 이를 연마하도록 하고 있다. 빈천과 부귀의 기로가 일상의 삶에서 작업취사를 어떻게 하느냐와 관련된다는 것이다.

성품이 선하면 복을 받는다는 것은 이법적인 원리에서 그렇다는 뜻이고, 그 이법을 실제에 활용하지 못하면 보기 좋은 납도끼처럼 현상계에서 무기력할 뿐이다. 이에 정산종사는 "청춘소년 동무들아, 허송광음(虛送光陰) 좋아마라. 예산없이 지내가면 백발탄식(白髮歎息) 오나니라"(원각가, 1932년)고 하면서 누구를 막론하고 허송세월을 보내고 예산도 없이 낭비하면 말년에 빈천해진다는 것이다.

선인(善人)이라 해도 사리에 무능하거나, 일상의 삶에서 방심하고 소홀할 경우를 주의해야 한다. 과거 도가의 공부인은 밖에 비가 와서 마당의 곡식이 떠내려가도 모른다(대종경, 수행품 3장)고 했다. 설사 도인, 선인이라 하여 운세는 좋다마는 인도상의 요법을 깊이 새겨야 할 것이다. 사은보은과 삼학수행을 통해 이사병행, 영육쌍전의 창립정신을 반조해야 하리라 본다.

81. 악하면 죄를 받는다 하셨거늘 혹 현상에 악인이 부귀하는 것은 무슨 이치인가 연구할 사

악하면 죄를 받는다는 것은 선연선과 악연악과라는 인과 원리의 철칙인 것이다. 그럼에도 불구하고 악인이 부귀한 것은 이러한 악연악과의 인과에 배치된다는 점에서 본 문목이 연마의 대상이 된 것이다. 공교롭게도 81조의 문목은 74조와 유사한 바가 있는데, 초년에는 빈천하다가 말년에는 왜 부귀하는지 연구하라는 것이다. 초년에 빈천하고 순간 악행을 범했다 해도 현실과 말년에 부귀한 경우라는 점에서 공통성이 있다.

돌이켜 보면 선인은 사후에 낙토에 나고 악인은 지옥에 떨어진다는 생각은 고금을 통한 불교의 인과이론으로 등장하는데, 이는 불교의 탄생지인 인도 베다 시대부터 브라만 시대에 걸쳐서 이뤄진 사상이었다. 우파니샤드와 불교 시대에 들어와서는 선연선과 및 악연악과라는 윤회설이 성립된 것이다. 윤회의 인연 연기에 의해 악인은 고통의 악과를 받아야 마땅하지만 현실에서 부귀를 누린다면 아이러니할 수밖에 없다.

물론 악인이 참회 개과하지 않고 임시 부귀할 수도 있을 것이다. 그러나 이는 한 때의 부질없는 일이요, 강급의 나락으로 떨어진다. 악인이라면 반드시 회향 정진이 뒤따라야 진정한 부귀로 이어진다. 악인이 아무런 성찰도 없이 부귀를 누린다면 공자는 무어라 말했을까? "의롭지 못하게 얻은 부귀는 나에게 있어서 부질없는 뜬구름과 같은 것이다"(논어, 술이편)라고 했을 것이다.

인과의 전개에 있어 성자들에게 있어 진급의 선연선과를 지향한다. 악한 사람이 선한 사람이 되고, 빈천자가 부귀자로 변하는 성현들의 흔적이 이것이다. 이공주 선진에 의하면 "우자들은 변하여서 지자가 되고 악인들은 변하여서 선인이 되며 이것이 기질변화(종사주 성덕찬송곡, 월보 47호)라 했다. 소태산 대종사의 성덕으로 악인이 선인으로, 빈천자가 부귀자로 변한다는 것이다.

악인이 영원히 악인으로 남고, 빈천자가 빈천자로만 살아가야 한다면 인과의 원리에서는 바람직하지 않다. 다시 말해서 한번 실수로 악행을 범했다고 해도 참회 회향하고, 빈천자로 태어났다고 해도 정진 적공한다면 그것은 선인으로, 부귀자로 회생하는 것이다.

고금의 역사에서 볼 때 불교의 경우 용수, 기독교의 경우 어거스틴도 한때 방탕하였으나 이를 능히 극복하여 정진 적공하였다. 전생과 초년에는 부지중 악을 지었으나 말년에 참회 개과하여 회향한 사람(대종경, 천도품 35장)들이 후세에 복을 받는 이유가 이와 관련된다.

한번 실수는 병가지상사(兵家之常事)라 했다. 도가에 인연을 맺어 기질변화를 하면 영생의 복락을 얻는 이치를 알아야 하는 것이다. 선한 사람은 더욱 상생의 선연을 맺어야 할 것이며, 악한 사람은 회향을 통해 묵은 업을 녹이는 것이 마음공부의 원리이기 때문이다.

82. 부처님 말씀에 삼천대천세계가 있다 하니 적실이 있는지 연구할 사

삼천대천(三千大天) 세계란 정말 있는 것일까? 고대 인도인들이 우주관을 밝히면서 무한숫자를 즐겨 사용하여 왔는데, 삼천대천세계는 이 숫자의 장엄세계라고 한다. 불교에 의하면 무량수의 불국토가 존재하며 이는 과거나 미래에도 있다고 본다. 부처님이나 불교도가 궁극적으로 추구하는 것은 무수한 공간계에서 정토극락의 불국토를 이루는 일이다.

그러면 삼천대천세계는 구체적으로 무엇을 말하는가? 불교의 교리에 의하면 기세간(器世間)이란 4대주, 일월, 수미산, 육욕천, 범천을 합한 세계이다. 이 세계가 1천개 모인 것을 소천(小天)세계라 하며, 이 소천세계가 1천개 모이면 중천세계, 중천세계가 1천개 모이면 대천세계가 되며 이를 통틀어 삼천대천 세계라고 한다.

불경에서도 이러한 세계가 언급되고 있는데 『화엄경』에서 말하는 삼천대천세계는 모두 불광(佛光)에 빛나는 세계이며, 그로 인한 우리의 심광(心光)이 삼천대천세계를 비추니 주관과 객관을 통틀어 법계를 형성한다고 하였다. 『법화경』 수량품에는 '오백 천만억 나유타 아승지의 삼천대천세계'라는 말이 있는데 이것은 5백×천×만×억×나유타(현재의 1천억)×아승지(1조의 4승×천)라는 천문학적 숫자와 우주관을 나타내주고 있는 것을 보면 흥미롭기까지 하다.

공(空)의 도리를 주로 설하는 『금강경』에서도 말한다. "삼천대천세계 가운데에 있는 모든 수미산왕과 같은 칠보 무더기를 어떠한 사람이 있어 가져다가 보시에 사용할지라도 … 사구게 등을 수지 독송하며 다른 사람을 위하여 설해 주면 앞에 말한 복덕으로는 백분에 하나도 미치지 못하리라"(24장). 삼천대천세계의 외형적 보물을 보시하는 것보다도 진리를 연마하고 교법을 설하는 공덕이 더 크다는 것이다.

여기에 대하여 소태산은 말한다. "삼천대천세계가 이 세계 밖에 따로 건립된 것이 아니라 이 세계 안에 분립된 가지 가지의 세계를 이른 것이니, 그 수효를 헤아려 보면 삼천대천세계로도 오히려 부족하나니라"(대종경, 변의품 5장). 삼천대천세계는 현재 우리가 살고 세상을 장엄한 것에 불과한 것이라는 뜻이다.

과연 이러한 사실을 의심한다면 성인의 말씀을 의심하는 것이라 본다. 『대종경』 변의품 5장에서 '부처님 말씀은 해석하는 사람의 견지에 따라 다른 것'이라며, 현재의 학설이 분분하지만 견성한 큰 학자가 자신의 견해를 인증할 것이라 했다. 주의할 바, 우리는 불교의 장엄 세계를 인지하는데 있어서 신비적으로 보려는 삼천대천의 세계관을 극복하자는 것이다.

원불교는 전통불교를 혁신한 생활불교를 지향하고 있으며, 교법의 해석에 있어서도 진리적이고 사실적인 현실불교를 지향하고 있다. 미래 종교는 과거지향적 장엄이나 신비의 사유보다는 진리적이고 사실적인 신행에 바탕한 현실과 미래를 개척하는 정신개벽의 종교여야 한다는 것이다.

83. 부처님은 천변만화를 베풀어 천백억화신을 한다 하니 적실히 그러한지 연구할 사

고대 인도철학에서 비슈누 신의 화신으로 간주되는 신은 크리슈나였다. 비슈누의 숭배는 목동(牧童) 크리슈나 화신의 이야기를 담고 그에 대한 사랑과 믿음을 북돋우는 『비슈누 푸라나』와 『바가바타 푸라나』 문헌 등을 통해 더욱 대중화되었다.

인도의 대승불교에서의 삼신설(三身說)은 법상종의 증조인 인도의 세친보살이 거론하기 시작했는데, 화신을 논할 때 법신, 보신, 화신의 삼신불을 생각할 수 있다. 즉 불교의 청정법신 비로자나불, 원만보신 노사나불, 백억화신 석가모니불이라는 것이다. 대승불교의 『금광명최승왕경』「분별삼신품」 제3에서는 모든 부처에게 세 가지 몸이 있다고 하여 이를 화신 응신 법신이라고 밝혔으며, 석가모니는 천변만화의 화신불로 거론된다.

보조국사의 『수심결』에는 화신불에 대한 언급이 나온다. 미세한 번뇌까지라도 영원히 끊어 버리고 원각대지가 훤하게 홀로 나타나면, 곧 천백억화신을 나투어 시방세계 어느 국토에든지 느낌에 다다르고 기틀에 응하여 중생을 제도하되 이름을 세존이라(25장) 하였다는 것이다.

화신이 포함된 삼신불은 달에 비유되곤 한다. 정산종사는 다음과 같이 언급하였다. "법신불은 달의 체이요, 보신불은 달의 광명이며, 화신불은 일천강에 비치는 달의 그림자이니라"(정산종사법설, 제7편 불법대해 3장). 그리하여 전통불교에서는 화신불인 부처의 등상불을 신앙의 대상으로 모셨으나 우리는 법신불을 신앙의 대상과 수행의 표본으로 삼되, 실제로는 삼신즉일(三身卽一)이며, 이를 다시 밝힌다면 일원상이라고 하였다.

일원상은 삼신불이 합일된 법신불로 받들어진다. 특히 화신불에 대

하여 정산종사는 「대종사비명병서」에서 다음과 같이 거론한다. "일원
대도의 바른 법을 시방 삼세에 한 없이 열으시었으니, 이른바 백억화
신의 여래시요 집군성이대성이시라." 새 시대를 선도하기 위해 정신개
벽의 사명을 갖고 교단의 경륜을 펼치려는 대종사를 백억화신의 여래
라는 것이다.

소태산 대종사는 화신불을 처처불상 사사불공의 측면에서 설명하고
있다. 세상의 유정 무정이 다 생의 요소가 있기 때문에 우주 만물이
모두 다 영원히 죽어 없어지지 아니하고 저 지푸라기 하나까지도 백
억화신을 내어 갖은 조화와 능력을 발휘한다(대종경, 천도품 15장)는
것이다.

우리는 이제 성불 제중을 목표로 하면서 대종사의 분신, 곧 백억화
신이 되어야 한다. 이완철 선진은 사람을 지도하려면 우리가 화신이
되어야 한다며, 화신은 범부가 탐진치와 시기심 번뇌 망상을 벗어나서
무아의 청정 진심을 양성하는 것(회보 32호, 원기 22년)이라 했음을 상
기할 일이다. 천변만화의 방편을 베풀어 우리에게 다가선 대종사와 역
대 선성(先聖)의 정신을 받들어 일천강에 비추어진 달처럼 만유의 화
신불로서 살아가야 할 것이다.

84. 부처님은 삼계에 큰 스승이요 중생의 부모라 하였으니 어찌하면 그러한지 연구할 사

불교에서는 석가모니 부처를 삼계(三界)의 대도사요 사생의 자부(慈
父)라고 존칭한다. 삼계의 큰 스승이란 욕계 색계 무색계를 걸쳐 대자
대비를 베푸는 성자를 말한다. 그리고 사생의 자부는 태난습화(胎卵濕
化) 방식으로 탄생하는 일체 생령의 자비스런 어버이라는 뜻이다. 부

처님에 대한 존경의 호칭은 여래, 응공, 정편지, 명행족, 선서, 세간해, 무상사, 조어장부, 천인사, 불, 세존 등 종종의 덕상이 겸비된 십호(十號)로 표현되기도 한다.

여기에서 왜 부처님은 다양한 장엄의 존칭으로 불리는가? 불보살들은 일체생령을 위해 대자대비로서 삼계의 대권을 행사하기 때문이다(대종경, 불지품 13장). 삼세의 이치를 이미 알고, 사생의 윤회를 알아서 시방삼계를 오가로 삼는 해탈자재의 역량을 지니고 있기 때문에 삼계의 큰 스승이요 중생의 부모로서 추앙받는다.

불교의식이나 성가에서도 대자대비의 불타 호칭이 거론되고 있다. 불교식 제사를 올릴 때 「천혼문」(천도의 글)에 삼계의 대도사이며 만생명의 어버이인 부처님이라 하고 있다. 원불교 성가 「석존성탄절 노래」를 보면 "시방세계 통하여서 만만겁에 빛나도다"라고 하면서 "팔만사천 무량법문 사생의 자부로다"라고 하였다. 앞의 가사는 삼계의 대도사를 상징하고, 뒤의 가사는 중생의 부모를 상징한다.

이와 달리 세상에 고통을 주어 악명을 떨친 독재자나 악덕자들은 인과보응의 원리에 따라 죄업을 달게 받아야 할 사람들이다. 이들에 의해 예수, 공자도 크게 핍박을 받았으며, 석가모니 역시 조달이와 난다 등 끊임없이 훼방하는 무리들의 큰 시달림을 받았다. 『사십이장경』 7장에서, 한 어리석은 사람이 부처님의 뜻을 시험코자 부처에게 욕하고 꾸짖거늘 부처님은 묵연하여 대답하지 아니하였다고 말한 이유를 알아야 알아야 할 것이다.

결과적으로 부처의 삶을 시공적으로 접근하면 시간적인 삼계(三界)의 대도사가 되고 공간적인 사생(四生)의 자부가 된다. 사바의 시공간 속에서 아무런 구애 없이 대자대비를 베풀기 때문이다. 소태산은 『대종경』 불지품 3장에서 말하기를, 부처님은 천겁 만겁을 오로지 제도 사업에 정성을 다 하므로 삼계의 대도사요 사생의 자부라고 하였다.

우리가 삼계의 대도사요 사생의 자부가 되려면 어떻게 살아야 하는 가? 불보살은 국한 없는 세계에서 교화의 종자를 심어서 사생의 자부와 삼계의 도사가 되지만, 범부들은 국한 있는 곳에 이욕의 종자를 심어 고통을 겪는다(정산종사법어, 무본편 54장). 이에 우리는 국한 없는 부처의 삶을 살 것인가, 아니면 재색명리에 구속받는 중생의 삶을 살 것인가? 새 시대의 정신개벽을 주창한 소태산 대종사 역시 삼계의 큰 스승이요 중생의 부모로 받들어야 하는 이유가 있으며, 그것이 생활불교를 표방하여 인류 구원의 성자로 합류했으니 불불계세 성성상전의 소식이다.

85. 부처님은 수명 복록의 주인이라 하였으니 어찌하여서 그러한지 연구할 사

오래 사는 것을 수명이 길다하고, 심신의 행복을 누리는 것을 복록이 많다고 한다. 누구나 오래 살면서 복락을 누리는 주인공이 되고 싶을 것이다. 노자도 오래 살았고, 석가모니 역시 80세까지 장수를 누리며 인류의 스승으로 추앙받아 왔으니 복록의 주인이라 하지 않을 수 없다.

하지만 석가모니는 6년간 생사 기로의 설산 고행을 하였는데 어떻게 장수를 누리고 복록을 누렸다는 뜻인가? 그는 출가 전 왕자로서 복록을 수용하였지만, 출가한 후 의식주의 궁핍을 느꼈을 것이고, 설산에서 생명의 부지도 어려웠을 것이다. 각고의 구도에 의하여 깨달음에 이르러 마침내 영생의 복록을 마련하였으니 인류의 스승으로 숭배되고 있다.

소태산 대종사 역시 유년기부터 긴 구도과정을 거친 후 1916년 26세

에 불생불멸과 인과보응의 이치를 깨달아 복록의 주인공이 되었다. 대
각을 향한 정진 적공이 없었다면 이러한 복락을 수용할 수는 없었을
것이며, 인류 구원도 쉽지 않았을 것이다.

동서 고금을 통해 성자들은 결과적으로 수명 복록을 누린 주인공들
이라고 보아도 무리는 아니다. 동학의 글에 "복록은 한울님에게 빌고
수명은 내게 빌라"한 말씀은 무슨 뜻이냐고 묻자, 정산종사는 답하기
를, 인과보응의 이치는 곧 하늘의 공도니 죄복의 인(因)을 따라 과(果)
를 받는 것은 공공한 천지에게 받을 것이요, 불생불멸의 원리를 깨쳐
한량없는 수(壽)를 얻는 이치는 천도를 깨달으신 성인에게 배울 것이
니, 당신에게 빌라 한 것이다(정산종사법어, 경의편 64장)라고 하였다.

증산교에서도 미륵불과 유사하게 구천상제(九天上帝)를 밝혀 수명
복록의 주인이라 했다. 곧 하늘은 9천이 4개로 이루어져 도합 36천으
로 되어 있으며, 그 9천에서도 제일로 높은 상제를 9천상제라 하였다.
그는 후천 5만년 동안 우리 인간들의 복록과 수명을 맡은 분으로 추앙
받기도 한다는 것이다.

원기 17년(1932)『월말통신』 38호에 소개되고 있는「원각가」에서 다
음과 같이 말한다. "일체생령 제도하여 수명 복록 즐겨보세. 이와 같이
되는 법이 면전에 역력이라." 우리가 세계의 어버이가 되어 일체생령
을 제도하는 부처를 이룬다면 궁극적으로 수명 복록을 누릴 수 있다.

누구나 당연히 수명복록의 주인이 될 수 있다고 본다. 중요한 것은
한갓 일생의 장수, 일생의 복락이 아니라 영생의 깨우침과 복락의 수
용이 관건이다. 이를 위해서는 부단한 적공의 삶이어야 한다. 일례로
원기 12년(1927) 2월에「신분 검사법」을 제정하였는데 그것은 선악 죄
복이 어느 정도에 있는가를 성찰하며, 복록과 부채가 어느 정도에 있
는가를 알기 위한 법으로, 연중 1차씩 행하게 하였다. 일기법과 신분
검사법이 하루 나아가 영생 수명 복록의 주인 여부를 파악할 수 있다

는 것이다.

86. 음부경에 가라대 '천지는 만물의 도적'이라 하였으니, 어찌하여 그러한지 연구할 사

문목 86조에는 천지는 만물의 도적, 문목 42조에는 사람은 만물의 도적, 문목 87조에는 만물은 사람의 도적이라는 용어가 나타난다. 이는 순서상으로 보면 문목 86조가 먼저 거론되어야 하고, 다음으로 87조가 거론되어야 하며, 문목 42조가 가장 늦게 거론되는 것이 순서상 맞다. 이와 관련한 『음부경』의 원문을 소개하면 '천지만물지도, 만물인지도, 인만물지도(天地萬物之盜, 萬物人之盜, 人萬物之盜)'인 것이다.

그러면 원기 12년(1927) 『수양연구요론』에서 문장의 순서를 바꿔 놓았다는 것인가? 당시 소태산을 따르던 제자들에게 이해의 편리를 도모하기 위해 순서를 바꾸어 놓은 것으로 본다. 이를테면 먼저 사람은 만물의 도적이라는 용어를 이해시키고, 다음으로 천지는 만물의 도적이라는 것을, 끝으로 만물은 사람의 도적이라는 것을 이해시키려 한 것이다. 문장 구성에 있어서 주어를 사람, 천지, 만물 순으로 하여 인간의 주체성에 따라 천지와 만물을 배열한 것이다.

그러면 천지는 왜 만물의 도적인가? '도적'이라는 용어가 환기를 불러일으킨다는 것을 짐작할 수 있다. 원기 13년(1928) 『월말통신』 제3호에 나타난 「인재양성소기성연합단 취지서」를 살펴보자. "만약 사람들이 아니면 천지는 공각(空殼)이요 만물은 무주(無主)일 것이다"라고 하였다. 이를 바꾸어 말하면 천지가 아니면 만물은 무용지물이 되는 바, 천지는 만물을 이용하는 주권자로서 주인(도적)이라는 뜻이다. 이것은 이미 원기 14년(1929) 「회설」에서 "사람은 만물의 도적이라 함도 사람이 만물을 주장(主張)하여 사용하므로 도적이라는 명사를 부처 주권자라는 지위를 암시한 것이다"(월말통신 제18호)라는 언급에서도 확인할 수 있다.

천지는 만물의 '도적'이라는 문목 이해에 있어 천지는 만물을 주관하는 주권자로서 '주인'이라는 용어로 바꾸어 이해하면 본 문목을 쉽게 접근할 수 있을 것이다. 다시 말해서 '천지는 만물의 도적'이라는 용어를 '천지는 만물의 주인'이라는 용어로의 해석학적 풀이가 요구된다. 도적의 용어 사용에 있어 의인법과 강조법을 사용하고 있다는 사실을 알게 해준다.

천지가 만물의 도적(주인)인 이유를 예를 들어 설명하고자 한다. 성가 「원각가」 제2절을 소개하여 본다. "봄이 변해 여름되니 만화방창하여있고, 여름변해 가을되니 숙살만물 하여있고" 천지의 춘하추동을 주재한다는 것이 이것으로, 곡식이 성장하던 여름철을 지나 가을철이 되면 곡식은 열매를 맺게 한 후 죽인다(肅殺)는 뜻이다. 이에 천지는 만물의 주권자로서 숙살만물을 관장하는 주인이 되는 것은 당연한 일이다.

우리는 천지은을 통해서 천지가 만물의 도적 곧 주인인 이유를 알고 마음에 새기려면 천지팔도의 위력을 알고, 천지은에 보은하는 심경으로 살아야 할 것이다. 천지여아동일체(天地與我同一體)의 심경으로 천지 보은행을 하자는 뜻이다. 더욱이 선천시대의 도적이라는 용어를 후천시대의 주인이라는 용어로 재해석하는 지혜의 소중함을 일깨우고 있다.

87. 음부경에 가라대 '만물은 사람의 도적'이라 하였으니
   어찌하여 그러한지 연구할 사

『음부경』에서 '인만물지도(人萬物之盜)'라 하여 만물은 사람의 도적
이라 하였다. '도적'이라는 용어는 전장(42장, 86장)에서 '주인'이라는
용어로 쓰이는 이유와 타당성을 밝히었다. 따라서 사람은 만물을 사용
하는 주인이라는 뜻으로 본 문목을 해석해야 마땅하다. 육도사생 중에
서 인간은 최령한 존재이기 때문에 만물을 사용할 주인의 자격이 부
여된 셈이다.

그렇다고 만물을 인간의 이기주의적 소산으로 여기며 멋대로 사용
하라는 뜻은 아니다. 이미 밝힌 바 있는 문목 42장 및 86장의 '도적' 개
념을 '주인' 개념으로 해석한 것과 달리 본 87장에 한해서 실제의 '도
적' 개념의 시각에서 풀어보는 것도 의미가 있다고 본다. 옹색하게 만
물이 왜 사람의 도적이라 하는가? 우리의 마음이 도적맞는 이유는 무
엇 때문인가를 숙고해 보면 만물이 사람의 실제 도적이라는 말에 설
득력이 있다.

만물이 사람의 도적이라는 것은 불경에서도 거론하고 있다. 『경덕
전등록』에서 말하기를, 만약에 만물에 무심하면 도적은 아니라고 하
였다. 사람이 만물에 도적질을 당하지 않으려면 무심해야 한다는 것이
다. 그리하여 무심을 유지하면 그와 같은 탐욕의 중생심도 사라진다고
하였다.

그러면 우리를 도적으로 유혹하는 만물은 구체적으로 무엇을 말하
는가? 중생들이 대인접물(待人接物)의 과정에서 나타나는 외경(外境)으
로 인해 재색명리 등 오욕칠정을 유발하는 모든 것이 이와 관련된다.
순간 방심하면서 그것에 마음을 빼앗기며 살아가기 때문이다.

우리가 상대방의 물건을 불의하게 훔치는 것을 도적의 행위라 하여

불교에서는 도적질을 하지 않는 불투도(不偸盜)를 청정 계행으로 삼았다. 도적은 고금을 통하여 인류의 심신을 고통스럽게 해왔기 때문이다. 따라서 바른 일을 행하라고 가르치고 있는 『잡아함경』이나 『본생경』에서는 도적질하는 행위를 절대 금하였다. 석존 입멸 후 잔인한 도적행위로 이름을 떨쳤던 앙굴리말라(Angulimala)도 불가에 입문하여 석가의 법문에 감화를 받아 수행 제자가 되었다.

도적질이 불성(佛性) 발현에 반하는 이유를 알아야 한다. 『업보차별경』에서 밝힌 바, 중생이 빈천보를 받는 열 가지 죄업은 모두 도둑질과 관련된다. 예를 들면, 첫째 스스로 도둑질을 잘 함이요, 둘째는 다른 사람을 권하여 도둑질을 하게 함이요, 셋째는 도둑질하는 법을 찬성함이요, 넷째는 도둑질하는 것을 보고 마음에 좋아함(12장)이라 했다.

우리에게 고유한 불성이 도적질 당한다면 얼마나 고통스러운 일인가? 이에 소태산은 『대종경』에서 만물에 도적질을 당할 것에 대하여 경계하고 있다. 그는 잠간이라도 방 안을 떠날 때에는 문갑에 자물쇠를 채우며 말하였다. "나의 처소에는 공부가 미숙한 남녀노소와 외인들도 많이 출입하나니, 혹 견물생심으로 죄를 지을까 하여 미리 그 죄를 방지하는 일이니라"(실시품 17장). 견물생심이란 육근(六根)이 육경(六境)이라는 경계를 접하여 눈앞에 보이는 남의 물건을 나의 것으로 소유하고 싶은 도둑맞은 마음의 상태를 말한다.

견물생심을 극복하여 만물에 도적질을 당하지 않는 것이 필요하다. 청정 계행(戒行)과 불의를 범하지 않는 무시선의 실천이 이와 관련된다. 대종사는 이에 말하길, 마음을 바르지 못하게 사용하면 모든 문명이 도리어 도둑에게 무기를 주는 것과 같이 된다(대종경, 교의품 30장)고 했고, 정산종사는 도적계를 지키면서 의 아닌 재물을 취하지도 말라(정산종사법어, 경의편 34장)고 했다. 만물이 사람의 도적이 되지 않기 위한 성자의 무소유적 가르침이 고금을 꿰뚫고 있다.

88. 음부경에 가라대 "하늘이 살기를 발하면 별과 별이 옮긴 다" 하였으니 어찌하여서 그러한지 연구할 사

헌원황제가 천단의 오청원시지궁 석갑에서 얻었다는 『음부경』은 내단(內丹) 사상을 중시하는 선가서로서 수련에 대한 관심을 불러일으키는 고전의 하나이다. 『음부경』은 초기교단의 수련법에 있어 참고경전으로 활용되어 왔다. 그 내용에 신비적인 측면이 발견되고 있으며 "하늘이 살기를 발하면 별과 별이 옮긴다(天發殺機 龍蛇起陸)"는 문구가 흥미를 자아내기에 충분하다.

고경의 심오하고 신비적 측면의 경지를 알기 쉽게 이해하기 위해 소태산은 이를 화두로 삼고, 또 유불도 3교의 사상을 통합 활용하려는 그의 교법 정신과 관련짓고 있는 것이다. 전통사상을 보다 진리적이고 사실적으로 접근하려는 교조의 경륜에 맞물려 이러한 문목이 용이하게 접근된다고 볼 수 있다.

여기에서 하늘이 살기를 발한다는 것은 무엇인가? 우주에 생명의 에너지가 있다는 뜻이다. 살기를 발할 경우 별과 별이 움직인다는 것은 신비적인 것만은 아니다. 오늘날 많은 행성들이 지구 주위를 스쳐지나가는 경우가 있으며, 지구는 우주에 떠도는 수많은 행성의 하나이기 때문이다.

덧붙여 하늘은 살기뿐만 아니라 생기(生氣)도 발한다. 우주에는 살기와 생기가 아울러 작용하며 근본적으로 상생의 기운으로 가득 차 있는 것이다. 우주의 성주괴공이라는 궤적을 상기하여 본다면 생기와 살기가 살활(殺活) 자재하여 유기체적으로 인간의 생로병사에 그 영향을 미치며 이는 일원상 진리의 묘유적 측면이기도 하다.

하늘이 살기를 발하는 것에 대하여 소태산은 다음과 같이 말한다. "천지 기운은 사람이 들지 아니하면 아무 변동과 조화가 나지 않는 것이다. 모든 사람의 마음이 악심으로 뭉쳐서 일심이 되면 천지 기운이 악화되어 온갖 천재지변이 나타나고, 사람들의 마음이 선심으로 뭉쳐서 일심이 되면 하늘에는 상서 별과 상서 구름이 뜬다"(대종경선외록, 도운개벽장 4장).

따라서 위의 법설은 그다지 신비스러운 일은 아니다. 하늘이 살기를 발하는 것을 우리가 실제 체험하며 살고 있기 때문이다. 천둥과 번개 치는 것이 하늘의 살기이며, 가을이 지나고 겨울이 되는 길목에서 눈과 서리를 내리는 것 역시 살기이다. 숙살만물(肅殺萬物)과 같은 하늘이 살기를 발하는 현상들을 늦가을에 자주 본다.

그렇다면 우리가 어떻게 하늘의 살기를 극복할 수 있는가? 정산종사는 6.25 전에 영광 쪽을 보며 살기가 떠 있어서 사람이 많이 다치리라 예감하였다. 이에 그는 측근들에게 총부 근방으로 오라고 당부하며 망동하지 말라 하였다(한울안 한이치에, 제6장 돌아오는 세상 50). 성자로서 하늘의 살기를 직감한 셈이다. 우리는 하늘 기운을 보아 천지에 감응하려면 '천지은'에 보은하며 살아야 한다. 오늘도 천지영기 아심정(天地靈氣 我心定)을 주송하며 신행의 적공을 해야 하는 이유이다.

89. 음부경에 가라대 "땅이 살기를 발하면 용과 뱀이 육지에 일어난다" 하였으니 어찌하여서 그러한지 연구할 사

동양의 고경으로 널리 알려진 『주역』에 의하면, 역(易)은 단순히 점서에 그치는 것이 아니라 천지의 도를 드러내고 인간으로 하여금 이에 순응하도록 가르친다. 땅이 살기를 발하는 것도 천지의 도에 의하여 작용하는 것인 바, 인간이 이를 간과해서는 안 되기 때문이다. 천지와 더불어 그 덕을 합하고 귀신과 더불어 그 길흉을 합한다는 언급이 이와 관련된다.

아울러『주역』「겸괘」단사에 따르면 하늘의 도와 땅의 도를 깊이 새기어 겸손하라고 가르친다. 자만하는 자는 하늘도 싫어하고 땅도 싫어하며 귀신과 사람도 싫어하는 바, 땅의 도(地道)는 만물을 변화시켜 겸손한 행위를 복되게 하기 때문이라고 하였다.

선가 수련의 비서로 알려진『음부경』에서도 하늘의 도와 땅의 도를 언급하면서 땅이 살기를 발하면 용과 뱀이 육지에서 일어난다(地發殺氣 龍蛇起陸)고 하였다. 전장은 하늘의 도에 관련되는 것이고 본 문목은 땅의 도에 관련되는 것이다. 땅이 살기를 발할 경우 천지인 삼재(三才)의 울타리에 속한 인간 역시 고통의 나락으로 떨어지고 만다.

여기에서 땅의 살기란 무엇인가 하는 점이 궁금하다. 곧 지진이나 가뭄, 홍수, 화재 등으로 인해 생존의 위협을 받는 경우가 이것이다. 오늘날 지구가 온난화되고, 자원이 고갈되며 환경이 파괴되는 현상이 가중되고 있으니, 과거에 비해 땅이 살기를 발하는 상황으로 치닫고 있다. 용과 뱀 뿐만 아니라 모든 생명체가 극한 고통으로 인해 생태계가 파괴되는 사지(死地)로 전락할 지도 모를 일이다.

이러한 상황을 방치해서는 안 된다. 천지 기운은 사람과 연계되어 나타난다며, 소태산은『대종경선외록』에서 땅의 기운으로서 우순풍조(雨順風調)(도운개벽 4장)를 거론하고 있다. 이 우순풍조는 땅의 생기를 발할 경우 오곡이 풍성하게 하고, 살기를 발할 경우 가뭄으로 인해 그 기운은 전 생명체를 위협한다는 뜻이다.

여기에서 천도와 지도와 인도를 알아야 할 필요가 커진 셈이다. 소태산은『대종경』인도품 1장에서 하늘이 행하는 것을 천도라 하며, 땅이 행하는 것을 지도(地道)라 하고, 사람이 행하는 것을 인도라 하면서, 땅의 도를 행하면 땅의 은혜가 나타난다고 하였다. 땅이 살기를 발하지 않도록 하라는 일이다. 박광전 종사도『대종경강의』에서 이에 말한다. "나에게 살기가 없으면 동물도 가까이 온다. 내 마음에 화기 (和氣)가 있으면 상대도 결국 화기를 갖게 된다." 우리에게 상생의 화 기가 필요한 이유이다.

동물도 화기를 느끼듯 땅의 은혜가 나타나려면 어떻게 해야 하는 가? '천지불공'을 해야 한다는 것이다. 천지만물 허공법계가 다 부처 아님이 없으니, 우리는 어느 때 어느 곳이든지 경외심을 놓지 말고 경 건한 태도로 천만 사물에 응해야 한다(대종경, 교의품 4장). 천지보은 으로서 환경보호 운동을 원불교에서 적극 추진해야 할 것이라 본다.

90. 물건의 형체를 단련하여 기운을 만들었다 하였으니 어찌하면 그러한지 연구할 사

본 문목은 『수양연구요론』의 『정정요론』 하권에 있는 내용의 일부 분이 인용된 것이다. 여기에는 『정심요결』을 저본으로 하여 『영보국 정정편』, 『태극제련내법』(송나라 정사초 著)으로 거슬러 올라가 선가 의 수련에 대한 비결(秘訣)이 거론되고 있다. "물건의 형체를 단련하여 기운을 만들었다"는 것은 도를 얻는 사람의 7가지 통함 중에서 다섯 번째에 해당하는 것으로 선가에 있어서 진인의 경지를 밝힌 것이다.

이에 도를 얻는 사람의 7가지 통함(道通)이라는 『수양연구요론』의 『정정요론』을 소개하여 본다. '대범 도를 얻는 사람이 무릇 일곱 가지 통함이 있으니'로 시작하면서 각각의 조목을 설명하는 형식을 취한다.

첫째는 마음을 얻어 정(定)을 본 후에 모든 진누(塵陋)를 깨친 것이 요, 둘째는 이목구비로 행하는 병이 여러 가지로 몸에 얽히고 얽힘이 모두 다 사라짐에 몸과 마음이 가볍고 서늘함이요, 셋째는 위태하고 요손(夭損)한 법을 안보(安保)하여 평탄한 데에 돌아와 성명을 회복함이요, 넷째는 수(壽)를 일천 해에 연(延)하였으니 이름을 가로되 선인이라 하며, 다섯째는 형체를 단련하여 기운을 만들었으니 이름을 가로되 진인이라 하며, 여섯째는 기운을 단련하여 귀신을 만들었으니 이름을 가로되 신인이라 하며, 일곱째는 귀신을 단련하여 도에 합하였으니 이름을 가로되 지인이라 한다.

소태산은 본 문목을 언급함으로써 선가의 도통 수련법을 활용하고자 하였다. 선가의 수련 비법으로 알려진 7가지 도통법에는 도교의 형기신(形氣神) 내지 정기신(精氣神) 수련법이 스미어 있다. 본 문목에 해당하는 다섯째의 경우는 형체(形), 여섯째의 경우는 기운(氣), 일곱째의 경우는 귀신(神)으로 언급할 수 있다. 이것은 선가의 형기신 수련의 경지와 연계되고 있다.

도통 7가지의 하나로 "형체를 단련하여 기운을 만들었으니 이름을 가로되 진인이라" 하였는데 이와 관련된 진인은 어떠한 사람인가? 도가의 『장자』에 있어 이상적 인격의 상태로서 진인은 신인 지인 등과 동의어로서 사용되며, 이들은 득도자로서 무위자연의 도를 체득한 경지로 표현되는 것이다.

궁극적으로 문목 137조 중 본 90조와 91조는 진인, 신인, 지인의 순으로 그 경지가 단계화되고 있다. 즉 다섯째 형체를 단련하여 기운을 만든 진인, 여섯째 기운을 단련하여 귀신을 만든 신인, 일곱째 귀신을 단련하여 도에 합한 지인으로서 단계적 격상이라는 것이다.

위에서 언급된 진인, 신인, 지인은 모두가 선가의 형기신 수련법에 의해 나타나는 이상적 인물인 점을 주목해야 한다. 선가의 이상적 인물상은 호칭의 차이뿐 향유하는 경지는 회통하는 것으로, 원불교 불보살 경지의 다른 표현으로 이해할 수 있다.

91. 기운을 단련하여 귀신을 만들었다 하였으니 어찌하면 그러한지 연구할 사

『수양연구요론』의 문목 137조 가운데 선가서에서 수렴한 문목이 10%나 된다. 예컨대 49조는 『옥추경』에서 언급되고, 113조는 『도덕경』, 41~43, 86~89, 120조는 『음부경』, 90~91조는 『정관경』, 110~112조는 『상청정경』의 내용에서 추출한 것들이다.

전장에서 밝혔듯이 도통의 7가지 중 다섯 번째는 앞의 문목(90조)이고, 여섯 번째는 본 조목(91조)이다. 선가의 형기신 수련법에서 형(90)과 기(91)가 거론된 만큼, 신이 요구된다면 일곱 번째 "귀신을 단련하여 도에 합하였으니 이름을 가로되 신인이다"라고 해야 한다. 그리고 이는 92조에서 거론되어야 마땅하지만 이를 생략한 것이다.

존재론적 혹은 수양론적인 측면에서 형기신(形氣神) 수련법은 『도덕경』의 이희미(夷希微)를 시작으로, 『여씨춘추』의 형정기(形精氣), 『회남자』의 형기신, 주렴계의 성신기(誠神幾), 도교의 정기신(精氣神)으로 거론되는 것들이다. 세 가지 범주의 수련법은 원불교의 영기질(靈氣質) 사상에도 영향을 미쳤을 것으로 본다.

귀신과 관련한 초기교서의 기록을 보면 원기 12년(1927) 『수양연구요론』이 간행된 1년 뒤인 원기 13년(1928) 『월말통신』 3호에 다음의 글이 있다. '여귀신합기길흉(與鬼神合其吉凶)'이라는 것으로, 이는 『주역』에 나온다. 여기에서 알려진 귀신이란 무서운 것이자 영험한 것이고, 조화가 있는 것이며, 만물에 신령한 것이다.

기운(氣)을 단련하여 신령한 귀신을 만드는 것은 기공(氣功)을 통한 신비한 영통으로 이어지며, 영통을 할 경우 귀신 만드는 일도 가능할 것이다. 선가에서는 도통론에 있어 영통론과 같은 신비한 수련법을 주장하였으며, 원불교에서는 도통과 영통 외에 '법통'(대종경, 불지품 10

장)을 강조하였다. 영통이나 도통만으로는 안 된다는 것이며, 소태산은 도통 7가지를 제시하면서 말미에 법통을 두어 말하기를 "오래 배워 마음을 정(定)하면 몸과 마음에 한 통(通)도 없어서 분명한 불(佛)이니라"고 하였다.

선가 수련의 영통을 수렴하면서도 불법을 주체삼은 소태산은 궁극에 가서 부처가 되는 법통을 지상 목표로 삼고 있음을 알 수 있다. 유불선 3교를 통합 활용하려는 그의 의지를 보면, 유가의 태극 혹은 무극, 선가의 자연 혹은 도, 불가의 청정법신불을 거론하면서 원불교는 이를 일원화하여 일원상의 진리를 밝힌 것(대종경, 교의품 3장)으로 볼 수 있다.

따라서 기운을 단련하여 귀신을 만든다는 것은 과거 선가의 신비적 수련법임을 알아서 영통에 머물지 말고, 진리적 종교의 신앙을 통해 정법대도의 도통과 법통에 이르러야 한다. 이에 소태산은 인도상의 요법으로 주체를 삼고 신비와 이적을 멀리 하도록 하였다. 기운 단련으로 귀신 만드는 일이란 과거의 술수에 불과하기 때문이다.

92. 부처님이 납월 8일에 밝은 별을 보시고 도를 알았다 하셨으니 어찌하여서 그러한지 연구할 사

불교의 4대 기념일은 부처님오신날(4월 8일)과 출가일(2월 8일), 성도일(12월 8일), 열반일(2월 15일)이다. 이 기념일 중에서 어느 하나 거룩하지 않은 날이 없지만, 성도일(成道日)은 불타가 깨달음을 얻은 것으로 납월 8일이다. '납월(臘月)'이란 섣달을 의미하는 것으로 음력 12월 8일을 말한다.

석가모니는 납월 8일, 새벽 3시 동천에 떠오르는 밝은 별을 보고 도를 깨달았다. 선가(禪家)에서 12월 8일을 성도일로 정하고 있는데, 중국 송나라 때부터 이 성도일이 정해지면서 우리나라에 전래된 것으로 알려져 있다.

진리의 깨달음 곧 성도에 이르기까지 카빌라국의 싯다르타는 왕자위를 놓고 중생의 고통을 자신의 고통으로 여기며 출가를 단행한다. 석가는 왕자로서 결혼을 하여 부러움 없이 가빌라국 왕궁가에 살다가 인생 무상을 느낀 나머지, 29세에 당시 사문들처럼 출가를 단행하여 구도 고행을 했다. 깨달음에 대한 구도의 염원이 간절하였으니 "만일 여기서 번뇌를 멸하고 미혹과 거짓의 세계를 벗어나는 길을 찾지 못한다면, 설령 이 몸이 가루가 된다 하여도 이 자리를 떠나지 않으리라"라는 결의를 굳게 다진 것이다.

마가다국에서 6년동안 갖은 고행을 한 끝에 석가는 어느 날 부다가야에 있는 한 보리수 밑에서 명상을 하다가 진리를 깨달았으며, 이때 그의 나이는 35세였다. 『화엄경』은 보리수 아래에서 성도를 이룬 석가모니가 시공을 초월한 법신불인 비로자나불이 되어 시방세계에서 영원무궁토록 법륜을 굴리면서 중생을 교화하고 있다는 것을 설한 경전으로 잘 알려져 있다.

석가모니가 성도한 내용은 무엇인가? 오랜 선정 끝에 분별망상을 여의고, 여의었다는 생각조차 멸한 '비상비비상처정(非想非非想處定)'의 경지에 이르렀으니 그것이 곧 정각(正覺)이다. 성도 후 그는 전에 고행을 같이 했던 다섯 비구들에게 법을 설하기 위하여 녹야원에 가서 최초설법인 중도(中道) 및 사성제(四聖諦)와 팔정도(八正道) 법문을 설하였다. 이것이 그의 유명한 초전법륜이다.

대각을 이룬 석가모니는 사성제와 팔정도 법문을 설하여 고통 받는 인류 구원의 발길을 내디딘 것이다. 팔만사천 법문이 석가모니의 법설로서 성도를 통한 중생교화의 방편을 베풀었으며, 그것은 윤회의 고통에서 벗어나 해탈의 열반락을 누리도록 하는 불법으로 받들게 되었다.

소태산 대종사 역시 자수자각(自修自覺)을 하였으나 깨달은 바가 석가모니와 유사한 바가 있음을 알고 그를 깨달음의 연원으로 삼았다. 불생불멸과 인과보응의 진리가 이것이며, 깨달음을 기념하는 의미에서 볼 때 불교의 성도일은 원불교의 대각개교절과 같은 명절로 이해된다. 불법을 개벽시대의 정법대도라고 밝힌 점에서 그는 불불계세 성성상전의 소식을 석가의 성도일을 통해서 전해주고 있다.

93. 성신은 어떠한 물건인지 연구할 사

일월성신은 종교철학의 존재론과 우주론에서 자주 거론된다. 인도의 베다사상에 나타난 존재론에 의하면 우주는 3층 구조로 이루어졌는데, 위로는 해와 달과 별들이 움직이고 활동하는 하늘이 있고, 그 밑에는 구름과 공중의 신들이 활동하는 공중이 있으며, 아래에는 우리가 살고 있는 납작하고 둥근 땅이 있다는 것이다.

상층구조의 일월성신 곧 성신은 별자리를 말하는 것으로, 과거로부터 불교에서는 삼십삼천, 이십팔수를 언급하며 별을 거론해 왔다.『주역』에서는 팔괘를 말하여 일월성신과 풍운우로 등 우주의 형상을 통해 길흉화복을 점쳤다.

동아시아에서는 28수(宿) 별자리를 중시하여 28개의 동북서남의 방위에 따라 7개씩의 별자리를 위치지우고 있다. 각 별자리에는 우수의 직녀, 하고, 천부, 좌기, 우기 등이 있으며, 동방의 청룡에는 각, 항, 저, 방, 심, 미, 기가 있고, 북방의 현무에는 두, 우, 여, 허, 위, 실, 벽이 있다. 또 서방의 백호에는 규, 루, 위, 묘, 필, 자, 삼이 있고, 남방의 주작에는 정, 귀, 류, 성, 장, 익, 진이라는 별자리가 있으며 이를 28수 성신이라 한다.

일원성신은 소태산에 의하면 우주의 성주괴공으로 변화 작용하는 것으로 보았다. 『대종경』에서 일월성신과 풍운우로상설이 모두 한 기운 한 이치이므로 하나도 영험하지 않은 바가 없다(변의품 1장)고 언급한 것이 이와 관련된다. 지구도 하나의 우주에 속하며 지구 주위의 태양, 달, 별 등이 영험하게 우주의 성주괴공으로 은현 자재하는 것이다.

일월성신과 관련하여 정산종사도 깊은 관심을 표명하고 있다. 그는 존재론의 측면에서 우주 만유가 영기질로 구성되어 있다며, 영(靈)은 만유의 본체로써 영원불멸한 성품이며, 기(氣)는 만유의 생기로써 그 개체를 생동케 하는 힘이며, 질(質)은 만유의 바탕으로서 그 형체를 이룸이라(정산종사법어, 원리편 13장)고 했다. 이에 소광섭 서울대 교수는 물리학적으로 성신이 물질의 본성과 원소 생성의 근본이요 태양이 지상 에너지의 근원이라며, 일월성신이 천지만물의 기와 질의 측면에서 원천이 된다(일월성신론, 원평 창간호)고 하였다.

성신은 결과적으로 우주의 기운으로 파악하면서도 존재론의 측면에서 그 기반이 된다. 곧 일월성신은 원불교의 측면에서 우주를 구성하는 기본 구조로 파악하고 있다는 것이 주목된다. 『불법연구회창건사』에서는 일월성신 28수를 언급함에 이어 『불법연구회통치조단규약』에서는 교화단(敎化團) 조직으로서 우주 방위의 팔괘를 응용, 무한 교화의 방편으로 활용한 것이다.

구체적으로 소태산은 일월성신을 포함한 우주의 방위론적 팔괘 팔방에 근거하여 수위단 방위를 두었음은 물론, 전 교도의 교화단 조직을 구성하였다. 근래 교단에서 언급되고 있는 2만 교화단 단장의 양성을 통한 교화대불공의 과업이 이러한 일월성신의 우주론과 직결되어 있는 것을 보면, 일원상 진리의 묘리(妙理)가 우주에 편만해 있음을 알 수 있다.

94. 천지 사이에 화해 나는 물건의 얼굴이 각각 다른 것은 어떠한 이치인가 연구할 사

서양의 창조론에는 하나님이 각기 다른 형태의 만물을 창조했다고 한다. 서구종교에 의하면 천지 만물의 형태가 다른 것은 이 창조론에 근거하고 있는 바, 《창세기》 1장 1절에는 "태초에 하나님이 천지를 창조하였다"는 것이다. 물론 창조론은 고대로부터 전해온 개념으로 메소포타미아의 에누마 엘리쉬, 수메르의 에아 신화, 이집트의 라에 의한 창조론 등이 전해오고 있다.

근래 신의 창조론에 대하여 과학적 논리를 편 것이 다윈의 진화론이다. 생물은 우주의 생활환경에 적응하면서 단순한 것으로부터 복잡한 것으로 진화했으며, 생존경쟁에 적합한 것은 살아남고 그렇지 못한 것은 도태된다는 것이다. 다윈은 『종의 기원』(1859)에서 말하기를, 같은 종(種) 안에 있는 개체는 그 형태와 생리에 두드러진 연속적 변이가 있으며, 이 변이는 기회가 있을 때마다 발생하고 유전한다고 했다.

하지만 동양의 이론은 이와 다르다. 우주에 품부된 기(氣)의 작용에 따라 생명체는 무위이화(無爲而化) 자동적으로 생겨난다는 것이다. 음양오행이라는 우주의 충만된 기의 교감에 의하여 생명체는 각기 다른 모습으로 태어나는데, 맑은 기를 머금고 태어난 사람과 어두운 기를 머금고 태어난 동물 및 식물의 구분이 생긴다고 한다. 고대의 노자, 한대의 동중서, 송대의 주렴계와 주자 등이 이러한 논리를 전개했다.

초기교단의 경우, 우주 만물의 형성론은 아무래도 교단 최초에 발행된 『수양연구요론』의 『정정요론』을 참조해야 할 것이다. 곧 하늘이 덕에 의해 머리는 기운으로 화하고, 가슴은 일월성신과 풍운우로의 조화로 형성되며, 마음은 신령의 주인이 되고 몸은 음양의 집이 되어 온갖 변화가 나타난다고 하였다. 삼라만상이 우주의 충만된 기운으로 형성되는 이유를 수련도서에서 참조한 것이다.

교리가 보다 정착된 단계에 접어들면서 소태산은 천하 만물의 형성 및 존재론을 설명함에 있어 불교의 인과론과 수양론, 도교의 무위론 등의 측면과 회통시키고 있다. 『정전』「일원상 서원문」에서 말하기를, 우주의 성주괴공과 만물의 생로병사와 사생의 심신작용을 따라 모든 생명체는 진급과 강급의 과정을 거치며 육도로 변화된다고 하였다. 『대종경』「천도법문」에서도 이 우주와 만물은 본래 한 형상도 없고, 죽고 나는 것도 없어서 유도 아니요 무도 아닌 것이지만 무위이화 자동적으로 생겨난다고 하였다. 우주의 변화 속에 일월은 왕래하면서 삼천대천세계의 모든 생명체가 형성된다는 것이다.

불법의 심오함에서 보면 천지 사이의 삼라만상의 전개는 무시무종이지만 상생의 인과 작용에 의해 각기 다른 형체가 생멸한다고 볼 수 있다. 우주의 대기가 자동적으로 운행하는 가운데 육도 사생이 각자의 형각을 보존하는 이치는 사은(四恩)의 지중한 은혜 때문이다. 우리가 만물의 영장으로 불성을 구유한 최령의 존재로 태어난 것을 감사하고 보은(報恩)해야 하는 이유가 이것이다.

95. 일만법이 하나에 돌아갔다 하니 그 하나는 어느 곳으로 돌아갔는지 연구할 사

불가에서 가장 많이 거론되는 화두가 있다면 그것은 무엇일까? 아무래도 만법귀일(萬法歸一)이라 본다. 만법귀일이라는 화두는 조주선사가 처음으로 언급하였다. 한 스님이 조주스님에게 묻기를 "모든 것이 하나로 돌아가는데, 그 하나는 어디로 돌아갑니까?" 이에 조주스님이 답하였다. "나는 청주에 있을 때 베적삼 하나를 만들었는데, 그 무게가 일곱 근이었다." 황당한 선문답으로 이해하기가 쉽지 않은 것은 그것이 여래선의 격외도리이기 때문이다. 『선요』에 고봉스님이 이를 여러 번 인용하여 한국불교의 화두로 등장하고 있으며, 만법귀일은 『조주록』, 『조당집』, 『전등록』, 『벽암록』에도 인용되고 있다.

불교 화두로서 만법귀일과 유사하게 소태산은 "일만법이 하나로 돌아갔다"고 하며, 이를 『수양연구요론』 문목 137조의 하나로 두어 연마하게 하였다. 아울러 그는 "만법귀일이라 하였으니 그 하나로 돌아가는 내역을 말하여 보고 일귀하처오 하였으니 그 하나는 어디로 돌아가는가를 말하여 보라"(대종경, 성리품 24장)고 하였다.

이러한 소태산의 질문에 제자가 답하였다. "만법이 본래 완연하여 애당초에 돌아간 바가 없거늘 하나인들 어디로 돌려보낼 필요가 있겠나이까?" 대종사 웃으며 또한 말씀이 없었다. 그가 침묵했다는 것은 제자와 더불어 문답감정을 하면서 공부의 정도가 진척되었음을 인정한 것으로 보인다. 더불어 스승으로서 제자에게 곧바로 견성인가를 내리지 않은 것은 앞으로 더욱 연마해 보라는 의미가 있을 것이다.

그렇다면 만법이 하나로 돌아간다는 것은 어디로 돌아간다는 것인가? 본 문목이 의도하는 바는 만법이 근본적으로 한 근원이기 때문에 이를 일원상 진리와 연계하여 설명할 수 있다. 소태산은 대각을 이루고 말하기를 "만유가 한 체성이며 만법이 한 근원이로다"(대종경, 서품 1장)라고 하였다. 일원상 진리에서는 만유가 한 체성이요 만법이 한 근원이기 때문에 하나로 돌아가는 곳이 어디인가를 가히 짐작할 수 있다.

선종의 육조 혜능은 제자에게 무상계를 주면서 "자기 색신의 청정법신불에 귀의합니다"(自色身歸依淸淨法身佛)라고 복창하도록 하였다. 색신을 포함한 일체의 만법은 자기 본성이 있는 법신불에게 귀의한다는 것이며, 소태산이 밝힌 일원상 진리로의 귀일과 같은 맥락이다.

이러한 만법귀일을 깨닫기 위해서 진지한 공부가 필요하다. 정산종
사도 견성 1단계를 만법귀일의 실체를 증거하는 것이라 하였으니 숙
고해볼 일이다. 만법귀일은 통만법 명일심(通萬法 明一心) 공부에서 시
작하는 것이 좋으리라 본다. 원기 14년(1929) 8월, 세상은 경전이니 통
만법 명일심하라는『월말통신』제18호의 언급이 주목된다. 만법을 통
하여 일심을 밝혀가는 공부가 통만법 명일심이니, 만법귀일의 소식은
원불교의 조촐한 마음 밝히는 공부에서 비롯된다.

96. 일만법으로 더불어 짝하지 아니한 자가 어떠한 물건인지 연구할 사

본 문목은 거슬러 올라가면 마조도일(709~788)이 강서에 갔을 때 만
난 방거사의 "만법과 더불어 짝하지 않는 것이 무엇인가"라는 물음에
서 시작한다. '불여만법위려자 시심마(不與萬法爲侶者 是甚麼)'라는 것이
이것이다. 이에 마조는 "한 입으로 서강의 물을 다 마시면 가르쳐 주
겠다"고 하였다.

여기에서 선종의 견성인가와 관련된 것으로 격외의 독특한 화두가
전개되고 있다. 모든 것은 만법과 짝하지 않을 수 있는가의 반어적 화
법에 더하여 한 입으로 서강의 물을 다 마시라고 하였다. 화두의 해법
은 의외로 육조 혜능의 가르침에서 모색된다. 혜능대사는『법보단경』
에서 만법이 자성에서 나오므로 일체 선악의 행동이 마음 작용에 관
련된다고 하였다. 이 때문에 일만법(一萬法)은 이 자성과 더불어 짝하
지 않은 것이란 하나도 없다는 것이다.

만법은 자성과 함께 한다. 이 자성을 여의지 않아야 모든 법과 더불
어 짝하지 않은 것은 하나도 없다는 사실을 깨닫게 된다는 것이다. 선

악, 미추, 시비를 불문하고 만법은 이 자성을 떠나 있지 않다는 뜻이다. 마조스님이 방거사에게 말한 서강의 물이든, 익산의 남중리 소나무든 만법과 하나 되는 자성의 원리를 발견할 때 견성인가를 내려 줄 것이다.

문제는 견성인가를 과거의 선종 방식으로 해서는 안 된다는 소태산의 가르침을 새겨볼 일이다. 백학명의 이청춘 견성인가(대종경, 성리품 18) 방식으로는 안 된다는 것이다. 여기에서 본 문목이 원불교에 어떻게 유입되었는지 궁금한 일이다. 어느 날, 소태산 대종사는 부안 내소사에 갔다. 그곳에 당도하여 현관에 걸린 '만법귀일 일귀하처'의 화두를 보고 그 뜻이 밝아졌다. 그러나 '불여만법위려자 시심마'라는 화두에 대해서는 이해가 쉽게 되지 않았지만 가을에 나락이 누른 것을 보고 바로 깨쳤다고 전해진다.

소태산은 본 화두를 매우 중요시하여 문목 137조의 하나로 다루었다. 초기교서『수양연구요론』의 속표지에 '통만법명일심(通萬法明一心)'이라는 권두표어를 걸었고, 판권에는 인지 대신 불여만법(不與萬法)이라 하였다. 초기교단의 최초교서에 본 문목을 채택한 소태산의 심회를 새겨보아야 한다.

본 문목은『교고총간』6권(283쪽)에 실려 있기도 하며, 옛 교당에서는 건축시 현관에 이 화두를 적어 놓기도 하였다고 전해진다. 오늘날에는『정전』의두요목 6조로 정착되어 심도 있게 의두 연마의 조목으로 다루어지고 있다.

결국 만법과 더불어 짝한 소식은 내가 시방일가요 사생일신임을 밝혀주는 것으로 원불교의 마음공부로 귀결된다. 만법과 더불어 짝했으니 통만법 명일심의 공부를 하지 않을 수 없다. 이제 일만법(一萬法), 아니 나의 오장육부가 만법과 더불어 짝한 소식을 고민해보는 성리 연마는 깨달음의 첩경인 것이다.

97. 부처님이 도솔천을 여의지 아니하시고 몸이 왕궁가에 내리셨다 하셨으니 어찌하여서 그러한지 연구할 사

세존이 도솔천을 여의지 않고 몸이 왕궁가에 내렸다(世尊未離兜率 己降王宮)는 것은 부처님 팔상(八相)의 첫 번째에 해당한다. 석가모니가 도솔천에 내렸다는 뜻에서 '도솔래의상'이라고 한다. 본 화두는 원래 『화엄경』「이세간품」의 '십종미세취산문'의 뜻을 요약하여 전해진 것으로 후세에 만들어진 불교의 대표적 화두이다.

본 문목의 용이한 이해를 위해서 용어 파악이 필요하다. '도솔천'이란 불교 욕계의 육천(六天) 중 사천(四天)이며, 이곳은 칠보로 만든 궁전이 있고 하늘사람들이 살고 있으며 미륵보살이 정토로 여기는 곳이다. 인도 탄생 이전에 석가가 여기에서 수행했다고 한다. '왕궁가'란 석가모니가 탄생한 나라로서 카빌라국을 말하며, 석가는 이곳 정반왕과 마야부인 사이의 왕자로 태어났다.

본 화두가 던지는 메시지는 무엇인가? 여기에는 불교 삼세의 공간관이 드러나 있는데, 석가모니가 영원한 세월 속에서 도솔천과 왕궁가라는 공간계에서 자유자재하고 있다. 불타는 천상의 도솔천과 인간의 왕궁가라는 두 공간 사이에서 어느 한 공간이라는 개념의 집착을 벗어나 있기 때문이다.

원불교에서 본 문목은 비중 있게 다뤄지고 있다. 이는 『수양연구요론』 문목의 97번째, 『불교정전』과 현행본 『정전』 의두요목의 첫 번째, 대산종사의 대적공실 법문의 첫 번째 나오는 조목이다. 소태산은 대각 직후 석가모니에 연원을 대고 불교를 연원종교로 삼았다는 점에서 불교의 화두임에도 불구하고 원불교에서 이를 깊이있게 연마토록 하고 있다.

불교의 화두를 인용하는 정도에 그치지 않고서 소태산은 이를 자신

의 법어와 직접 관련짓고 있다. 선승이 봉래정사에 와서 묻기를, 여래
는 도솔천을 여의지 아니하고 몸이 이미 왕궁가에 내렸다고 하니 무
슨 뜻이냐고 하였다. 소태산은 이에 자신을 비유하여 말하기를, 실상
사를 여의지 않고 몸이 석두암에 있다(대종경, 성리품 16장)라고 하여
이 역시 공간 자재의 여래실상을 보이고 있다.

비유컨대 석가모니에 있어서 도솔천과 왕궁가는 소태산에 있어서
실상사와 석두암이었던 것이다. 여기에서 도솔천과 실상사는 정토 극
락이라면 왕궁가와 석두암은 현상의 인간세상이라는 두 세계가 펼쳐
진다. 두 공간을 극명하게 대조함으로써 소태산은 정토극락과 현상세
계, 즉 탈세속과 세속의 미분(未分)이라는 해탈 자재의 모습을 드러낸
것이다.

대산종사도 『정전대의』「수신강요」에서 말하길, 불타는 도솔천 내
월궁의 일위 호명보살로 있다가 마음대로 내거(來去)하였으니 우리도
마음대로 육도세계를 내거하도록 마음의 자유를 얻어야 한다고 하였
다. 삼계 육도를 자유로이 하기 위해 해탈자재의 대적공이 필요한 이
유이다. 중생은 시간과 공간에 갇히어 있으므로 육도 윤회의 고통에서
살아가고 있음을 상기할 일이다.

98. 부처님이 비록 어미의 태중에 있으나 드디어 중생 제도하 기를 마치셨다 하였으니 어찌하여서 그러한지 연구할 사

바로 앞장의 문목과 본 문목이 본래 하나였는데, 『수양연구요론』에
서는 둘로 나누어 연마하도록 하고 있다. 부처님이 비록 어미의 태중
에 있으나 중생제도를 마쳤다(未出母胎 度人已畢)는 것은 앞장에서 밝
힌 바와 같이 『화엄경』「이세간품」에 있는 것으로 불교에서 자주 연

마하는 화두이다.

　세존이 모태에서 태어나기도 전에 중생들을 이미 다 제도하였다고 하는데, 우선 세존의 가족을 알아보자. 세존의 아버지는 정반왕이며 어머니는 마야부인이다. 세존이 탄생한 룸비니 동산에 큰 못이 있었는데 마야부인이 출산 전에 이곳에서 목욕하였고, 이후 세존을 여기에서 목욕시켰다고 한다. 안타깝게도 마야부인은 세존을 낳은 지 7일만에 세상을 떠났으며, 그녀의 동생인 마하파자파티는 계모가 되어 세존을 양육하였다.

　세존이 어머니 마야부인으로부터 탄생 전에 중생을 다 제도하였다는 말은 불교 특유의 격외 논리를 통하지 않고서는 이해하기 힘들다. 세존이 모태 중에서 중생 제도를 다 마쳤다는 것은 가능한 일인가? 일반적 상식으로는 이해하기 어려운 화두인 이유는, 그것이 우리의 일생이라는 한정된 시간관에서 이해할 방도가 없기 때문이다.

　여기에서 불교 특유의 시간 개념으로 다가설 수밖에 없다. 다시 말해서 여래의 시간 자재의 방편 법설로 이해해야 한다는 것이다. 진여의 성품자리에서 보면 태중에 있는 시간과 중생 제도의 시간이 따로 떨어져 있는 것이 아니다. 우리가 모태라는 시간과 중생제도라는 시간의 이분법적 사유구조에 길들여져 있으니 이를 쉽게 이해하기 어려운 것이다.

　신라시대의 유명한 화엄철학자 의상(625~702)은 순간과 영원의 서로 대립적인 것들에 대해 말하기를 "한없는 영원이 곧 한 순간이며 한 순간이 바로 한없는 영원이다"라고 하였다. 여기에서 불교 3세의 시간관을 파악할 수 있다. 불교의 시간관에서 본다면 인생 80평생이 순간이요 찰나이다.

　삼세로서 전생, 현생, 내생도 순간이라는 면에서 본다면 현생에 굳이 집착할 것이 없다. 일생이라는 모태 10개월과 기세간 80년이 스쳐

갈 따름이다. 여기에서 세존은 시간에 자유자재하는 여래의 방편을 드러내고 있다. 태어나기 이전의 시간과 중생제도의 시간 사이에서 세존에게는 아무런 걸림이 없었던 것이다.

세존이 모태 중에 중생제도를 마쳤다는 뜻이 무엇이냐는 제자의 질문에 대해 소태산은 몸이 비록 석두암에 있으나 드디어 중생 제도를 다 마쳤다(대종경, 성리품 16장)라고 하였다. 이 역시 순간과 영원을 드나드는 소태산 여래의 시간관으로서 어디에도 구애됨이 없는 뜻이다.

세존과 소태산의 시공자재의 성자적 경륜을 가히 알 수 있으니, 우리는 일생의 시간에 구애됨을 벗어나 삼세 영생의 시간관으로 세상을 조망할 줄 알아야 한다. 삼세 제불제성의 시공을 꿰뚫어 보는 성자혼을 닮아가는 적공이 소중하다는 것이다.

99. 부처님이 영산회상에서 설법하신다 하시고 천이백대중을 향하사 꽃가지를 드시니 가섭은 보고 웃었다 하였으니 어떠한 의지인지 연구할 사

영산은 세존이 영취산에 있을 때 설법하던 곳으로 중인도 마갈타의 왕사성에 있다. 제자들이 이곳 법회에 참예하였으니 영산회상이라 한다. 세존이 법을 설할 때 하늘에서는 꽃비가 내렸으며, 그는 꽃송이 하나를 들어 보였다. 청법대중들은 무슨 뜻인지 몰랐는데, 가섭만이 이를 보고 빙그레 웃었다. 대중 앞에서 가섭이 웃자 세존이 말하기를 "정법 열반의 묘한 마음을 가섭에게 전한다"고 하였다.

정법안장을 가섭에 전한 것이 세존과 가섭의 삼처전심(三處傳心)이다. 그 첫째는 다자탑전분반좌(多子塔前分半座)로서 세존이 비사리성 다자탑 앞에서 설법할 때 누더기를 걸치고 늦게 온 가섭을 사람들이 얕보았지만 세존은 오히려 자기 자리를 반으로 나누어 앉게 했다. 둘째는 본 문목의 영산회상거염화(靈山會上擧拈花)이며, 셋째는 사라쌍수곽시쌍부(沙羅雙樹槨示雙趺)로서 사라쌍수 아래서 열반에 든 세존의 임종을 지키지 못한 가섭이 통곡하며 관 주위를 세 번 돌고 세 번 절하자 석가가 관 밖으로 두 발을 내밀어 보였다.

여기에서 가섭이라는 인물이 주목된다. 사리불과 목건련이 세존 제자의 두 거물이었고 가섭이 이 무렵 제자가 되었다. 세존 입멸 후 가섭은 불타의 가르침이 곧 사라질 것이라고 우려하여 교법의 대결집을 단행하였다. 500인의 비구가 라자그리하의 칠엽굴에 모여 결집을 단행하였는데 이를 제1결집이라 한다. 가섭은 뛰어난 수행자였으며, 후일 선종에서는 그를 불타의 심인(心印)을 이은 제2조로 섬긴다.

소태산은 세존과 가섭의 이심전심을 중히 여겨 이를 『수양연구요론』의 99조로서 연마하도록 하였다. 교서의 변천과정에 따라 『불교정전』의두요목에서는 8조, 『정전』에서는 3조로 수용되었다. 정산종사 역시 불불계세와 성성상전의 소식을 밝히어 세존 및 소태산 대종사의 이심전심과 같은 신맥(信脈)을 중시하는 불가의 법풍을 계승한다.

원기 18년(1933) 어느 날, 송만경이 객(客)을 불법연구회에 데려오자, 소태산은 저 사람이 얼마나 공부했는가 시험하기를 "영산회상에서 부처님이 설법한다 하고 꽃가지를 들거늘 가섭은 보고 웃었다니 그 의미가 무엇이냐"라고 물었다. 그 객은 부처님이 꽃가지를 든 것은 '화기(和氣)'라고 사뢰었다. 소태산은 답하기를 "이러한 사람을 일일이 거론키로 하면 내가 보고 당한 일마다 말하여도 그 수가 한이 없을 것이므로 이만 약한다"(월보 46호)라고 하여 '영산회상거염화'의 뜻을 잘 새기도록 일침을 가하고 있다.

훗날 서대원 선진은 원불교적 시각에서 새기기를, 영산회상에서 꽃가지를 든 것은 일원상의 진리를 보여줌이요, 삼매이니 불성이니 법왕이니 진심이니 묘심이니 열반이니 심월이니 금강이니 심인이니 하는 것이 다 일원상의 이명(異名)에 불과하다(회보 54호, 1939년)고 밝히었다. 본 문목을 통해서 우리는 도가의 이심전심 공부로서 신맥을 새겨 보아야 할 것이다. 영산회상 봄소식을 다시 굴리자는 뜻이다.

100. 성리송에 가라대 "나에게 한 권 경전이 있으되 종이와 붓으로써 쓰지 아니하였으나 항상 광명을 나툰다" 하였으니 그 의지가 어떠한지 연구할 사

불교의 경전은 그 종류가 방대하며 이를 팔만대장경이라고 한다. 불교 경전으로는 크게 세 가지 성격으로 접근할 수 있는데 경, 율, 론이며 이를 삼장(三藏)이라고도 한다. 경전은 또 북방의 화엄경, 법화경이 있다면 남방의 아함경이 있다. 그 외에도 열반경, 범망경, 법구경, 반야경, 금강경, 유마경, 무량수경, 아미타경, 능가경, 원각경 등이 있다.

이처럼 많은 경전이 있음에도 불구하고 석가모니는 열반할 즈음에 한 법도 설한 바가 없다며, 팔만대장경의 존재를 무색하게 한다. 그는 분명 "내가 녹야원으로부터 발제하에 이르기까지 이 중간에 일찍이 한 법도 설한 바가 없노라"고 하였으며, 소태산은 『정전』 의두요목 4조에서 이를 연마케 하였다. 분명 경전이 존재하지만, 설한 바 없어 종이와 붓으로 쓰지 않았다는 것이 본 문목의 등장배경이다. 현실의 팔만대장경이 있음에도 불구하고 법을 설한 바 없고 기록에 남기지도 않았다는 것은 일면 논리적 모순으로 다가온다.

여기에서 말하는 문목의 본의를 새겨보면, 경전에도 여러 종류가 있다는 것을 짐작할 수 있다. 정산종사는 경전의 세 종류를 말한다. 불타는 우리의 근기에 따라 읽는 세 가지 경전을 설하였으니 첫째 지묵

으로 기록된 경전이요, 둘째 삼라만상으로 나열되어 있는 현실의 경전
이요, 셋째 우리 자성에 본래 구족한 무형의 경전이다(정산종사법어,
무본편 52장). 그리하여 지묵의 경전보다 현실의 경전이 더욱 큰 경전
이요 현실의 경전보다 무형의 경전이 더욱 근본 경전이라 하였다.

본 문목이 『불교정전』의 의두요목에 보이지 않다가 현 『정전』 의두
요목 제 20장에 편입된 것이 주목된다. 『수양연구요론』(1927년)에 등
장한 문목이 『불교정전』(1943년)에 빠진 이유와 오늘의 『정전』(1962
년)에서 다시 등장한 이유를 조심스럽게 유추해 보면, 대종사 사후 제
자들이 문자로 된 경전에 구애될 것을 염려하여 현실 경전을 보라는
염원이 실렸을 것이다.

소태산은 지묵의 경전이 아닌, 현실 경전을 강조하며 말한다. "세상
사람들은 사서삼경이나 팔만장경이나 기타 교회의 서적들만이 경전인
줄로 알고 현실로 나타나 있는 큰 경전은 알지 못하나니 어찌 답답한
일이 아니리요"(대종경, 수행품 23장). 이 세상 모든 것들이 눈을 뜨면
곧 경전을 볼 것이요, 귀를 기울이면 곧 경전을 들을 것이라 하였다.
지묵의 경전들은 시일이 경과되면서 주해가 더해져 오거시서와 팔만
장경을 이루었다며 평생 정력을 다해도 이를 알기 어렵다는 것을 깨
우치기 위함이라 본다.

이에 우리는 인쇄된 지묵의 경전만을 경전으로 알지 말고 현실 경
전을 보는 지혜를 지녀야 한다. 사람들이 경전의 문구에 얽매여 그 본
래면목을 발견하지 못하는 경우가 적지 않기 때문이다. 우리가 경전
사경(寫經)을 아무리 많이 해도 현실 경전을 발견하지 못한다면 진정
한 사경이 될 것인가를 반조할 일이다.

101. 승이 조주선사에게 물어 가라대 "개도 또한 불성이 있습
니까" 하니, 조주 답해 가라사대 "없나니라" 하셨으니,
부처님 말씀에 "준동함영이 다 불성이 있다" 하셨거늘
조주는 무엇을 인하여 없다 하셨는지 연구할 사

527년 달마대사가 인도에서 중국으로 건너온 때가 당나라 초기이다.
이때 남종선이 흥성하면서 사제간 깨달음을 인증하는 방식에서 화두
문답이 전개된 이래 불교의 무자(無字) 화두가 유행하였다. 본 화두는
『조주어록』에 나온 것으로 한 승려가 개에 불성이 있느냐고 질문하자,
조주선사(778~897)는 개에 불성이 없다(狗子無佛性)고 하면서 시작된
다. 이에 제자가 왜 불성이 없느냐고 다시 여쭈자 조주는 개에게 분별
의 업식(業識)만 있기 때문이라고 하였다.

여기에서 주목을 끄는 것은 불성이란 주로 인간에게 해당되는데 개
에게도 불성이 있느냐는 질문은 격외의 화두라는 것이다. 불교에 의하
면 누구나 불성이 있다는 것으로 『열반경』의 일체중생실유불성(一切衆
生悉有佛性)과 함께 『보성론』의 일체중생유여래장(一切衆生有如來藏)이
본 화두와 관련된다. 이러한 여래장 사상은 원시불교의 심성본정설(心
性本淨說)과 융합되어 나타난 것이다.

개에게 불성이 있느냐는 화두는 준동함영(蠢動含靈), 곧 꿈적거리는
미물 모두를 포함하고 있다는 점에 주의할 일이다. 개뿐만 아니라 천
하 미물에도 다 불성이 있다고 하여, 불성 소유의 범주에 있어 인간을
넘어서 일체생령으로 확대한 것이다.

그러면 개에게 정말 불성이 있다는 것인가? 결론부터 말하면 있다
고 해도 가능하고, 없다고 해도 틀린 말은 아닐 것이다. 유무가 분명
하지 못하므로 그것은 애매한 논리가 아니냐고 할 수 있지만, 선가의

화두는 진리를 터득하는 과정의 논의이지 절대적 결론은 아니다. 깨달은 사람에 있어 개에게 불성이 있다고 하면 옳지만 무명 중생에게 이러한 진리에 무지할 따름으로 통하지 않는다.

여기에서 상기할 것은 불성의 없음과 있음의 언어에 구속되면 화두 연마를 못한다는 것이다. 없음이 있음이고 있음이 없음일진대 개의 불성이 있고 없음이 무슨 상관이겠는가? 다시 말해서 본 화두는 첫째 "개에는 불성이 있다"는 논리, 둘째 "개에는 불성이 없다"는 논리, 셋째 "있는 것도 아니고 없는 것도 아니다"는 논리이며, 그것은 대도에는 무문(無門)이라는 사실 때문이다.

본 화두가 지향하는 논리는 세 가지일진데 어디 하나에 얽매일 필요가 없다고 본다. 그러나 무명 중생은 불성이 있다는 데에 구속되고, 없다는 데에 구속되는 것이 다반사이다. 화두의 깨달음이 어려운 이유인 것이다.

중요한 것은 개의 불성 유무를 떠나서 인간 누구에게나 불성이 있다는 논리로의 귀결이다. 소태산은 세상에는 사람의 고하가 있고 직업의 귀천이 있으나, 불성에는 차별이 없다(대종경, 실시품 7장)고 하였다. 상근기만 성불할 수 있다고 한다면 틀린 말이다. 불성에는 상근기와 하근기가 필요 없기 때문으로, 중생이라는 현애상(수심결 11장)을 극복해야 한다는 것이다. 개에게도 불성이 있다고 할진데 최령한 인간으로서 어찌 불성 회복에 더딜 것인가?

102. 육조경에 가라대 "한 물건이 있으되 넓기로 말하면 천지를 뒤덮고, 검기로 말하면 칠통 같고, 밝기로 말하면 햇빛 같아서 항상 움직여 쓰는 가운데 있나니라" 하였으니 그 물건이 어떠한 물건인지 연구할 사

육조 혜능은 본 문목의 출전(出典)으로 알려진 『금강경오가해』 「서문」에서 다음과 같이 말하였다. "한 물건이 있으되 하늘을 바치고 땅을 괴고, 밝기는 해와 달보다 밝고 검기는 칠보다 검고, 이러한 것이 나와 더불어 있지만 미처 거두어 얻지 못하는 것, 이것이 무엇일까?"

일반적으로 칠통이란 옻칠을 한 통인데 불교에서 가사를 담는 도구가 칠통이다. 칠통은 상징적으로 무명이요 햇빛이란 자성광명을 말하는 바, 무명을 벗고 진여자성을 찾는 것이 여기에서 말하는 한 물건(一物)을 찾는 길이다. 마음이란 가변성이 있으므로 무명에 가리면 어둡고 자성에 비추면 밝음 그대로 빛난다.

육조대사가 설한 언급과 유사한 것이 의상조사의 「법성게」에 나오는 '진성심심극미묘(眞性甚深極微妙)'로서 진여자성은 참으로 미묘하다는 것이다. 참 성품은 밝기로는 일월보다 더하고 어둡기로는 칠통과 같고 행주좌와에 역력하지만 그 한 물건을 찾으려 하면 볼 수 없다는 뜻이다.

불교의 선가에서 자주 사용하는 것으로 "이 한 물건이 무얼까(是甚麼)"라는 용어가 주목된다. 육조대사의 어록인 『육조단경』에서도 한 물건이 무엇인가라는 뜻에서 "십마물 임마래(什麼物 恁麼來)"라 하였으니 이는 선문답 형식의 하나이다. 육조는 그의 수제자 남악회양(677~744)과의 대화에서 "이 뭘까?"라는 문구를 자주 사용하였다. 소태산 역시 만법과 더불어 짝하지 않는 것은 이 무엇일까(是甚麼)라 하였는데, 그가 내소사에 갔을 때 현관에 걸린 화두가 이것이었다. 이 한 물건 찾는 것이 깨달음의 길이라는 사실을 알아둘 필요가 있다.

본 문목을 연마의 대상으로 삼은 듯 구타원 종사는 다음과 같이 말한다. "태양과 같이 밝은 광명도 검은 구름이 덮이면 그 광명을 상실케 되는 것과 같이 우리의 근본정신은 성인이나 범인이나 다름없이 청정한 것이지마는 저 청공에 검은 구름 같은 무명심이 가리게 되면 결국 전도되고 마는 것이다"(이공주, 인생과 수양). 검은 구름에 가리면 무명심을 야기하고 태양에 비추면 자성광명이 빛을 발한다며 전도 몽상의 생활을 하지 말라고 하였다.

광명과 몽상 곧 햇빛과 칠통이라는 두 극단을 비유한 것은 일체유심조의 원리를 전하기 위함이다. 우리가 마음을 잘 사용하면 햇빛처럼 자성이 빛날 것이고, 무명에 가릴 경우 먹구름처럼 어두워지기 때문이다. 경산종법사는 원기 96년(2011) 대각개교절 법어에서 "지금 이 순간에도 듣고 보는 한 물건이 있으니 이것이 무엇일까?"라고 하였다.

앞으로 우리는 한 물건(一物) 찾는 공부를 해야 한다. 그것이 일원상인가, 심전인가, 자성인가? 도저한 적공, 곧 마음공부로부터 그 실마리를 풀어본다면 좋을 것이다. 우리의 마음을 어떻게 사용하느냐에 따라 행복과 불행이 갈린다는 점에서 소태산은 용심법(대종경, 교의품29)을 강조하고 있다. 우리 각자가 마음공부의 주인공임을 알아서 자성광명을 비추고 살지언정 칠통 같은 먹구름에 가린 생활을 하지 말자는 것이다.

103. 승이 조주선사에게 물어 가라대 "달마조사가 무슨 뜻으로 서역에서 동토로 오셨나이까?" 하니, 조주 가라사대 "뜰 앞의 잣나무니라" 하셨으니 그 의지를 연구할 사

중국 선종의 역대 선사들을 보면, 초조 달마에 이어 혜가, 승찬, 조주, 임제 등으로 이어지고 있다. 이 화두는 초조 달마의 동래(東來)에 대하여 8조 조주가 답한 내용이다. 선가에서 자주 등장하는 화두로 이의 원문은 '승문 여하시조사서래의 조주운 정전백수자(僧問 如何是祖師西來意 趙州云 庭前栢樹子)'이다. 한 수도승이 달마가 무슨 생각을 갖

고 서역 인도에서 동토 중국으로 건너왔는지를 조주에게 물었다. 조주
는 거처하던 관음원(觀音院), 일명 백림사(栢林寺)의 뜰 앞에 있는 잣나
무를 가리키면서 그렇게 답한 것이다.

조주가 우연히 그곳을 지나며 잣나무를 보고서 뜰 앞의 잣나무라
했을 따름이며, 그때 소나무를 보았다면 뜰 앞의 소나무라 했을지도
모른다. 박광전 종사는 여기에 대하여 말하기를,『반야심경』에 색즉시
공 공즉시색을 밝혔으니 현실의 여여한 뜰 앞의 잣나무가 조주의 눈
에 보였을 따름이다(숭산논집, p.56)라고 했다. 깨달은 조주의 입장에
서는 어떠한 나무라 답해도 아무런 분별이 없다는 것이다.

달마가 동쪽으로 온 것은 평범하게 불법을 전하러 온 것이지 특별
한 이상을 가지고 온 것이 아니다. 그래서 한 제자가 질문하자 조주
앞에 보이는 잣나무를 보고 바로 평상심으로 뜰 앞의 잣나무라 했고,
또 불심이란 사람에게만 있는 것이 아니라 우주 만유 어디에 있음을
전하고 있다. 한 스님은 조주가 말한 뜻밖의 답변에 황당했을지 모를
일이다.

사실 달마대사는 불립문자 직지인심 견성성불의 법을 가르치려고
서역에서 동토로 왔던 것이다. 그러나 중생의 시각에서 달마대사가 무
슨 큰 일이나 전하려고 동토에 온 줄로 착각하였다. 조주스님은 그 질
문을 바로 알아채고 평상심을 상징하는 뜰 앞의 잣나무라 하여 선가
의 격외 화두의 소식을 전하고 있다.

어느 날 소태산은 봉래정사에서 한 제자에게 벽에 걸린 저 달마대
사의 영상을 능히 걸릴 수 있겠는가라고 물었다. 문정규 "능히 걸리겠
나이다." 대종사 말하기를 "그러면 한 번 걸려 보라" 했다(대종경, 성리
품 14장). 또 달마대사의 가르침으로서 "응용무념을 덕이라 한다"(동
서, 인도품 17장)는 법어를 새기면서 달마를 칭송하기도 했다.

흥미롭게도 불교영화「달마가 동쪽으로 간 까닭은」이란 영화가 한

국에서 상영된 적이 있다. 배용균 감독에 의해 제작되었고 1989년 개봉되었다. 죽음의 무상, 집착과 번뇌라는 삶의 근원적 고뇌를 깨닫게 하는 것으로 불교의 해탈을 상징한 영화라 본다.

달마가 서역에서 동쪽으로 와서 불연을 맺었으니, 우리는 뜰 앞의 잣나무를 새기면서 성리 연마를 부단히 해야 할 것이다. 소태산 대종사는 서역에서 온 불법을 동방의 새 불법으로 혁신하였다. 원기 20년 (1935)『조선불교혁신론』을 통해 법륜상전의 소식을 전한 것이다.

우리는 '뜰 앞의 잣나무'라는 소식이 무엇인지 머리에서 맴돌지 모른다. 그러나 뜰 앞의 잣나무는 가변성이 있는 답변으로, 법문을 설하는 시공적 상황에 따라서 얼마든지 석두암 앞의 인장바위 내지 남중리의 소나무가 될 수 있음을 상기할 일이다.

104. 임제선사가 황벽선사에게 불법의 적실하고 적실한 큰 뜻을 물으니, 황벽이 대답하지 아니하고 곧 일어나서 매 삼십봉을 때렸으니 그 때리는 뜻이 어떠한 뜻인지 연구할 사

임제선사(?~867)가 황벽선사를 찾아뵙고 큰절 3배를 올리었다. 황벽스님이 "무엇 때문에 날 찾아왔는가"라고 물었다. "부처님의 적법 대의가 도대체 뭡니까?" 임제의 말이 떨어지자마자 황벽선사는 몽둥이로 후려쳤다. 임제는 시원한 답변을 듣지도 못하고 허겁지겁 물러났다.

시자 목주가 다음에 오라고 하여 임제는 다시 와서 황벽선사에게 질문하였다. 이에 황벽은 또 몽둥이로 후려쳤다. 이러한 일이 세 번이나 일어났다. 임제는 "저런 미친 스님을 모시고 있는 목주 당신도 문제요" 하며 떠나려 하자, 시자 목주가 "그럼 이왕 떠나는 길에 저 앞산 너머에 대우라는 큰스님이 계신데 그 스님도 큰 도를 이룬 분이니 이 일을 한번 물어보고 이유나 알고 가시오"라고 하였다.

임제는 매를 맞은 것이 억울하여 산 넘어 대우스님을 만났다. 대우스님은 말하길 "이 멍청한 놈아, 천하의 제일가는 황벽선사께서 너를 지극히 생각하여 그렇게 친절히 삼일 동안이나 일러 줬거늘 그 소식을 몰랐단 말이냐?" 하는 말에 임제스님은 순간 박장대소하며 크게 도를 깨쳤다고 한다.

임제는 큰 깨달음을 얻은 후, 황벽스님에게 다시 찾아간다. "네가 왜 또 왔는가?" 하니 임제 곧장 황벽의 멱살을 잡고 "한마디 도를 일러보시오"라고 다그쳤다. 황벽 스님이 "아, 이런 놈 봤나?" 하니 임제는 황벽스님의 갈비뼈가 부러지도록 주먹으로 내리쳤다. 황벽스님이 "아이쿠" 소리치며 넘어진 후 일어나서 임제가 크게 깨달은 것을 알고 견성인가를 내리며 제자로 삼는 장면이다.

황벽스님이 임제에게 매질을 한 것은 도가 다른 데 있는 것이 아니라, 바로 이 자리에 있다는 것을 가르치고자 하였던 것이다. 임제는 그의 어록에서 "만약 어떤 장소에서든 주체적일 수 있다면 그곳은 모두 참된 곳이며, 어떤 경계에서도 잘못 이끌리지 않을 것이다"라고 하였다. 이 모든 것은 돈오(頓悟)의 소식을 전하는 선사들의 선문답이다.

임제선사는 임제종의 선구로서 그의 어록인 『임제록』에서 '평상심 시도(平常心是道)'라는 글을 남긴다. 도를 배우려는 사람들은 스스로 믿고 밖에서 찾지 말라는 것이다. 도를 배우려는 사람들이 평상이 아닌 색다른 것들에 사로잡혀 삿됨과 정당함을 구분하지 못하기 때문에 나온 법어이다.

한국 불교는 임제종 계통으로 조계종에서는 임제종의 간화선이 그 공부법의 주류를 이루고 있다. 그런데 소태산 대종사는 임제종의 간화

선에 더하여 조동종의 묵조선을 아우르는 단전주 선법을 전하고 있다
(정전, 좌선법). 소태산 대종사와 임제스님이 지금 만난다면 또 무슨
화두를 주고 받을까? 이젠 과격한 멱살이 아니라 파안미소 속에 악수
라도 주고받을지 모르겠다.

그러면서 소태산 대종사는 "이제 그런 방식은 좀 곤란하지요"라고
할 법한 일이다. 정산종사가 강조한 평상심이 도(정산종사법어, 권도
편 45장)라고 한 법어가 이와 무관하지 않다. 도는 멀리 있는 것이 아
니라 바로 내가 서 있는 곳에 도가 있기 때문이다.

105. 사람이 잠이 들어서 꿈도 없을 때에는 그 아는 영혼이 어느 곳에 있는지 연구할 사

여기에서 말하는 꿈은 크게 두 가지로 거론된다. 첫째, 실제 수면에
서 말하는 꿈을 말하며, 둘째, 일장춘몽 같은 일생사의 허망한 것으로
비유된다. 본 문목에서 말하는 꿈은 첫째에 해당한다. 물론 우리가 희
망하는 것에 꿈을 키워간다는 면에서 희망을 표시하는 것도 간과할
수 없다.

꿈이란 우리가 수면의 휴식을 취하는 상황에서 나타나곤 한다. 문제
는 잠이 들어 꿈도 없을 때 그 아는 영혼이 어디에 있는가 하는 점이
다. 서구 심리학자들의 견해를 보면 프로이드는 무의식이 사람들의 공
상, 노이로제, 정신장애의 증상 가운데서 나타난다고 했고 융은 꿈을
무의식과 관련지었다.

불교의 유식학에서 보면 육체 오감의 전5식, 육근작용의 6식, 자아
의식의 7식에서 해석한다면 꿈은 수면 중 내 영혼의 분별작용 곧 영식
(靈識)에 의해 나타나는 것으로 볼 수 있다. 그러나 제8식에서 보면 꿈

도 없는 무분별의 상태가 되는 것이며, 그때의 개령은 아뢰야식(8식)에 함장되는 것이다.

원불교에서 꿈은 크게 두 가지로 거론된다. 첫째, 꿈을 꿀 때에는 자신의 혼미한 의식작용에 의해 영식이 맺히는 것으로 그것은 역력하게 혹은 비몽사몽 변별되는 것이다. 우리는 잠에서 깬 후 그 꿈이 무엇을 뜻하는가에 대하여 해몽(解夢)하기도 한다. 소태산 자신도 꿈을 꾸며 "꿈은 허망한 것이라 하나 몽사가 하도 역력하다"(대종경, 교단품 25장)라고 하였다.

둘째, 일념미생전의 소식으로서 본연 청정한 성품자리에는 꿈도 없는 '진여자성'이 그것이다. 정산종사는 일원상의 진공 묘유를 꿈과 비유하면서 설명한다. 진공의 성(性)은 일념미생전으로 꿈도 없는 때요, 묘유의 심(心)은 희로애락의 분별을 낼만한 요소가 있는 것으로 영령함이 있는 것(한울안 한이치에, 일원의 진리 42)이라 했다.

위에서 언급한 두 측면을 숙고해 보도록 한다. 즉 꿈을 인간의 개령 및 대령과 관련한다면 우리가 꿈을 꿀 때에 개령의 혼미함이 작용하고, 꿈이 없을 때 그 영식은 대령으로 합일되어 어떤 분별도 없다는 것이다. 정산종사는 마음이 정한즉 대령에 합하고 동한즉 개령이 나타나며, 사람이 죽어서만 대령에 합하는 것이 아니라(정산종사법어, 원리편 15장)고 했다.

흥미롭게도 소태산 대종사는 꿈과 영혼을 윤회와 관련시켜 언급하였다. "영혼은 새 육신을 받을 때까지는 잠잘 때 꿈꾸듯 자기의 육신을 그대로 가진 것으로 알고 돌아다닌다"(대종경, 천도품 13장). 생사의 기로에서 잠잘 때 꿈을 꾸듯 윤회의 굴레에 의해 다시 육신을 받는다는 것이다. 소태산은 이를 '소소한 영식(靈識)'(동서, 천도품 6장)이라 하였다.

우리는 잠을 자면서 나타나는 꿈을 몽환으로 알지만 꿈도 없는 적멸궁에 들어가는 공부를 해야 한다. 수면에 들기 전에 염불을 해보고, 선정에 드는 연습을 한다면 꿈도 없는 열반의 경지, 곧 일념미생전의 진여성을 맛볼 것이다.

106. 제자 한 사람이 부처님에게 도의 유무를 물으니 부처님이 가라사대 "유라 하여도 도에는 어긋났으며 무라 하여도 도에는 어긋났나니라" 하셨으니 어찌하여서 그러한지 연구할 사

유(有)라 하여도 도에 어긋나고 무(無)라 하여도 도에 어긋난다면 도대체 어떻게 해야 도에 어긋나지 않는다는 것인가? 어느 하나를 선택한다고 해도 도가 어긋난다는 점에서 본 화두가 난해하게 다가온다.

이의 즉답에 앞서 본 화두를 풀어가는 방식을 어떻게 상정할 수 있을 것인가? 불교의 공(空)사상에서 보면 색즉시공, 공즉시색이라는 말이 있다. 색의 현상이란 공의 본체와 다를 것이 없다는 것으로, 이 색과 공의 상즉성이 유무 상즉성의 논리와 직결된다. 색즉공과 유즉무라는 상즉성을 비유하면 유와 무 어느 하나에 집착할 필요가 없다.

유무 이원론의 사고를 극복, 유무 일원론의 상즉적 사고로 접근해야 본 문목은 풀리게 된다. 『리그베다』에 나타난 일원론의 형이상학적 사유의 가장 좋은 예로서 '창조송(Hymn of Creation)'이라는 시가 있다. "태초에 유도 없고 무도 없었다." 본래 도가 없다고 할진대 도를 유라 해도 어긋나고, 무라 해도 어긋난다는 것이다. 그러나 우리는 본래 도가 있다고 하여 유라 하고, 없다고 하여 무라 하곤 한다. 한 생각이 일어나기 이전 즉 유무 미분(未分)이라는 불법의 오묘한 화두를 깨쳐야

하는 이유이다.

이와 유사한 논리가 『아함경』에 있는데, "무엇으로써 근본을 삼고 어떠한 법을 설하나이까?"라는 질문을 하자 불타는 다음과 같이 말한다. "유와 무 어느 하나에도 집착하지 않는다. 이것이 내가 근본으로 사는 것으로써 설법하여 법을 설하는 것도 이와 같으니라." 이처럼 본래 정해진 바 없는 불법은 대가전연(大迦旃延) 존자의 부연설명으로 이어지는데, 육식(六識)과 육근(六根)과 육경(六境)이 모여진 인연작용의 연기론에 의하면, 유와 무는 서로 호혜적 관계이므로 어느 한쪽은 다른 한쪽 없이 존재할 수 없다는 것이다.

이에 더하여 용수(150~250)의 사구(四句) 논리를 설명하여 본다. ① 유가 아니며(有의 부정), ② 무가 아니며(無의 부정), ③ 유도 아니고, 무도 아니며(有無의 부정), ④ 유가 아닌 것도 아니고, 무가 아닌 것도 아니다(유무의 대긍정). 또한 승조(384~414)는 『조론』의 「부진공론」에서 유를 유라고 하면 참다운 유가 아니고, 무를 무라고 하면 참다운 무가 아니라고 했다. 왜냐하면 유무는 본래 정해진 것이 아니므로 어느 한곳에 고착한다면 유 혹은 무라는 상념에 사로잡히기 때문이다.

이처럼 상대적인 유와 무의 구속에서 벗어나라는 뜻에서 소태산 대종사는 법어를 설한다. "무무역무무요, 비비역비비라." 유와 무라는 언어명상의 국집에서 벗어나라는 것이다. 그가 유무의 상대성을 벗어나라고 한 이유는, 유는 무로, 무는 유로 돌고 도는 원리이기 때문이다. 게송을 연마하여 유와 무가 구공(俱空)이면서 구족(具足)임을 깨우치는 공부가 필요하다.

107. 위산선사가 제자에게 말씀하여 가라사대 "내가 죽은 뒤에 이 아래 동구 뉘집에 가서 소가 되어 그 오른 쪽 뿔에 위산모라 각하였을 터이니, 그 때에 너희가 그 소를 보고 위산이라 하여야 옳을까, 소라 하여야 옳을까?" 하였으니 어찌 하여야 옳을런지 연구할 사

백장선사(720~814)에게 위산이란 제자가 있었고, 위산선사(771~853)에게는 앙산과 향엄이라는 두 제자가 있었다. 위산스님은 제자 향엄을 깨우치기 위해 많은 선문답을 주고받았다. 위산은 자신이 죽은 뒤에 위산모(潙山某)라 새긴 소가 되어 올 터이니 제자 향엄에게 "그 소를 보고 위산이라 해야 하겠는가, 소라 해야 하겠는가"라고 하였다. 인간이 소가 될 수 있는가 하는 점에서 흥미를 끌기에 충분한 화두이다.

자이나교의 업설(業說)에 의하면 인간의 선악 행위들이 여러 환경 속에서 다시 태어남의 원인이 된다고 한다. 본 이론의 영향을 받은 것이 불교의 윤회론이며, 인간이 내생에 축생계로 떨어지는 것은 12인연의 굴레에 의해 무명 번뇌의 악도의 업을 받기 때문이다.

남에게 빚을 많이 지면 죽어서 소가 된다는 말을 한다. '소'라는 동물은 전생에 빚을 많이 져서 일생동안 남의 일을 해주고, 죽으면 뼈와 살, 가죽까지 바치고 가기 때문이다. 어떤 사람이 남전스님(748~835)에게 묻기를 화상은 백년 후에 어디로 갈 것이냐"라고 하였다. 남전이 답하기를 "나는 산 아래 신도 집에 한 마리의 소가 되겠다"고 답했다. 현생에 빚을 진 사문이 내생에 소가 되어 빚을 갚아야 한다는 의미이다.

위산스님과 남전스님이 축생계의 몸을 받아서 우리 집의 소(牛)로 환생하였다고 생각해보자. 과연 그를 소라고 해야 할까, 아니면 스님이라고 할까? 여기에서 중요한 것은 소와 인간이라는 개령(個靈)이 중

요한 것이 아니다. 현생에 많은 빚을 지면 내생에 강급으로 떨어질 수 있다는 인과의 법칙을 아는 것이 더 중요하다.

진급과 강급의 원리에 따라 사람이 죽어서 소가 될 수도 있으며, 소가 죽어서 사람이 될 수도 있다는 윤회론의 원리는 불법의 핵심 진리이다. 불법연구회 산업부 소가 밭갈이 대회에서 1등을 하자 소태산은 그 소를 칭찬하기를 "너는 축생으로 태어나서 먹는 것도 풀을 먹고 입는 것도 가죽 그대로이나 사람보다 무아봉공을 더 잘하였다. 너의 희생정신으로 농사를 잘 지어 빚도 다 갚았으니, 우리 회상에 끼친 공덕이 어찌 없어질 것인가?" 얼마 후 그 소가 죽자 소태산은 제자들에게 말하였다. "그 소는 우리 회상하고 인연이 깊다." 소태산은 제자들에게 진심으로 추도식을 올려주라고 하며, 후생에는 우리 회상에 와서 더 큰 일을 할 것이라고 하였다.

이처럼 공도를 위해서 헌신하는 생명체는 진급을 할 수 있다. 진급자는 능히 육도사생의 변화되는 이치를 알아서 악업은 짓지 아니하고, 날로 선업을 지은즉 악도는 멀어지고 선도는 가까워질 것(대종경, 인과품 9장)이라 하였다. 현생에 악업을 지을 경우 내생에 악도의 강급으로 떨어져 축생이 될 수도 있다는 사실을 알아야 한다. 이러한 불법의 진리 속에서 신구의 삼업을 청정히 하여 공도사업에 보은을 한다면, 진급이 되고 은혜를 입을지언정 강급이 되고 해독은 입지 않을 것이다.

108. 동경대전에 가라사대 "나에게 신령한 부(符)가 있으니, 그 이름은 선약이요, 그 얼굴은 태극이요, 또 그 얼굴은 궁궁이라" 하였으니 그 이치를 연구할 사

본 문목은 『동경대전』 「포덕문」에 나오는 내용이다. 1860년 4월 5 일, 37세의 최수운은 심신이 떨리고 무슨 병인지 모를 증세가 나타났다. 순간 어떤 신선의 목소리가 귀에 들렸다. 놀라서 귀를 기울이고 소리를 들어보니 "두려워 말라. 세상 사람들은 나를 상제라 부른다. 너는 상제도 모르는가"라고 하였다. 최수운은 상제가 이렇게 나타난 이유를 물으니 "나 역시 공을 이룬 바 없으므로 너를 세상에 태어나게 하여 사람들에게 이 법을 고치고자 하니 의심치 말라"고 하였다.

최수운 묻기를 "그럼 서학으로 사람을 가르칠까요?" 상제 답하기를 "아니다. 나에게 신령한 부적이 있으니 그 이름은 선약이고 그 모습은 태극 같기도 하고 궁궁 같기도 하다. 나에게 이 부적을 받아 질병으로부터 사람을 구하고 나에게 이 주문을 받아 나를 위해 세상 사람들을 가르치면 너 또한 장생할 것이요, 덕을 천하에 펼칠 수 있으리라" 하였다. 상제와의 대화는 최수운이 이 땅에 강림한 필연을 밝혀놓은 것이다.

소태산은 『동경대전』에서 말한 궁궁과 태극의 의미를 사실적으로 접근하였다. 즉 조원선이 동학가사에 "이로운 것이 궁궁을을에 있다(利在弓弓乙乙)" 하였사오니 무슨 뜻이냐고 여쭈었다. 대종사 "글자 그대로 궁궁은 무극 곧 일원이 되고 을을은 태극이 되나니 곧 도덕의 본원을 밝히심이요, 이러한 원만한 도덕을 주장하여 모든 척이 없이 살면 이로운 것이 많다"(대종경, 변의품 29장)라고 하였다.

원불교 초창기에 동학에 심취했다가 개종한 몇 제자들이 있었다. 어느 날, 최수인화는 우연히 발심하여 대종사께 여쭙기를 "저는 동학을 신앙하올 때 늘 수운선생의 갱생을 믿고 기다렸삽던 바, 대종사를 한 번 뵈오니 곧 그 어른을 뵈옵는 것 같사와 더욱 정의가 두터워지고 기쁜 마음을 억제할 수 없나이다"(대종경, 변의품 30장)고 하였다. 그러한 성현들은 심신의 거래를 자유 자재하여 자신이 태어난 국토에 다

시 나기도 하고 동양에나 서양에 임의로 수생하여 조금도 구애를 받
지 아니한다고 하였다. 고금을 통하여 이 나라에 무등등한 도인들이
사방에서 모여들어 전무후무한 도덕회상을 건설할 것이라는 뜻이다.

구한말 도탄에 빠진 민중에게 희망을 불러일으킨 새 시대의 성자들
이 출현하였으니 그들은 후천개벽을 주장한 최수운, 강증산, 소태산으
로서 민중의 성자들이었다. 소태산은 강증산 및 수운선생이 새 시대의
선현들이라며 이들을 받들고 기념하게 되리라고 하였다.

오늘날 원불교의 성성상전(聖聖相傳) 정신에서 볼 때『동경대전』에
서 말한 선약이란 원불교 교법이라 할 수 있고, 궁궁이란 일원상이요,
상제란 대종사라 해도 무방하다. 원불교 교법의 원융 회통정신에서 볼
때 그렇다는 뜻이다. 이에 종교간 배타성을 극복함으로써 최수운, 강
증산, 소태산 대종사로 이어진 후천개벽의 성자 정신을 회복하고 신종
교의 메시아적 역할을 위해 노력할 때이다.

109. 노자 도경에 가라대 "도를 가히 도라고 할진대 떳떳한 도가 아니라" 하셨으니 연구할 사

종교체험에 대하여 언급한 윌리엄 제임스는 신비한 의식상태 중의
하나가 언표(言表) 불가능성을 거론하고 있다. 진리규명 내지 신앙체
험의 세계는 언어로 표현할 수 없다는 것이다. 이는 종교나 철학의 경
우 마찬가지라고 본다.

『도경』이란 동양의 고전으로 알려진『도덕경』을 말하며, 본 문목은
『도덕경』 1장의 "도가도 비상도(道可道 非常道)"를 인용한 것이다. 이에
"도를 가히 도라고 할진대 떳떳한 도가 아니라"는 뜻은 언어 표현의
한계를 지적하는 말이다. 여기에서 말하는 도(道)는 궁극적 진리로서

법신, 무극, 일원상 등으로 대신할 수 있다.

고대 춘추시대에 '도가도 비상도(道可道 非常道)'라는 언급이 나온 배경은 분명 있을 것이다. 언어 표현을 앞세우는 공자의 정명론(正名論)이나 유위론(有爲論)이 세상을 치유하기는커녕 오히려 인간에게 화려한 장식과 고통만을 안겨주었다는 것이다. 그리하여 도를 말로 표현하려 한다면 참다운 도가 아니라 했다.

도를 말로 표현할 수 없는 이유는 크게 두 가지 측면에서 거론될 수 있다. 첫째는 진리의 상징성 때문이다. 종교의 진리는 말로 접근할 수 없는 상징성을 지니고 있으므로 무어라고 표현하는 것은 진리의 심오한 세계를 약화시킬 수 있다. 둘째 언어의 한계성 때문이다. 언어는 그것이 표현해내지 못하는 한계가 있기 때문에 진리의 호대성을 담아내지 못한다는 것이다.

그러면 노자는 어떻게 하여 언어를 극복, 도(道)를 체험할 수 있다고 보는가? 『도덕경』에서 3가지를 거론하고 있다. 『도덕경』 17장에서 귀언(貴言)이라 하여 말을 삼가 귀하게 여기라 했다. 또한 2장에서 불언(不言)을 언급하여 말없는 가르침을 행하라고 했다. 23장에서는 희언(希言)을 말하여 가능한 침묵하라고 하였다.

불교를 창립한 석가모니도 49년간 불법을 전파하였지만 열반에 임하여 한마디도 법을 설하지 않았다고 하였다. 언어에 속박될 수 있음을 경계한 것이다. 선종에서는 불립문자, 직지인심, 교외별전의 소식을 밝히어 깨달음에 이르는데 한계가 있는 언어를 앞세우지 말라고 했다.

소태산 대종사는 언어의 한계성을 인지하여 「일원상서원문」에서 '일원은 언어도단의 입정처'라 하였다. 일원상 진리의 현상적 언어 표현의 한계를 극복, 본체적 진여자성의 측면을 강조하면서 언급한 것이며, 그것은 아무런 변별력도 허용하지 않은 상태로서 대소유무에 분별이 없는 자리이기 때문이다.

같은 맥락에서 정산종사는 말하였다. 노자가 말하되 "도를 가히 도라 할진대는 떳떳한 도가 아니라"(한울안 한이치에)하였으니, 이는 언어의 한계를 말한 것이다. 그에 의하면 누구나 이 평상의 진리만 인지한다면 그는 곧 견성자이며 달도자라 라고 하였다. 진리 체득에 있어서 언어가 갖는 표현의 한계를 극복하여 불립문자와 직지인심의 선정(禪定) 체험이 중요하다는 것을 인지해야 할 것이다.

110. 큰 도가 형상이 없으나 천지를 생하여 기른다 하였으니 어찌하여서 그러한지 연구할 사

본 문목을 이해하기 위해서는 『수양연구요론』의 『정정요론』 하편에 나온 원문을 숙지해야 한다. "세존이 가라사대 큰 도(道)가 형상이 없으나 천지를 생하고 기르며, 큰 도가 정(情)이 없으나 일월을 운전해 행하며, 큰 도가 이름이 없으나 만물을 장양하나니라. 내가 그 이름을 알지 못하되, 강연히 이름하여 가로되 도라고 하노라." 본 문목은 세 가지의 언급 즉 형상(形), 감정(情), 무명(無名)이라는 한 문장으로 되어 있지만 소태산은 이를 분장하여 111~113조목으로 설정했다.

이와 관련한 출전(出典)을 더 소급해 올라가면 『태상노군설상청정경』(太上老君設常淸靜經)이며 그 원문은 다음과 같다. "노군왈 대도무형 생육천지 대도무정 운행일월 대도무명장양만물 오부지기명 강명왈도(老君曰 大道無形 生育天地 大道無情 運行日月 大道無名長養萬物 吾不知其名 强名曰道)." 여기에서 두 가지 사실을 주목하지 않을 수 없다. 첫째, 본 출전 근거로는 『정정요론』이지만, 엄밀히 말해서 『태상노군설상청정경』으로 소급해야 한다.

둘째, 본 문목에 대하여 언급한 인물로는 『정정요론』에서 세존으로 되어 있다. 그러나 원전에서는 태상노군이라 하였다. 태상노군은 노자를 지칭한다는 점에서 세존이 언급한 것이 아니라 노자가 언급한 것이다. 이와 관련한 내용은 다음의 노자 『도덕경』 25장과 직결되어 있다. 곧 혼돈의 상태에서 형성된 한 물건이 있으니 천지보다 먼저 생겨났으니, 고요하고 쓸쓸하여 어떠한 형체도 없지만 그 이름을 알 수 없어 글자를 빌리면 도(道)라 할 수 있다는 것이다.

그러면 큰 도가 형상이 없으나 천지를 생하여 기른다는 것은 무엇을 말하는가? 도는 천지보다 먼저 있었으며, 그 도의 운행으로 인하여 천지의 생명체가 살아갈 수 있다는 것이다. 노자는 도를 만물의 시원 혹은 근원으로 보고 있다는 점이며, 아울러 천지는 도의 작용으로 보고 있다. 도가 근원적이면서도 작용적이라는 상즉의 원리를 밝히고 있는 셈이다.

본 문목이 주는 교훈은 노자의 도(道)가 소태산의 일원상과 관련된다는 점이다. 선가에서는 우주자연의 도를 주체삼아서 양성과 청정무위를 주로 밝히었다는 소태산의 가르침을 새겨보자는 것이다. 이에 도의 본체가 일원의 본체, 도의 작용이 일원의 현상과 연관되어 있음을 알 수 있는 바, 도를 대신하여 일원상은 형상이 없으나 천지를 생하여 기른다고 할 수 있기 때문이다. 일원의 내역이 사은이요, 사은 중에서도 천지은을 고려하면 일원상은 형상이 없으나 천지를 생하여 기른다는 사실을 알아야 한다.

우리는 도와 일원상 진리의 진공과 묘유를 인지함으로써 일원상의 생성 작용을 알 수 있다. 일원상 진리의 현현이 사은이요, 사은 중에서도 천지은으로 나타나면서 생명의 은혜를 입게 되었으니, 천지은의 형상 없는 응용무념의 도를 실천해야 할 것이다.

111. 큰 도가 정이 없으나 일월을 운전해 행한다 하였으니 어찌하여서 그러한지 연구할 사

전장에서 언급한 것처럼 도는 형상과 정(情)과 명이 없다(無名)는 것인데, 이를 세 가지로 분류하여 언급한 문목 111~ 113조는 도의 본질을 보다 세밀하게 밝히려는 의도와 관련되어 있다. 이는 『상청정경』에서 태상노군(노자)이 언급한 것으로 이 문목 조항들은 원불교의 유불선 3교의 활용 중에서 선가 사상을 수렴한 것이다.

이처럼 선가에서 거론되는 도(道)의 본질을 여러 측면에서 밝힌 이유가 무엇인가를 알아야 한다. 그것은 첫째 도의 본질을 명료하게 규정하자는 것이고, 둘째 도에서 만물이 쏟아져 나오는 과정을 언급한 것이며, 셋째 인간이 수행을 통해서 이러한 도와 하나가 되자는 것이다. 결국 득도를 위한 방향제시인 셈이다.

그러면 큰 도에 정이 없다는 것은 무슨 뜻인가? 여기에서 일상적인 도와 대도의 차이가 나타난다. 일상적인 도에는 사사로운 정(情)이 있을 수 있으나, 대도는 사사로운 정을 넘어서 있다. 선가에서 말하는 대도란 기독교의 하나님이요 불교의 부처님이요, 원불교의 법신불 같은 위상을 지닌다는 점에서 대도란 그러한 위력이 있다는 것이다.

구체적으로 노자는 대도의 분신으로 등장하는 '천지'와 '성자'에게도 사사로운 정이 없다고 말한다. 정작 노자가 말했다는 본 문목의 '정(情)'이라는 용어는 등장하지 않으며, 대신 『도덕경』 5장에서 사사로운 정이 없다는 뜻에서 천지불인(天地不仁), 성인불인(聖人不仁)이라고 하였다. 이 두 개체에게는 사사로운 정이 없으므로 만물을 자기 편애의 소유물로 두지 않고 그저 하찮은 존재로 여긴다며 이를 '추구(芻狗)'라 하였다.

만일 천지와 성자에게 사사로운 정이 있다면 일월과 만물을 편애하여 바르게 운행하지 못하게 된다. 다시 말해서 대도에 사사로운 정이 있다고 가정한다면, 남쪽 지방은 일월을 운행하게 할 것이고 북쪽 지방은 일월을 운행하지 못하게 할 수도 있을 것이다. 노자를 계승한 장자도 「덕충부」 편에서 대도는 정이 없다는 뜻에서 '무정(無情)'이라 하여 그것은 편애에 끌리는 집착으로부터 해방된 정(無情者, 言人之不以好惡內傷其身)이라 했다.

과연 편착(偏着)이 없는 정이란 어떠한 심법일까? 소태산 대종사에 의하면, 대도정법은 사정(私情)으로 주고받지 못하며, 다만 수도인은 성품을 단련할 줄 알아야 한다(대종경, 성리품 22장)고 하였다. 곧 대도정법은 사사로운 정으로 전수할 수 없다는 것이다. 이 원상(圓相)은 원만구족 지공무사하여 사사로운 정이 없으므로 일월성신과 풍운우로의 영험한 기운을 운행하는 위력이 있음(대종경, 변의품1장)을 알자는 것이다.

어리석은 중생은 사사로운 정으로 인해 원근친소에 끌리면서 일상을 살아가고 있는 점을 부끄러이 여기어 지공무사의 진여자성을 회복해야 한다. 그것이 본 문목의 본의를 파악하고, 신앙인이자 수행자로서 공평무사한 행동으로 나아가는 길이기 때문이다.

112. 큰 도가 이름이 없으나 길이 만물을 기른다 하였으니 어찌하여서 그러한지 연구할 사

본 문목과 관련된 『수양연구요론』의 『정정요론』 하편의 원문을 새겨보도록 한다. "큰 도가 이름이 없으나 만물을 장양하나니라. 내가 그 이름을 알지 못하되, 강연히 이름해 가로되 도라고 하노라." 본 원문을 보아 알 수 있듯이 문목 110~112조가 하나로 연결되어 있는 바,

큰 도는 형상이 없고, 감정이 없으며, 이름이 없다고 하였으니 문목 3 항이 서로 유기체적으로 되어 있다. 『정정요론』의 출전인 『상청정경』에서 우주의 대도와 인간의 수련 자세를 거론한 것으로 도는 무형, 무정, 무명(無名)이라 하고 있다.

큰 도는 이름이 없다고 했는데 왜 큰 도에는 이름이 없다는 것인가? 도를 무어라 개념으로 규정할 수 없으며 설사 규정하더라도 도의 본질을 벗어날 수 있기 때문이다. 노자는 『도덕경』 1장에서 다음과 같이 말한다. "도가도 비상도 명가명 비상명(道可道 非常道, 名可名 非常名)." 그는 도란 가히 말할 수 있으면 참 도가 아니라 했는데 그것은 도에는 본래 형상이 없기 때문이라는 것이다. 또 도는 가히 언어로 이름할 수 있으면 참 이름이 아니라 했다. 도는 처음부터 무어라 이름지을 수 없기 때문이다. 어차피 한계가 있는 언어에 의존하면 도의 본질을 잃어버린다는 것이다.

궁금한 것은 큰 도에 아무런 이름도 없지만 만물을 기른다는 것이 가능한가 하는 점이다. 『도덕경』 1장을 주석한 진나라 왕필(226~249)은 "유는 모두가 무에서 시작한다. 그러므로 무형 무명일 때 만물의 시원이 되고, 유형 유명일 때 만물을 성장 발육하게 하고 만물을 성숙하게 한다"고 하였다. 곧 큰 도란 무형 무명이므로 만물의 시원이 되어서 만물을 성숙케 하는 근원이 된다는 것이다.

큰 도란 이름이 없으나 길이 만물을 기른다고 하였는데 소태산은 이미 일원은 언어도단의 입정처라고 하였다. 일원의 진리는 이름을 초월해 있으므로 언어로 무어라 규정할 수 없다는 것이다. 그러나 유무 초월의 생사문이라 하여 진리의 현상이라는 생성작용을 언급하여, 일원은 무어라고 이름할 수 없다고 해도 만물을 생성하는 근원이 된다고 하였다. 따라서 일원은 천지만물의 본원이며 언어도단의 입정처로서 유가에서는 태극 혹은 무극, 선가에서는 이를 일러 자연 혹은 도,

불가에서는 이를 일러 청정법신불이라(대종경, 교의품 3장)고 하였다.

경산종법사는 이에 이름지을 수 없는 그런 진리의 바탕을 유가와 도가의 표현에 의하면 무극이요 원불교의 표현에 의하면 진공이라(노자의 세계, p.21)고 하였다. 곧 유명(有名)이라는 것은 무명에서 조화를 일으키는데 이는 음양의 이치와 인과의 법칙이라는 것이다. 무어라 규정할 없는 무극과 일원상을 체받는 길이 과제로 등장하는 셈이다. 언어나 문자와 같은 명상(名相)에 사로잡히지 않고 도의 본체를 직관하는 공부가 필요하다.

113. 도인은 자연의 진리를 알아서 무위이화를 행한다 하였으니 어찌하면 그러한지 연구할 사

도인이 하는 행위는 무위자연의 도를 알아서 인위를 범하지 않는다는 것이다. 노자는 『도덕경』 2장과 64장에서 성인은 무위의 일을 하며, 무위를 행한 고로 어떠한 일에도 실패하지 않는다고 하였다. 그것은 자연의 진리가 무위의 속성을 지니고 있기 때문이라는 것이다.

여기에서 주목할 것은 '무위(無爲)'라는 용어이며, 그것은 아무것도 하지 않는다는 것으로 해석하기 쉽다는 점이다. 그로인해 노자사상을 곡해하여 그를 허무주의자 혹 문명개발을 거부한 소극주의자로 보기도 한다.

무위는 정말 아무것도 하지 않는 허무라는 뜻인가? 노자의 무위는 아무것도 하지 않는 것이 아니라 모든 것을 할 수 있는 무불위(無不爲)로 이해해야 한다. 『도덕경』 37장에 의하면 도는 항상 무위하지만(道常無爲) 만물이 장차 스스로 화육된다(萬物將自化)고 하였다. 도인은 무위이화(無爲而化)를 지향한다는 것이다.

노자가 무위를 강조하는 이유는 춘추시대에 유교가 자연의 순리적 행위를 거스르고 인위(人爲)를 추구하였다고 보기 때문이다. 장자는 인위의 몇 가지 행위를 『장자』「천지편」에서 밝히고 있다. 곧 오색(五色)이 눈을 어지럽히고, 오성(五聲)이 귀를 어지럽히며, 오취(五臭)가 코를 어지럽히고, 오미(五味)가 맛을 어지럽힌다는 것이다. 이는 인간들이 쾌락을 즐기기 위해 인위적으로 조작하기 때문이라는 것이다.

인위적 행위들을 극복하고, 우주 대자연의 원리에 순응하라는 노자의 논리가 설득력을 더한다. 춘하추동의 변화에 따라 생로병사가 이루어짐을 알고 인간이 자연에 순응하는 것이 노자 무위론의 본질이라는 점이다. 무위를 행하려면 무욕(無欲)의 실천에 있으며, 무욕하기 위해서는 어떠한 계교심도 갖지 말라고 하였다.

흥미롭게도 무위이화라는 말은 『대종경』에도 나온다. 소태산은 제자들에게 과거의 모든 폐단을 개선하고 새 종교로써 세상을 교화하는 방법을 묻자, 제자 조송광은 우리의 법은 지극히 원만하고 지극히 평등하여 세계의 대운을 따라 무위이화로 모든 인류가 개선될 줄 믿는다(대종경, 교의품 39장)고 사뢰었다. 또 '무위이화' 자동적으로 생겨나 우주는 성주괴공으로 변화하고 일월은 왕래하여 주야를 변천시킨다(대종경, 천도품 5장)고 하였다. 정산종사도 『세전』에서 일원 대도에 의한 무위이화의 교화를 받으라 했고, 『정산종사법어』 경륜편에서 하늘이 '무위이화' 자동적으로 만유를 생성하듯이 새 도덕으로 만생을 제도하라(24장)고 하였다.

인위적 자연파괴가 만연한 현실에서 노자의 무위이화는 원불교 천지팔도의 '순리자연한 도'와 직결되기에 충분하며, 그로인해 노자와 소태산의 진리관에 있어서 회통하고 있음을 확인할 수 있다. 무위자연의 원리에 따라 억지의 논리가 아닌, 자연 순리로 살아가는 자세가 필요하다.

114. 공자 가라사대 "나의 도는 하나로써 꿰었다" 하셨으니 어찌하면 그러한지 연구할 사

공자는 증자에게 말하였다. "나의 도는 하나로 꿰뚫었다"(논어, 이인편). 또 제자 자공에게 말하였다. "자공아, 너는 나를 여러 분야에 걸쳐 두루 배워서 기억하는 사람으로 생각하느냐?" 자공이 대답했다. "그렇게 생각하지요. 아닙니까?" 공자 말했다. "아니다. 나는 하나로 꿰뚫었다"(논어, 위령공편). 공자 학문이 박학다식하기 때문에 산만하게 생각할까 보아서 일이관지(一以貫之)했다고 한 것이다.

이처럼 공자는 두 가지 측면, 즉 자신의 도(道)는 하나로 꿰뚫었고, 자신의 행동도 하나로 꿰뚫었다고 하였다. 하나로 꿰뚫었다는 말을 일이관지(一以貫之)로 언급한 것이다. 문자 그대로 일이관지란 하나로 일관되게, 또 그것을 완성할 때까지 포기하지 않는 것을 말한다. 유교는 호학(好學)의 특성이 있으며, 일생 공부하는 것이 유교의 교육관이다. 공자가 일이관지를 강조한 이유는 "배우고 또 배우면 즐겁지 아니한가"라는 평생교육의 철학관 때문이다.

물론 공자가 일이관지를 강조한 것은 유교 사상인 인(仁)의 성취, 곧 인을 끝까지 실천하자는 것과 관련된다. 인을 실천하면 이상적 인품을 이루어 군자가 되며, 그 구체적 방법으로는 극기복례와 충서(忠恕) 등이 있다. 자신을 능히 극기할 수 있는가, 또 남을 능히 용서할 수 있는가? 이 모두가 일이관지의 여부에 관련된다.

일이관지와 관련된 방법으로 『대학』에서는 8조목의 하나인 성의(誠意)를 거론한다. 성의란 일이관지의 또 다른 측면이다. 『중용』 20장에서도 성의, 곧 정성은 하늘의 도(誠者 天之道也)라고 하였다.

공자가 말하는 일이관지는 불가에서 말하는 백척간두 진일보와 같은 것이다. 지극정성으로 임하면 깨달음에 이르며, 또 매사 안 되는 일이 없다는 점에서 유가와 불가 모두가 염원하는 바이기 때문이다.

원불교의 경우, 일이관지의 교법적 접근은 팔조의 신분의성에서 성
(誠)과 관련되며, 그것은 만사를 이루는 원동력인 것이다. 일이관지의
목적은 깨달음에 이르기 위한 것이다. 『정산종사법어』에서 말하기를,
"지극한 정성을 들이면 그 정성의 정도와 일의 성질에 따라서 조만은
있을지언정 이루어지지 않는 일이 없다"(원리편 30장)라고 하였다.

소태산 대종사는 일이관지의 정신을 사제간 돈독한 신성과 관련짓
고 있다. 도가의 생명력은 신성에 있으며, 그것은 교단의 유지와 직결
되기 때문이다. "회상이 커지고 보면 그대들의 오고 가는 것조차 내가
일일이 알 수 없을지 모르니, 그러한 때에라도 오늘 같은 신성이 계속
되겠는가 생각하여 보아서 오늘의 이 신성으로 영겁을 일관하라"(대종
경, 신성품 13장)라고 하였다.

일이관지의 자세는 개인적인 입장에서 신분의성의 성(誠)에 이어서
교단적 입장에서는 회상의 무궁한 발전에 직결되어 있음을 알 수 있
다. 따라서 우리는 수행인으로서 기어코 깨달음에 이르겠다는 성을 들
이대어야 한다. 나아가 종교의 생명력이자 교단 발전에 있어서도 사제
간 돈독한 신성이 일관되어야 한다.

이 모두를 위해 일원상의 '일(一)'을 새기며 화두로 삼을 필요가 있
다. 공자의 도가 하나로 꿰뚫었다는 의미가 소태산 대종사의 원융·회통
정신과 더불어 일원상 진리에서도 발견되기 때문이다.

115. 맹자 가라사대 "나는 나의 호연한 기운을 잘 기른다" 하셨으니 어떠한 것이 호연한 기운인지 연구할 사

호연한 기운을 잘 기른다는 것은 『맹자』 「공손추」 상편에 나온다.

여기에서 맹자는 제자 공손추와 대화를 통해 자신의 견해를 밝힌다. 공손추가 물었다. "선생께서는 어디에 장점이 있습니까?" 맹자 답하였다. "나는 호연지기를 잘 기르노라." 맹자는 자신의 장점을 호연지기의 양성에 있다고 한 것이다.

과연 맹자가 말하는 호연지기란 무엇인가? 공손추는 그 의미가 궁금해진 것이다. "감히 묻겠습니다. 무엇을 호연지기라 합니까?" 맹자 답하였다. "그 기(氣)가 지극히 크고 강하니, 정직함으로써 잘 기르고 해침이 없으면 호연지기가 천지 사이에 꽉 차게 된다." 호연지기란 우주 대자연의 담대한 기운으로서 인간이 체받아야 할 것으로 간주한 것이다.

호연지기는 왜 필요한가? 맹자는 호연지기가 의리와 도(道)에 배합하니 이것이 없으면 굶주리게 된다고 하였다. 그가 말하는 호연지기는 의리와 도에 어긋남이 없는 마음의 상태이며, 정의를 실현하는 의기와도 같기 때문이다. 이러한 맥락에서 송대의 성리학자인 정이천은 맹자의 "호연지기를 양성하게 되면 기운과 의리가 합해진다"(유서 18권)고 하였다.

그러면 호연지기를 어떻게 기르자는 것인가? 맹자가 말하는 호연지기는 인간이 우주 대자연의 도를 체받는 것으로 천인합일의 정신으로 살아가는 방법 그 자체이다. 천인합일의 방법에는 여러 가지가 있겠지만 맹자가 언급한 존야기(存夜氣)의 수련도 담대한 기상을 기르는 방법일 것이다. 특히 존야기는 새벽 좌선을 할 때 우주의 상쾌한 기운과 심신의 맑은 기운을 체득하는 수련법이라는 점에서 같은 맥락이다.

호연지기를 양성하면 맹자에게서 강조되는 대인(大人)의 경지에 이른다. 대인이란 천지 기운과 합일한 사람이기 때문이다. 유교에서 자주 거론되는 대인 군자라는 말이 이와 관련된다. 소태산 역시 『대종경 선외록』에서 말하기를, 대인은 천지 살림과 합산을 하므로 넓고 크고 활발하다고 하였다. 하지만 소인들은 천지 살림을 벗어나 있으므로 항상 여유가 없고 부자유하다고 하였다.

호연지기론은 원불교 수양론에 있어서 상당한 영향을 미쳤다고 본다. 대산종사는 맹자의 호연지기에 대하여 언급하기를 "좌선 염불 기도 심고 송주 송경 등은 다 흩어진 마음을 일심으로 만들어 통일시키는 공부인 바, 극치에 이르면 대원정기, 지기, 호연지기의 천지 대기에 합일하게 된다"고 『정전대의』에서 밝혔다. 맹자의 호연지기의 언급에 있어 '직양이무해(直養而無害)'라는 구절이 있는데 주산종사의 아호 '직양'은 이러한 호연지기 정신에서 취한 것으로 이해된다.

우리는 속세라는 좁은 인간세계에 국집되는 것을 극복하고 우주에 합일하는 자세로 살아가야 한다. 이를 위해서 국트인 천지 살림을 하는 노력이 필요하며, 『주역』의 언급처럼 천지와 더불어 덕을 합하고, 일월과 더불어 밝음을 합함으로써 대인과 성인이 될 수 있다.

원기 52년(1967)에 만들어진 「조그마한 우주선에」라는 원불교 성가 가사를 새겨보자. "조그마한 우주선에 이 한 몸 태우고서, 다북찬 호연대기 노삼아 저어가니, 아마도 방외 유객은 나뿐인가 하노라." 우주에 다북찬 호연대기를 느끼고 있는가? 맹자와 소태산을 넘나드는 우주적 심법이 더욱 커 보이는 이유를 알기 위함이다.

116. 성품이라 하는 것은 어떠한 것이 성품인지 연구할 사

성품은 불가에서 여러 가지로 호칭된다. 진심, 심지, 여래, 열반, 진여, 총지, 여래장, 원각(보조국사의 진심직설)이라 하여 성품의 다양한 호칭을 알 수 있다. 원불교에서도 심불, 심인, 자성, 불성, 심지, 불심, 진성 등과 병칭되는 성향이 있어 여래의 심법과 직결된다.

이처럼 다양하게 부르는 성품이란 무엇일까? 육조 혜능은 『법보단경』에서 말하기를 "세상 사람의 성품이 본래 청정하여 만법이 자성에서 나온다"고 하였다. 성품이란 아무런 물듦이 없어서 청정하므로 자성이라는 것이다. 성품은 맑은 자성과 관련되어 있기 때문에 여래의 원각묘심(圓覺妙心)과도 같은 셈이다. 소태산 역시 성품 자리는 다 같은 본연 청정한 성품이며 원만 구족한 성품이라고 『대종경』 천도품 5장에서 밝히고 있다.

본연 청정한 성품인데 선악의 행위가 나타나는 이유는, 본래 분별주착이 없는 우리의 성품이라 해도 경계를 따라 선악의 마음이 발하기 때문이며, 그것은 옥토에 잡초가 나는 것과 같은 것이다. 우리의 성품은 원래 청정하지만 경계를 따라 순하게 발하면 선이 되고 거슬려 발하면 악이 되므로 선악의 분기점(정산종사법어, 원리편 10장)이다. 아무리 맑은 성품이라 해도 숙겁에 묵은 업연으로 인해 순역 경계에 노출되기 쉬운 우리의 마음이 선악으로 변화될 수 있기 때문이다.

성품이 이처럼 선악 경계에 자주 노출되는 이유는 무엇인가? 그것은 중생의 구습(舊習)에 의한 무명 때문이다. 사람의 성품은 원래 선악이 없는 것이나 삼세를 통해 길들여온 습관에 따라 자신의 무명에 가린 채 선악의 행위로 이어진다는 것이다.

여기에서 수도인에게 무명 극복을 위한 견성이 필요하다. 견성(見性)은 맑고 고요한 성품을 발견하는 노력의 결실이기 때문이다. 불교에서는 견성의 중요성을 강조하며 누구나 불성을 지니고 있다는 뜻에서 '개유불성(皆有佛性)'을 말하고 있다. 『열반경』에서 일체중생 모두가 불성을 지니고 있다며 '실유불성(悉有佛性)'이라 하였다. 『보성론』에서 밝히는 여래장과 불성론은 중국 선종에 이르러 부처의 종자인 성품의 발현을 중시한다.

이처럼 성품은 견성의 대상으로서 불교뿐만 아니라 원불교에서도

지대한 관심을 유도한다. 소태산은 마음과 성품과 이치와 기운의 동일
한 점은 어떠하며, 구분된 내역은 또한 어떠한가를 「의두요목」에서 밝
히고 있다. 정산종사는 성품이란 본연의 체이며 성품에서 정신이 나타
나고 정신은 성품과 대동하나 영령한 감이 있으며, 정신에서 분별이
나타날 때가 마음이요, 마음에서 뜻이 나타난다(정산종사법어, 원리편
12장)고 하였다.

성품에서 한 걸음 나온, 흔들리기 쉬운 마음을 고려하여 일상적 삶
에서 성품 회복을 위해 노력해야 한다. 경계를 당해서 심지에 요란함
과 어리석음과 그름이 없는 공부를 하자는 것이다. 성품이 나의 자성
에서 떠나지 않는 불리자성 공부를 해야 견성 성불을 할 수 있기 때문
이다. 자신의 불성을 발현하는 적공의 삶이 필요한 이유이다.

117. 공부를 하기로 하면 '막착거(莫着去)'라 하였으니 어떠한 것이 막착거인지 연구할 사

사찰에 들어서는 길목의 다리에서 선객들의 마음을 챙겨주었을 '방
하착(放下着)' 또는 '막착거(莫錯去)'라는 글귀를 본 적이 있을 것이다.
나를 내려놓고 착심을 놓으라는 경구인 것이다. '막착거'에는 두 가지
한자가 병용되고 있다. 막착거(莫錯去)는 그르쳐 가지 말라는 뜻이며,
막착거(莫錯擧)는 잘못 알지 말라는 뜻이다. 서로 다른 것 같지만 공히
'금지'의 수행 계율이다.

첫 번째의 막착거(莫錯去)는 법장스님이 즐긴 화두이다. 2005년 9월
11일 새벽, 조계종 총무원장 법장 스님은 입적하기 전 후학들에게 "그
르쳐 가지 말고, 그르쳐 가지 말지어다(莫錯去 莫錯去)"라 했다. 착심을
두지 말라는 것으로 새겨야 할 화두이다.

두 번째의 막착거(莫錯擧)는 중국 남송의 만송 행수의 임종게이다. "81년 동안, 이 한마디뿐, 여러분들 몸조심하고, 부디 잘못 알지 말라 (八十一年, 只此一語, 珍重諸人, 切莫錯擧)." 본 문목의 경우는 선종에서 자주 거론하는 화두로서 정법 수행을 촉구하는 내용이다.

법장의 경우 그르쳐 가지 말라는 것이라면, 행수의 경우 잘못 알지 말라는 것으로 둘의 뜻은 대동소이하다. 그르쳐 간다는 것이나 잘못 안다는 것은 착각을 일으킨다는 점에서 정법 수행을 위한 경고성 계율이다.

더욱이 법장이나 행수는 둘 다 임종에 임하여 막착거를 말했다. 착심을 여의고 해탈을 하라는 것으로 후계 제자들에게 간절한 염원을 담은 게송인 셈이다. 임종게를 막착거로 설한 것은 구습에 구속될 경우 착심으로 인하여 생사애착이나 수도 정진에 방해가 되기 때문이다.

신앙인에 있어서 막착거를 통해 해탈 공부를 해야 함은 당연하다. "공부하는 사람이 밖으로는 능히 모든 인연에 대한 착심을 끊고 안으로는 또한 일심의 집착까지도 놓아야 할 것이니 일심에 집착하는 것을 법박이라고 하나니라"(대종경, 수행품 53장). 소태산 대종사의 법어처럼 우리가 소소한 법박에 걸리면 해탈의 문에 들어설 수 없으므로 중생의 삶을 벗어나지 못한다.

자성의 본연을 그르치거나 착된 마음을 갖는 경우가 많다는 점에서 수행인들로 하여금 오염수(汚染修)를 하지 말라는 뜻으로 막착거를 이해해야 한다. 『수심결』 35장에서는 견성을 하지 못한 수행은 오염수라고 하였다. 깨치지 못하고 닦는 것은 생각 생각이 훈습해 닦으나 닿는 곳 마다 의심을 내어 마음 가운데 걸려있다는 것이다.

한 생각에 집착한 의심이 없어야 오염수에 떨어지지 않는다(念念無疑 不落汚染)는 보조국사 지눌의 가르침을 실천해야 한다. 우리가 '막착거, 막착거'의 심법으로 살려면 희로애락이나 원근친소에 구애 없는 해탈자재의 심법으로 살아가야 한다. 소태산은 착심을 여의지 못하면 그 착된 바를 따라 영원히 악도 윤회의 원인이 된다고 했으니, 불교의 막착거는 애착 탐착의 삼독오욕에 구속받는 우리에게 깨달음의 경구로 다가온다.

118. 천지만물이 어느 때에 처음 생겼는지 연구할 사

인류의 본질적 의문과 그 연구 대상은 천지와 인간의 시원(始原)에 대한 것이다. 천지 만물의 출발을 알려면 과학과 종교에서 주장하는 생성론에 관심을 기울여야 한다. 우선 현대과학에서는 인류의 조상이나 생물들이 외계의 우주에서 생명의 아포(芽胞)가 전하여 왔다는 외계 도래설을 주장하고 있다.

기독교에서 말하는 생성론은 하나님의 창조론을 거론한다. 서구종교의 창조론에 의하면 모든 생명체는 하나님이 창조하였으며, 이 세상에 존재하는 생명체는 그 피조물이라고 한다. 그것은 신과 종교가 인류의 역사와 더불어 시작을 같이 한다는 사고에 기반하고 있기 때문이다.

인도의 경우,『리그베다』등 천지창조에 대한 여러 견해가 있다. 우주의 창조를 조일체자(造一切者), 기도(祈禱)의 주(主), 황금의 태(胎) 등에서 추구하는 창조 찬가가 있다. 또 푸루샤에서 만유가 전개되었다고 하는 푸루샤 찬가, 우주생성의 근원을 그 유일물로 보는 무비유(無非有) 찬가, 브라흐마 찬가, 비슈누 찬가가 있어 창조론과 관련하여 다양한 이론들이 등장한다.

불교에서는 이러한 브라만 신의 카스트 및 창조신화를 타파하고 모든 것이 원인을 지은데 따라 결과를 받을 뿐 일체가 평등하게 태어났

다고 한다. 인과의 원리에 따라 오온과 12인연의 연기법에 의한 생명
체의 생성작용을 밝히고 있다. 무명·행·식의 과정으로 전개되는 12
연기의 순서에서 무명과 행은 전세의 원인이고, 이후의 명색·육입·
촉·수 등의 현세의 과보로 나타나며, 인간의 애·취·유 등의 인에
의하여 생·노·사의 내세의 과가 이루어진다는 것이다.

　원불교 역시 불교의 인연 연기론을 만유 생성론의 큰 줄기로 이해
하는 입장이다, 다만 삼라만상은 법신불 사은(일원상)의 응화신이자
그 생산품이라 한다. 개체의 인과적 업설로 인해 특성이 다르게 나타
나며, 본래 한 근원에 의해서 나온 관계로 일원상의 묘유(妙有) 작용
곧 법신불의 분신이라는 것이다. 법신불은 우주 만유의 본원으로서 천
지만물을 존재하게 하는 이법이기 때문이다.

　따라서 천지만물의 생성과 변화는 일원상 진리의 유상과 무상의 변
·불변 작용에 따라 우주의 성주괴공과 만물의 생로병사와 사생의 심
신작용에 따라 육도세계로 전개된다. 여기에서 주목할 바, 소태산은
만유 창조가 유도 아니요 무도 아닌 그것이나, 그 중에서 그 있는 것
이 무위이화(無爲而化) 자동적으로 생겨난다고 했다. 천지만물은 어느
일정한 시간에 생긴 것이 아니라 무시무종(無始無終)으로 생멸한다며
유한적 종말론을 부정한다.

　무위이화로 탄생한 천지 만물은 법신불의 응화신으로서 무한 생명
의 은혜를 입은 것이다. 따라서 불공의 측면에서 본다면 나를 존재케
한 천지 부모 동포 법률이라는 사은의 은혜에 보은해야 한다. 그것은
모든 생명체에 경외심을 갖고 각자 일터에서 생명의 가치를 실현하자
는 뜻이다.

119. 대지 산천에 초목 수가 몇 개인가 연구할 사

대지 산천에 존재하는 초목의 수는 과연 몇 개인가를 숙고해 본다면 헤아릴 수 없으며, 결국 무량수임을 알 것이다. 불타 역시 대지 산천에 살아가는 중생의 수가 무한하다며, 무한한 중생의 숫자만큼 복을 쌓고 혜를 닦아야 한다고 하였다. 『법화경』「수량품」에서 대지 산천을 '삼천대천세계'라 했는데 이를 숫자로 환산하면 1조의 4승×천이라는 무량수를 상징하고 있다.

숫자와 관련한 불교의 화두는 가히 가관이다. 한 사람이 동산선사에게 불법의 대의를 물으니 마 삼근(麻 三斤)이라고 답했다. 불법의 대의를 숫자로 환산한다는 것은 어불성설이다. 더구나 마 삼근이라고 정확한 숫자를 들이대고 있으니 황당한 일이다.

화두연마 곧 의두 연마의 묘미가 황당한 숫자계산과 관련되어 있다. 중생들은 대부분 숫자에 얽매여 삼천대천세계의 숫자, 혹은 마 삼근이란 숫자의 차별상에 얽매여 집착해버린다. 본 문목 역시 우리가 통념의 상식적 숫자 개념에 얼마나 쉽게 넘어가는가를 시험하는 성격을 지닌다.

소태산 대종사는 무량수를 상징적으로 설명하고 있다. 한 제자에게 다음과 같이 물었다. "내가 영산에서 윤선으로 이곳에 올 때에 바다물을 보니 깊고 넓은지라 그 물을 낱낱이 되어 보았으며 고기 수도 낱낱이 헤어 보았더니, 그대도 혹 그 수를 알겠는가"(대종경, 성리품 12장). 산천초목의 수도 세어보고, 바닷물의 고기 수도 헤아려 볼 수 있다는 것인가?

대지 산천에 초목 수가 얼마나 되며, 서해 바다에 고기 수가 얼마나 되는가를 세어본다는 것은 과연 가능한 일인가? 그럼에도 불구하고 대종사는 초목의 수와 고기의 수를 다 세어 보았다고 하는데, 이에 대하여 의아심을 가질법한 일이다. 만일 생명의 개체수를 세어 보았다고 가정한다면 산천의 초목 수와 바다의 고기 수는 얼마인가? 산천의 초목 수를 수천만 그루라 하고, 바다의 고기 수가 수천만 마리라고 한다면 과연 믿을 것인가?

초목 숫자와 관련한 본 문목은 그 개체의 숫자를 정확히 알려고 한 것이 아니다. 오히려 사량 계교심으로 숫자를 헤아리려는 중생의 어리석음을 시험해 보고자 한 것이다. 초목의 수, 바닷물의 무게, 고기의 숫자에 대한 사량 분별을 놓으라는 것이다. 하나 둘이라는 숫자의 개념을 다 놓아 버려야 주객일체, 물심일여, 무념무상의 경지를 얻기 때문이다.

"이 우주 내에는 얼마나 많은 숫자의 생령들이 살 것인가"(경산종법사, 원불교사상시론 1집)라는 의두도 이와 관련된다. 수도인의 넉넉한 심법으로 공(空)의 세계를 관해보자. 1억이니, 10억이니 하는 숫자놀음에서 해방되어 수도인의 진여자성을 회복하자는 것이다. 아파트 수십 채를 소유하고, 금반지 수백 개를 소유했다는 식의 숫자 놀음에 의해 삶의 진면목을 잃어버리는 중생의 분별심이 가상한 일이다. 무량수라는 수도자의 넉넉한 심법 속에서 무루(無漏)의 복덕, 나아가 무량세계가 발견된다는 점을 인지해야 하리라 본다.

120. 음부경에 가라대 "하늘의 도를 보아서 하늘의 행함을 잡으라" 하였으니 어찌하면 그러한지 연구할 사

본 문목과 관련한 『음부경』의 원문은 "관천지도 집천지행 진의(觀天之道 執天之行 盡矣)"이다. 문목에 없지만 원문에는 '진의(盡矣)'라는 용어가 포함되어 있음을 알 수 있다. 곧 하늘의 도를 보고 하늘의 행함을 잡게 되면 결과적으로 "다함이 있다(盡矣)"는 부분이 여기에는 빠져 있다.

하늘의 도를 보아 하늘의 행함을 잡으라고 하였는데, 이는 『음부경』 내용의 전제에 해당하며 『음부경』에서는 덧붙여 말한다. "예로부터 하늘에는 오적(五賊)이 있으니 이를 아는 자는 창성해진다. 하늘에 충만된 오적(五賊)이 마음에 깃들게 되니, 이를 천도에 널리 펴서 행한다면, 우주가 손안에 있고, 만 가지 변화가 이 몸 안에서 생해진다."

여기에서 천도의 요소를 '오적'이라 했는데, 섬뜩하게도 오적 용어를 사용한 것은 강조어법임과 동시에 하늘의 기운을 몰래 가져가서 생명체적 요소가 되었다는 '오행(五行)'의 풍자적 의미가 함축되어 있기 때문이다. 하늘에 존재하는 생명체의 기본 요소가 오행(또는 오적)이라는 뜻이며, 이 오행 작용으로 인해 삼라만상이 형성되는 것이다.

13세기 무렵 송대의 유학자인 주렴계의 「태극도설」을 살펴보자. 무극이면서 태극이며, 이 태극이 동정 작용으로 인해 음양이 생기고, 음양이 변화하여 오행을 생하며, 수화목금토 다섯 기운이 널리 퍼져서 사계절을 이루고 생명체가 형성된다고 하였다. 『음부경』에서 말하는 하늘의 도는 무극·태극과 같으며, 태극에서 나타나는 오행은 생명체의 가장 중요한 다섯 요소가 된다는 것이다.

본 문목은 도가의 『음부경』에서 원용하였지만 그 내용은 송대 유가의 「태극도설」에서 보충 설명됨과 동시에 우주 생성론의 입장에서 천인합일의 당위론을 설파하고 있다. 사은 가운데 「천지은」의 무량 은혜의 맥락에서 접근해 보면 천지 은혜에 의한 인간의 생명 보존이라는 무한 복락을 받는 것으로도 이해된다.

우리는 천지의 기운을 본받아서 인도를 실천하는 것이 '하늘의 행을 잡는 것'으로 인륜의 중요성을 고려하지 않을 수 없다. 소태산은 『음부경』의 내용을 인용하며 말하기를, 모든 사람의 마음이 악심이 되면

천지 기운이 악화되어 온갖 천재지변이 나타나지만, 오로지 선심을 발
휘하면 천지의 상서로운 기운을 통해 인간에게 오곡의 풍요로움이 선
사된다는 것이다.

소태산은 『음부경』의 뜻을 다시 새긴다. "천지 기운은 사람이 들지
아니하면 아무 변동과 조화가 나지 않는 것이다"(대종경선외록, 도운
개벽장 4). 우리가 천지 기운을 머금고 살아갈 때 천인합일의 경지에
진입한다. 하늘 마음을 대행하는 천지의 주인이 되라는 대산종사의 언
급이나, '천지여아동일체, 아여천지동심정'이라는 영주가 소중한 이유
이다.

121. 주야되는 것은 어떠한 이치인지 연구할 사

주야의 개념이나 원리를 아는 길에는 여러 방법이 있을 것이다. 방
법들 중에서 두 가지를 들면 과학적 접근법과 종교적 접근법이 있다.
과학적 방법을 보면, 주야란 밤낮을 말하는 것으로 밤낮이 생기는 원
인은 태양과 지구의 공전과 자전 현상 때문이다. 곧 자전과 공전은 만
유인력과 원심력이 평형상태를 이루면서 가능해진다. 지구가 24시간
자전을 하면서 태양을 마주보면 낮이 되고 태양에 등지면 밤이 된다.

종교적 방법을 보면, 기독교에서는 "하나님이 빛과 어둠을 나누어
빛을 낮이라 칭하고 어둠을 밤이라 칭하니라. 저녁이 되며 아침이 되
니 이는 첫째 날이니라"(구약, 창세기 1장)고 하였다. 기독교에서 주야
는 신의 창조론과 관련되는 것이다.

인도 철학에서도 주야 개념은 창조적 의미로 새겨진다. 베단타 철학
의 브라흐마 신은 세계 창조로부터 파괴에 이르는 기간을 '일겁(kalpa)'
이라 부르며, 이는 브라흐마 신에 있어서 하루의 낮(晝)에 불과하다고

한다. 하루의 낮이 지나면 이 낮과 같은 길이의 브라흐마 신의 밤(夜)이 오며, 이때에 비슈누 신은 잠들어 있게 된다. 이러한 우주의 밤이 끝나면 비슈누는 깨어나서 브라흐마 신으로서 세계를 다시 창조하고 브라흐마신의 낮이 시작된다는 것이다.

오랫동안 종교에서는 주야가 신의 위력에 의한 절대적인 것으로 믿어오는 경우가 있었으나, 근래에는 과학적 방법이 정설로 수용되고 있다. 곧 밤과 낮의 원인은 태양과 지구의 순환에 의함이라는 견해가 이것이다. 기독교에서 믿어오던 천동설에 대하여 갈릴레오가 지동설을 주장하여 난제로 떠오른 경우가 이것이다.

동양의 지혜를 빌리면 『주역』의 「계사전」에서는 주야는 음양 단위로 변통(變通)하는 이치를 말하여, 주(晝)는 양으로 야(夜)는 음으로 일음일양(一陰一陽)하여 우주가 변화한다는 것이다. 『장자』「천도편」에서도 주야의 이치는 하늘의 덕[天德]이 작용함이라 하였으며, 주야가 있음으로 인해 구름이 운행하고 비가 온다고 하였다. 『주역』이나 『장자』에 있어서 주야는 우주 변화론과 만유 생성론으로 접근된다.

원불교에 있어서 주야 변화의 원리는 수양론의 측면에서 접근이 가능하다. 첫째, 우주 변화의 원리를 알아 해탈하라는 것이다. 우주 변화의 이치에 따른 생사 순환의 이치가 주야와 같다(대종경, 천도품 5장)고 하였다. 이러한 주야 변화의 원리를 통해 인생 무상을 터득하라는 뜻이다.

둘째, 적공의 시간 개념이다. 일례로 김남천 선진은 『월말통신』 7호(시창 13년)에서 다음과 같이 말한다 "내가 어느 때에 암탉이 병아리 깨는 것을 보았습니다" 라며, 주야를 쉬지 않고 20여일을 궁글린 후에 마침내 결실을 얻는다는 것이다. 밤낮으로 적공을 하라는 뜻이다. 주야 변화되는 원리에 따라 해탈과 적공이 필요하다.

122. 조수왕래하는 것은 어떠한 이치인지 연구할 사

문목 118조~137조는 대체로 우주변화 및 만물생성에 관한 것으로 소태산 대종사의 '관천기의상'과 연결된다. 깨달음이란 우연히 되는 것이 아니다. 모계포란(母鷄抱卵)처럼 성자의 부단한 의두를 통해 큰 깨달음에 이르는 것이다. 7세부터 우주 대자연에 대한 의심의 발단에서 26세에 깨달음으로 이른 것은 소태산 대종사의 구도 염원이 실린 긴 자취인 셈이다. 본 문목에서 언급하는 조수왕래는 달과 지구의 인력관계로 형성된다. 즉 바다의 수심을 적용을 시켜보면 달의 인력이 지구의 바다를 굴러가도록 당기는 것과 같다. 이때 수심이 얕은 바다가 달의 인력에 쉽게 끌려가서 조수 왕래가 이루어지는 것이다.

달의 인력이 지구의 바닷물을 끌어당기므로 달이 떠 있는 방향으로 바닷물이 끌려가는데, 그로 인해 달에 가까운 쪽은 바닷물 수면이 높아진다. 따라서 지구에는 조수왕래가 하루에 두 번씩 이루어진다. 또 바다가 어디에 위치하느냐에 따라 조수왕래, 즉 조수간만의 차이가 달라지므로 만조시간과 간조시간의 차이가 서로 다르게 나타난다. 조수간만의 차이가 심한 해안의 매립지에는 에너지가 발생하므로 친환경적인 풍력발전소 내지 수력발전소를 설치하는 경우가 많다.

조수 간만의 차이는 서해와 동해에서 서로 다르게 나타난다. 서해안은 수심이 얕아 달의 인력에 의한 영향을 많이 받으므로 조수 간만의 차이가 크며, 이에 대하여 동해안은 수심이 깊어서 지역적인 차이로 인해 조수 간만의 차이가 적다. 비유컨대 멕시코만은 바다의 수심이 깊어서 조수 간만의 차이가 적다면, 보스턴은 바다의 수심이 얕으므로 조수간만의 차이가 커지는 원리와 같다. 이처럼 조수간만의 차이는 지역의 특성에 따라 생기는 것이다.

전남 영광은 서해안에 위치해 있는데 소태산은 농촌과 산촌, 어촌을

겸한 이곳에서 태어나 성장하였으므로 조수왕래의 현상에 대하여 궁금할 수밖에 없었으리라 본다. 이러한 자연의 변화에 대한 의심에서 인간사에 대한 의심으로 확대되면서 소태산은 우주 대자연과 인간 자성의 원리를 깨닫게 된 것이다.

영광 일우에서 젊은 26세에 대각을 이룬 후 소태산은 회상 창립의 기적을 이루었으니 길룡리 간석지 방언사업이다. 간척사업이란 쉽지 않지만 조수간만의 차이가 클 때, 즉 만조 때보다는 간조 때에 주로 간척을 하였다고 볼 수 있다. 밀물 때보다는 썰물 때 언답을 쌓음으로써 방언역사가 순조롭게 이루어졌다는 뜻이다.

우주 변화의 기후에 적응하여 살아온 선조들의 지혜는 이러한 조수간만의 차를 활용해 온 것을 가히 짐작할 수 있다. 대산종사는 이에 말하기를, 춘하추동 생로병사 조수왕래가 있으니 이를 보고 "성현은 지혜가 어두워지면 밝게 하는 능력이 있다"(금강산의 주인, 103쪽)라고 하였다. 하늘은 왜 푸르며, 조수 왕래는 왜 일어나는가에 대한 관심을 갖고 의두 연마에 정성을 기울이지 않을 수 없으니 견성이란 멀리 있지 않다는 것이다.

123. 일월의 본래는 무엇인가 연구할 사

태양이란 지구에서 가장 가까운 곳에 있는 항성(恒星)으로 모든 생명체가 생명을 유지할 수 있는 주요 에너지이다. 지구에서 평균거리 1억 4960만km 떨어져 있으며, 태양의 지름은 약 139만km로 지구의 109배이고, 그 부피는 지구의 130만 배이다.

이어서 달이란 무엇인가? 달은 지구 주위를 돌고 있는 위성으로 지구와 가장 가까운 천체이다. 지구와의 거리는 평균 38만 4400km로, 지구에서 태양까지 거리의 400분의 1이며, 달의 반지름은 지구의 약 4분의 1이다. 달의 지구 공전주기는 27.3일이지만, 달이 지구를 공전하는 동안 지구도 태양을 공전하기 때문에 달의 모양이 변화하는 주기는 29.5일이다.

태양은 스스로 빛을 내지만 달은 태양의 빛을 받아야만 빛을 낼 수 있다. 달은 태양의 빛이 닿는 부분만 반사하여 우리에게 빛나는 것처럼 보일 뿐이다. 태양과 달은 본래 둥근 형상이지만, 우리의 눈에 달은 매일 모양이 변하여 초승달, 반달, 둥근달로 비추어진다. 태양, 달, 지구라는 세 천체의 상대위치에 따라 달의 빛나는 부분의 형태가 달라져 보이기 때문이다.

태양의 크기가 몇 백만 배로 다르지만 거리차로 인해 달과 같이 우리에게 비슷한 크기로 보이며, 주야간 빛을 선사하는 실체로 간주되고 있으니 대자연의 경외적인 신비라 볼 수 있다. 고금을 통해 태양과 달은 태양신 혹은 달님으로 숭배되어 왔으며, 우리의 지구 환경에 있어서 절대적인 요소로 인식되고 있다.

동양사상에 있어서 일월은 존재론(우주론)과 수양론의 측면에서 접근이 가능하다. 일월은 존재의 신비에 있어서, 또 일부 종교에서는 신앙의 대상과 같은 것으로 믿어져 왔기 때문이다. 『주역』「건괘」에 의하면, 대인(大人)이란 '여일월합기명(與日月合其明)'이라 하여 대인의 심경은 "일월과 더불어 밝음에 합한다"고 하였다. 이상적 인격으로 표상되는 것이 대인이므로, 이러한 인품을 이루기 위해서 일월의 밝음을 체받으라는 것이다.

원불교에 있어서 일월은 우리를 존재케 하는 사은의 당체(천지은)이자 대종사의 성품을 닮아가는 상징체로 접근되고 있다. 정산종사는 원기 38년 4월, 「소태산대종사성비」를 중앙총부에 세우고 그 성비에 새기기를, 일월이 대명(代明)하므로 만물이 그 생성의 도를 얻고, 불불이

계세하고 성성이 상전하여 그 은혜를 입는다고 하였던 것이다.

따라서 일월의 하해 같은 천지은혜를 알아서 천지 팔도(八道)를 본받아야 하며, 일월처럼 밝은 성품을 지니도록 수양해야 한다. 일월성신은 한 기운 한 이치어서 하나도 영험하지 않은 바가 없다(대종경, 변의품 1장)고 하였으니, 일월을 우러르며 살아가야 할 것이다. 대종사의 영원한 깨달음을 상징하듯 '만고일월(萬古日月)'로서 우주만유가 여여하게 생성작용하고 있음에 감사할 따름이다.

124. 춘하추동 되는 것은 어떠한 이치인지 연구할 사

1년에 한 번 피부로 느끼는 춘하추동의 감도를 보면 생명체의 생존본능이 위대할 따름이다. 봄은 생명체의 싹이 트고(生), 여름에는 녹음이 우거지며(長), 가을엔 결실을 이루고(收), 겨울엔 만사를 함장하는 것(藏)이다. 우주의 변화로서 춘하추동이 순환하고, 만물은 이러한 흐름에 맞추어 생·장·수·장(生長收藏)하게 된다. 네 가지 수레바퀴는 성주괴공, 생주이멸, 흥망성쇠, 생로병사 등의 원리로도 설명된다.

자연과학적으로 이를 접근해 보자. 지구가 태양을 한 바퀴 공전을 하는데 걸리는 시간은 1년이며, 이것이 춘하추동 사계절의 변화를 낳는 원인이 된다. 따라서 춘분이 3월 21일, 하지가 6월 22일, 추분이 9월 23일, 동지가 12월 22일이므로 3월~5월은 봄, 6월~8월은 여름, 9월~11월은 가을, 12월~2월은 겨울 순으로 변화하는 것이다. 쉽게 말해서 지구의 자전축이 기울어져 자전과 공전을 하기 때문에 태양과의 거리가 생겨 춘하추동이 생기고 동지와 하지가 생겨나는 것이다.

지리학으로도 접근해 보면 춘하추동은 지구의 기후와 지상의 날씨에 관련된다. 이를테면 국가에 따라 춘하추동이 다르게 나타날 수 있다. 호주나 아르헨티나의 경우 지구의 반대편에 있으므로 우리가 접하는 춘하추동과 정반대로 전개된다. 우리나라가 여름이면 호주는 겨울이고, 우리나라가 봄이면 호주는 가을이다. 춘하추동의 기후에 따른 한서온난(寒暑溫暖)의 날씨가 적용되기도 한다.

철학적으로 춘하추동을 설명할 수도 있다. 『주역』에서 변화와 생명의 영속성의 관계를 가장 잘 보여주는 괘가 '복괘(復卦)'이다. 복괘는 박괘(剝卦)의 다음에 위치하여 양(陽)이 위에서 깎여 극에 달하면 다시 아래에서 생겨나는데, 겨울에 봄의 새싹이 나오듯이 양이 맨 아래에서 싹터 나오면서 생명의 회복을 알리는 것이다.

음양론적으로도 춘하추동의 설명이 가능하다. 춘하추동은 우주에 음양상승하는 도를 따라 나타나기 때문이다. 소태산에 의하면, 겨울은 음이 성할 때이나 음 가운데 양이 포함되어 있으므로 양이 차차 힘을 얻어 마침내 봄이 되고 여름이 되며, 여름은 양이 성할 때이나 양 가운데 음이 포함되어 있으므로 음이 차차 힘을 얻어 마침내 가을이 되고 겨울이 되는 것(대종경, 인과품 2장)이라고 하였다.

하여튼 춘하추동의 변화 원리를 음미하면서 우리는 생로병사의 해탈이라는 과제까지를 새겨보아야 한다. 춘하추동과 생로병사는 모두가 세월의 흐름과 직결되어 있기 때문이다. 우리는 일생이라는 생명체의 활동 속에서 시간과 공간의 제약을 받는다. 춘하추동의 흐름에 따라 생로병사의 무상을 깨달아 생사 해탈을 새겨보자는 것이다.

125. 구름은 어떻게 일어나는 것인지 연구할 사

물은 변화무쌍한 존재이다. 그것은 고체와 액체 그리고 기체로 변하는 것이다. 이 물은 구름이 생기는 원인을 밝히는 단서가 된다. 다시 말해서 대지 위에 있는 물이 일정한 온도를 받으면 수증기로 변하여 가벼워진 관계로 공중으로 오르게 된다. 이때 구름이 되는 것으로 수증기가 공중에 떠다니는 것을 구름이라 한다.

우리가 의지하는 지표에서 뜨거워진 수증기가 상승하면서 공중에 머물러 있는 상태에 이른다. 이 수증기가 기압과 온도의 하강에 의해 이슬점에 다다르면 미세한 물방울이 되는데 이것이 구름이다. 이 구름이 떠 있는 이유는 부력 때문이다. 구름이 형성되기 위해서는 온도 상승으로 인해 특정 지역의 공기가 상승하면 단열 팽창하여 기온이 하강하고 그 결과 수증기 입자들이 냉각되어 구름을 이루게 된다.

구름 모양이 변하는 이유는 무엇인가? 공기 중에는 계속해서 지표에서 올라오는 뜨거운 수증기에 의해 이슬점에 도달하여 새로운 물방울이 생기고, 이것이 이미 존재하고 있던 물방울들과 모여서 이합집산, 더 큰 물방울이 되면서 커다란 구름 형상을 이룬다. 그로 인해 구름 모양이 수시로 변화된다.

구름 모양이 변화되면서 먹구름이나 흰구름의 형상을 이루며 하늘을 수놓는다. 흰구름은 기온에 의해 상승한 수증기가 이슬점에 도달하여 생긴 물방울이 모여 생긴 구름의 초기 형태이다. 여기에 대해 먹구름은 계속해서 지표로부터 올라오는 수증기와 결합하여 점점 밀도가 증가하고 물방울의 양도 많아지면서 커다랗게 형성된 구름을 말한다. 이 먹구름이 비를 내리게 하는 직접적인 원인이 된다. 먹구름이 형성될 때란 먼지가 구름을 만들도록 촉진하여 먼지와 물방울이 섞인 현상이며, 물방울이 무거워지면 빗방울로 떨어지면서 대지를 적신다.

구름을 종교적 측면에서 접근해 보면, 자성은 밝은 달에 비유한다면 무명은 구름에 비유된다. 소태산은 말하기를, 저 하늘에는 검은 구름이 걷혀 버려야 밝은 달이 나타나서 삼라만상을 비쳐줄 것이요, 수도인에게는 욕심의 구름이 걷혀 버려야 지혜의 달이 솟아올라서 중생을 비쳐주는 거울이 된다(대종경, 천도품 24장)고 하였다. 정산종사도 월명암에서 글을 짓기를, 땅기운은 구름에 적시고 천심(天心)은 달에 깊숙이 사무친다(정산종사법어, 기연편 5장)고 하여 무명의 그림자를 극복하고 자성의 천심을 찾도록 했다.

구름이란 이처럼 도가에서 달과 상대적으로 비유되는 소재로 등장하곤 한다. "구름이 가리어도 달은 한양 그달이요"라는 「원불교성가」 28장의 내용이 이와 관련된다. 구름은 태양과 달을 가리는 무명이라는 것을 잊지 말아야 한다는 뜻이다. 구름에 가리어도 밝은 성품을 잃지 않는 적공의 삶이 필요하기 때문이다. 구름이 어떻게 형성되는가에 대한 과학적 지식에 더하여 수도인의 무명을 녹여내는 적공이 더욱 요구된다.

126. 안개는 어떻게 일어나는 것인지 연구할 사

습도는 공기 중에서 습한 정도를 나타내며, 이 습도의 상승으로 안개와 이슬이 형성되는 것이다. 즉 공기가 상승하면 기압이 낮아지며, 기압이 낮아지면 공기의 부피가 커지게 되면서 팽창하게 된다. 이렇게 하여 팽창된 후 온도가 하강하면 공기 중의 수증기가 응결하여 안개와 이슬이 형성되는 것이다. 이슬이 주로 풀잎 등에 물방울로 맺힌다면, 안개는 지표면에 떠 있는데 그 이유는 안개의 수증기 입자가 매우 가볍기 때문이다.

또 새벽에 안개가 많이 끼어 있을 경우 그날 하루의 날씨는 비교적 맑고 따뜻하다는 것을 알 수 있다. 안개가 지속적으로 발생하려면 바람이 약해야 하고 지표면 부근의 공기가 안정되어 있어야 하기 때문이다. 다시 말해서 풍속 2-3m/s정도로 바람이 약하고 지표면의 공기가 온화할 때 안개층이 활성화된다는 것이다.

안개의 농도와 두께가 궁금한 일인데 그것은 그날의 습도와 기온, 바람, 응결핵의 종류와 양 등에 의해 결정되며 습도가 80% 정도가 되는 경우 안개가 발생한다. 안개는 습지나 강 주변에 많이 형성되며, 그곳을 지나는 고속도로에는 「안개주의보」 경고 표시판이 세워져 있기도 한다. 안개가 형성되는 지역은 가시거리가 매우 짧은 관계로 교통사고 위험이 크기 때문이다.

또 안개와 이슬 및 구름의 차이를 살펴본다면, 그것이 머무르는 위치에 따라 다르게 나타난다. 이슬은 지상에 가까운 풀 등에 수증기가 응집되는 것이고, 안개는 공중에서 수증기가 응집되는 것이며, 구름은 하늘높이 떠다니는 것이다. 여기에서 우리는 안개·이슬·구름이라는 세 가지의 개념에 혼선을 빚을 수 있지만 그날의 온도와 습도 내지 수증기 입자의 크기에 따라 서로 달라진다는 사실을 알아야 한다.

안개는 미학적으로도 접근된다. 고대의 철인 장자는 다음과 같이 말한다. "어느 누가 하늘에 올라 안개 속에 노닐며, 무궁한 곳을 돌아다니고, 서로 삶도 잊은 채 다함이 없을 수 있을까"(장자, 대종사편). 도가에서는 안개와 벗 삼고 자연을 음미하는 소재로 등장한다.

불가에서 안개는 구름과 같이 자성을 가리는 무명으로 묘사된다. 소태산 대종사는 『대종경』에서 말하기를, 안개가 산을 가리어 산의 면목이 한 때 흐리더라도 안개가 사라지면 산이 도리어 역력히 나타나는 것처럼 각자가 본래의 마음을 지켜서 성불제중의 대업을 성취하라(교단품 27장)고 했다.

안개를 국운 및 교운에 비유하여 정산종사는 언급하고 있다. "계산에 안개 개면 울창하고 높을지요, 경수에 바람 자도 잔물결은 절로 있다"(정산종사법어, 국운편 1장). 안개 속에서는 산의 크기를 알 수 없지만 안개가 걷히면 산은 그대로 우뚝한 산이 나타난다는 뜻이다. 안

개가 많은 날 교통사고가 많이 나듯이 우리의 맑은 성품도 무명에 가
리게 되면 윤회의 고통을 겪게 된다. 무명의 안개를 걷어내어 청정 자
성을 회복할 수 있도록 부단한 적공이 필요한 것이다.

127. 비 오는 것은 어떠한 이치인지 연구할 사

구름은 지표면이나 해수면에서 증발한 수증기가 미세한 먼지와 결
합하여 공기 중에 떠 있는 것이라면, 비는 뭉쳐진 수증기로서 구름의
무게가, 공기가 받쳐 올리는 힘보다 크게 되면 지상으로 떨어지는 것
이다. 이때 온도는 섭씨 영도 이상이어야 하며, 영하로 내려갈 경우
그것은 눈으로 되기 때문이다. 여름철에 비가 자주 오는 것은 지상의
물이 수증기로 증가하고 주변의 습도가 높기 때문이다.

비의 여부를 가리는 것은 물방울의 크기이다. 그 크기가 0.2mm라는
것은 이슬비의 가장 작은 크기를 나타내며, 이보다 더 작은 구름방울
인 경우 150m만 낙하하여도 증발되어 사라지므로 빗방울이 될 수 없
다. 빗방울의 지름은 구름방울의 100배 이상이며, 1개의 빗방울은 10
만개의 구름방울로 이루어진다.

비는 생명체의 소중한 자원으로 지구의 생명을 존속시켜 준다. 『주
역』「설괘전」3장을 보면 '우이윤지(雨以潤之)'라 하여 비로써 모든 생
명체를 윤택하게 한다고 하였다. 또 『주역』「건괘」단사(彖辭)의 '운행
우시 품물유형(雲行雨施 品物流形)'이란 말은 "구름이 운행하여 비가 내
리니 만유가 그 형체를 존속시켜 나간다"는 뜻이다. 비가 오지 않을
경우 가뭄이 야기되며, 비가 너무 많이 내릴 경우 홍수가 되므로 비가
적절하게 내리는 것이 모든 생명체에게 유익하다.

소태산 대종사는 비를 「천지피은의 조목」에 포함시키고 있다. 곧 풍

운우로의 혜택이 있으므로 만물이 장양되어 그 산물로써 우리가 살게 된다는 것이다. 비는 일종의 물인 바, 이 물은 생명체 유지에 있어서 가장 중요한 것이기 때문이다.

한편 부안 봉래정사에서의 올챙이 법문을 소개해 본다. 큰 장마로 마른 못에 물이 가득하자 사방의 개구리가 모여들어 많은 올챙이가 생기더니, 얼마 후에 날이 뜨거우매 물이 점점 줄어들어 며칠이 못 가게 되었건마는 올챙이들은 그 속에서 꼬리를 흔들며 놀고 있었다. 이에 소태산은 안타까운 일이라며, 마르는 물속에 저 올챙이들의 단촉함(대종경, 인도품 32장)을 지적한 것이다.

소태산은 비를 소재로 하여 성리법문을 설한다. 봉래정사에 어느 날 큰 비가 온 관계로 층암절벽 위에서 떨어지는 폭포와 사방 산골에서 흐르는 물이 줄기차게 내리자 한참 동안 그 광경을 보다가 말하였다. "저 여러 골짜기에서 흐르는 물이 지금은 그 갈래가 비록 다르나 마침내 한 곳으로 모아지리니 만법귀일의 소식도 또한 이와 같나니라"(대종경, 성리품 10장). 우주 자연의 변화 속에서 성리법문을 상기시킨다.

이처럼 비는 생명의 에너지로서, 또 만법귀일의 소식으로서 우리의 심신에 대하여 절대적인 영향을 미친다. 물 한 방울이라도 소중함을 알자는 것이며, 물이 대해장강으로 귀의하는 깨우침을 알자는 것이다. 비 오는 이치에 더하여 육신의 자양분, 정신의 깨우침이 소중하게 다가온다.

128. 눈 오는 것은 어떠한 이치인지 연구할 사

대체로 구름은 주변의 온도가 영도 이상이면 물방울로 떨어질 경우 비가 되어 내리고, 영도 이하의 조건이면 눈이 되어 내린다. 동남아시아는 온도가 높기 때문에 우기철이 많아 비가 많이 내리며, 추운 극지방은 온도가 낮아 눈이 많이 내리고 빙설이 되는 이치가 이와 관련된다.

눈이 오는 이치를 자연과학에서는 빙정설(氷晶說)로 설명한다. -40℃ 정도까지 냉각된 구름꼭대기 부근에 생긴 빙정이, 빙정과 물방울이 공존하고 있는 층에 떨어져 내려오게 되면 포화 수증기압의 차이로 물방울은 증발하고 빙정은 승화에 의하여 성장된다.

성장된 빙정은 떨어지면서 구름방울과 붙어서 눈조각이 되는데, 더 아래층으로 떨어져 내려와서 0℃ 이상의 기층에 들어오면 녹아서 큰 빗방울이 되고, -0℃가 되면 눈으로 변하여 하얀 눈이 내린다. 즉 여름철 온난전선이 뒤덮이면 비가 오고, 겨울철 한랭전선이 뒤덮이면 주로 눈이 내리는 이치가 되는 것이다.

오늘날 온난화의 가속현상으로 극지방의 빙산이 녹아내리는 등 환경 보존에 있어 빨간불이 켜지고 있으며, 환경론자들은 이로 인해 빙산이 점차 녹아 바닷물이 지구에 범람할 수도 있다고 경고하고 있다. 우리나라의 경우 과거에 비해 눈이 적게 내리는 현상도 이런 환경 변화와 관련된다.

눈이 내리는 원리도 흥미롭지만, 눈은 우리에게 신비의 자연 변화 나아가 무상의 성리법어로 설해진다. 괴테는 1786년 이탈리아를 한가롭게 여행하면서 첫눈을 보고서 대기가 변할 것이라며 신비한 자연을 찬미했다. 정산종사 역시 우주 대기가 하나의 고정된 개체로 남아 있지 않고 무상 도리로 변하여 이슬, 비, 눈이 되고 수정 같은 얼음이 된다(정산종사법설, 도덕천하 18장)고 하였다.

고금 동양의 성자들은 봄에는 꽃이 피고, 여름에는 성장하며, 가을에는 거두고 겨울에는 눈의 숙살만물로 함장의 소식을 전한다며, 생명체의 생로병사를 눈과 관련시켜 인용하곤 했다. 덧붙여 겨울철의 생생한 성리법어를 등장시키기도 한다. 소태산은 어느 날 익산 총부에 눈이 내려 흰 눈이 뜰에 가득하자 나가서 친히 도량의 눈을 쓸었다. 한 제자가 나가서 눈가래를 잡으며 방으로 들어가기를 청하자, 대종사 말하기를 "나의 지금 눈을 치는 것은 눈만 치기 위함이 아니라 그대들에게 현묘한 자리를 가르침이었노라"(대종경, 성리품 13장)고 하였다.

돌이켜 보면, 기후 변화와 인생의 무상 소식을 전하는 풍운우로 상설(霜雪)의 변화무쌍한 우주의 신비세계가 멀리 있지 않다. 성자들은 눈이 오는 이치를 성리법어로 전개하여 무상의 깨달음에 다가설 수 있도록 한 것이다. 가수는 눈을 어떻게 보고 있을까? 김추자는 눈을 보고 노래하길 '눈이 내리네 외로워지는 내 마음'이라 했으니 수행자의 경우 '눈이 내리네 조촐해지는 내 마음'이라고 해야 할 것인가.

129. 뇌성과 번개는 어떻게 일어나는 것인지 연구할 사

뇌성(雷聲)이라는 말은 우레 내지 천둥을 의미한다. 비올 때 천둥소리를 듣는데 이를 뇌성이라 한다. 뇌성이 일어나는 것은 번개가 치면 그 여파로 인해 주위의 공기가 팽창하기 때문이다. 공기가 팽창하는 소리가 바로 뇌성이요 천둥인 것이다. 뇌성과 번개가 칠 때 비가 많이 내리게 되며 그것은 전류의 작용에 의함이다.

구름이 떠돌아다니면서 구름을 구성하는 알갱이(물방울과 얼음 알갱이) 사이에 마찰이 일어나면 구름은 +극과 -극의 전하를 띠게 된다. 이들의 마찰로 전류가 흐르면서 번개가 일어난다. 빛이 빠르기 때문에 번개가 먼저 보이고 뇌성(천둥소리)이 늦게 들린다. 이것은 번개가 치고 바로 뇌성이 들리면 그 근원지가 가깝다는 것이고, 번개치고 늦게 뇌성이 들리면 근원지가 멀다는 뜻이다.

빛의 속도는 초당 30만km이고, 소리의 속도는 초당 340m 정도이므로 우리는 번갯불을 본 다음 뇌성을 듣게 된다. 따라서 번갯불과 뇌성 사이의 시간 간격이 짧을수록 번개는 가까운 곳에서 치는 것이므로 외출을 삼가야 한다. 번개는 보통 10억볼트 정도라고 하며, 0.006초 동안에 5000암페아의 전류가 흐른다. 이는 한 도시에서 50와트 가로등 전구 2천개를 동시에 8시간 켤 수 있는 에너지이다.

흥미를 끄는 것은 이 뇌성이 신의 권능으로 장엄되기도 하였다. 그리스 신화에 나오는 제우스 신의 가장 큰 권능이 번개를 치는 것이었다. 또 인도 리그베다는 다신교로서 자연계를 신격화했다. 예컨대 태양신, 뇌정신(雷霆神), 풍신 등이 바로 그것으로, 본 뇌정신이 문목에 나오는 뇌성과 관련된다. 『주역』 「설괘전」 3장에서 '뇌이동지'(雷以動之)라 하여 우주는 뇌성으로써 움직인다고 하였다.

『대순전경』에서도 뇌성이 거론된다. 하루는 부친이 벼를 말리는데 새와 닭의 무리를 심히 쫓으니, 천사 만류하여 가라사대 "새 짐승이 한 알씩 쪼아먹는 것을 그렇게 못 보니 사람을 먹일 수 있나이까" 하되, 부친이 듣지 않고 굳이 쫓더니 뜻밖에 백일(白日)에 뇌우(雷雨)가 대작(大作)하여 말리던 벼가 다 표류하여 한 알도 건지지 못하였다. 이처럼 강증산의 신비와 이적이 뇌성과 관련되고 있다.

소태산은 뇌성을 인과와 관련짓고 있다. 벼락을 맞아 죽는 원인을 묻자, 답하기를 '부지불식간에 벼락을 맞아 죽는 것은 그 죄업도 또한 부지불식간에 중인에게 벼락을 준 연고'(대종경, 인과품 14장)라며, 권력이나 무력 등을 남용하여 죄업을 짓지 말도록 하였다. 어느 날 조송광 선진은 길을 가던 중, 뇌성이 치자 간절히 기도하였더니 위기를 극복하였으므로 100살은 살겠다(원불교선진열전5)고 회고했다. 뇌성과 번개의 발생 원인에 더하여, 악업을 짓지 않고 선연선과의 삶을 살아야 우주의 어떠한 재앙도 벗어날 수 있을 것이다.

130. 지진은 어떻게 되는 것인지 연구할 사

지진이 일어나는 것은 지구에 10개가 넘는 여러 판이 나눠져 있기 때문이다. 여기에서 판이란 지구를 이루는 형성층으로서 두 개 이상의 층이 에너지 축적으로 인하여 부딪치는 것이다. 곧 지구의 지각 안에 압력이 생기면서 지구의 지각이 버틸 수 없으면 그 압력이 지구의 표면으로 방출되어서 진동을 일으켜 지상에 방출되는 것이 지진이다.

일본의 경우는 유라시안판과 태평양판이 서로 만나는 지역이므로 지진의 빈도가 잦다. 유라시안판은 대륙판으로써 해양판인 태평양판보다 밀도가 훨씬 작아서 태평양판 위로 뜨고, 반면에 밀도가 큰 해양판은 유라시안판 밑으로 가라앉는다. 판 밑으로 다른 판이 들어가므로 당연히 대륙판인 유라시안판은 눌려져 압축되며, 그로 인해 산맥과 같은 것이 형성된다.

지진의 강도는 그 세기에 따라서 강하게 또는 약하게 느껴진다. 극소수의 사람만이 느끼거나 지진계에만 감지되는 경우가 있고, 물체가 약간 흔들리는 경우도 있다. 다소 큰 지진은 그릇이나 창문이 바닥에 떨어지고 벽이 갈라지며, 대지진은 건물이 통째로 무너지거나 도로가 갈라지며 사상자가 늘어난다. 최대피해 지진은 1556년 중국 산시성 지진으로 83만명이 사망했고, 직접 기록된 지진 중에 가장 강했던 1960년 칠레의 지진은 진도가 8.9였다.

여기에서 궁금증이 생긴다. 과거 인더스 문명이나 이탈리아 폼베이는 한때 홍성했는데 왜 쇠멸했을까를 숙고해 보자. 그 원인으로 지진과 홍수, 삼림파괴나 황폐화 등의 경우를 고려할 수 있다. 고금을 통하여 천재지변으로 인하여 고대 문명이 사라진 경우가 적지 않았던 것이다.

소태산 대종사가 지진이 어떻게 일어난 것일까를 화두로 삼았던 이

유도 궁금하다. 구한말 민중의 자연 변화에 대한 무관심 내지 문맹을
깨우치기 위함일 것이며, 천재지변에 대비를 하라는 뜻도 포함될 것이
다. 그에 의하면, 모든 사람의 마음이 악심으로 인해 "천지기운이 악화
되어 온갖 천재지변이 나타난다"(대종경선외록, 도운개벽 4장)고 하였
다. 천지의 지각 작용은 단순한 변이에 의함은 물론 인간의 악한 기운
이 뭉쳐 일어나기도 한다는 것이다. 지진의 물리적 지각 현상에 대한
관심에 더하여, 인간의 심성적 작용을 동시에 성찰해 보는 성자의 혜
안(慧眼)인 셈이다.

지진이란 일종의 재난에 속한다. 정산종사는 각종 재난에 처한 사람
들에게는 위로의 인사를 챙기도록 하였다(정산종사법어, 공도편 52
장). 아무리 불국토의 세상이 도래한다고 해도 누구나 예외없이 뜻밖
의 환난을 당할 수 있다. 한국은 지진의 안심지대로 생각해서는 안 된
다. 또 원불교는 천재지변에 대한 관심, 나아가 지진이 일어난 지역에
어떻게 도움을 주어야 할 것인가를 고려할 필요가 있다. 지진은 어느
지역이나 겪을 수 있으며, 이에 종교의 사회봉사적 기능을 간과할 수
없는 것이다.

131. 벼락 떨어지는 것은 어떠한 이치인지 연구할 사

벼락이 생기는 이유는 문목 129조 '뇌성과 번개는 어떻게 일어나는
것인지 연구할 사'를 참고할 일이다. 양전류와 음전류의 부딪침에 의
하여 생기는 벼락과 번개는 같은 개념이다. 우선 벼락과 관련한 고대
인들의 시각은 어떠하였는가를 살펴본다. 벼락은 인간이 두려워하는
존재였기 때문이다.

그리스 신 제우스는 최고신이며 번개와 천둥의 신이다. 또 아리스토

텔레스는 매우 소박하게 벼락이 대기의 숨쉬기로 인하여 달과 해 사이의 열(熱) 지대에서 발생한다고 하였다. 벼락에 대한 주술적 해석은 중세까지 이어졌으니 중세 유럽에서는 천둥과 벼락을 악마의 침입이라고 생각해 천둥이 칠 때 교회 첨탑의 종을 크게 울려 악령을 쫓았다고 한다.

동양의 경우는 어떠한가? 중국 문헌『논형』에서는 용이 지상의 나무나 집에 숨어있는데 하늘이 용을 승천시키고자 벼락을 쳐서 나무를 꺾고 집을 부수는 것으로 아는 등 벼락은 공포의 대상이었다. 장자에 의하면, 지인(至人)은 신비스러운 존재이므로 사나운 벼락이 산을 쪼개더라도 놀라게 할 수는 없다고 하였다. 지인은 구름을 타고 해나 달에 올라 앉아 이 세상 밖에 나가 노니는 존재(장자, 재물론)이기 때문이라는 것이다.

벼락으로 인해 우리의 생명에 위협이 가해지곤 한다. 미국의 정치가이며 과학자인 벤자민 프랭클린(1706~1790)은 벼락의 피해를 막기 위해 뾰족한 금속 막대인 피뢰침을 발명했다. 벼락이 칠 때는 몸을 가능한 낮게 웅크리고, 피뢰침이 있는 건물이나 자동차 속으로 피해야 한다. 만약 사람이 벼락 맞으면 즉사할 확률은 70%에 이르며 생존하더라도 후유증이 크다.

따라서 벼락을 맞지 않도록 번개 치는 날 외출을 삼가해야 한다. 벼락에 대한 대응방법을 생각해 보자. 벼락을 맞으면 강한 전기 에너지가 물체나 인체를 통과하면서 내부를 태우므로 심장이 정지되거나 뇌가 충격을 받아 호흡을 할 수 없게 된다. 따라서 벼락을 맞은 사람에게 외부 흔적이 없다고 해도 신속한 심폐 소생술을 시행해야 한다.

원불교에 있어서 벼락에 맞아 죽게 되면 부지불식간에 죽게 된다고 하였다. 곧 우리는 신구의 삼업을 부지불식간에 짓는다(대종경, 인과품 3장)며, 세상을 살다보면 나도 모르게 선업과 악업을 짓는 경우가 많은 관계로 벼락을 맞아죽는 것도 이와 관련된다는 것이다. 일상의 삶에서 선업을 쌓아야 하는 이유가 여기에 있다.

불전 『화엄경』에서도 모든 업(業)들이 마치 허깨비 같고, 번갯불과 같다고 하였다. 벼락의 재난을 고려하면 적공과 구도를 추구하는 수도인들에게 부지불식간의 악업을 피하고 선업을 지어야 하는 화두의 소재가 되기에 충분하다. 밖에 먹구름이 세상을 뒤덮고 요란한 비가 내리며 벼락이 내려칠 때 나의 마음은 얼마나 동요되는가를 점검해 볼 일이다.

132. 우박 오는 것은 어떠한 이치인지 연구할 사

고대에 우박이나 싸락눈, 진눈개비 등은 우주의 신비한 것으로 간주되어 주술로 달래기도 하였다. 중세 기독교인들은 갑작스런 우박이 쏟아져도 그 원인을 마녀에게서 찾고자 했고, 마녀로 고발당한 여인은 결백을 증명하지 못하면 화형에 처해졌다.

우박이란 주로 적란운(積亂雲)에서 내리는 지름 5㎜-10cm 정도의 얼음 또는 얼음덩어리이다. 우박이 생기는 원인은 지표면에서 데워진 공기가 상승하면 그 안에 섞여 있던 수증기는 10km 이상의 대기 중에서 눈이나 빙정상태로 변하기 때문이다.

여기에 하강기류가 생기게 되면 눈이나 빙정 또한 하강하게 되어 호우가 되며, 수증기가 다시 상승기류를 타고 빙결고도까지 상승하게 되면 다시 빙정이나 눈으로 변하게 된다. 이처럼 상승과 하강을 반복하면 과냉각된 물방울은 다른 물방울이 첨가되고, 빙결되는 과정을 반복하는 과정에서 우박이 형성된다. 상승기류가 약화되면 우박은 무게를 지탱할 수 없어서 하강하여 우리가 살고 있는 지면에 떨어지는 것이다.

우박은 저위도보다는 중위도 지역에서 잘 나타나며, 계절별로는 봄과 가을, 고위도에서는 여름에 잘 나타난다. 우박과 달리 눈은 대체로 북위 35° 남위 35°이상의 해수면 위에 내리지만 대륙의 서안에서는 일반적으로 이보다 더 높은 위도에서 내린다.

이처럼 우박은 대기의 온도가 낮을 때 일어나는 현상으로, 대기의 복잡한 형태의 결정(結晶)들은 서로 부착하여 100여 개의 결정이 모인 채 지름이 2.5㎝나 되는 큰 눈송이를 만든다. 이것이 빙점 근처에서 과냉각 수적과 충돌하면 수적이 빙정 주위에 부착되면서 얼게 되어 다량의 수적과 충돌할 때 우박이나 싸락눈이 되는 것이다.

우박은 오늘날 기후의 변화로 인지하고 공포의 대상으로 삼지는 않지만 이따금 이상 기후로 인해 농작물에 피해를 주고 있다. 겨울이 지나 봄철에 우박이 내려 과일이 파이고 채소가 망가지는 현상을 목격할 수 있으며 우박에 피해를 당한 농부들은 낭패를 겪기 십상이다.

원불교에서 우박은 풍운우로상설과 관련한 법어에서 모색된다. 소태산은『정전』에서 우주의 신비한 작용으로서 사시순환에 따른 풍운우로상설과 우리의 생로병사를 잘 연마하라(정전, 사리연구 조항)고 하였다. 우주변화의 원리 속에 인간도 그 구성원이 되어 변화하기 때문이다.

하나 더 새겨야 할 것은 초기교단이 엄동설한에 창립의 방언역사를 하였다는 것이다. "종사주의 지휘를 받아 풍우상설(風雨霜雪)을 피하지 않고 방언역사에 노력하시던 구인선배의 공덕을 새삼스러이 느끼게 된다"(영광지부상황, 월보 39호, 1932년). 이처럼 원불교 창립의 역사를 돌이켜 보면 눈비 혹은 우박이 내리던 악조건에서도 기초를 다져왔다는 사실이다.

133. 이슬 오는 것은 어떠한 이치인지 연구할 사

이슬은 공중에 있던 수증기가 찬 온도를 만나면서 액화되는 현상이다. 이에 대하여 안개는 그 수증기 양이 많을 때 산이나 높은 온도가 낮은 곳에서 일어나는 기체이다. 이슬이 생기는 원인은 야간에 복사냉각으로 지표 근처의 물체의 온도가 이슬점 이하로 내려갔을 때, 공기 중의 수증기가 지표면의 물체에 응결하여 생기기 때문이다. 이 상태에서 날씨가 영하로 내려가면 우박이 올 수 있다. 공중에 떠 있는 수증기가 가변성이 있어서 이슬은 물론 비·눈·우박 등으로 변하는 것이다.

날씨의 변화무쌍한 가변성에서 볼 때 표면이 토양으로부터 바람이 약하고 맑으며 하층공기의 상대습도가 높을 때 이슬이 나타나며, 이슬점 온도가 빙점 이하가 될 경우 서리로 변한다. 수증기가 많이 증발되는 호수나 하천 부근에서 이슬이 잘 맺히며 식물의 성장에 있어 이슬은 큰 역할을 한다. 사막지역의 이슬은 악조건의 생명력에 큰 힘이 되기도 한다. 이슬의 양은 강우량처럼 mm단위로 측정하며, 봄·가을에 이동성 고기압 지역에서 많이 맺힌다. 새벽이슬이 맺힌 꽃망울을 렌즈에 담으면 멋진 사진이 되는 것이다.

동양에서 심신 수련을 하는 신선들은 이슬과 안개를 마시고 사는 존재로 그려졌다. 『주역』의 「함괘(咸卦)」도 비와 이슬에 관련된다. 함괘는 감응의 괘로서 천지가 감응하여 만물이 화생하는데 우로(雨露)의 감응이 이것이다. 함괘에서는 양이 아래에, 그리고 음이 위에 있어 서로 감응할 수 있으니 풍운우로의 산택통기(山澤通氣)는 함괘의 묘용이다.

또 이슬은 수도인들에게 무상(無常)을 전하는 소재가 되기도 한다. 『수심결』에서 다음과 같이 말한다. "무상이 신속하여 몸은 아침이슬과 같고 목숨은 서산에 걸린 해와 같은지라, 금일에는 비록 있으나 명일을 또한 안보하기 어렵나니, 간절히 뜻에 두며 간절히 뜻에 둘지어다"(37장). 『대종경』에서도 무상이 신속하다(부촉품14장)고 했으니 이 슬은 새벽에 맺혀 있다가 태양이 떠오르면 이내 사라져버리기 때문이 다. 조전권 교무도 무상의 소식을 전한다. "진리를 깨닫지 못하고 받 은 모든 부귀영화는 풀끝의 이슬 같고 허공의 구름 같고 떠다 놓은 물 과 같은 것이다"(행복자는 누구인가, p.20).

우리는 이슬 맺히는 원리에 더하여 초로(草路)의 이슬처럼 무상의 소식을 알고 영원한 성품을 회복하는 적공을 해야 할 것이다. 양희은 이 불렀던 '아침이슬'의 작곡자 김민기는 다음과 같이 말한다. "긴 밤 지세우며, 풀잎마다 맺힌 진주보다 더 고운 아침이슬처럼…"서정주는 '자화상'이라는 글에서 시(詩)의 이슬에는 몇 방울의 피가 섞여 있다고 고백했다. 노래와 시, 성자의 법어에 등장하는 이슬은 영롱하게 빛나 는 성리의 소식으로 맑은 자성을 연상케 한다. 이슬과 자성의 관계는 또 하나의 화두로 다가온다.

134. 서리 오는 것은 어떠한 이치인지 연구할 사

서리란 기온이 빙점 아래로 떨어져 대기 중의 수증기가 지면이나 주변 물체에 부착된 얼음 결정을 말한다. 서리는 날씨가 맑고 바람이 약하여 최저기온이 3℃ 이하로 내려가고, 지표면의 최저온도가 0℃ 이 하로 내려가는 경우에 나타난다.

서리에는 결정형과 비결정형의 두 종류가 있다. 지면이나 지물이 복 사로 인해여 냉각되고 이것과 접촉하는 수증기가 약 -10도 이하로 냉 각되어 승화한 후, 즉시 찬 물체 표면에 붙은 것이 결정형 서리이다. 그리고 공기의 온도가 영하로 하강하면 맺혔던 이슬이 얼게 되며 그 위에 부분적으로 수증기가 승화되어 달라붙게 될 경우 이것이 비결정형 서리이다.

이따금 이상기후로 인해 농민들의 서리 피해가 적지 않다. 피해 예방법으로는 지상 부근의 기층의 복사냉각을 피하면 된다. 쉽게 말해서 찬 공기의 유입을 막아야 한다는 것이다. 또 농작물의 피해를 막기 위해서는 복사열이 날아가지 않도록 비닐이나 가마니로 덮어주고, 연기를 피우는 방법 등이 있다. 늦가을이나 겨울철에 소형 난로를 설치하거나 불을 피워 두는 방법을 잊어서는 안 된다.

88야(夜)의 이별서리라는 말이 있는데 이것은 입춘으로부터 88일째, 즉 5월 2~3일에 내리는 서리이며, 이는 그해 봄 마지막이 된다는 뜻인데 실제 이보다 늦은 경우도 있으며, 그로 인한 피해는 적지 않다. 늦서리의 피해는 고냉지와 분지에서 특히 심하다. 가을 고구마 밭에 서리가 내리면 잎사귀가 시들어지며, 가로수에 있던 은행잎 등은 급속히 낙엽으로 변하게 된다.

전하는 말로서 추상(秋霜)같이 일을 처리한다는 말이 있다. 가을 서리처럼 분명히 처리한다는 뜻이다. 원근친소의 사적인 감정을 벗어나서 공사를 분명히 한다는 뜻에서 '추상'이라는 용어를 사용한다. 서리는 또한 여자의 한(恨)으로 비유되곤 하는데, 여자가 한을 품으면 5, 6월에도 서리가 내린다는 말이 있다. 『주역』「곤괘」의 초육(初六)에서는 "서리를 밟는다. 단단한 얼음이 오는 것을 안다"라고 하였으며, 이는 군자가 위험한 기틀을 알고 예언한다는 뜻이다. 춘하추동의 변화를 알아서 미리 대비하라는 의미도 포함될 것이다.

유사한 맥락에서 대산종사도 말한다. "물이 변하여 비, 눈, 서리, 얼음, 안개, 이슬 등 천변만화의 무궁한 조화를 일으키고 있는 것이다"(대산종사법문집 2). 법문의 의미를 새기면서 우리 모두가 긴 구도의 고행을 통해서 깨달음이라는 환골탈태의 묘용으로 변한다면 더없이 좋을 것이다.

소태산의 긴 구도 고행은 서리의 냉해를 피해 생명의 싹을 키운 꽃과 비교될 수 있다. 『법의대전』에 다음의 시가 있다. "풍우상설과거후 일시 화발만세춘." 비바람과 서리를 극복한 후에 봄꽃이 만발하다는 의미이다. 서리를 극복한 꽃은 구도자의 고행 후 득도 및 대각에 비유될 수 있으므로 역경이라는 경계를 당해서 마음공부가 소중함을 일깨운다.

135. 무지개는 어떻게 되는 것인지 연구할 사

무지개는 육지와 호수 혹은 다리와 다리를 연결하는 인상을 준다. 과거에 신방의 주안상에 무지개떡을 놓은 이유는 신랑 신부 사이에 사랑의 다리를 놓는다는 상징적 의미가 있었기 때문이다. 단편소설에도 무지개가 등장한 적이 있다. 1984년 『월간문학』 신인상에 단편소설로 『겨울무지개』가 당선되어 작품 활동을 시작했다.

그러면 무지개는 어떻게 해서 형성되는가? 공기 중의 물방울에 태양광이 반사되고 굴절되어 나타나는 빛의 분해영상이 무지개이다. 무지개는 물방울에서 일어나는 두 번의 굴절과 한 번의 반사에 의해 만들어진다. 물방울에서 한 번의 굴절과 반사를 통해 물방울의 아래쪽 표면에 도착한 광선의 일부는 공기 중으로 굴절된다. 이 굴절로 인해 모든 색깔의 스펙트럼이 나타나도록 분산되어 무지개로 변신하는 것이다.

자연의 한 현상으로 드러난 무지개는 비가 내린 후 빨주노초파남보의 7가지 색깔로 아름답게 수놓는 것으로써 우리를 황홀하게 한다. 이처럼 무지개는 빛의 다채로운 색깔로 분산되는데, 여러 광학적 현상 중에서 우리가 볼 수 있는 가장 아름다운 빛의 분산이 무지개이다.

무지개를 보려면 비가 내린 후여야 하고 하늘 한 쪽에 태양이 빛나고 있어야 하며, 그 반대 쪽 하늘에는 비로 인해 생긴 물방울이나 구름 속의 물방울들이 있어야 한다. 그리고 선명한 무지개를 보기 위해서는 물방울의 크기가 1밀리미터 이상이 되어야 한다. 이보다 작으면 붉은색 쪽부터 희미해지게 된다. 직경이 0.01mm 이하인 경우에는 거의 흰색이 되며, 이는 빛의 간섭현상 때문이다.

우리가 흔히 보는 무지개는 반원이지만 무지개의 원래 모양은 원(圓)이다. 우리가 비행기를 타고 높이 올라간다면 원 모양의 무지개를 볼 수 있지만 평상시에는 땅이 가로막고 있기 때문에 원 모양의 무지개를 볼 수 없는 것이다. 그리고 이따금 보이는 쌍무지개는 물방울에서 빛이 두 번 반사하기 때문에 나타나는 현상이다. 우리가 움직이면 무지개도 함께 움직이므로 우리가 무지개의 옆으로 접근할 수 없다.

『구약성서』에서 죄악을 씻어내는 노아의 홍수를 거둔 여호와는 구름 사이에 무지개를 드리워 앞으로 그 같은 천지지변이 없다는 계약의 표시로 삼는다고 했다. 또 일곱 가지의 색깔을 지닌 무지개 위에 부처가 정좌한 모자이크 벽화를 볼 수 있는데 그것은 부처의 경지에 이르는 일곱 계단을 뜻한다.

무지개는 또 성속(聖俗)을 잇는 의미도 있는 바, 우리의 염원을 '천지신명'께 기원하는 고사 상에 무지개떡이 오르는 것은 그것이 소원을 들어줄 '천제'가 있는 하늘과의 통로를 상징하기 때문이다. 소태산은 천지신명, 천제라는 것을 한때 신앙의 대상으로 호칭하였음을 상기할 때, 자연의 한 현상에 불과한 무지개를 문목의 조목으로 연마하게 한 소태산의 가르침이 무지개처럼 환하게 빛을 발하고 있는 것 같다.

136. 바람이라 하는 것은 어디로 좇아오는 것인지 연구할 사

바람은 우리에게 두 가지의 느낌을 가져다준다. 봄날의 동남풍과 겨울의 서북풍이 그것으로, 모두가 기후와 직결된 바람이라는 뜻이다. 바람이 생기는 이유는 온도차에 따른 기압현상 때문이다. 대지의 상이한 기압으로 공기가 이동하면서 고기압에서 저기압으로 바람이 부는 것이다.

밤과 낮의 바람 방향이 다른 이유 역시 육지와 바다의 온도차이 때문이다. 낮에는 육지가 바다보다 빨리 뜨거워지므로 육지의 공기가 상승하게 되고 상대적으로 바다보다 저기압이 된다. 그래서 낮에는 바다에서 육지로 바람이 불며, 밤에는 육지가 더 빨리 식기 때문에 육지에서 바다로 바람이 불게 되는 것이다. 강가에서 바람이 많이 부는 이유는 육지와 물이 가열되고 식는 시간차가 크기 때문이다.

바람이 부는 또 하나의 이유가 있다. 외부적 자극으로 인해 서로 다른 공기들끼리 밀어내면서 한쪽의 공기가 밀리는 현상이 그것이다. 지하철의 바람은 열차가 터널 안에 있는 공기를 밀치면서 주행하므로 이때 밀린 공기가 옆쪽으로 퍼지면서 바람이 분다. 터널이 좁을수록 상대적으로 많은 공기가 밀려오면서 바람이 강해지는 이유가 된다.

동양에서 바람은 생명체의 활동과 연계되곤 한다. 『주역』 「설괘전」 3장을 보면 삼라만상을 "바람이 흩뜨린다"(風以散之)며 바람을 변화의 실체로 규정했다. 『회남자』에서도 바람은 음양을 조화시키고 계절을 변화시킨다며 바람을 생명의 신명(神明)이라 하였다.

이러한 신명 현상으로서 미풍이 생명체를 살린다면 태풍이 생명체에 위협을 가하기도 한다. 인도 리그베다에서 바람의 신 '바유(Vayu)'는 공중을 장악하는 실체라 하였으니, 미풍의 동남풍과 태풍의 서북풍이 만물의 숙살(肅殺)에 큰 영향을 준다. 바람이 동서남북 사방으로 불어대면서 살활(殺活) 자재하기 때문이다.

어느 날 교중의 초가지붕을 이면서 한 제자가 나래만 두르고 새끼는 두르지 아니하자 소태산은 말하였다. "밤사이라도 혹 바람이 불면 그 이어 놓은 것이 허사가 아닌가"(대종경, 실시품 30장). 이에 그 제자는 바람이 심하지 않을 것이라고 하며 그대로 두었으나 그날 밤 거센 바람이 일어나 지붕이 걷혀 버렸다. 미리 미리 준비하도록 경계한 뜻을 제자가 놓친 탓이다.

또한 소태산은 동남풍과 서북풍을 예로 들며 전자를 도덕의 바람, 후자를 정치의 바람이라 하였다. 서북풍은 상벌을 주재하는 법률가에서 담당하고 동남풍은 교화를 주재하는 도가에서 담당하므로 상생의 동남풍을 불리하도록 했다.

바람이 불어오는 원인을 소태산은 본 문목에 등장시켜, 아무쪼록 맑고 훈훈한 상생의 바람을 불리는 성자의 심법을 지니라 하였다. 이를 위해서 우리는 도덕의 바람을 불러일으키고 생명체를 살리는 동남풍의 주역이 되도록 깊은 신앙심과 마음공부를 통해서 넉넉한 심성을 간직해야 할 것이다.

137. 일식과 월식되는 것은 어떠한 이치인지 연구할 사

동서양에서는 일찍부터 우주 변화에 대하여 사실적으로 인지하였다. 서구에서 일식은 기원전 585년 5월 28일에 예언하였다고 한다. 중국 문헌에서 그 연대를 분명히 수록한 것은 기원전 841년의 일로서 일식을 확인할 수 있는 최초의 기록으로 전해지기도 하다.

우선 '일식(日蝕)'이란 의미를 살펴본다. 일식의 식(蝕)은 좀먹는 것, 혹 갉아먹는 것을 말한다. 따라서 일식은 해를 갉아먹는다는 것을 뜻하며, 지구에 사는 우리의 눈에 태양 전부 또는 일부가 사라져 보이지 않는 현상을 말한다. 곧 지구와 태양 사이에 달이 끼어들어(지구-달-태양) 태양을 가릴 경우에 일식이 일어난다. 또 '월식'이란 달이 지구의 그림자에 가려지는 것을 말하며, 태양-지구-달의 순서로 나란히 배열되어 있으면 월식이 일어난다.

달의 운동을 보면 지구-달-태양이 일직선상에 놓이는 경우는 매달 일어나지만, 일식과 월식은 매달 일어나지 않는다. 그것은 달이 공전하는 궤도와 지구가 태양을 공전하는 궤도가 정확히 일치하지 않기 때문이다. 곧 황도와 백도가 기울어져 있는데 그것이 약 5도 정도이므로 일식과 월식이 매달 일어나지 않고 대체로 3~4년 주기로 일치되는 때 일어난다.

태양의 일부분이 가려지는 것을 '부분일식'이라고 한다. 그리고 한낮에 태양을 완전히 사라지게 하는 것은 '개기일식'으로, 이는 태양과 지구 사이에 달이 정확히 자리잡아 관측자의 눈에 태양의 모습이 전혀 보이지 않는 경우이다. 월식도 '부분월식'과 '개기월식'이 있다. 부분월식은 초승달과 상현달처럼 달의 일부가 보이지 않는 것이고, 개기월식은 달이 아예 보이지 않는 것이다.

일식과 월식을 종교의례와 관련시키면 흥미롭다. 종교는 일찍이 역법(曆法)의 정착에 기여했고, 종교적 목적에서 일식과 월식 현상을 정성껏 기록하던 이집트 사제들이 그 날짜를 미리 점칠 수 있게 된 배경이 되기도 했다. 『주역』「풍괘」에서는 다음과 같이 말한다. "해가 중천에 이르면 기울기 시작하고 달이 꽉 차면 일그러지기 시작한다. 하늘과 땅의 차고 기움도 때와 더불어 생겼다 없어진다." 일월의 변화에 종교의 신비성이 가미된 양상이다.

일식과 월식을 원불교의 교리와 관련짓기는 쉽지 않다. 다만 '사원기일월(梭圓機日月)'이라 하여 "두렷한 기틀에 일월이 북질을 한다"고 하였다. 지구에서 볼 때 해와 달이 북질을 하면서 일식과 월식이 일어나는 것이라 볼 수도 있다. 또 '일월일점자오조(日月一點子午調)'라는 『법의대전』의 글이 거론됨직하다. 일월 한 점이 밤과 낮을 고른다는 뜻으로 이 역시 일식과 월식을 야기하는 원인이 된다.

소태산은 천도법어에서 일월이 왕래하여 주야를 변화시킨다며 생사연마를 하라고 하였다. 일식과 월식이라는 대자연의 변화 속에서 우리의 육체도 조금씩 소멸되어가는 것이니 생사해탈 공부를 해야 하는 이유가 되기에 충분하다.

문목이 의두 성리, 솔성요론,
계문으로 변한 사실을 아는가

문목 137조 전체의 해석을 마무리하면서 문목의 형성과 변천 과정에 대하여 접근해 보고자 한다. 그것은 문목을 일목요연하게 요해할 수 있기 때문이다. 문목의 전개과정을 살펴본다면 크게 세 가지로 모색할 수 있다.

첫째, 원기 12년(1927) 최초의 교서『수양연구요론』에 문목 137조목이 등장하고 있다는 점이다. 원불교 의두 성리의 원형이라는 점에서 주목을 받을 수밖에 없는 것이다.

둘째,『수양연구요론』의 137조목이 원기 28년(1943)『불교정전』의두 47조목으로 축약되었다. 소태산이 친히 문목을 축약했다는 특징을 지닌다.

셋째,『불교정전』의 의두 47조목이 소태산 사후 원기 47년(1962) 결집된『정전』에서는 20조목으로 정착되었다는 점이다.『불교정전』의 문목 47조목이『정전』에 20조목으로 축약되면서 그대로 남게 된 조목은 모두 16조목이다.『불교정전』에 없던 의두가『정전』에서는 4조목이 추가되었으며 추가된 조목의 내용을 보면 다음과 같다.

① 세존이 탄생하사 천상천하에 유아독존이라 하셨다 하니, 그것이 무슨 뜻인가? ② 만법을 통하여다가 한 마음을 밝히라 하였으니, 그것

이 무슨 뜻인가? ③ 옛 부처님이 나시기 전에 응연히 한 상이 둥글었다 하였으니, 그것이 무슨 뜻인가? ④ 나에게 한 권의 경전이 있으니 지묵으로 된 것이 아니라, 한 글자도 없으나 항상 광명을 나툰다 하였으니, 그것이 무슨 뜻인가?

이처럼 새롭게 첨가된 의두요목의 특성은 원불교의 교법이 불법에 연원을 둔 것에 초점이 있으며, 그것은 불교적 색채의 의두가 중심을 이루고 있다는 뜻이다. 최초의 형태로서『수양연구요론』의 문목 137조에서 현행본『정전』에 그대로 남아있는 의두는 8조목뿐이라는 점도 새겨볼 법한 일이다.

초기교단의 문목 137조의 전반이 오늘의 의두요목으로 정착되지 못한 것은 여러 이유가 있을 것이다. 그것은 교리의 점진적 세련미와 더불어 문목이 의두와 성리로 정착하면서 문목들이 또 다른 교리로 정착되었기 때문이다.

이러한 문목의 다른 교리로의 변신은 「솔성요론」과 「계문」이다. 문목이 「솔성요론」으로 변화된 것은 모두 9조목으로 문목 15~22조와 68조이다. 예컨대 문목 68조의 경우 "사람을 믿지 말고 그 법을 믿으라 하였으니 연구할 사"가 「솔성요론」1조 "사람만 믿지 말고 그 법을 믿을 것이요"로 변화된 것이다.

문목이 「계문」으로 변화된 것은 모두 13조목으로 1~14조(12조 제외)이다. 여기에는 보통급 5조목, 특신급 5조목, 상전급 3조목이다. 즉 문목 7조 "악한 말을 하고 보면 중죄라 하였으니 연구할 사"가 보통급 6조 "악한 말을 하지 말며"로 정착되었다. 문목의 변천과정을 보면 이처럼 교리로 안착되는 생생한 모습을 보게 된다.

결론 2

깨달음의 길은
언제나 열려 있다

　원불교 100년의 성업봉찬 「5대지표」의 하나가 자신성업봉찬사업이
며, 그 실천으로 의두의 정진과 훈련의 체질화 등이 있다. 여기에서
깨달음의 한 방법인 의두 성리의 연마가 100년성업이 지향하는 주요
과제이며, 그 전신인 문목의 연마는 초기교단의 의두 조목들로서 그
의미가 크다고 본다.

　그동안 〈원불교신문〉에 3년동안 140회의 「문목둘러보기」를 연재하
면서 감회가 새롭다. 매주 원고를 송고해야 하는 부담이 적지 않았다
는 사실도 고백하고 싶다. 물론 문목이나 의두 성리에 관심을 두고 있
었기 때문에 원고를 작성하는데 난관을 극복할 수 있었다. 하지만 오
랫동안 연재되는 과정에서 심리적 긴장이 적지 않았던 것은 어쩔 수
없는 일이리라 본다.

　「문목둘러보기」를 연재하면서 이제 종착역에 다가온 만큼 지나온
정거장을 파노라마처럼 되돌아보는 것도 의미 있는 일이라 본다. 처음
연재할 때 환기한 문목의 성립과정을 새겨보면서 「문목둘러보기」의
의의를 조망해 본다.

　첫째, 문목을 요해하면서 초기교단의 공부풍토를 드러내고자 초기
교서의 자료를 중점적으로 활용하였다. 소태산 대종사와 선진들의 자

취인『월말통신』『월보』『회보』등에 나타난 초기교단의 사료들을 살펴보면서 본 자료의 할애에 큰 비중을 둔 점이 의미 있게 다가온다.

둘째, 현행본『교전』에 나타난 의두 성리의 전신인 문목을 인지하는데 시의 적절하였다고 본다. 교도들의 일부는 문목의 존재조차 몰랐던 경우도 있었을 것이며, 원기 12년(1927)부터 시작된 137조목의 전반을 요해한 것은 원불교 100년에 즈음하여 의미 있는 일이었다.

셋째, 종교의 생명은 깨달음에 있으며, 일원상의 깨달음에 이르는 길로서의 의두와 성리(문목) 연마는 출가 재가의 구도의 역정과도 같다는 것을 누누이 밝혔다. 깨달음에 이르는 일은 원불교 출현의 목적이기 때문이다. 얼마나 많은 독자들이 「문목둘러보기」를 읽어 보았느냐는 별개이며, 깨달음을 향한 구도적 정열을 지닌 분들이 읽었다면 그 기여도는 적지 않으리라 본다.

문목의 성격상 딱딱한 내용이기 때문에 쉽게 전달하려는 필자의 노력이 전달되었는지도 자못 궁금한 일이다. A교무의 정토 왈 "제가 문목둘러보기의 팬인 줄 아세요?"라고 다가와서 관심을 보여준 점이라든가, 육영기관에 근무하는 P교도가 문목시리즈를 빠뜨리지 않고 읽고 있다고 했던 점도 감사한 일이다. 「문목둘러보기」 137조목을 모두 게재하는데 공간을 허용해준 「원불교신문사」, 그리고 교정에 정성을 다해준 관련 기자(조중현)의 노고도 적지 않았을 것이다.

이제 의두와 성리의 이론적 요해에 더하여 이를 구도의 자세로 실천에 옮기는 일은 우리 모두의 과제이며, 그것이 깨달음의 길로 가는 유일한 길이라는 것을 새겨야 한다. 공부하는 교단이라면 더욱 그렇다고 본다.

哲山 **류성태**

現 원광대학교 원불교학과 교수
現 원광대학교 동양학대학원장

〈주요 저서〉
- 정전풀이(상~하)(2009)
- 정산종사법어풀이(1~3)(2008)
- 견성과 원불교(2013)
- 원불교 해석학(2007)
- 정산종사의 교리해설(2001)
- 원불교인은 어떠한 사람들인가(2002)
- 성직과 원불교학(1997)
- 동양의 수양론(1996)
- 중국철학사(2000)
- 지식사회와 원불교(1999)
- 경쟁사회와 원불교(1998)

- 대종경풀이(상~하)(2005)
- 원불교와 깨달음(2012)
- 정전변천사(2010)
- 원불교와 동양사상(1995)
- 정산종사의 인품과 사상(2000)
- 원불교인, 무얼 극복할 것인가(2003)
- 장자철학의 지혜(2011)
- 소태산과 노자, 지식을 어떻게 보는가(2004)
- 21C가치와 원불교(2000)
- 지식사회와 성직자(1999)
- 정보사회와 원불교(1998)

견성과 원불교

초판 1쇄 인쇄   2013년 04월 10일
초판 1쇄 발행   2013년 04월 20일

저   자 ㅣ 류성태
펴 낸 이 ㅣ 하운근
펴 낸 곳 ㅣ 學古房

주   소 ㅣ 서울시 은평구 대조동 213-5 우편번호 122-843
전   화 ㅣ (02)353-9907 · 편집부(02)353-9908
팩   스 ㅣ (02)386-8308
전자우편 ㅣ hakgobang@chol.com
홈페이지 ㅣ http://hakgobang.co.kr
등록번호 ㅣ 제311-1994-000001호

ISBN   978-89-6071-294-2   93200

값 : 25,000원